Günther Binding

Deutsche Königspfalzen

Günther Binding

Deutsche Königspfalzen

Von Karl dem Großen bis Friedrich II. (765 – 1240)

Die Deutsche Bibliothek – CIP-Einheitsaufnahme
Binding, Günther:
Deutsche Königspfalzen: von Karl dem Grossen bis
Friedrich II. (765 – 1240)/Günther Binding. – Darmstadt:
Primus-Verl., 1996

ISBN 3-89678-016-6

Lizenzausgabe 1996 für den
Primus Verlag, Darmstadt

Das Werk ist in allen seinen Teilen urheberrechtlich geschützt.
Jede Verwertung ist ohne Zustimmung des Verlages unzulässig.
Das gilt insbesondere für Vervielfältigungen, Übersetzungen,
Mikroverfilmungen und die Einspeicherung in und Verarbeitung
durch elektronische Systeme.

© 1996 by Wissenschaftliche Buchgesellschaft, Darmstadt

Gedruckt auf säurefreiem, chlorfreiem
und alterungsbeständigem Bilderdruckpapier

Printed in Germany

ISBN 3-89678-016-6

Inhalt

Vorwort 7

Abgekürzt zitierte Literatur 10

A. Einleitung 11
  1. Forschungsüberblick 11
  2. Datierungsprobleme 15
  3. Bezeichnungen: *palatium - curtis - villa - castrum* 21
  4. Pfalzorte 27
  5. Mitglieder des Hofes und der Hofkapelle 35
  6. Verwaltung der Pfalz und des Tafelgutes 39
  7. Versorgung der Pfalz 46

B. Karolingisch-ottonische Pfalzen 765–1025 59
  1. Aachen 72
  2. Ingelheim am Rhein 99
  3. Nimwegen 115
  4. Frankfurt am Main 117
  5. Paderborn 123
  6. Zürich 131
  7. Bodman 138
  8. Broich in Mülheim an der Ruhr 142
  9. Duisburg 150
  10. Magdeburg 155
  11. Grone 162
  12. Pöhlde 165
  13. Werla 168
  14. Tilleda 179
  15. Elten 191

C. Salisch-staufische Pfalzen 1025–1240 ... 199
1. Goslar ... 223
2. Harzburg bei Goslar ... 235
3. Nimwegen ... 245
4. Kaiserslautern ... 253
5. Gelnhausen ... 262
6. Hagenau ... 293
7. Nürnberg ... 304
8. Kaiserswerth ... 318
9. Ulm ... 327
10. Saalhof in Frankfurt am Main ... 335
11. Wimpfen am Neckar ... 348
12. Eger ... 368
13. Das Palatium in Seligenstadt am Main ... 389

Abbildungsnachweis ... 397

Vorwort

Neben den Kirchenbauten hatten im frühen und hohen Mittelalter die königlichen Pfalzen als Zentren der Herrschaftsausübung des deutschen Königs auf seinem steten Zug durch das Reich prägende Bedeutung für das Bauschaffen. Sie waren zugleich als Herrschaftszeichen und Repräsentation der königlichen Macht Vorbild und Anregung für die Burgen der Territorialherren, die im 10. Jh. begannen, sich repräsentative Bauten zu schaffen, und sie haben im 12./13. Jh. die Fassadenbildungen der Patrizier- und Bürgerhäuser in den Städten beeinflußt. Der nachweislich erste längere Aufenthalt eines Königs auf ostfränkischem, d. h. deutschem Gebiet ist der von Pippin dem Jüngeren in Aachen von Weihnachten 765 bis Ostern 766. Von den beeindruckenden Bauleistungen der Karolinger steht nur noch das etwa 780/790 erbaute Aachen teilweise aufrecht (Münster, *aula regia* im Rathaus mit Granus-Turm), andere sind durch Ausgrabungen recht gut bekannt (Ingelheim, Frankfurt, Paderborn). Von den ottonischen Pfalzen geben nur noch Ausgrabungspläne eine Vorstellung (Magdeburg, Duisburg, Grone, Pöhlde, Werla, Tilleda). Die salische Pfalz Goslar ist in staufischen Umbauten erhalten und als Rekonstruktion noch vorstellbar. Von den staufischen Pfalzen sind Gelnhausen, Nürnberg, Kaiserswerth, Wimpfen, Eger und Seligenstadt als beeindruckende Zeugnisse gut erhalten und allgemein bekannt. Im Laufe des 13. Jhs. verschob sich das Schwergewicht der Königsgastung allmählich räumlich, finanziell und administrativ immer mehr auf die bürgerlichen Gemeinwesen, und die Pfalzen verloren ihre Bedeutung. Nach 1240 ist keine Pfalz mehr neu gebaut worden. So wird das Buch einen Überblick über die königlichen Bauten durch fast 500 Jahre von Pippin und Karl dem Großen in Aachen bis Friedrich II. in Seligenstadt 765-1240 geben.

Die sichtbaren oder ausgegrabenen Baureste verweisen auf das ursprüngliche Aussehen, auf die Bauzeit und auch auf machtpolitische und ideologische Absichten des Bauherrn, auf seine Stellung und seine Ansprüche. Bei all den Interpretationsbemühungen muß jedoch immer berücksichtigt werden, daß die Vorstellung vom ursprünglichen Aussehen und die durch formale und stilistische Vergleiche zu erschließenden Bauzeiten ebenso wie die ikonologische Deutung und Beurteilung höchst unzulänglich und von der Einstellung des Betrachters und Interpreten abhängig sind.

Über die Kunstgeschichte der deutschen Königspfalzen gibt es seit Gottfried Schlag (Die deutschen Kaiserpfalzen 1940) nur noch zu den staufischen Anlagen zusammenfassende Überblicksdarstellungen von Leo Bruhns (Hohenstaufenschlösser Blaues Buch 1937) und Walter Hotz (Pfalzen und Burgen der Stauferzeit, Wiss. Buchges. Darmstadt 1981, 3. Aufl. 1992). Nachdem mehrere monographische Untersuchungen von Pfalzen in den letzten Jahrzehnten vorgelegt wurden, ist ein erneuter Überblick über den Forschungsstand sinnvoll. Da nun auch Hagenau, Gelnhausen und die Wartburg durch die Dendrochronologie eindeutig datiert sind und sich meine 1962/63 durch Stilvergleich ermittelten Frühdatierungen bestätigt haben, fühle ich mich veranlaßt, diesen Überblick vorzulegen, zumal meine Ausgrabungen in der ottonischen Gaugrafenburg Elten am Niederrhein und der spätkarolingischen Anlage Broich in Mülheim an der Ruhr sowie meine Veröffentlichungen über Duisburg, Gelnhausen und Seligenstadt den ganzen zeitlichen Rahmen abgedeckt haben.

Die vorliegende Darstellung der deutschen Pfalzen beginnt mit den Pfalzanlagen der Karolinger und endet mit dem Ausklang der staufischen Herrschaft, als die Bedeutung der Pfalzen deutlich nachläßt. Die Region wird bestimmt durch das Herrschaftsgebiet der Karolinger, Ottonen, Salier und Staufer, wobei das Gebiet außerhalb des *regnum Teutonicum*, also Reichsitalien, oder von herrschaftlichen Sonderverhältnissen wie Burgund und Prag, sowie die karolingische Frühzeit im Westen mit Compiègne und Clichy ausgeklammert bleiben. Die regionale Begrenzung wird demnach bestimmt durch Aachen im Westen und Magdeburg und Eger im Osten, Bodman am Bodensee im Süden und Paderborn im Norden. Das entspricht weitgehend dem Bearbeitungsgebiet des Repertoriums der deutschen Königspfalzen.

Da es meine Absicht ist, die baulichen Zeugnisse der mittelalterlichen Pfalzen in der Zeit von 765 bis 1240 darzustellen, wird die Auswahl der Pfalzorte durch den zufällig erhaltenen oder durch Grabungen bekannten Baubestand bestimmt und ist damit eine zufällige. Wenn man aber diese Auswahl mit den historisch bedeutenden Pfalzen vergleicht, ergibt sich eine recht große Übereinstimmung, so daß man guten Gewissens behaupten kann, daß hier ein repräsentativer Überblick über die bauliche Entwicklung und Ausgestaltung der deutschen Pfalzen vorgelegt wird, wobei allerdings nicht übersehen werden kann, daß die aufzeigbaren Baureste und die ergrabenen Mauerzüge kaum ein auch nur einigermaßen vollständiges Bild von den Pfalzen geben können, weil die Reste dazu nicht ausreichen. Auch darf nicht unberücksichtigt bleiben, daß die Rekonstruktionen, Deutungen, Einordnungen und Datierungen häufig unsicher sind und in der Forschung widersprüchlich behandelt werden. An dieser kontroversen Diskussion ist der Autor seit über 35 Jahren mitschuldig. Wenn er es dennoch verantwortet, einen zusammenfassenden Forschungsüberblick der Öffentlichkeit vorzulegen, dann nicht zuletzt dadurch veranlaßt, daß sich nach 30jähriger unversöhnlicher Auseinandersetzung die Frühdatierung der Pfalz Gelnhausen durch Dendro-Datierung weitgehend bestätigt hat und die mit gleicher Methode datierten Deckenbalken der Wartburg eine so frühe Bauzeit nachweisen, wie sie bislang in der Forschung nur von ihm vertreten wurde. So stehen wir heute für die Datierungen auf einem festeren Boden.

Die Behandlung der einzelnen Pfalzen ist unterschiedlich; je nach der historischen Bedeutung, der Quellenlage und dem überlieferten Baubestand werden wie bei der Harzburg die Quellen oder bei Gelnhausen die Bildhauerarbeiten und deren Datierung ausführlicher berücksichtigt; Aachen als die wichtigste Pfalz und Eger, Wimpfen und Seligenstadt als besonders späte und in ihrer Datierung und Würdigung problematische Pfalzen werden eingehender gewürdigt, dagegen werden andere Anlagen wie der Trifels oder die Bischofspfalzen Bamberg, Worms oder Köln wegen ihres Sondercharakters nicht in Einzelkapiteln vorgestellt. Andererseits werden eindeutig nicht als Pfalzen anzusprechende Anlagen wie die spätkarolingische Burg Broich und die ottonische Gaugrafenburg Elten als notwendige Vergleiche hinzugezogen, aber Burgen wie Dankwarderode in Braunschweig, Wartburg, Münzenberg oder Wildenburg nicht berücksichtigt. Vorrangig werden im vorliegenden Buch die einzelnen Forschungsergebnisse referiert. Meine Aufgabe sah ich in einem kritischen Überblick des erreichten Forschungsstandes mit Literaturhinweisen.

Das Thema ist schwer angemessen zu bearbeiten, weil dazu umfassende historische und baugeschichtliche Kenntnisse notwendig sind. So ist es Historikern kaum möglich, die Darlegungen der Kunsthistoriker, Bauhistoriker und Archäologen in ihrer Aussagefähigkeit und Zuverlässigkeit zu beurteilen, und die Bau- und Kunsthistoriker haben es schwer, die historischen Quellen und Darstellungen in ihrem Gehalt zu würdigen. Frau Dr. Bettina Jost, eine magistrierte Historikerin, die in Kunstgeschichte promoviert ist, hat kritisch und vielfach ergänzend die Texte durchgesehen. Bei meiner Arbeit haben mich Studentinnen der Abteilung Architekturgeschichte des Kunsthistorischen Instituts der Universität zu Köln unterstützt. Wimpfen wurde unter Verwendung von Kölner Hauptseminarreferaten von Gabriele Annas (WS 1987/88) und Jürgen Kaiser (WS 1992/93) verfaßt. Beate Ließem, Birgit Gerdes, Friederike Jünger und Hille Helge Klein haben die Zitate überprüft, den Text korrigiert und eingegeben. Die Bibliothekarin Gabriele Abedinizadeh hat die Literatur besorgt. Es war eine kritische, konstruktive und freundschaftliche Zusammenarbeit. Das Buch zu schreiben, hat mir besondere Freude bereitet.

Mein besonderer Dank gilt der Wissenschaftlichen Buchgesellschaft und der Lektorin Frau Dorothee Feigel, die sich bereit erklärt haben, ein solches Buch in ihr Programm aufzunehmen und mir in Anlage und Aufbau freie Hand zu lassen.

Köln im März 1996   Günther Binding

Abgekürzt zitierte Literatur:

Bruhns (1937) Bruhns, Leo: Hohenstaufenschlösser. Königstein u. Leipzig 1937.

Hotz (1981) Hotz, Walter: Pfalzen und Burgen der Stauferzeit. Geschichte und Gestalt. Darmstadt 1981.

Opll (1978) Opll, Ferdinand: Das Itinerar Friedrich Barbarossas (1152–1190). Wien-Köln-Graz 1978 (= Forsch. z. Kaiser- u. Papstgesch. d. MA. Beih. 1 zu J. F. Böhmer, Regesta imperii).

Schlag (1940) Schlag, Gottfried: Die deutschen Kaiserpfalzen. Frankfurt a. M. 1940 (= Großdt. Schr., 2).

Schlesinger (1975) Schlesinger, Walter: Bischofssitze, Pfalzen und Städte im deutschen Itinerar Friedrich Barbarossas. In: Aus Stadt- und Wirtschaftsgeschichte Südwestdeutschlands. Festschr. f. Erich Maschke zum 75. Geburtstag. Stuttgart 1975, S. 1–56.

Streich (1984) Streich, Gerhard: Burg und Kirche während des deutschen Mittelalters. Untersuchungen zur Sakraltopographie von Pfalzen, Burgen und Herrensitzen (= Vortr. u. Forsch. 19/1.2) Sigmaringen 1984.

(Nach Abschluß des Umbruchs ist erschienen: Deutsche Königspfalzen. Bd. 4, hg. u. Lutz Fenske. Göttingen 1996 mit Beiträgen zu Goslar und Zürich)

A Einleitung

A 1 Forschungsüberblick

„Wir erinnern an Bilder von Pfalzen, die allgemein bekannt sind: Goslar, Gelnhausen, Nürnberg. Von Romantik umgeben leuchten sie auf als Zeugen von des alten Reiches Herrlichkeit, ... Die kunstgeschichtliche Sicht ist nur eine, zugegebenermaßen die eindrucksvollste einer Pfalz. Wir haben inzwischen gelernt, die Pfalz auch noch in anderen Richtungen zu sehen: in ihrer Lage, ihrem Zusammenhang mit der Siedlung, ihrer Beziehung zum Königtum, dem sie ihre Existenz verdankt."[1] So hat es Georg Wilhelm Sante in seinem Einführungsvortrag der Göttinger Tagung 1968 „Die Pfalzen, ihre Stellung in der frühen deutschen Geschichte" ausgedrückt.

Nachdem schon Conrad Plath am Ende des 19. Jhs. Vorschläge zur Erarbeitung eines Pfalzenkataloges gemacht hatte[2] und ein solcher, allerdings schwacher und problematischer Katalog 1906 von W. Weitzel „Die deutschen Kaiserpfalzen und Königshöfe vom 8. bis 16. Jh." vorgelegt war,[3] stellten die Historiker Wilhelm Berges und Walter Schlesinger 1958 auf dem Ulmer Historikertag den Plan vor, einen Katalog der deutschen Königspfalzen zu erarbeiten. Mehrere Tagungen in Göttingen, u. a. 1957, 1958, 1968, haben sich mit dem Thema beschäftigt, worüber Aufsätze in den drei Bänden „Deutsche Königspfalzen" berichten.[4] Im ersten, 1963 erschienenen Band hat Walter Schlesinger am Beispiel von Merseburg den „Versuch eines Modells künftiger Pfalzenforschung" vorgelegt.[5] 1965 hat Hermann Heimpel als Direktor des seit 1957 bestehenden Max-Planck-Instituts für Geschichte in Göttingen, an dem die Erarbeitung des

---

[1] Georg Wilhelm Sante: Über Pfalzen in der frühen deutschen Geschichte. In: Blätter f. dt. Landesgesch. 105, 1969, S. 1–7, Zitat S. 1.
[2] Conrad Plath: Die Königspfalzen der Merowinger und Karolinger. Diss. Berlin 1892. – Conrad Plath: Het valkhof te Nijmegen en de nieuwe opgravingen. Amsterdam 1898. – Vergl. auch die Würdigung von Heimpel (wie Anm. 6) S. 464–467.
[3] W. Weitzel: Die deutschen Kaiserpfalzen und Königshöfe vom 8. bis zum 16. Jahrhundert. Halle 1905.
[4] Deutsche Königspfalzen. Beiträge zu ihrer historischen und archäologischen Erforschung. 3 Bde. Göttingen 1963, 1965, 1979 (= Veröff. d. Max-Planck-Inst. f. Gesch. 11/1–3). Bespr. in Hist. Jb. 87, 1967, S. 91–102 (Wolfgang Metz); Rhein. Vierteljahrsblätter 32, 1968, S. 578–584 (Josef Fleckenstein); Hist. Zs. 206, 1968, S. 686–692 (Carlrichard Brühl); Neue Museumskunde 11, 1968 (1), S. 97–100 (Hansjürgen Brachmann).
[5] Walter Schlesinger: Merseburg. Versuch eines Modells künftiger Pfalzenbearbei-

Kataloges angesiedelt ist, in vorzüglicher Weise und umfassend aus historischer Sicht über die „Bisherige und zukünftige Erforschung deutscher Königspfalzen" berichtet.[6] Schließlich hat Thomas Zotz 1982 „Vorbemerkungen zum Repertorium der Deutschen Königspfalzen" veröffentlicht und damit die Grundlage für die vom Göttinger Institut durchgeführte Erfassung der Pfalzen dargelegt und begründet.[7] Seit 1983 erscheinen die ersten Lieferungen des Repertoriums für die Bundesländer Hessen, Thüringen und Baden-Württemberg.[8] „Das Repertorium der Pfalzen, Königshöfe und übrigen Aufenthaltsorte der Könige im deutschen Reich des Mittelalters," wie der Titel lautet, vermeidet bewußt eine enge Bestimmung des Pfalzbegriffs, dennoch hat Thomas Zotz 1982 die Frage nach der Definition der Pfalz wieder aufgegriffen und die verschiedenen Meinungen und Voraussetzungen referiert,[9] wobei zu berücksichtigen ist, daß an dem Forschungsprojekt bislang kein Kunst- bzw. Bauhistoriker beteiligt worden ist. Die Pfalz wird jedenfalls durch die enge Verflechtung „mit Herrschaftsausübung, Gastung und Repräsentation der fränkischen und deutschen Könige" bestimmt.[10] Adolf Gauert hat 1980 ein umfassendes Literaturverzeichnis zu den Pfalzen und 1978 einen Überblick gegeben, worauf Thomas Zotz und Günther Binding 1993 aufbauten.[11]

Während die Historiker und das von ihnen bearbeitete Repertorium „in erster Linie auf die Funktion der Pfalzen für die königliche 'Regierung' des Reiches" eingehen, wird „auf der anderen Seite auch die Baugeschichte des *palatium*s im engeren Sinne von Historikern behandelt werden müssen, wobei es ihre erste Aufgabe sein wird, die schriftlichen Quellen zur Geschichte der Bauten selbst, der Bauleistungen usw. systematischer heranzuziehen, als das bisher – bis auf Plath – geschehen ist".[12]

tung. In: Deutsche Königspfalzen. Bd. 1 Göttingen 1963, (= Veröff. d. Max-Planck-Inst. f. Gesch. 11,1) S. 158–206.
[6] Hermann Heimpel: Bisherige und zukünftige Erforschung deutscher Königspfalzen. Zugleich Bericht über Arbeiten des Max-Planck-Instituts für Geschichte zur Pfalzenforschung. In: Gesch. in Wiss. u. Unterricht 16, 1965, S. 401–487. – Vergl. auch die Einleitung zum 1. Band der Deutschen Königspfalzen (wie Anm. 8).
[7] Thomas Zotz: Vorbemerkungen zum Repertorium der deutschen Königspfalzen. In: Blätter f. dt. Landesgesch. 118, 1982, S. 177–203.
[8] Die Deutschen Königspfalzen. Bd. 1 Hessen, Göttingen 1983 ff., Bd. 2 Thüringen 1984 ff., Bd. 3 Baden-Württemberg 1988 ff.
[9] Zotz (wie Anm. 7).
[10] Thomas Martin: Die Pfalzen im dreizehnten Jahrhundert. In: Herrschaft und Stand. Hg. Josef Fleckenstein. Göttingen 1979 (= Veröff. d. Max-Planck-Inst. f. Gesch. 51) S. 277.– Siehe auch Kap. A. 3.
[11] Adolf Gauert: Pfalzen. In: Dahlmann-Waitz: Quellenkunde der deutschen Geschichte. 10. Aufl. 1980, Abschnitt 184, Nr. 499–509. – Adolf Gauert: Königspfalzen. In: Handwörterbuch zur dt. Rechtsgesch. 2, 1978, Sp. 1044–1055. – Thomas Zotz, Günther Binding: Pfalz. In: Lex MA 6, 1993, Sp. 1933–2001.
[12] Heimpel (wie Anm. 6) S. 478.

A 1 Forschungsüberblick

Der Deutsche Verein für Kunstwissenschaft hatte 1909 von bau- und kunstgeschichtlicher Seite die Initiative von Conrad Plath aufgenommen, „die Untersuchung und Veröffentlichung der deutschen Kaiserpfalzen, soweit von ihnen noch nennenswerte Reste erhalten sind, als eine seiner ersten Aufgaben in die Hand zu nehmen".[13] Paul Clemen, der in der Kommission für die Denkmäler deutscher Kunst die Abteilung der mittelalterlichen Profanbauten leitete und 1890 in jungen Jahren schon über seine Ausgrabungen in Ingelheim 1888/89 einen wichtigen Aufsatz publiziert hatte, übernahm die Planung und Betreuung des Unternehmens.[14] Bereits 1909 konnten erste Grabungen auf Kosten des Vereins in Ingelheim begonnen werden, die Christian Rauch geleitet hat; 1911 wurden Ausgrabungen in Eger unter Julius Ernst Jonas und 1913 in Goslar unter Uvo Hölscher aufgenommen, die später im Zusammenhang mit Gesamtdarstellungen der Pfalzen publiziert wurden.

Gert von der Osten hat 1937 einen Überblick über die Pfalzen aus baugeschichtlicher Sicht in Wasmuths Lexikon der Baukunst und 1938 einen Überblick über das kunsthistorische Schrifttum über deutsche Königspfalzen in der Zeitschrift für Kunstgeschichte vorgelegt.[15] 1929–32 wurde im Auftrag des Preußischen Ministeriums für Wissenschaft, Kunst und Volksbildung und des Deutschen Vereins für Kunstwissenschaft in der Pfalz Gelnhausen eine Bestandsaufmessung mit Grabungen unter der Leitung von Karl Nothnagel durchgeführt. Nachdem Nothnagel 1958 gestorben war und sich auch in seinem Nachlaß keine Berichte über seine Grabungen fanden,[16] hat Regierungsbaurat Albert Tuczek, dem als Vorstand des Hanauer Staatshochbauamtes die örtliche Leitung der Grabungen übertragen war, auf der Grundlage seiner Bauaufnahmen, Skizzenbücher

---

[13] Vorwort in Uvo Hoelscher: Die Kaiserpfalz Goslar. Berlin 1927.

[14] Paul Clemen: Die Kaiserpfalzen. In: 1.–3. Bericht über die Denkmäler deutscher Kunst, Abt.7. Berlin 1911, S.4–15; 1912, S. 20–39; 1914, S.15–23. – Zur Vorgeschichte siehe den Überblick in Christian Rauch, Hans Jörg Jacobi: Die Ausgrabungen in der Königspfalz Ingelheim 1909–1914. Mainz 1976 (=Monographie d. Röm.-German. Zentralmus. 2) S. XIIIf.

[15] Gert von der Osten: Pfalz. In: Wasmuths Lexikon der Baukunst 5, 1937, S. 431–437. – Gert von der Osten: Neueres Schrifttum über deutsche Königspfalzen. In: Zs. f. Kg. 7, 1938, S. 238–250.

[16] 1937 vermerkt Leo Bruhns in seinem Blauen Buch „Hohenstaufenschlösser", daß die Veröffentlichung von Karl Nothnagel über Gelnhausen „mit Spannung erwartet wird". Als ich 1957 die Pfalz Gelnhausen als Dissertation bearbeiten wollte, verwehrte mir Karl Nothnagel den Zugang zu den Plänen, Berichten und Funden, da er selbst mit der Bearbeitung befaßt sei und in Kürze das Manuskript abschließen und veröffentlichen würde. Die mir zwei Wochen nach Nothnagels Tod am 24.11.1958 durch Vermittlung von Prof. Dr. Holzinger/Städel Frankfurt in Gegenwart des Nachlaßverwalters zugänglich gemachte Wohnung von Nothnagel enthielt außer einem maschinenschriftlichen Exemplar seiner Frankfurter Dissertation von 1927 und wenigen unbedeutenden Notizen und Zeitungsausschnitten keine weiteren Unterlagen.

und Fotos in einem umfangreichen Briefwechsel mit Günther Binding 1961 Beobachtungen über die Fundamente und Geländeverhältnisse mitgeteilt, die Günther Binding in seiner Dissertation über die Pfalz Gelnhausen 1963 verwertet hat.[17] Im Rahmen des 1909 beschlossenen Pfalzenwerkes erschienen von Uvo Hölscher 1927 der Band über Goslar und von Oscar Schürer 1931 der Band über Eger. 1943 erhielt Fritz Arens vom Deutschen Verein für Kunstwissenschaft den Auftrag, Wimpfen zu bearbeiten; zusammen mit den Aufmessungen von Otto Ehlers ist der Band 1967 erschienen. Die anderen Vorhaben sind über Krieg und Nachkriegszeit steckengeblieben und wurden nicht wieder aufgenommen.

Die Ergebnisse der Bauuntersuchungen und Grabungen der Aachener Pfalz haben Felix Kreusch und Leo Hugot 1965 in zwei Aufsätzen im dritten Band des vierbändigen Werkes über Karl den Großen vorgelegt. Die von Christian Rauch 1910–1915 vorläufig veröffentlichten Grabungsergebnisse in Ingelheim hat 1976 Hans-Jörg Jacobi auf der Grundlage der originalen Grabungsunterlagen neu bearbeitet. Für die 1875–1964 ausgegrabene Pfalz Werla liegt eine zusammenfassende Veröffentlichung von Carl-Heinrich Seebach aus dem Jahre 1967 vor. Paul Grimm hat 1968 und 1990 in zwei Bänden vorbildlich seine Grabung in Tilleda publiziert. Für die Duisburger Pfalz haben Elisabeth und Günther Binding 1969 Bauuntersuchungen und Grabungen von Conrad Plath 1900 und Fritz Tischler 1955/61 vorgelegt. Otto Stamm und Fritz Arens haben den Saalhof in Frankfurt am Main 1966 und 1976/77 aufgrund von Grabungen und Bauuntersuchungen 1958–64 behandelt. Archäologische und baugeschichtliche Untersuchungen anderer Pfalzen sind nur in einzelnen Aufsätzen mehr oder weniger umfassend und zuverlässig vorgestellt worden. Das betrifft besonders die umfangreiche Grabung von Wilhelm Winkelmann 1964–70 in der Paderborner Pfalz, über die bisher nur kurze Vorberichte vorliegen. Im Zusammenhang mit den Grabungspublikationen über die Gaugrafenburg Elten am Niederrhein (1. Hälfte 10. Jh.) und über die Burg gegen die Normannen in Broich/Mülheim an der Ruhr (883/84) hat Günther Binding 1968/70 karolingisch-ottonische Pfalzen berücksichtigt.

Nachdem Gottfried Schlag 1940 versucht hatte, einen kurzen Überblick über „Die deutschen Kaiserpfalzen" vorzulegen, hat Walter Hotz 1981 „Pfalzen und Burgen der Stauferzeit. Geschichte und Gestalt" dargestellt, eine Art Ersatz für Leo Bruhns Blaues Buch „Hohenstaufenschlösser" von 1937. Immer wieder wird in Büchern über mittelalterlichen Profanbau auf die Pfalzen eingegangen. Kurze Überblicke sind von Adolf Gauert im 2. Band des Handwörterbuches zur deutschen Rechtsgeschichte 1978 und von Thomas Zotz und Günther Binding im 6. Band des Lexikons des Mittelalters 1993 vorgelegt.

---

[17] Zitate der im folgenden genannten Veröffentlichungen siehe jeweils im Literaturverzeichnis zu den einzelnen Pfalzen.

A 2 Datierungsprobleme

Die Historiker können sich an die überlieferten Quellen halten, sind aber mit terminologischen Problemen, Überlieferungslücken und widersprüchlichen Quellenaussagen belastet. Dagegen können die Bau- und Kunsthistoriker nicht von schriftlichen Nachrichten ausgehen, die über die Art und den Umfang der Pfalzbauten und ihrer Befestigungen und deren Datierung Auskunft geben. Bei der Beurteilung der überkommenen Baureste und Grabungsbefunde entwickelte sich ein unlösbar erscheinender Streit über deren Datierung, wobei immer wieder das Problem angesprochen wird, ob die Profanbauten in ihren verwendeten Formen vom Kirchenbau abhängig sind und mit welcher zeitlichen Verzögerung und welchem eventuellen Qualitätsverlust sie diese aufnehmen. Das betrifft auch die Bauten der Pfalz Aachen, die u. a. von Walter Schlesinger und Günther Binding in die 780er Jahre – bevor Karl der Große Aachen 794 zur dauerhaften Residenz wählte – und von den Kunsthistorikern allgemein in die 790er Jahre mit Vollendung durch die Pfalzkapelle 800 oder auch später datiert werden.[1] Für das Kaiserhaus der Pfalz in Goslar ist die Frage bisher ungelöst, welche Baureste für eine Rekonstruktion des salischen Palatiums herangezogen werden können.[2] In besonderem Maße betrifft das die Datierung der staufischen Pfalzen wie Gelnhausen, Wimpfen, Eger und Nürnberg sowie den fälschlicherweise als Überrest der Frankfurter Pfalz aus staufischer Zeit gedeuteten Saalhof in Frankfurt.

Das Datierungsproblem soll beispielhaft für die Pfalz Gelnhausen dargelegt werden, wo der Streit unlösbar zu sein scheint, ob und welche der höchst qualitätvollen Baureste zur Zeit der Gründung der Stadt Gelnhausen 1170 oder dem so wichtigen Reichstag im April 1180 vorhanden gewesen sind. Während Bernhard Hundeshagen in seiner Monographie 1813 Friedrich Barbarossa als Bauherrn ansah[3] und Richard Hamann 1923 eine Datierung 1220/30 unter Friedrich II. vorschlug,[4] kam Karl Nothnagel 1927[5] wie schon Ludwig Bickell 1901[6] zu einer Datierung unter Heinrich VI. 1190–1200. Dem widersprach der Historiker Heinrich Bingemer 1937;[7] er nannte die Bauzeit 1159–1170. Dieser

---

[1] siehe Aachen

[2] siehe Goslar

[3] Bernhard Hundeshagen: Kaiser Friedrichs I. Barbarossa Palast in der Burg zu Gelnhausen. (1. Aufl. 1813) 2. Aufl. Mainz 1819, unveränderte Aufl. Bonn 1832.

[4] Richard Hamann: Deutsche und französische Kunst im Mittelalter. 2 Bde. Marburg 1923.

[5] Karl Nothnagel: Romanische Architektur in Gelnhausen. Ms. Diss. Frankfurt a. M. 1927. Bearb. von Fritz Arens und herausgegeben unter dem Titel: Staufische Architektur in Gelnhausen und Worms. Göppingen 1971 (= Schr. zur stauf. Gesch. u. Kunst 1).

[6] Ludwig Bickell: Die Bau- und Kunstdenkmäler im Regierungsbezirk Kassel. Bd. 1: Kreis Gelnhausen. Marburg 1901.

[7] Heinrich Bingemer: Die Erbauungszeit des Saalhofs in Frankfurt am Main und der Bur-

A Einleitung

Frühdatierung vermochten sich die Kunsthistoriker Walter Hotz 1935–1981, Gottfried Schlag 1940, Magnus Backes im Dehio 1966 und der Historiker Karl E. Demandt 1955 nicht anzuschließen, sondern sie dachten an die Jahre 1170–1180.[8] Als Günther Binding 1963 mit einer genauen Bauuntersuchung und stilistischen Einordnung der Bauornamentik für die von Heinrich Bingemer vorgeschlagene Frühdatierung 1159–1170 eintrat,[9] veranlaßte das einige Kunsthistoriker zu einem vehementen Einspruch, den vor allem Wolfgang Einsingbach 1964 und 1975[10] und Fritz Arens mehrfach, besonders 1976 und 1978,[11] vorgetragen haben; sie orientierten sich an der Datierung von Ludwig Bickell und Karl Nothnagel in die Jahre 1190–1200 und gestalteten die Auseinandersetzung, zu der die Historiker aufgrund der Quellenlage nichts beitragen können, wie Joachim Ehlers 1968[12] und Fred Schwind 1981[13] deutlich machten, sehr heftig und geradezu polemisch.[14] Bei der Spätdatierung von Nothnagel,

gen zu Gelnhausen und Münzenberg. Frankfurt a. M. 1937 (= Schr. d. stadtgesch. Mus. 6).

[8] Walter Hotz: Burg Wildenberg. Diss. Gießen 1935. Teildruck der Dissertation: Burg Wildenberg im deutschen romanischen Kunstschaffen. Gießen 1935. – Walter Hotz: Burg Wildenberg im Odenwald. Amorbach 1963. – Schlag (1940). – Dehio: Handbuch der deutschen Kunstdenkmäler. Hessen, bearb. Magnus Backes. München-Berlin 1966, S. 301. – Karl E. Demandt: Die Herren von Büdingen und das Reich in staufischer Zeit. In: Hess. Jb. f. Landesgesch. 5, 1955, S. 49–84 („Jahrzehnt vor 1180 als Erbauungszeit der Pfalz").

[9] Günther Binding: Die Pfalz Kaiser Friedrich Barbarossas in Gelnhausen und die frühstaufische Baukunst im Rhein-Main-Gebiet. Ms. Diss. Bonn 1963. Teildruck: Pfalz Gelnhausen. Eine Bauuntersuchung. Bonn 1965 (= Abhandl. zur Kunst-, Musik- u. Lit.-wiss. 30). – Günther Binding: Kaiserpfalz Gelnhausen. Amtlicher Führer. Bad Homburg v. d. H. u. München-Berlin 1962.

[10] Wolfgang Einsingbach, Bespr. von G. Binding, Burg Münzenberg, Bonn 1963. In: Nassauische Annalen 75, 1964, S. 326–328. – Wolfgang Einsingbach: Gelnhausen. Amtlicher Führer. Bad Homburg v. d. H. 1975.

[11] Fritz Arens: Die Datierung staufischer Pfalzen und Burgen am Mittelrhein mit Hilfe des Stilvergleichs. In: Die Burgen im deutschen Sprachraum. 1. Hg. Hans Patze. Sigmaringen 1976, S. 181–192. – Fritz Arens: Staufische Königspfalzen. Neue Forschungsergebnisse. In: Burgen u. Schlösser 19, 1978, S. 74–83. – Fritz Arens: Der Saalhof in Frankfurt und die Burg zu Babenhausen. In: Mainzer Zs. 71/72, 1976/77, S. 1–56, hier S. 28f. – Auch Harald Keller: Gelnhausen im Rahmen staufischer Stadtbaukunst. In: Geschichte und Verfassungsgefüge. Festschr. Walter Schlesinger: Wiesbaden 1973 (=Frankfurter hist. Abhandl. 5) S. 106, sieht die Frühdatierung von Binding als „ganz unhaltbar" und das Datum von Demandt 1170–1180 als nicht stichhaltig an.

[12] Joachim Ehlers: Zur Datierung der Pfalz Gelnhausen. In: Hess. Jb. f. Landesgesch. 18, 1968, S. 94–130.

[13] Fred Schwind: Reichsstadt und Kaiserpfalz Gelnhausen. In: Blätter f. dt. Landesgesch. 117, 1981, S. 73–95; Wiederabdruck in: Der Reichstag von Gelnhausen. Hg. Hans Patze. Marburg-Köln 1981, S. 73–95.

[14] Einsingbach 1964 (wie Anm. 10) S. 327. – Arens 1976 (wie Anm. 11) S. 181f. – Arens 1978 (wie Anm. 11) S. 74. – Fritz Arens: Der Saalhof in Frankfurt und die Burg Babenhausen. In: Mainzer Zs. 71/72, 1976/77, S. 28f.

Arens und Einsingbach hätte der für die Herrschaftsfestigung Friedrich Barbarossas so wichtige Reichstag von 1180 auf einer Wiese neben einer seit 10 Jahren im Aufbau befindlichen Stadt stattgefunden, und es bleibt die Frage, warum Friedrich Barbarossa von Würzburg aus den Reichstag ausgerechnet nach Gelnhausen in *territorio Moguntino* einberufen hat und nicht einen anderen Ort wählte, an dem ausreichende repräsentative Bauten zur Verfügung standen, wie z. B. in Frankfurt oder Mainz, die häufig zu Hof- und Reichstagen genutzt wurden.

Joachim Ehlers hat 1968 als Historiker die Quellen für Gelnhausen kritisch gesichtet und ist zu dem Ergebnis gekommen: „Ein königlicher Baubeginn vor 1157/58 erscheint ausgeschlossen, für die Zeit danach hat sich kein genügend sicherer Anhaltspunkt ergeben, über den Bauabschluß sind demzufolge nur Vermutungen möglich."[15] Fred Schwind nimmt 1981 Stellung zur Spätdatierung von Fritz Arens: „Ich muß mir ein Urteil über die Tragfähigkeit des Stilvergleichs als des wichtigsten Mittels zur Datierung der Pfalzbauten versagen. Dennoch stehe ich dem von Nothnagel, Arens u. a. vorgebrachten späten Datierungsvorschlägen mit äußerster Zurückhaltung gegenüber. ... Das bedeutet jedoch nicht, daß ich der 'Frühdatierung' von Binding zustimme; es erscheint mir immer noch am wahrscheinlichsten, daß die Pfalzanlage in den achtziger Jahren funktionsfähig war."[16] Damit nähert sich Fred Schwind der Auffassung von Karl E. Demandt 1955, der das Jahrzehnt vor 1180 für die Erbauungszeit der Pfalz ansieht.

Eine weitere Verunsicherung entstand durch die Dendro-Datierung (zur Methode s. u.) von verschiedenen Pfählen aus dem Pfalzgelände von Gelnhausen, über deren Herkunft in der Literatur widersprüchliche Angaben gemacht werden. Es handelt sich einmal um einen 1966 dendrochronologisch auf Frühjahr 1182 datierten Pfahl, der nach Walter Nieß und mündlichen Auskünften aus dem Bereich der Brücke vor dem Westportal stammt,[17] und nicht wie Fritz Arens behauptet: „aus dem Fundament des Torbaus", wodurch „der Beginn der Bauarbeiten bezeichnet wäre".[18] In dem gleichen Bereich, 8 m westlich des Tores, wurden im Herbst 1977 zwei weitere Pfähle gezogen, die Ernst Hollstein auf Frühjahr 1173 datiert hat.[19] Alle drei Pfähle stammen damit aus dem Gra-

[15] Ehlers (wie Anm. 12) S. 129.
[16] Schwind (wie Anm. 13) S. 90.
[17] Günther Binding, Bespr. K. Nothnagel, Staufische Architektur in Gelnhausen und Worms, Göppingen 1971. In: Zs. f. Gesch. d. Oberrheins 123, 1975, S. 394–396. – Schwind (wie Anm. 13) S. 91. – Michael Borrmann: Historische Pfahlgründungen. Karlsruhe 1992 (= Inst. f. Baugesch. d. Univ. Karlsruhe 3) S. 115–118.
[18] Arens in Nothnagel (wie Anm. 5) S. 3.
[19] Brief vom 7.10.1977 von Dr. Wolfgang Einsingbach, Direktor der Verwaltung der staatl. Schlösser und Gärten Hessen. – Ernst Hollstein: Mitteleuropäische Eichenchronologie. Mainz 1980 (= Trierer Grabungen u. Forsch. 11) S. 63.

ben mit der Holzbrücke vor dem Pfalzeingang. Da der Graben mit Sicherheit erst ausgehoben worden ist, als die Zufahrt für die schwerbeladenen Steinkarren nicht mehr notwendig war, also der in der Bauabfolge nachweislich letzte Bauabschnitt Torhalle mit Kapelle fertig war, geben die Dendrodaten einen *terminus ante quem* für den Pfalzbau. Dementsprechend steht Fred Schwind dem Aussagewert der bislang in Gelnhausen gefundenen Pfähle kritisch gegenüber.[20] Günther Binding blieb entsprechend bei seiner 1962/63 auf stilistischem Formvergleich der Bauornamentik beruhenden frühen Datierung von Münzenberg 1153–1165, Gelnhausen etwa 1158–1170, Hagenau (Bildhauerarbeiten) 1170–1174/78 und Wartburg-Palas 1160er Jahre.[21] Inzwischen sind recht weitgehende Bestätigungen dieser allgemein angezweifelten Frühdatierungen erfolgt: Fundamentierung der Hagenauer Pfalzkapelle 1172 ±6,[22] Wartburg Deckenbalken des Palas-Untergeschosses 1157/58, des Obergeschosses 1162 +5/–3.[23] Jüngst wurden in Gelnhausen Pfähle unter den Fundamenten der Torhalle auf Winter 1169/70 datiert, womit der letzte Bauabschnitt auf 1170/72 (bei Binding um 1168) bestimmt ist.[24] Dieses Ergebnis wird durch die oben genannte Brückendatierung auf 1173 bestätigt, d. h. die Bauarbeiten der Pfalz Gelnhausen wurden nach 1158 begonnen und 1173 abgeschlossen (siehe Kap. C 5). Somit sind die methodischen Vorwürfe von Fritz Arens nicht mehr haltbar. Wie sich auch in einer Zahl von neueren Kölner Dissertationen, die sich der von Günther Binding 1963 angewandten Methode bedienen, erweisen ließ, führt diese zu brauchbaren Ergebnissen.[25]

Wie sieht diese Methode aus? In der Kenntnis, daß Bauornamente wie Kapitelle, Basen, Gesimse und Reliefs von einzelnen Steinmetzen gearbeitet sind

---

[20] Schwind (wie Anm. 13) S. 91.
[21] Binding 1965 (wie Anm. 9). – Bereits um 1170 datierte Karl Simon: Zur Datierung des Landgrafenhauses auf der Wartburg. In: Der Burgwart 3, Nr. 4, 1902, S. 29–33.
[22] Robert Will: Notes complémentaires sur le château impérial disparu de Haguenau. In: Etudes Haguenoviennes 5, 1965/70 (1970), S. 79–99, hier S. 95–97. – Hollstein (wie Anm. 19) S. 65. – Borrmann (wie Anm. 17) S. 114.
[23] Dieter Eckstein, Thomas Eissing, Peter Klein: Dendrochronologische Datierung der Wartburg. Mit einem Nachwort von Günther Binding. Köln 1992 (= 46. Veröff. d. Abt. Arch. d. Kunsthist. Inst. d. Univ. zu Köln). – Vergl. auch Kunstchronik 46, 1993, S. 657.
[24] G. Ulrich Großmann: Mittel- und Südhessen. DuMont-Kunst-Reiseführer. Köln 1995, S. 231.
[25] Gert Ressel: Schwarzrheindorf und die frühstaufische Kapitellplastik am Niederrhein. Köln 1977 (= 13. Veröff. d. Abt. Arch. d. Kunsthist. Inst. d. Univ. zu Köln). – Dorothea Hochkirchen: Mittelalterliche Steinbearbeitung und die unfertigen Kapitelle des Speyerer Domes. Köln 1990 (= 39. Veröff. d. Abt. Arch. d. Kunsthist. Inst. d. Univ. zu Köln). – Holger Mertens: Studien zur Bauplastik der Dome in Speyer und Mainz. Mainz 1995 (= Quellen u. Abhandl. z. mittelrhein. Kirchengesch. 76). – Stefanie Lieb: Die Adelog-Kapitelle in St. Michael in Hildesheim und ihre Stellung innerhalb der sächsischen Bauornamentik des 12. Jhs. Köln 1995 (=51. Veröff. d. Abt. Arch. d. Kunsthist. Inst. d. Univ. zu Köln).

A 2 Datierungsprobleme 19

und die Steinmetzen auf ihren Wanderungen zu verschiedenen Baustellen, auf denen sie häufig nur kurze Zeit gearbeitet haben,[26] Einflüssen ausgesetzt waren, durch die sie sich laufend weiterentwickelt haben, sind formale und stilistische Übereinstimmungen gesondert zu analysieren, denn im Stil eines Steinmetzen/Bildhauers zeigt sich die Art der Gestaltung, und Auswahl und Verwendung der Formen erweisen persönliche Eigenarten. Diese Methode ist jedoch nur bei qualitätvoller Ornamentik anwendbar. So konnte für den Palas der Pfalz Gelnhausen festgestellt werden, daß zunächst zwei Bildhauer, einer von der Burg Münzenberg und einer aus Lich, beide in der Wetterau gelegen, angeworben wurden, die die ersten Kapitelle der westlichen Arkaden des Palas gearbeitet und sich bei der Arbeit formal und technisch beeinflußt haben, so daß die beiden zweiten Kapitelle entsprechende gegenseitige Übernahmen erkennen lassen. Dasselbe wiederholte sich, als für die östlichen Palasarkaden ein dritter Steinmetz hinzukam. Man kann am Bau – bei sukzessivem Versatz der Werkstücke – eine Entwicklung erkennen, an deren erste Arbeiten frühere Werke und an deren letzte Arbeiten spätere Werke angeschlossen werden können. Dann ergibt sich aus der aufgezeigten Wanderung der einzelnen Steinmetzen ein Werkgeflecht, das, mit einzelnen historischen Nachrichten verbunden, eine zeitliche Zuordnung ermöglicht, wobei der Zeitaufwand für die Arbeiten zu berücksichtigen ist; ferner sind regionale Einflüsse in die Beurteilung mit einzubeziehen.[27]

Eine andere Datierungsmethode steht den Archäologen zur Verfügung. Sie sind in der Lage, durch schichtgebundene Scherben und Münzen Baumaßnahmen zu datieren; dabei ist aber zu berücksichtigen, daß die Datierung von Keramik nicht auf Jahrzehnte genau möglich ist und daß Scherben und Münzen in einer Schicht nur einen *terminus post quem*, also die Schicht später als die Scherben- und Münzdatierung bestimmen; wieviel später kann erst die Stratigraphie mit den darüberliegenden Schichten ergeben, d. h. eine jahrgenaue oder jahrzehntgenaue Datierung ist damit nicht zu erreichen. Aber für undatierte Anlagen oder Baubefunde wie bei den Pfalzen Werla und Tilleda ergibt sich so wenigstens ein Anhalt für die zeitliche Zuordnung, die dann eventuell durch historische Nachrichten präzisiert werden kann.[28]

Anders ist es mit der Dendrochronologie, die bei gut erhaltenen, ausreichend dicken Hölzern mit Waldkante eine jahrgenaue Datierung für das Fälljahr des Holzes angeben kann, wobei es dann die Aufgabe des Bauforschers ist,

---

[26] Günther Binding: Baubetrieb im Mittelalter. Darmstadt 1993, S. 269–285.
[27] siehe die Literatur in Anm. 25.
[28] Zu den Aufgaben der Archäologen bei der Pfalzenforschung Herbert Jankuhn: Die mittelalterlichen Königspfalzen als archäologisches Forschungsproblem. In: *Varia archaeologica*. Wilhelm Unverzagt zum 70. Geb. Hg. Paul Grimm. Berlin 1964 (= Dt. Akad. d. Wiss. zu Berlin. Schr. d. Sektion f. Vor- u. Frühgesch. 16) S. 323–335.

die Aussage angemessen in den Bauzusammenhang einzuordnen.[29] In der Regel kann man im Mittelalter davon ausgehen, daß Bauholz saftfrisch verarbeitet worden ist, daß also das Fälljahr auch das Jahr des Einbaus angibt. Das trifft aber nur für umfangreiche Baukonstruktionen aus Holz zu. Einzelhölzer geben keine ausreichende Sicherheit, denn sie können zweitverwendet sein, wie das bei dem Grauen Haus in Winkel im Rheingau der Fall ist. Hier wurden zwei Fenstersturzbalken im Obergeschoß auf um 1075/78 und zwei Torsturzbalken im Untergeschoß auf nach 1032 datiert, während Werner Meyer-Barkhausen 1958 und Anita Wiedenau 1979 das Haus aufgrund seiner Anlage und im Vergleich mit dem Kanonikerhaus in Münstereifel (1167 Dendrodatum) und dem Haus am Erzbischöflichen Palast in Köln (1166 Rainald von Dassel) erst um 1160 datiert haben.[30] Hier wurde wahrscheinlich das Holz zusammen mit den karolingischen und ottonischen Kapitellen, Säulen usw., die vermutlich aus der Pfalz Ingelheim stammen, zweitverwendet eingebaut und ermöglicht keine Datierung der Baumaßnahme.

Bei der Betrachtung und zeitlichen Einordnung der Pfalzbaureste müssen die Datierungsprobleme immer in Erinnerung behalten werden, dennoch sind entsprechend den gegebenen Möglichkeiten zeitliche Zuordnungen notwendig und können auch gegeben werden, wobei historische Nachrichten, stilistische Einordnungen und in wenigen Fällen Dendro-Daten herangezogen werden. Historiker, Kunsthistoriker und Naturwissenschaftler müssen bei der Datierung zusammenwirken. Eine zeitliche Einordnung ist nicht Selbstzweck, sondern notwendig, um die politisch-repräsentativen Aufgaben des Pfalzbaus richtig beurteilen zu können.

---

[29] Hollstein (wie Anm. 19).
[30] Werner Meyer-Barkhausen: Das „Graue Haus" zu Winkel im Rheingau. In: Mainzer Zs. 53, 1958, S. 1–20. – Anita Wiedenau: Romanischer Wohnbau im Rheinland. Köln 1979 (= 16. Veröff. d. Abt. Arch. d. Kunsthist. Inst. d. Univ. zu Köln) S. 22–36, 153–167. – Zur Dendro-Datierung siehe Hollstein (wie Anm. 19) S. 176 f.

A 3 Bezeichnungen: *palatium – curtis – villa – castrum*

Seit Augustus hatten die römischen Kaiser ihre Residenz auf dem Palatin in Rom, *in palatio monte* (Livius und Cicero); seit dem 2. Jh. wurde auch die Residenz *palatium* genannt.[1] Bald wurde die Bezeichnung auf andere Herrschaftszentren wie Mailand, Ravenna, Arles und Trier übertragen. Eine Erklärung hierfür liefert der Historiker Cassius Dio (um 150–234, 229 Konsul von Rom) in seiner griechisch geschriebenen Geschichte Roms: „Die Residenz des *princeps* wird *palatium* genannt, und zwar nicht, weil jemals beschlossen worden wäre, daß sie so genannt werden sollte, sondern weil Augustus auf dem *palatium* wohnte und dort sein militärisches Hauptquartier hatte; zusätzlich gewann sein Wohnsitz einen gewissen Grad an Berühmtheit von dem Hügel als ganzem, denn einst hatte Romulus auf ihm gelebt. Und aus diesem Grunde trägt der Wohnsitz des *princeps* den Namen *palatium*, selbst wenn sich der *princeps* irgendwo anders aufhält."[2]

Bei Gregor von Tours (540–594) ist bereits für das 6. Jh. die Übernahme der antiken Gebäudebezeichnung auf den Hof der Merowingerherrscher als Institution belegt, wo die Amtspersonen als *aulici* oder *aulici palatini* bzw. *aulici regis* bezeichnet werden.[3] Seit dem 6. Jh. wird auch gelegentlich ein öffentliches Verwaltungsgebäude *(praetorium) palatium* genannt. Hincmar von Reims spricht in seinem Mahnschreiben De ordine palatii 882 von *praetoria*, den Amtsgebäuden, „die jetzt Königshäuser bzw. gebräuchlicher Pfalzen heißen": *Quae nunc regia et usitatius palatia nominantur.*[4] Seit dem 9. Jh. wer-

---

[1] Konrat Ziegler: *Palatium*. In: Paulys Real-Encyclopädie, Neue Bearbeitung 36, 2. Drittel. Waldsee 1949, Sp. 5–81. – Hermann Heimpel: Bisherige und zukünftige Erforschung deutscher Königspfalzen. In: Gesch. in Wiss. u. Unterricht 16, 1982, S. 401–487, hier: S. 474–478. – Walter Kaemmerer: Die Aachener Pfalz Karls des Großen in Anlage und Überlieferung. In: Karl der Große 1. Persönlichkeit und Geschichte. Hg. Helmut Beumann. Düsseldorf 1965, S. 323f. – Adolf Gauert: Königspfalzen. In: Handwörterbuch zur dt. Rechtsgesch. 2, 1978, Sp. 1044–1055. – Thomas Zotz: Vorbemerkungen zum Repertorium der deutschen Königspfalzen. In: Blätter f. dt. Landesgesch. 118, 1982, S. 177–203, hier S. 178–180. – Thomas Zotz: Pfalz, Palast. In: Lex MA 6, 1993, Sp. 1993–1997 (z. T. auf der Grundlage von Gauert). – Helmut Castritius: *Palatium*. Vom Haus des Augustus auf dem Palatin zum jeweiligen Aufenthaltsort des römischen Kaisers. In: Die Pfalz. Probleme einer Begriffsgeschichte. Hg. Franz Staab. Speyer 1990, S. 9–47. – Wolfgang Haubrichs: Zur Wort- und Namensgeschichte eines romanischen Lehnworts: lat. „palatium", dt. „Pfalz". In: Ebda. S. 131–156. – Yves Lefèvre (Hg.): *Novum glossarium mediae latinitatis*. Fasc. P-Paris, Hafniae 1985, Sp. 78–87.

[2] Ziegler (wie Anm. 1) Sp. 14. – Castritius (wie Anm. 1) S. 15.

[3] Franz Staab: Palatium in der Merowingerzeit. Tradition und Entwicklung. In: Die Pfalz, Probleme einer Begriffsgeschichte. Hg. Franz Staab. Speyer 1990, S. 51–62. – Gregor von Tours: Zehn Bücher Geschichten. 2 Bde. Hg. Rudolf Bucher. Darmstadt 1964 (= Freiherr vom Stein-Gedächtnisausgabe 2) Bd. 1, S. 314, Bd. 2, S. 60, 392.

[4] Hincmar: *De ordine palatii*. Thomas Gross und Rudolf Schieffer. Hannover 1980

den auch repräsentative Amtssitze von Herzögen, Grafen und Bischöfen als *palatium* bezeichnet;[5] dadurch bedingt wird von dieser seit dem 9. Jh. die Pfalz des Königs als *palatium regium* oder auch *publicum* unterschieden;[6] daneben treten die Bezeichnungen *villa* und *curtis* (Königshof) auf, die wahlweise benutzt werden; so werden in den *Annales Fuldenses, Bertiniani, Vedastiani, Xantenses* und bei Regino von Prüm durchgehend als *palatium* bezeichnet: Aachen, Compiègne, Herstal, Ingelheim, Nimwegen, Diedenhofen, Regensburg, Attigny und Quierzy, ferner einige andere mit nur einer Erwähnung; Frankfurt wird mehrfach *palatium,* aber auch einmal in den *Annales Fuldenses* zu 889 *curtis regia* genannt, Sinzig *palatium* (*Annales Bertiniani* zu 842) und *villa* (*Annales Fuldenses* zu 842); Salz, Tribur, Bodman und Ulm werden mit *curtis regia, villa* und *villa regia* aufgeführt; Koblenz heißt immer nur *castrum,* Aibling *curtis regia* und Flamersheim *villa regia.* Das Wort *regia* ohne Zusatz erscheint u. a. bei Einhard für Aachen und bedeutet allgemein königlicher Hof und Pfalz.[7] Mit dem Ausdruck *fiscus* wird in karolingischen Quellen nicht eine Pfalz, sondern ein mehr oder weniger geschlossenes Gebiet in königlichem Grundeigentum als Verwaltungseinheit (*ministerium*) bezeichnet, das von einem oder mehreren Höfen, zumeist Tafelgüter (*curtes*), bewirtschaftet und verwaltet wird, deren Haupthof (*caput fisci* oder *villa capitanea*) Sitz des als Zentralbeamter fungierenden *iudex* war.[8]

Das Nebeneinander bzw. der willkürliche Gebrauch von *palatium, villa, curtis* und auch *castrum* für Orte, die der König für seinen Aufenthalt und für Amtshandlungen aufgesucht hat, hat die Pfalzenforschung wiederholt beschäftigt; besonders Adolf Gauert hat sich diesem Problem zugewandt.[9] Von den etwa 300 Orten, an denen die Könige von der Merowinger- bis zur Stauferzeit (auf späterem deutschem Boden) sich nachweislich aufgehalten und zugleich Regierungshandlungen vollzogen haben, läßt Thomas Zotz unter Berücksichtigung ihrer historischen Bedeutung nur 15/20 % als Königspfalzen gelten. „Den weitaus überwiegenden Teil bilden kleinere Besitzungen des Reiches, die

(=MGH Font. iur. Germ. 3) S. 60. – Zotz 1990 (wie Anm. 12) S. 71, 73. – Isidor von Sevilla (etwa 570–636) gibt in seinen Etymologiae XV, 3 (Migne PL 82, 542 A) folgende Definition: *regiam in ipsius nomine conditam Palatium vocaverunt.*

[5] Lefèvre (wie Anm. 1) Sp. 79f., 84f. mit Nachweisen.

[6] Zotz 1982 (wie Anm. 1) S. 181f.

[7] Dietmar Flach: Untersuchungen zur Verfassung und Verwaltung des Aachener Reichsgutes von der Karolingerzeit bis zur Mitte des 14. Jahrhunderts. (Diss. Marburg 1974) Göttingen 1976 (=Veröff. d. Max-Planck-Inst. f. Gesch. 46) S. 45–47.

[8] Adriaan Verhulst: Fiscus. In: Lex MA 4, 1989, Sp. 502 mit Lit.-Ang. – Vergl. auch Anm. 9.

[9] Adolf Gauert: Zur Struktur und Topographie der Königspfalzen. In: Deutsche Königspfalzen Bd. 2. Göttingen 1965 (=Veröff. d. Max-Planck-Inst. f. Gesch. 11, 2) S. 1–60, Nachweise S. 1–3 mit Forschungsüberblick. – Vergl. auch Alfons Dopsch: Die Wirtschaftsentwicklung der Karolingerzeit. Bd. 1. 2. Aufl. Weimar 1921, S. 143–152.

A 3 Bezeichnungen: *palatium – curtis – villa – castrum* 23

Königshöfe, vor allem aber Bischofssitze, Klöster und deren Güter."[10] Das Problem der Bezeichnung stellt sich z. B. bei der Pfalz Grone; die große Zahl von Königsbesuchen (Ottonen, Konrad II., 941–1025 nachweislich 18 Herrscheraufenthalte), mehrere Hoftage und eine Synode lassen am Pfalzcharakter von Grone nicht zweifeln, obwohl sie niemals *palatium*, sondern nur *curtis regalis, villa regalis, urbs* oder *castellum* genannt wird.[11] Thomas Zotz hat in Übernahme der Überlegungen von Adolf Gauert noch einmal darauf hingewiesen, daß „mit diesen Begriffen ganz verschiedene Aussagebereiche angesprochen sind: *palatium* bedeutet 'Königshaus', *curtis* 'Hof' und vor allem 'Hofareal', *villa* schließlich 'Siedlungsverband' "[12] und *castrum* Befestigung, Burg.[13] Adolf Gauert hat das damit erklärt, daß die Pfalz aus verschiedenen Elementen bestanden hat, die *pars pro toto* genannt werden.

Immer wieder findet sich die Bezeichnung *palatium* aber auch für nichtherrscherliche Bauten. In den zu Anfang des 11. Jhs. verfaßten *Consuetudines Farfenses* wird der Begriff auch für ein repräsentatives, etwa 40 m langes und knapp 9 m breites Wohngebäude mit 40 Betten zur Aufnahme der Klostergäste verwendet: *Juxta galileam constructum debet esse palatium longitudinis CXXXV pedes, latitudinis XXX, ad recipiendum omnes supervenientes homines, qui cum equitibus adventaverint monasterio.*[14] In der vermutlich vom gleichen Autor Abt Hugo um 1000 geschriebenen *Destructio monasterii Farfensis* wird das im Klosterbezirk von Farfa gelegene *palatium regale* erwähnt, in dem die Könige wohnen, wenn sie das Kloster besuchen: *Quod ibi honorifice satis edificatum erat, in quo imperatores hospitabantur, quando illuc visitandi gratia veniebant.*[15] Entsprechend sind die *domus regiae* in Klöstern wie Fulda, Lorsch

---

[10] Thomas Zotz: Königspfalz und Herrschaftspraxis im 10. und frühen 11. Jahrhundert. In: Blätter f. dt. Landesgesch. 120, 1984, S. 20.

[11] Zotz 1984 (wie Anm. 10) S. 21 f. – Adolf Gauert: Zur Geschichte der Pfalz Grone nach der schriftlichen Überlieferung. In: Deutsche Königspfalzen. Bd. 2. Göttingen 1965 (= Veröff. d. Max-Planck-Inst. f. Gesch. 11, 2) S. 126–139.

[12] Thomas Zotz: *Palatium publicum, nostrum, regium*. Bemerkungen zur Königspfalz in der Karolingerzeit. In: Die Pfalz. Probleme einer Begriffsgeschichte. Hg. Franz Staab: Speyer 1990, S. 71–99, Zitat S. 79f., vergl. auch die Belege S. 91f. – Gerhard Streich: *Palatium* als Ordnungsbegriff und Ehrentitel für die Urkundungsorte der deutschen Könige und Kaiser im Hochmittelalter. In: Reallexikon d. germ. Altertumskunde. 5, 1984, S. 105–112.

[13] Gauert (wie Anm. 9) S. 3f. – Ruth Langen: Die Bedeutung von Befestigungen in den Sachsenkriegen Karls des Großen. In: Westfäl. Zs. 139, 1989, S. 181–211, bes. S. 185–188.

[14] *Consuetudines Farfenses*. Hg. Bruno Albers. Stuttgart-Wien 1900 (= *Consuetudines monasticae 1*) S. 138. – Zotz 1982 (wie Anm. 1) S. 180. – MGH SS XI, 545–548. – *Liber Tramitis aevi Odilonis abbatis* (die sog. *Consuetudines Farfenses*). Ed. Petrus Dinter. Siegburg 1980.

[15] *Destructio monasterii Farfensis*. In: *Chronicon Farfense di Gregorio di Catino*. Bd. 1. Hg. Ugo Balzani. Rom 1903, S. 30. – Carlrichard Brühl: Königs-, Bischofs- und Stadt-

oder Reichenau zu verstehen und nicht als vom König gebaute Pfalzen.[16] Um 1100 wird ein Gästehaus für Pilger erwähnt: *palatium quod fecit atavus meus ... ut semper sit hospitalis domus peregrinorum.*[17] Eadmer von Canterbury (um 1055–1124) nennt auch ein Hospital *palatium,* das in zwei Teile, für Männer und Frauen, geteilt war: *lapideam domum decentem et amplam construxit ... hoc palatium in duo divisit.*[18] Gelegentlich wird auch das Refektorium *palatium* genannt.[19]

Im 10. Jh. wird die Bezeichnung *palatium* für königliche Pfalzen seltener und fast nur noch auf Pfalzen bezogen, die die karolingischen Herrscher gegründet haben; gleichzeitig wird bei größerer Betonung des Befestigungscharakters die Bezeichnung *castrum* oder *castellum* auf Pfalzen übertragen; *villa* und *curtis,* oder wie für Tilleda *curtis imperialis,* werden weiter in den Quellen benutzt.[20] 1145 nennt Konrad III. die Pfalz Duisburg *palatium et curia regalis.*[21] Mehrfach wird der königliche Hof als Verwaltungsinstitution *palatium* genannt.[22] Unter Friedrich Barbarossa werden Aachen 1152 und 1165, Nimwegen 1157, Nürnberg 1183, Bamberg 1153 und Arles 1178 sowie in großer Zahl italienische Orte als *palatium* bezeichnet, unter Heinrich VI. nur noch Toul 1188 und Piacenza 1191 sowie mehrfach Palermo, unter Friedrich II. Hagenau 1235, Capua 1223 und Palermo 1197 und 1223, wobei die Bestätigung eines Vergleichs in *palatio Hagenowe in generali curia*[23] 1235 die späteste Nennung eines *palatium* ist und wohl aus der normannischen Tradition Friedrichs II. erklärt werden kann.[24] Wenn die Belege chronologisch geordnet werden, zeichnet sich ein allmählicher Wandel in der Terminologie ab: in karolingischer Zeit

pfalz im *„Regnum Italiae".* In: Historische Forschungen für Walter Schlesinger. Hg. Helmut Beumann. Köln-Wien 1974, S. 400–419, hier S. 409 mit Anm. 54. – Zotz 1982 (wie Anm. 1) S. 185.

[16] Zotz 1982 (wie Anm. 1) S. 185. – Hans-Peter Wehlt: Reichsabtei und König. Göttingen 1970 (= Veröff. d. Max-Planck-Inst. f. Gesch. 28) S. 142–148, 317–327. – Siehe auch Kap. A.4., Anm. 24.

[17] *Doc. cath. Ovet.* 117, p. 316; Lefèvre (wie Anm. 1) Sp. 81.

[18] Eadmer, *Historia* I, p. 15; Lefèvre (wie Anm. 1) Sp. 81.

[19] Lefèvre (wie Anm. 1) Sp. 81.

[20] Gauert (wie Anm. 9), S. 1–60. – Zotz 1982 (wie Anm. 1) S. 185f. – Zotz 1990 (wie Anm. 12) S. 88–91. – Streich (wie Anm. 12) S. 105–111. – Unbegründet ist die von Zotz 1982 (wie Anm. 1) S. 179 formulierte Auffassung: „Mit *palatium* aber scheinen die Autoren des 10. und 11. Jhs. die Vorstellung einer repräsentativen Architektur ohne Befestigung verbunden zu haben".

[21] MGH D K III. 135.

[22] Lefèvre (wie Anm. 1) Sp. 84–87.

[23] In staufischer Zeit wird *curia* das am häufigsten benutzte Wort für die Abhaltung eines Reichs- oder Hoftages. – Fred Schwind: Reichsstadt und Kaiserpfalz Gelnhausen. In: Blätter f. dt. Landesgesch. 117, 1981, S. 73–95; Wiederabdruck in: Der Reichstag von Gelnhausen. Hg. Hans Patze. Marburg-Köln 1981, S. 73–95, hier S. 84.

[24] Streich (wie Anm. 12) S. 111 mit Belegen.

A 3 Bezeichnungen: *palatium – curtis – villa – castrum*   25

villa, curtis und *palatium*, seit dem 9. Jh. auch *castrum*, seit ottonischer Zeit häufiger *villa, curtis* oder *castellum*.

Parallel zum Nachlassen der *palatium*-Nennungen für königliche Anlagen findet „die Bezeichnung *palatium* für die Bischofshöfe seit dem letzten Viertel des 12. Jhs. allmählich Eingang in den Sprachgebrauch der Reichskanzlei, und zwar zunächst ausschließlich für italienische Bischofspfalzen. ... Urkunden anderer zumeist bischöflicher Aussteller verfahren in dieser Sache großzügiger und kennen bereits einige Dezennien früher (ab 1144) bischöfliche Palatien. ... Für Bischofsstädte nördlich der Alpen wird deutliche Zurückhaltung geübt: abgesehen von wenigen Ausnahmen noch aus dem 12. Jh. (Würzburg 1144, Köln 1169, Hildesheim um 1182) setzt sich *palatium* für den Bischofshof erst allmählich im mittleren und späteren 13. Jh. durch".[25] Früher hieß in den frühmittelalterlichen Quellen die Bischofswohnung *domus ecclesiae* bzw. *episcopi, episcopiam*, später dann *curia, camera, cubiculum, caminata, aula*, gewöhnlich aber *curtis episcopi*.[26] Somit ist es kaum möglich, aus der Bezeichnung *palatium, curtis* oder *castrum* in den Quellen auf die Funktion als Königs- bzw. Bischofspfalz zu schließen.[27] Als Kriterien, einen Ort als „Pfalz" anzusprechen, sind die Zugehörigkeit zum Reichsgut, die Häufigkeit und Bedeutung der Aufenthalte des Königs und der dort vorgenommenen Handlungen wie Reichs- und Hoftage oder Herrscheraufenthalt an herausragenden Festen wie Weihnachten und Ostern zu nennen.[28] So wird Eger, das in den Quellen lediglich als *curia* oder *castrum imperatoris* bezeichnet wird, folgerichtig als Pfalz angesprochen.[29] Diese Pfalzen sollte man allgemein Königspfalz – und nicht Kaiserpfalz – nennen, „weil dieser Begriff der Verfassungswirklichkeit des mittelalterlichen deutschen Reiches angemessener ist: Der Herrscher war in Deutschland zunächst und vor allem deutscher König, das Kaisertum eine höhere und zusätzliche Würde, die nicht alle Könige erlangten."[30]

Die herausgehobene Nutzung des Pfalzortes erfordert in der Regel eine angemessene Ausstattung, zu der auch ausreichende und repräsentative Bauten

---

[25] Streich (wie Anm. 12) S. 115 f. – Laurentius von Lüttich nennt in den 1144 abgeschlossenen *Chesta episcoporum Virundunensium* den Trierer erzbischöflichen Palast *palatium*; MGH SS 10, 486–530.

[26] Streich (wie Anm. 12) S. 114 f.

[27] Streich (wie Anm. 12) bes. S. 109–127.

[28] Josef Fleckenstein: Die Hofkapelle der deutschen Könige. Bd. 2. Stuttgart 1966 (= Schr. d. MGH 16, 2) S. 278 f. – Bruno Heusinger: *Servitium regis* in der deutschen Kaiserzeit. In: Archiv f. Urkundenforsch. 8, 1923, S. 26–159. – Zotz 1982 (wie Anm. 1) S. 185, 188 f.

[29] Thomas Martin: Die Pfalzen im dreizehnten Jahrhundert. In: Herrschaft und Stand. Hg. Josef Fleckenstein. 2. Aufl. Göttingen 1979 (= Veröff. d. Max-Planck-Inst. f. Gesch. 51) S. 282.

[30] Schwind (wie Anm. 23) S. 73.

wie der Palas mit dem Reichssaal und die Pfalzkapelle bzw. Stiftskirche gehören. Für „Festtagspfalzen" war die Kirche besonders wichtig. Ferner „mußte die Pfalz in der Lage sein, den König zu beherbergen und zu verpflegen."[31] Es ist kein fester Kanon von Pfalzen im hochmittelalterlichen Reich festzustellen, da einerseits bestimmte Orte ihren Pfalzcharakter verlieren und andererseits Bischofssitze und in Ausnahmefällen auch Reichsklöster Pfalzenfunktionen wahrnehmen.[32] Auch wechselt die Bedeutung einzelner Pfalzen und ihre Nutzung, die abhängig von der Verkehrslage und der jeweiligen regionalen Orientierung der verschiedenen Herrscherhäuser war. „Da das Gefüge des Reiches, der Mangel an zentralen Verwaltungseinrichtungen und eine fast ausschließliche mündliche Regierungsweise immer erneut die Anwesenheit des Königs in den verschiedenen Teilen des Reiches verlangten, haben es die Pfalzen als *commoditas itineris et apparatus regiae mansionis*, als 'Erleichterung der Reise und Zurüstung für den Aufenthalt', den deutschen Königen des Mittelalters ebenso wie schon ihren karolingischen Vorgängern ermöglicht, zu regieren".[33] Entsprechend wird seit dem 19. Jh. unter Pfalz eine Anlage verstanden, die für die Beherbergung des königlichen Hofes und für die Veranstaltung von Hof- und Reichstagen notwendige Palasbauten besaß. C. Erdmann, W. Grosse und H. J. Rieckenberg haben dann unter dem Eindruck der Grabungsergebnisse von Werla und Tilleda für Pfalzen der ottonischen Zeit den in königlicher Nutzung stehenden Wirtschaftshof als unentbehrliches Grundelement im Gefüge der Pfalz gewertet.[34] Adolf Gauert hat zusätzlich auf die Befestigung hingewiesen, die seit dem 9. Jh. in den Bezeichnungen *castrum, castellum* und *civitas* enthalten ist.[35] Demnach ist eine Pfalz eine befestigte, mit Palas und Wohngebäuden ausgestattete, zumeist mit einem Wirtschaftshof verbundene Anlage für die Beherbergung des umherziehenden Königs mit seinem Hof und für die Abhaltung von Reichs- und Hoftagen sowie Synoden. Diese als Königspfalz zu bezeichnende Anlage ist abzusetzen von der Pfalz des Bischofs bzw. Erzbischofs neben seiner Kathedrale in der Stadt, die dem Bischof als dauerhafte Residenz diente und den König nur gelegentlich als Gast im Rahmen des *servitium regis* beherbergte, ähnlich wie die Klöster mit ihren beim Königsbesuch bereitgestellten Räumen.

[31] Zotz 1982 (wie Anm. 1) S. 181.
[32] Zotz 1993 (wie Anm. 1) Sp. 1994. – Fleckenstein (wie Anm. 22) S. 271 f.
[33] Gauert (wie Anm. 1) Sp. 1044. – Lat. Zitat Wandalbert von Prüm, *Miracula* s. Goaris; MGH SS XV/1, 367 f. – Peter Classen: Die Geschichte der Kaiserpfalz Ingelheim. In: Ingelheim am Rhein. Hg. Johanne Autenrieth, Stuttgart 1964, S. 87; zur Übersetzung, vergl. Zotz 1982 (wie Anm. 1) S. 181.
[34] Überblicke bei Gauert (wie Anm. 7) S. 3 mit Lit.-Ang.
[35] Gauert (wie Anm. 7) S. 3 f. – Vergl. auch Kap. A.7.

A 4 Pfalzorte

„Die Ausdehnung des Reiches, primitive Verkehrsmittel und unzureichende Nachrichtenübermittlung, aber auch die Anschauungen der Zeit, die dem Königtum magisch-sakrale, nur durch persönliche Anwesenheit wirksam werdende Kräfte zuschrieben, machten es den fränkisch-deutschen Königen unmöglich, von einer zentralen, festen Residenz aus zu regieren. Sie waren gezwungen, ihre Herrschaft immer wieder in allen Teilen des Reiches persönlich auszuüben, dem Volk überall die Macht und den Glanz des Königtums vor Augen zu führen und die königliche Gerichtsgewalt und Friedenswahrung zu demonstrieren. Der Herrscher reiste also mit einem großen Gefolge ständig im Reich umher, er übte sein 'hohes Gewerbe', wie treffend (von Aloys Schulte 1935) formuliert wurde, im Umherziehen aus. Das Reich besaß infolgedessen keine Hauptstadt, aber es gab zahlreiche Plätze, an denen die Könige häufiger als an anderen Orten Station machten, wo sie Hoftage und Reichsversammlungen abhielten, hohe kirchliche Feste feierten oder gar den Winter verweilten."[1] Nach dem Mainzer Krönungsordo von etwa 960 waren die Aufgaben des Königs, *iustitia, aequitas, misericordia* und *pietas* zu üben, die Stolzen zu demütigen, die Schwachen und Witwen zu schützen, Vorkämpfer und *defensor* der Kirche zu sein, gegen alle ihre Feinde ein festes Regiment zu führen, sie zu verfluchen und zu vernichten und die Einheit des wahren Glaubens und Friedens herzustellen.[2]

Bei der Herrschaftspraxis des im Reich herumziehenden Königs – „*veniens per imperialia palatia*, wie es die *Narratio clericorum Remensium* ausdrückt", oder *per curtes regias* nach den *Annales Bertiniani* – bildeten sich für einzelne Herrscher oder Zeiten bevorzugte Landschaften und gewisse Herrschaftsschwerpunkte aus.[3] So spielt es im Frühmittelalter eine Rolle, wo sich der

---

[1] Fred Schwind: Das Kloster Hersfeld und das fränkisch-deutsche Königtum. In: Hess. Heimat 36, 1986, S. 19–26, Zitat S. 20. – Hans Conrad Peyer: Das Reisekönigtum des Mittelalters: In: Vierteljahrschr. f. Sozial- und Wirtschaftsgesch. 51, 1964, S. 1–21. – Hans Jürgen Rieckenberg: Königsstraße und Königsgut in liudolfingischer und frühsalischer Zeit (919–1056). In: Archiv f. Urkundenforsch. 17, 1941, S. 32–154 (Nachdruck Darmstadt 1965).

[2] Crille Vogel, Reinhard Elze (Hg.): Le ponifical romano-germanique du dixième siècle. Bd. 1. Città del Vaticano 1963 (= Studi e testi 226) S. 246–259. – Stefan Weinfurter: Zur „Funktion" des ottonischen und salischen Königtums. In: Mittelalterforschung nach der Wende 1989, Hg. Michael Borgolte. München 1995 (= Hist. Zs. Beih. 20) S. 349–361, hier 349.

[3] Carlrichard Brühl: *Fodrum, gistum, servitium regis*. Bd. 1. Köln-Graz 1968 (= Kölner histor. Abhandl. 14, 1) S. 62. – *Annales Bertiniani* zu 868. In: Quellen zur karolingischen Reichsgeschichte. Bd. 2. Hg. Reinhold Rau. Darmstadt 1961 (= Freiherr vom Stein-Gedächtnisausgabe 6) S. 182.

A Einleitung

König vorrangig für längere Zeit im Winter aufhielt (Winterpfalzen),[4] wie in karolingischer Zeit zunächst Quierzy, Herstal, Attigny und Worms, dann Aachen, wo Karl der Große ab 794[5] und Ludwig der Fromme fast jeden Winter verbracht haben; Ludwig der Deutsche (817–876, König seit 840) wählte nach der Reichsteilung 843 mit Vorliebe Regensburg und Frankfurt. Unter den Ottonen waren es Pöhlde und Goslar, jedoch läßt die Gewohnheit bzw. Notwendigkeit, im Winter die Reisen einzustellen, unter den Ottonen nach. Von besonderer Bedeutung sind auch die hohen Festtage Ostern und Weihnachten (Festtagspfalzen), zu denen besonders Aachen, Nimwegen, Ingelheim, Frankfurt, Quedlinburg, Pöhlde und Goslar, aber auch Paderborn, Merseburg, Regensburg, Mainz oder Köln aufgesucht wurden. Ostern pflegte der König in feierlicher Prozession unter der Krone zu gehen; die wiederholten Festkrönungen und der große Aufwand bei den Herrschergottesdiensten an den hohen Festen machten den sakralen Rang des Königs deutlich und erforderten entsprechend geeignete Kirchenräume.[6] Karl der Große wählte dafür Herstal, Worms, Quierzy, Attigny, Diedenhofen und Nimwegen, seit 794 vornehmlich Aachen. Auch unter den Liudolfingern (Ottonen) war die Zahl der Osterpfalzen klein. Von den 49 Osterfeiern in Deutschland ist für 30 der Ort bekannt: 13 × Quedlinburg, 7 × Aachen, 6 × Ingelheim, 2 × Dortmund, 1 × Allstedt.[7] Der Kreis der Orte ist so beschränkt, weil gewisse Voraussetzungen erfüllt sein mußten, um *decus vel maiestas regia coram populo*[8] zeigen zu können. „Nicht jede Pfalz war durch Lage und Größe politisch und technisch geeignet, um den *apparatus paschalis* aufnehmen zu können",[9] deshalb gingen die Könige seit dem 11. Jh. vermehrt dazu über, die repräsentativen Feiern in Bischofskirchen zu verlegen.[10] Verglichen mit der öffentlichen Bedeutung des Osterfestes kommt dem Weihnachtsfest eine geringere Bedeutung zu. Die Weihnachtsfeiern, die unter den Karolingern seit Ludwig dem Frommen am häufigsten in Frankfurt statt-

---

[4] Peter Classen: Bemerkungen zur Pfalzenforschung am Mittelrhein. In: Deutsche Königspfalzen. Bd.1. Göttingen 1963 (= Veröff. d. Max-Planck-Inst. f. Gesch. 11, 1) S. 75–79. – Allgemeiner Überblick auch bei Josef Falkenstein: Karl der Große und sein Hof. In: Karl der Große 1: Persönlichkeit und Geschichte. Hg. Helmut Beumann. Düsseldorf 1965, S. 24–50, bes. S. 28–30.

[5] Nur 797 hielten ihn die Sachsenkriege fern, und 800 weilte er in Rom.

[6] Hans-Walter Klewitz: Die Festkrönungen der deutschen Könige. In: Zs. d. Savigny-Stiftung f. Rechtsgesch., Kanonistische Abt. 28, 1939, S. 48–96. – Josef Fleckenstein: Die Hofkapelle der deutschen Könige. 2 Bde. Stuttgart 1959, 1966 (= Schr. d. MGH 16, 1 u. 2).– Bernhard Opfermann: Die liturgische Herrscherakklamtion im Sacrum Imperium des Mittelalters. Weimar 1953.

[7] Klewitz (wie Anm. 6) S. 79.

[8] Widukind von Corvey: *Res gestae Saxonicae* II, 31 (= MGH SS rer. Germ. 60) S. 92.

[9] Klewitz (wie Anm. 6) S.83.

[10] Fleckenstein (wie Anm. 6) Bd. 2, S. 139f., 144, 272, 276f.

fanden, waren aber zumeist mit einem längeren Winteraufenthalt verbunden, der wiederum ausreichende feste Wohnräume für den Hof voraussetzt. Zahl und Dauer der Königsbesuche, Abhaltung von Reichs- und Hoftagen, Synoden oder Herrschertreffen,[11] Winteraufenthalte, Begehen von großen Festen wie Ostern und Weihnachten haben die Historiker veranlaßt, aus der Nennung von *palatium, curtis, villa* oder *castrum* eine große Zahl von bedeutenden Pfalzen herauszustellen,[12] die „mit repräsentativen Bauten ausgestattete Regierungsstätten des Königs auf Reichsgut" gewesen sind.[13] Hierzu ist nicht zuletzt Lage und Konzentration des Reichsgutes von Bedeutung,[14] wobei die in der Forschung praktizierte Aufgliederung in Krongut, Reichslehnsgut und Reichskirchengut insofern von Bedeutung ist, als der dem König unmittelbar zugeordnete Fiskalbesitz mit den Tafelgütern von königlichen Amtsträgern verwaltet und vorrangig zur Versorgung des Königs bei seinen Aufenthalten in einer Pfalz herangezogen wurde; es gibt auch Nachrichten, nach denen Versorgungsgüter über große Entfernungen an den Hof geliefert wurden. Einen wichtigen Bestandteil bildeten die Forsten wohl vor allem mit ihrer Jagd, dem Holzeinschlagrecht und der Waldweide. Bereits unter den Ottonen und Saliern wurden die Forsten vor allem von nahegelegenen Pfalzen und Königshöfen aus verwaltet.[15]

Die merowingischen Könige residierten zunächst vorwiegend in römischen *civitates* und benutzten dort die alten, innerhalb der Stadtmauer gelegenen römischen *regiae* oder *pretoria*, an denen sie nur Ausbesserungen oder kleinere

[11] Ingrid Voss: Herrschertreffen im frühen und hohen Mittelalter. Untersuchungen zu den Begegnungen der ostfränkischen und westfränkischen Herrscher im 9. und 10. Jh. sowie der deutschen und französischen Könige vom 11. bis 13. Jh. Köln-Wien 1987 (= Beih. z. Archiv f. Kulturgesch. 26), bes. S. 88–99.
[12] Theodor Zotz: Königspfalz und Herrschaftspraxis im 10. und frühen 11. Jahrhundert. In: Blätter f. dt. Landesgesch. 120, 1984, S. 19–46 am Beispiel der sächsischen Pfalzen Groningen u. Sohlingen.
[13] Thomas Zotz: Vorbemerkungen zum Repertorium der deutschen Königspfalzen. In: Blätter f. dt. Landesgesch. 118, 1982, S. 192.
[14] Friedrich Ranzi: Königsgut und Königsforst im Zeitalter der Karolinger und Ludolfinger und ihre Bedeutung für den Landesausbau. Diss. Halle 1939 (= Volk in d. Gesch. 3). – Adolf Eggers: Der königliche Grundbesitz im 10. und beginnenden 11. Jh. Weimar 1909 (= Quellen u. Studien z. Verfassungsgesch. d. Dt. Reiches in MA u. Neuzeit 3, 2). – Manfred Stimming: Das deutsche Königsgut im 11. und 12. Jh. Bd. 1: Die Salierzeit. Berlin 1922. – Elmar Wadle: Reichsgut und Königsherrschaft unter Lothar III. (1125–1137). Berlin 1969 (= Schr. z. Verfassungsgesch. 12). – Fred Schwind: Die Landvogtei in der Wetterau. Marburg 1972 (= Schr. d. Hess. Landesamtes f. geschichtl. Landeskunde 35).
[15] Marianne Schalles-Fischer: Pfalz und Fiskus Frankfurt. Eine Untersuchung zur Verfassungsgeschichte des fränkisch-deutschen Königtums. Göttingen 1969 (= Veröff. d. Max-Planck-Inst. f. Gesch. 20). – Heinrich Kaspers: *Comitatus nemoris*. Die Waldgrafschaft zwischen Maas und Rhein. In: Zs. d. Aachener Gesch.-Vereins. Beih. 2. Aachen 1957.

30 A Einleitung

Umbauten vorgenommen haben.[16] Chlodwig (gest. 511) hatte kurz vor seinem Tode Paris zur *cathedra regni* bestimmt, zuvor residierte er in Soissons. Nach den Reichsteilungen von 511 und 561 kamen Reims und Orléans als Residenzen hinzu; Orléans wurde bald von Chalon-sur-Saône abgelöst. Trier, Tournai, Cambrai und Köln waren ebenfalls alte Königssitze. Seit dem Ende des 6. Jhs. stieg Metz zur wichtigsten Königsresidenz Austriens auf. Im 7. Jh. war Paris der eigentliche Mittelpunkt des *regnum Francorum*. Die Merowinger gründeten aber auch Pfalzen in *villae* wie Clichy[17] (637/38 *palatium* genannt) in der Nähe von Saint-Denis, einem bedeutenden religiösen Zentrum mit königlicher Grablege, Quierzy an der Oise (741 *palatium* genannt)[18] und Compiègne (seit Ende 7. Jh. *palatium* genannt), auch Crécy-en-Ponthieu, Mâlay-le Roi (Diöz. Sens), Etrépagny (Diöz. Rouen) sowie nach 687 Montmacq (Diöz. Noyon) und Attigny an der Aisne sind zu nennen; im Ostreich sind es u. a. Andernach, Koblenz und Zülpich.[19]

Als sich der Schwerpunkt des Reiches unter den Karolingern aus der alten *Francia* in das Gebiet von Maas und Rhein verlagerte, haben Pippin (751–768) und vor allem Karl der Große (768–814) weitere Pfalzen gegründet. Pippin hielt sich vorzugsweise in den Pfalzen Quierzy, Attigny, Verberie, Compiègne, Diedenhofen, Samoussy und Herstal (um 720 als *villa*, 752 als *palatium* erwähnt) auf. 765/66 überwinterte er in der *villa* Aachen und feierte dort Weihnachten und Ostern; das setzt das Vorhandensein fester Gebäude, einer Kirche und ausreichender Versorgung der königlichen Tafel voraus.[20] Damit rückte Aachen gleichrangig neben Gentilly bei Paris und Longlier bei Neufchâteau, wo Pippin 762/63 und 763/64 den Winter verbracht und Weihnachten und Ostern gefeiert hat. Nur Quierzy war mit drei Überwinterungen bedeutender (760/61, 761/62, 764/65).[21] Karl der Große zog nach seiner Königserhebung

---

[16] Brühl (wie Anm. 3) S. 9f. – Carlrichard Brühl: Königspfalz und Bischofsstadt in fränkischer Zeit. In: Rhein. Vierteljahrsblätter 22, 1957, S. 161–274, bes. S. 162f.: *palatium regale intramuraneum in Vienne*, wie Gregor von Tours in II, 34 schreibt; Gregor von Tours: Zehn Bücher Geschichten. Bd. 1. Hg. Rudolf Buchner. Darmstadt 1964 (= Freiherr vom Stein-Gedächtnisausgabe 2) S. 126f. – Streich (1984) S. 24f.

[17] *Clippiacus* ist ein nicht genau lokalisierbarer, ab 625/26 bedeutender Versammlungsort. – Hartmut Atsma: Clichy. In: Lex MA 2, 1983, Sp. 2161.

[18] Bernd Schneidmüller: Quierzy: in: Lex MA 7, 1994, Sp. 367f.

[19] Franz Staab: Palatium in der Merowingerzeit. Tradition und Entwicklung. In: Die Pfalz. Probleme einer Begriffsgeschichte. Hg. Franz Staab. Speyer 1990, S. 49–67. – Zu Gregor von Tours S. 51–55, *palatium* S. 62–66.

[20] *et (Pippinus rex) celebravit natalem Domini in Aquis villa et pascha similiter.* Annales regni Francorum ad a. 765. – Reinhold Rau (Hg.): Quellen zur karolingischen Reichsgeschichte. Bd. 1. Darmstadt 1977 (= Freiherr vom Stein-Gedächtnisausgabe 6) S. 20f. – Flach (wie Anm. 21) S. 18.

[21] Dietmar Flach: Untersuchungen zur Verfassung und Verwaltung des Aachener Reichsgutes von der Karolingerzeit bis zur Mitte des 14. Jahrhunderts. Göttingen 1976 (= Veröff. d. Max-Planck-Inst. f. Gesch. 46) S. 19.

am 9. Okt. 768 in Noyon nach Aachen, überwinterte hier mindestens zwei Monate und feierte dort Weihnachten. Zunächst waren Herstal nordöstlich von Lüttich mit zwölf Aufenthalten als Festpfalz und mit zwei Überwinterungen (779/80, 783/84), Worms mit 16 Aufenthalten, davon sieben Reichsversammlungen und drei Überwinterungen (779/80, 789/90, 790/91), und Düren mit sechs Besuchen (748?[22],775, 779, 782 Heeresversammlungen und 769 nur Weihnachten) die bevorzugten Pfalzen; dann entstanden Nimwegen, Diedenhofen, Ingelheim, Sinzig, Frankfurt am Main, Salz und Paderborn.[23] Nach Eroberung des Langobardenreiches 774 kamen in Oberitalien städtische Pfalzen, besonders in Pavia, hinzu. Nach Absetzung des Herzogs Tassilo III. von Bayern 788 wurde dessen Residenz in Regensburg ebenfalls königliche Pfalz. Die von Karl dem Großen zur *sedes regni* erhobene Pfalz in Aachen wurde – unter Ablösung der Pfalz Herstal (die aber bis 920 weiter besucht wurde) – von Karl seit 794 und seinem Sohn und Nachfolger Ludwig dem Frommen fast regelmäßig nach den Sommerreisen für den Winter als Standquartier aufgesucht und von Karl ab 806 kaum noch verlassen. „Unter Ludwig dem Frommen überragte Aachen mit der Zahl und der Intensität der königlichen Aufenthalte die übrigen Pfalzen des Reiches um ein Mehrfaches, wenngleich seine Bedeutung für die Reichsgeschichte seit etwa 830 merklich abzunehmen begann."[24] Ferner besuchte Ludwig vor allem Compiègne, Frankfurt, Ingelheim, Diedenhofen und Nimwegen sowie die Bischofsstädte Worms, Mainz, Metz, Orléans und Paris.[25]

Nach der Reichsteilung von 843 wurden im Ostfränkischen Reich unter Ludwig dem Deutschen neue Pfalzen gegründet: Altötting, Ranshofen, Aibling, Forchheim, Ulm, Bodman. Regensburg und Frankfurt hatten nach Auffassung der Zeitgenossen den Rang einer *sedes regni*. Im lotharingischen Mittelreich konnte Aachen seine zentrale Funktion unter Lothar I. (840–855) und Lothar II. (855–869) durchaus behaupten. Arnulf von Kärnten (887–899) residierte vorrangig in Frankfurt und besonders in Regensburg, wo er bei St. Emmeram eine neue königliche Pfalz baute; aber auch Worms hat er häufiger aufgesucht.

Die karolingischen Herrscher besuchten Bischofssitze nur selten, jedoch zu hohen Festen wie Ostern und Weihnachten, dann aber auch nur für wenige Tage von einer nahegelegenen Pfalz aus. Der König wohnte dann in der *domus* des Bischofs, seltener in einem für seine Besuche erbauten Gebäude. Erzbischof

---

[22] Ob die Nachricht, daß Pippin 748 *in villa quae dicitur Duria* eine *Synode pro ecclesiarum restauratione* abgehalten hat, zuverlässig ist, bleibt zu bezweifeln, auch wenn es das Itinerar zuließe. – Flach (wie Anm. 21) S. 18, 21. – Streich (1984) S. 25f.

[23] Thomas Zotz: *Palatium publicum, nostrum, regium*. Bemerkungen zur Königspfalz in der Karolingerzeit. In: Die Pfalz. Probleme einer Begriffsgeschichte. Hg. Franz Staab. Speyer 1990, S. 91f.

[24] Dietmar Flach: Pfalz, Fiskus und Stadt Aachen im Lichte der neuesten Pfalzenforschung. In: Zs. d. Aachener Gesch.-Vereins 98/99, 1992/93, S. 38.

[25] Brühl (wie Anm. 16) S. 164–166.

Leidrad von Lyon (797/98–814/16) hat eine solche *domus cum solario* für Karl bei der bischöflichen Pfalz errichten lassen, *ut si in illis partibus vester esset adventus, in ea suscipi possetis*.[26] Klöster und Stifte wurden nur *orationis causa* kurz besucht. Für den Königsbesuch errichteten die Klöster in den ersten Jahrzehnten des 9. Jhs. ein Gebäude zur Aufnahme des Königs. Solche Gebäude ließ Abt Fardulf (793–806) an Saint-Denis erbauen; auch andere große Reichsabteien haben anscheinend eigene *palatia* für den Besuch des Königs besessen: Saint-Germain d'Auxerre, Saint-Jean et Notre Dame in Laon, Saint-Loup in Troyes, Saint-Martin in Tours, Saint-Médard in Soissons, Saint-Remi in Reims, St. Alban in Mainz (um 800?) und St. Arnulf in Metz, aber auch bei anderen Klöstern sind Hinweise darauf vorhanden, jedoch fehlen bisher eindeutig bestimmbare Baureste solcher Gebäude.[27]

Mit dem Übergang der Herrschaft an die Liudolfinger (Ottonen) kam der ostsächsische und nordthüringische Raum hinzu, besonders Magdeburg und Quedlinburg wurden zu glänzenden Pfalzen ausgebaut, aber auch Memleben, Merseburg, Königsdahlum, Nordhausen, Mühlhausen, Derenburg, Pöhlde, Werla, Grone, Allstedt, Wallhausen, Tilleda, Dornburg a. d. Saale; auch im Westen im Rhein-Main-Gebiet und am Niederrhein um Aachen wurden neue Pfalzen gegründet: Dortmund und Duisburg. Fehlendes Königsgut in Schwaben und der Verlust von Bayern bedingten den seltenen Besuch dieser Stammesgebiete; erst unter Heinrich II. (1002–1024) gewann besonders die Region um Regensburg wieder an Bedeutung. Für die Ottonen hat Hans Walter Klewitz beobachtet, daß sie bewußt das Osterfest in Sachsen oder Franken feierten und dafür vor allem Quedlinburg, Aachen und Ingelheim wählten, aber auch Dortmund und Allstedt.[28] Im Unterschied zu den fränkischen Königen überwinterten die sächsischen Herrscher wie auch später die Salier und Staufer nicht mehr an einem Ort. Bei allem Wechsel unter den einzelnen ottonischen Herrschern wurden Magdeburg, Quedlinburg, Frankfurt, Ingelheim und Aachen regelmäßig aufgesucht,[29] sowie der Bischofssitz Köln, wo Bruno, der Bruder Otto I., bis 965 Erzbischof war (Reichs- und Hoftage Ottos I.: 953, 956, 958, 965). Klöster

---

[26] MGH Epp. IV, 543. – Brühl (wie Anm. 3) S. 25. – Streich (1984) S. 66–71.

[27] Brühl (wie Anm. 3) S. 29. – Der von Brühl benutzte Begriff „Klosterpfalz" sollte vermieden werden (s. u.). So ist auch sein Beleg für Chelles 1008 *„sedis nostrae palatio"* nicht sicher auf das mit dem König eng verbundene Nonnenkloster zu beziehen, sondern seit dem 6. Jh. war die *villa Chelles* unweit von Paris häufiger Aufenthalt der Merowingerkönige. Karl d. Gr. hat Chelles 804, Ludwig d. Fr. 832 und Karl d. Kahle 861 besucht. Brühl (wie Anm. 16) S. 220f. – Streich (1984) S. 49–65. – Hans-Peter Wehlt: Reichsabtei und König, dargestellt am Beispiel der Abtei Lorsch mit Ausblicken auf Hersfeld, Stablo und Fulda. Göttingen 1970.

[28] Klewitz (wie Anm. 6) S. 79. – Fleckenstein (wie Anm. 6) Bd. 2, S. 136f. – Vergl. auch Rieckenberg (wie Anm. 1) S. 42.

[29] Fleckenstein (wie Anm. 6) Bd. 2, S. 135f.

wurden wie bei den Karolingern selten und dann nur wenige Tage *orationis causa*, seltener weil sie auf der Reiseroute lagen, aufgesucht. Auch die Reichsklöster Corvey, Fulda und Lorsch besuchte kein Herrscher häufiger als zweimal. Unter den salischen Herrschern wurde Goslar als Pfalz zum Zentralort gewählt und entsprechend ausgestattet. Aber auch Kaiserswerth (seit 1050), Nürnberg (vor 1050) und Zürich waren wichtige Pfalzen. Schon unter Otto III. hatte sich um das Jahr 1000 eine besondere sakrale Überhöhung des Königs ausgebildet. Aber erst Heinrich II. verfolgte die *renovatio regni Francorum* als Erneuerung der fränkischen Königs- und Reichsherrschaft über alle Herrschaftsträger, „er rückte sich immer weiter in die Nähe Gottes, ja an die Stelle Gottes, und setzte die göttliche Autorität für seinen monarchischen Anspruch ein."[30] Daraus folgt, daß im 11. Jh. die Bischöfe vermehrt den König und sein Gefolge beherbergen mußten, d. h., die Gastungslasten (siehe Kap. A 7) wurden in bisher nicht üblichem Ausmaß der Reichskirche aufgebürdet, nicht zuletzt bedingt durch die vermehrte Vergabe von Reichsgut an die Bischöfe seit Heinrich II. (1002–1024). So sind für Heinrich II. 26 Aufenthalte in Merseburg, je 14 in Bamberg und Mainz, 11 in Regensburg, 10 in Paderborn und 7 in Goslar nachgewiesen, außer Goslar alles Bischofssitze; es folgen Werla und Ingelheim.[31] Bis zum Brand von 1017 war Pöhlde die Winterpfalz Heinrichs II., Ostern verbrachte er an Bischofssitzen. Die Reichsabteien besuchte er selten, nur Corvey siebenmal. Die salischen Kaiser setzten die Gewohnheiten Heinrichs II. fort, wobei Speyer mit den Familiengräbern wiederholt besucht und Goslar bis 1075 häufig als Winterpfalz genutzt wurde. Goslar verlor durch die Bedrohung während der Sachsenkriege seine Bedeutung. Reichs- und Hoftage fanden nun in der Mehrzahl in Bischofsstädten statt. Die Klöster wurden weiterhin verschont, nur Hersfeld wurde von Heinrich IV. (1053–1106) achtmal sowie Corvey und Reichenau je dreimal besucht, aber immer nur für wenige Tage, jedoch auch für Oster- und Pfingstfeste sowie Reichstage; so ist Heinrich III. in Seligenstadt 1041 und Heinrich IV. in Corvey 1073 und 1074 belegt.[32] In Hersfeld, das Heinrich IV. siebenmal besucht hat, ist es allem Anschein nach 1975 gelungen, eine solche Bauanlage für den Königsbesuch und andere repräsentative Aufgaben auszugraben.[33] Die nach 1050 errichtete Anlage entspricht der *aula* des Kölner Erzbischofs im Stiftsbezirk von Xanten.[34] Der Bautyp hat Ähnlichkeit

---

[30] Weinfurter (wie Anm. 2) S. 753.
[31] Streich (1984) S. 184–193.
[32] Brühl (wie Anm. 3) S. 137f. mit Nachweisen.
[33] Rolf Gensen: Archäologie im Stiftsbezirk von Bad Hersfeld. In: Hess. Heimat 36, 1986, S. 14–19. Plan S. 15. – Fred Schwind: Das Kloster Hersfeld und das fränkisch-deutsche Königtum. Ebda. S. 19–26. – Siehe Kap. C.
[34] Hugo Borger und Friedrich Wilhelm Oediger: Beiträge zur Frühgeschichte des Xantener Viktorstiftes. Düsseldorf 1969 (= Rhein. Ausgr. 6) S. 167–190.

mit Pfalzen wie Duisburg und Bamberg. Die relativ seltenen Besuche von Klöstern sollten, wie Schlesinger fordert, nicht dazu verleiten, von Klosterpfalzen zu sprechen, auch wenn in manchen Klöstern Räume für den gelegentlichen Königsbesuch vorbehalten wurden, denn auch in staufischer Zeit war der König häufig als „Eigenkirchenherr" Gast im Kloster.[35] Schwieriger ist die Frage der Pfalzen in Städten mit einem Bischofssitz.[36] Hier gab es königliche Pfalzen, die wie in Paderborn (siehe dort) und Merseburg getrennt von dem Wohngebäude des Bischofs lagen. In anderen Fällen, wie in Magdeburg, ging die Königspfalz frühzeitig in den Besitz des Bischofs über, diente aber bei Bedarf wie in Speyer und Bamberg weiterhin der Unterbringung des Königs.

Die Staufer haben mit Altenburg, das Lothar II. (um 825–869) angelegt hatte, und Eger im Osten, Nürnberg in der Mitte, Ulm, Kaiserslautern, Hagenau und Gelnhausen im Westen des Reiches wichtige Zentren geschaffen und die alten karolingischen Pfalzen Ingelheim und Nimwegen wiederhergestellt. Zuletzt kamen Wimpfen und Seligenstadt hinzu.[37] Unter Konrad III. (1138–1152) und Friedrich I. (1152–1190) sind Würzburg und Regensburg die meistbesuchten Orte, danach folgen Nürnberg, Frankfurt und Ulm.[38] Seit Konrad III. wurden auch Reichsklöster über das bisher übliche Maß der Abgaben und ihres Beitrages zum Heeresaufgebot vermehrt zum Reichsdienst herangezogen. So fanden in Fulda sieben Hoftage statt, die allerdings zumindest teilweise durch örtliche Probleme bedingt waren (1145, 1150, 1157, 1184, 1190, 1218).[39] Friedrich II. und Heinrich (VII.) benutzten vornehmlich die Pfalzen in Hagenau, Wimpfen und Nürnberg. Die Bischofsstädte wurden seltener aufgesucht. Der König mußte sich immer mehr auf sein Hausgut und die Reichsstädte stützen. Während des Interregnums existierte nur innerhalb der Machtzentren der jeweiligen Herrscher ein funktionsfähiger Hof, wie der Wilhelms von Holland. Die Pfalzen gingen seit dem 13. Jh. meist in anderen Besitz über, verfielen oder wurden von Burgleuten bewohnt, die das Gelände unter sich aufteilten.[40]

[35] Schlesinger (1975) S. 3f. gegenüber Carlrichard Brühl: Königspfalz und Bischofsstadt in fränkischer Zeit. In: Rhein. Vierteljahrsblätter 23, 1958, S. 161–274. – Hans-Peter Wehlt: Reichsabtei und König. Göttingen 1970 (= Veröff. d. Max-Planck-Inst. f. Gesch. 28). – Classen (wie Anm. 4) S. 92f. – Vergl. Kap. A. 3. und D. 1.

[36] Brühl (wie Anm. 3) S. 160f.

[37] Schlesinger (1975) S. 1–56. – Heinrich Koller: Königspfalzen und Reichsstädte im südostdeutschen Raum. In: Blätter f. dt. Landesgesch. 120, 1984, S. 47–78.

[38] Brühl (wie Anm. 3) S. 141f. – Opll (1978).

[39] Zum besonderen Problem Fuldas unter Abt Marcwart siehe: Franz-Josef Jacobi: Die Auseinandersetzungen um den Fuldaer Abbatiat in den Jahren 1147–1150. In: Die Klostergemeinschaft von Fulda im früheren Mittelalter. Hg. Karl Schmid. München 1978, S. 963–987.

[40] Thomas Zotz: Pfalz. In: Lex MA 6, 1993, Sp. 1997. – Vergl. dazu Thomas Martin: Die Pfalzen im dreizehnten Jahrhundert. In: Herrschaft und Stand. Hg. Josef Fleckenstein. 2. Aufl. Göttingen 1979 (= Veröff. d. Max-Planck-Inst. f. Gesch. 51) S. 277–301.

A 5 Mitglieder des Hofes und der Hofkapelle

Die Verfassung des merowingischen Hofstaates war trotz ähnlicher Titel von der des letzten weströmischen Kaisers verschieden. An erster Stelle der Verwaltung im Merowingerreich ist der *comes palatii*, der Pfalzgraf, zu nennen. Er stand dem Hofgericht vor und hatte eine leitende Funktion allgemeiner Art am Königshof inne, ebenso wie der *maior domus*, der Hausmeier, der in der ersten Hälfte des 7. Jhs. als *maior domus palatii* Leiter der Verwaltung des Hofes war;[1] ferner sind bis zum 7. Jh. ein *nutricius cubicularius regis* und ein *comes stabuli* überliefert, dazu mehrere *domestici*, u. a. *referendarius* oder *notarius* für die Kanzlei, *thesaurarius* für den Königsschatz und *spatharius* für die Waffenkammer. In merowingischer Zeit waren die Amtsinhaber zumeist Laien.

Die Zusammensetzung des Hofes und die Aufgaben der Amtsträger wandelte sich in karolingischer Zeit. Über den Zustand unter den späten Karolingern berichtet Hincmar, 845–882 Erzbischof von Reims, der selbst als Kapellan am Hofe Ludwigs des Frommen Dienst getan hatte (*negotia ecclesiastica et palatina*), in seinem Mahnschreiben *De ordine palatii*, das er 882 an die Bischöfe und an den westfränkischen König Karlmann (879–884), der nach dem Tode seines Bruders Ludwig III. (5. Aug. 882) gerade zur Herrschaft gelangt war, gerichtet hat, um den jungen Herrscher zu unterrichten und Recht und Frieden in Kirche und Reich wiederherzustellen.[2] Der Pfalzgraf, Vertreter des Königs im Hofgericht, hatte die Leitung der königlichen Gerichtsbarkeit und fungierte als Verbindungsmann zwischen den Bittstellern aus dem Reich und dem König; die gleiche Aufgabe hatte der oberste Kapellan, der immer Kleriker war, in den kirchlichen Angelegenheiten. Der Kämmerer betreute den königlichen Schatz und war für den Unterhalt des Hofes verantwortlich und damit Vorgesetzter des Seneschalks, der für die Verpflegung zu sorgen hatte, des Mundschenken für die Getränke und des Marschalks für das Pferdefutter; jedem standen zahlreiche Helfer und Diener zur Verfügung. Daneben übernahmen die Amtsträger auch Aufgaben als Heerführer, königliche *missi* und als Beisitzer im Hofgericht.

Karl der Große hatte etwa seit dem zweiten Italienzug begonnen, Gelehrte aus fremden Ländern an seinen Hof zu ziehen, u. a. die Angelsachsen Alkuin (seit 781) und Beonrad (seit 775 Abt von Echternach), die Langobarden Petrus

---

[1] Franz Staab: *Palatium* in der Merowingerzeit. Tradition und Entwicklung. In: Die Pfalz, Probleme einer Begriffsgeschichte. Hg. Franz Staab. Speyer 1990, S. 58–62.

[2] Hincmar: *De ordine palatii*; MGH Fontes iur. Germ. 3 S. 32–99. – Wilhelm Waitz: Deutsche Verfassungsgeschichte. Bd. 3, 2. Aufl. Kiel 1883, S. 496f. – Josef Fleckenstein: Karl der Große und sein Hof. In: Karl der Große. Bd. 1: Persönlichkeit und Geschichte. Hg. Helmut Beumann. Düsseldorf 1965, S. 24–50, bes. S. 33f. – Josef Fleckenstein: Die Struktur des Hofes Karls des Großen im Spiegel von Hincmars *de ordine palatii*. In: Zs. d. Aachener Gesch.-Vereins 83, 1976, S. 5–22. – Jacob Schmidt: Hinkmars „*De ordine palatii*" und seine Quellen. Diss. Frankfurt 1961. – Carlrichard Brühl: Hinkmariana I,

aus Pisa und Paulinus sowie Paulus Diaconus aus Montecassino, die Iren Jonas und Dungal und den Westgoten Theodulf. Diese *aulici*, d. h. die zur *aula*, dem Königshof, zählenden Gelehrten, übernahmen nicht die traditionellen Verwaltungsämter, sondern widmeten sich den theologischen, liturgischen und grammatischen Texten und Fragen im Rahmen der „Bildungsreform" Karls des Großen, sie dienten als Berater für Probleme der Kirche, Kultur und Bildung sowie der Kunst. Als Karl seit 794 dauerhaft in Aachen Quartier nahm, hatten die meisten von ihnen schon wieder den Hof verlassen, um wichtige kirchliche Ämter zu übernehmen. Eine jüngere, von ihnen ausgebildete Generation übernahm ihre Aufgaben, wie z. B. Einhard (s. u.); diese war nun aber weitgehend in die Hofkapelle integriert.

Nach der Mantelreliquie (*cappa*) des Hl. Martin, seit 679 im Schatz des Merowingerkönigs Theuderich III. bezeugt, wurde der königliche Reliquienschatz *capella* genannt. Schon 741 wird in Verbindung mit dem karolingischen Hausmeier ein *capellanus* erwähnt, der nach dem Übergang des Königtums an die Karolinger zum Hofgeistlichen, d. h. Kleriker im Dienste und Gefolge des Königs, wurde.[3] Die *capellani* treten bald als eigene Gemeinschaft regelmäßig in der Umgebung des Königs auf und werden *capella, capella regia* oder *capella palatii* genannt. Ihre vornehmste Aufgabe war neben der Obhut des Reliquienschatzes die Durchführung des herrscherlichen Gottesdienstes als wichtiges Element der in Gott begründeten Herrschaft des Königs;[4] die Feiern „waren offenbar selbst Ausübung der Herrschaft, ja darüber hinaus eine stetige Erneuerung des Bündnisses zwischen König und Gott."[5] Nachdem Karl der Große seit 794 mit seinem Hof vorrangig in Aachen weilte, erhielt die Hofkapelle an der inzwischen fertiggestellten und mit einem Kanonikerstift ausgestatteten Pfalzkapelle einen Mittelpunkt, an dem die Kapelläne ihren festen Sitz hatten, soweit sie nicht als engste Vertraute den König auf seinen Reisen durch das Reich begleiteten oder in königlichem Auftrag zu politischen Missionen unterwegs waren.[6] Das änderte sich dann nach den Reichsteilungen, als Compiègne unter Karl dem Kahlen diese Aufgabe für den Westen übernahm und Ludwig der Deutsche Regensburg und Frankfurt dafür wählte.[7] Seit dem 9. Jh. wird

Hinkmar und die Verfasserschaft des Traktats „De ordine palatii". In: Dt. Archiv 20, 1964, S. 48–54. – Carlrichard Brühl: *Fodrum, gistum, servitium regis*. Bd. 1. Köln-Graz 1968 (= Kölner hist. Abhandl. 14, 1) S. 77–81.

[3] Josef Fleckenstein: Die Hofkapelle der deutschen Könige. 2 Bde. Stuttgart 1959, 1966 (= Schr. d. MGH 16, 1 u. 2) hier Bd. 1, S. 23f., 37f. – Streich (1984) S. 20–24.

[4] Zur Ausstattung der Kapelle siehe Percy Ernst Schramm, Florentine Mütherich: Denkmale der deutschen Könige und Kaiser. München 1962 (= Veröff. d. Zentralinst. f. Kg. 2) S. 31–33.

[5] Fleckenstein (wie Anm. 3) Bd. 1, S. 37f.

[6] Fleckenstein (wie Anm. 3) Bd. 1, S. 41, 100f.

[7] Fleckenstein (wie Anm. 3) Bd. 1, S. 154f., 218–222.

A 5 Mitglieder des Hofes und der Hofkapelle

auch der Aufbewahrungsraum des Schatzes, das Oratorium in der Königspfalz, *capella regis* genannt. Da der Reliquienschatz den wandernden Königshof begleitete, wurden seit etwa 800 alle Oratorien der Königspfalzen *capella* genannt, was 775 erstmals für die Pfalz Düren belegt ist,[8] bald auch alle Oratorien auf Fiskalgut, also königliche Eigenkirchen.[9]

Schon unter Pippin übernahmen die *capellani* auch die Beurkundungen; in zunehmendem Maße wurden ihnen daneben diplomatische Aufgaben übertragen, zudem die Verwaltung, die nach dem Übergang in die vornehmlich schriftliche Form ganz in ihre Hände gelegt wurde.[10] Die Urkundenschreiber, als Kapelläne gewöhnlich Notare genannt, erhielten einen eigenen Leiter, den Kanzler (seit 858 *cancellarius* genannt), der ständig an Bedeutung gewann und zum einflußreichen Leiter der Reichsverwaltung aufstieg, aber auch wie alle anderen Kapelläne dem Erzkapellan (*archicapellanus*), wie der Leiter seit 825 genannt wurde, unterstellt waren. Für das Karolingerreich kennen wir seit Pippin einige Namen der *capellani,* denen die Leitung anvertraut war: Fulrad (gest. 784), *capellanus palacii nostri,* Angilram von Metz (784–791), *qui et sanctam capellam palacii nostri gubernare videtur,* Hildebald von Köln (791–818), *archiepiscopus et sacri palacii imperialis custus,* und Abt Grimald von Weißenburg (833–872).[11]

Nach dem Regierungswechsel 919 hatte unter Heinrich I. (919–936) die Hofkapelle stark an Bedeutung verloren und bestand zunächst nur aus einem von Konrad I. übernommenen Notar; aber schon 922/23 hat auch Heinrich wieder einen Erzkapellan ernannt, der aber nur selten am Hofe weilte, sondern vorrangig Metropolit war; seit 965 war das Amt an den Mainzer Erzbischof gebunden.[12] Otto der Große und seine Nachfolger bauten die Hofkapelle bewußt in die Reichspolitik ein und machten sie zu einem Zentrum der Reichskirche, in dem die Kapellane möglichst aus den wichtigen Domkapiteln berufen wurden, denen sie als Kanoniker weiterhin angehörten und über die Pfründe bezahlt wurden, aber auf Dauer an den Hof abgeordnet wurden.[13] Das ist auch unter Friedrich II. noch üblich. Er beruft sich in einer Urkunde vom 17. Nov. 1217 für das Meißner Domkapitel auf altes Königsrecht: „In Anbetracht der Dienste an Hingabe und Treue, die unser geliebter Magister Nikolaus (belegt ab 1205, Domherr von Cremona und Legat, Kapellan Friedrichs II.) ... euer Kano-

---

[8] MGH D Karol. 102. – Fleckenstein (wie Anm. 3) Bd. 1, S. 95.
[9] Fleckenstein (wie Anm. 3) Bd. 1, S. 19–23, 98f. – Streich (1984) S. 21f.
[10] Fleckenstein (wie Anm. 3) Bd. 2, S. 189f. – Peter Csendes: Kanzlei, Kanzler. In: Lex MA 5, 1991, Sp. 910–912 mit Lit.-Ang. – Peter Csendes: Erzkanzler. In: Lex MA 4, 1989, Sp. 1f. mit Lit.-Ang.
[11] Belege Fleckenstein (wie Anm. 3) Bd. 1, S. 39 mit Nachweisen.
[12] Fleckenstein (wie Anm. 3) Bd. 2, S. 13.
[13] Fleckenstein (wie Anm. 3) Bd. 2, S. 17–19.

niker unserer Hoheit geleistet hat, haben wir ihn voll in unsere Hofgenossenschaft (*familiaritas*) aufgenommen. ...Da wir ihn zur Erledigung unserer Amtsgeschäfte (*negotii*) sehr nötig brauchen, ersuchen wir Euer Liebden, Ihr möchtet ihn, solange er bei uns ist, trotz seiner Abwesenheit als anwesend betrachten, da es zum Recht der Könige gehört, aus jeder Kathedralkirche einen zu unseren Diensten (*nostra obsequia*) aufnehmen zu dürfen."[14] Die möglichst aus der höchsten Adelsschicht stammenden Kapellane wurden – soweit möglich – zu Bischöfen erhoben, um sie eng an den Hof zu binden.[15] Das aus Mitgliedern der Hofkapelle bestehende Kanzleipersonal (*capellani et notarii*) hatte sich seit 952/65 verdreifacht von fünf bis sechs Mitgliedern auf etwa 15 nach 965, unter Otto III. (983–1002) waren es 35, unter Heinrich II. (1002–1024) schließlich mehr als 39.[16] Erst unter Otto dem Großen erhielt die Kanzlei eine feste Form, und der Kanzler rekognoszierte stellvertretend (*ad vicem*) für den Erzkanzler, der seit 965 zugleich Erzbischof von Mainz und kaum noch am Hof anwesend war.

Seit dem 12. Jh. übernahm der Kanzler (*cancellarius*) zunehmend alle politischen Aufgaben.[17] Entsprechend nannte sich der auf Dauer mit dem Amt des Mainzer Erzbischofs verbundene *archicapellanus* auch *archicancellarius*, er hatte aber nur die Oberleitung; die Macht an sich lag bei dem Kanzler. Die eigentliche Leitung der Kanzlei ging unter Friedrich Barbarossa auf die Protonotare (*protonotarius curiae*) über, die seit dem 13. Jh. den Titel Vizekanzler führten.[18] Die Hofkapelle betreute der *capellarius*. Kanzler wie Arnold von Wied (ab 1151 Erzbischof von Köln) und Rainald von Dassel (ab 1159 ebenfalls Erzbischof von Köln) waren zugleich bedeutende Bauherren: Arnold von Wied baute die 1151 in Anwesenheit von Konrad III. geweihte Doppelkapelle in seiner Burg Schwarzrheindorf am Rhein, von Rainald von Dassel stammt der monumentale Neubau des Kölner erzbischöflichen Palastes auf der Südseite des Domes. Die Mitglieder des Hofes und der Hofkapelle begleiteten in unterschiedlicher Zusammensetzung und Zahl den König. Eine angemessene Unterbringung und Versorgung war auch für sie zu gewährleisten.

---

[14] MGH Const. II 60. – Lorenz Weinrich: Quellen zur deutschen Verfassungs-, Wirtschafts- und Sozialgeschichte bis 1250. Darmstadt 1977 (= Freiherr vom Stein-Gedächtnisausgabe 32) S. 386f.

[15] Fleckenstein (wie Anm. 3) Bd. 2, S. 199f.

[16] Fleckenstein (wie Anm. 3) Bd. 2, S. 51f., 189.

[17] Friedrich Hausmann: Reichskanzler und Hofkapelle unter Heinrich V. und Konrad III. Stuttgart 1956 (= Schr. d. MGH 14). – Wolfgang Petke: Kanzlei, Kapelle und königliche Kurie unter Lothar III. (1125–1137). Wien-Köln-Graz 1985 (= Forsch. u. Beitr. z. Kaiser- u. Papstgesch. d. MA, Beih. z. J. F. Böhmer, Regesta Imperii 5).

[18] Heinrich Appelt: Die Kanzlei Friedrich Barbarossas. In: Die Zeit der Staufer. Bd. 5. Ausst.-Kat. Stuttgart 1977, S. 17–34, bes. S. 19f.

A 6 Verwaltung der Pfalz und des Tafelgutes

Für die Verwaltung sowie Versorgung und Instandhaltung einer Pfalz war der *iudex, actor (exactor), dominicus* bzw. *palatii* oder *regis, villicus* oder *procurator* des betreffenden *fiscus*, der *curtis* oder *villa* verantwortlich:[1] *qui villam nostram providebat*.[2] Ihm unterstanden wohl auch die Verwalter, die *maiores* oder Meier, der einzelnen Wirtschaftshöfe, d. h. der Tafelgüter der Pfalz. Zugleich war die Pfalz auch administrativer Mittelpunkt des umliegenden Forstes wie Frankfurt und Tribur für den Reichsforst Dreieich, Hagenau für den Heiligen Forst, Kaiserslautern für den Forst Lutra, Gelnhausen für den Büdinger Forst, Goslar für den Harz usw.[3] So nimmt Karl Bosl an, daß der *actor dominicus* der Frankfurter Pfalz als Waldbote, Reichsvogt und Forstmeister zusammen mit den besonderen „Königsdienern" das Recht des Königs an seiner Stelle und in seiner Vertretung in dem Reichsforst ausübte.[4]

Für die Verwaltung der Aachener Pfalz sind aus einer um 820 erlassenen Pfalzordnung einige Hinweise zu entnehmen.[5] Nach dieser einzigartigen Quelle sollten die *agentes vel ministeriales* oder jeder *ministerialis palatinus* bzw. *hi, qui nobis in nostro palatio deserviunt*, in ihrem jeweiligen Aufgabenbereich nach fremden Menschen und versteckten Dirnen suchen. Genannt werden der *actor* Ratbert, dessen Aufgabenbereich (*ministerium*) die Aufsicht über die Häuser (*domus*) der königlichen Diener in Aachen und in den benachbarten Höfen (*villulae*) umfaßte, d. h. vermutlich der Bezirk des *fiscus*.[6] Dieser Amts-

---

[1] Alfons Dopsch: Die Wirtschaftentwicklung der Karolingerzeit. Bd 1. 2. Aufl. Weimar 1921, S. 157–160. – Wolfgang Metz: Die Königshöfe der *Brevium Exempla*. In: Dt. Archiv 22, 1966, S. 598–617. – Unklar ist, ob der *iudex* bzw. *actor* dem *villicus* vorgesetzt war oder ob der Begriff im Wechsel gleiche Funktionen beinhaltete. Bosl (wie Anm. 3) S. 21. – Dietmar Flach: Untersuchungen zur Verfassung und Verwaltung des Aachener Reichsgutes von der Karolingerzeit bis zur Mitte des 14. Jahrhunderts. Göttingen 1976 (= Veröff. d. Max-Planck-Inst. f. Gesch. 46) S. 244–253, 280–283. Seit 1100 sind *iudex, villicus, advocatus* und *scultetus* zum Teil zumindest austauschbar. 1018 wird ein *iudex et exactor* als Vorsteher des Aachener *fiscus* erwähnt. – Carlrichard Brühl: *Fodrum, gistum, servitium regis*. Bd. 1. Köln-Graz 1968 (= Kölner hist. Abhandl. 14, 1) S. 100.
[2] Urkunde Ludwigs des Frommen für Horbach 819. – Monumenta Boica 31,1. Augsburg 1836, Nr. 43, S. 44.
[3] Karl Bosl: Pfalzen und Forsten. In: Deutsche Königspfalzen. Bd. 1. Göttingen 1963, S. 1–29.
[4] Bosl (wie Anm. 3) S. 13.
[5] *Capitulare de disciplina palatii Aquisgranensis*. MGH LL Sectio II Capit. reg. Franc. 1, Nr. 146. – Text u. Übersetzung Walter Kaemmerer: Aachener Quellentexte. Aachen 1980, S. 28f. – Flach (wie Anm. 1) S. 53f., 92f. – Walter Schlesinger: Beobachtungen zur Geschichte und Gestalt der Aachener Pfalz in der Zeit Karls des Großen. In: Studien zur europäischen Vor- und Frühgeschichte. Hg. Martin Claus, Werner Haarnagel, Klaus Raddatz. Neumünster 1968, S. 275.
[6] Flach (wie Anm. 1) S. 92–97, 130–181.

träger wurde sonst auch *villicus* genannt. Petrus und Gunzo sollten die Hütten und die anderen Wohnungen (*scruae*[7] *et aliae mansiones*) der *actores*[8] und Ernald die Wohnungen (*mansiones*) aller Kaufleute (*negotiati*) auf dem Markt oder anderswo, und zwar sowohl der Christen als auch der Juden, durchforschen. Ein Hausverwalter (*mansionarius*) sollte es mit seinen Gehilfen in gleicher Weise in den Wohnungen (*mansiones*) der Bischöfe, Äbte und Grafen, die keine Verwalter (*actores*) sind, und der königlichen Vasallen tun, sofern zu einer Zeit jene Älteren (*seniores*) nicht in ihren Wohnungen sind. Es handelt sich vermutlich um die *aedificia*, die nach Notkers Aussage Karl der Große für die Bischöfe, Äbte und Grafen seines Reiches gebaut hat.[9]

Über die Verwaltung der karolingischen Tafelgüter geben die *Brevium exempla ad describendas res ecclesiasticas et fiscales* von 799/800 Auskunft, die am Schluß eine Beschreibung von fünf Königshöfen in den beiden *fisci dominici* Annappes und Gruson bei Tournai enthalten,[10] und das *Capitulare de villis*, das Karl der Große kurz vor 800 für die mit der Verwaltung der *villae nostrae* (*vel curtes*), *quas ad opus nostrum serviendi institutas habemus* (cap. 1), betrauten Amtleute (*iudices, villici, maiores*) mit der Absicht erlassen hat, die Versorgung zu sichern und Mißstände zu beseitigen.[11] „Was wir oder die Königin oder unsere Beamten (*ministeriales*), der Senneschall und Schenk (*sinescalcus et butticularius*), auf unseren oder der Königin Auftrag den Amtsleuten (*iudices*) befohlen haben, müssen diese genau erfüllen, wie es ihnen aufgetragen wurde" (cap. 16, ähnlich cap. 47). „Jeder *iudex* hat sein *servitium* voll (*pleniter*) zu leisten" (cap. 7) und in guter Qualität (*bona et optima atque bene studiose et pitide*, cap. 24) einzubringen; er hat für die Instandhaltung der königlichen Höfe zu sorgen und gegen deren wirtschaftliche Schädigung oder Verfall

---

[7] Die Deutung ist problematisch: Schlesinger (wie Anm. 5) S. 275, 278. – Metz (wie Anm. 1) S. 610f.

[8] Petrus und Gunzo erscheinen bei Ermoldus Nigellus 826 in seinem Lobgedicht als Vorsteher der Bäcker und Köche. Flach (wie Anm. 1) S. 65f.

[9] Notker Balbulus: *Gesta Karoli Magni imp.* I, 27: *si prius de edificiis, quae Cesar Augustus imperator Karolus apud Aquasgrani ... Deo vel sibi vel omnibus episcopis, abbatibus, comitibus et cunctis de toto orbe venientibus hospitibus mirifice construxit, ... commemorem.* MGH SS II, S. 743. – Quellen zur karolingischen Reichsgeschichte. Bd. 3. Hg. Reinhold Rau. Darmstadt 1964 (= Freiherr vom Stein-Gedächtnisausgabe 7) S. 362f. – Flach (wie Anm. 1) S. 49.

[10] MGH LL Sectio II Capit. reg. Franc. 1, S. 250–256. – Metz (wie Anm. 1) S. 598–617 mit Lit.-Ang., zur Datierung S. 602f.

[11] MGH LL Sectio II Capit. reg. Franc.1, S. 82–91. – Carlrichard Brühl (Hg.): *Capitulare de villis*. Stuttgart 1971, dort Lit.-Verz. S. 9–14 u. Übersetzung v. Günther Franz aus: Quellen zur Geschichte des deutschen Bauernstandes im Mittelalter. Darmstadt 1967 (=Freiherr vom Stein-Gedächtnisausgabe 31) S. 38–59. – Dopsch (wie Anm. 1) S. 28–183. – Metz (wie Anm. 1) S. 602f. mit Lit.-Verz. – Carlrichard Brühl u. Adriaan Verhulst: *Capitulare de villis*. In: Lex MA 2, 1983, Sp. 1482f. mit Lit.-Verz.

rechtzeitig einzugreifen und darauf zu achten, daß immer die notwendigen Vorräte vorhanden sind und die Weinberge gut bearbeitet werden.[12] Das *Capitulare de villis* unterscheidet zwischen dem *ministerium* des *iudex* und dem des ihm unterstellten *maior* und Meier, der nicht aus den *potentiores*, sondern aus den *mediocres homines, qui fidelis sint* (cap. 60), genommen werden soll, d. h. nicht aus dem hohen Adel, sondern aus solchen, die den Treueeid geleistet haben. Neben den Meiern sind dem *iudex* unterstellt: Forstmeister, Gestütsvorsteher, Kellermeister, Vögte, Zolleinnehmer sowie die übrigen Beamten (*forestarii, poledrarii, cellarii, decani, telonarii vel ceteri ministeriales*, cap. 10).

Bei den *Brevium exempla*, die Beziehungen zum *Capitulare de villis* zeigen, handelt es sich unter der Überschrift *De ministerio illius maioris vel ceterorum* um die Schlußabrechnung für den Amtsbezirk (*ministerium*) eines solchen *maior*. Im *Capitulare de villis* wird in cap. 55 diese Abrechnung von den *iudices* verlangt, die „alle Abgaben, Dienste und Abzüge für unseren Hofhalt in ein Rechnungsbuch eintragen müssen und in ein anderes die Ausgaben. Den Überschuß sollen sie uns durch ein Verzeichnis nachweisen." In cap. 62 wird von den *iudices* „eine detaillierte, genau und übersichtlich geordnete Aufstellung bis Weihnachten verlangt, damit wir wissen, was und wieviel wir von den einzelnen Dingen besitzen." Zuvor werden diese Güter ausführlich aufgezählt.

Das *ministerium* der *Brevium exempla* umfaßt fünf Königshöfe, darunter ein Weingut, und drei *mansioniles*, die offensichtlich der Geflügelzucht dienten. Es handelt sich um eine kleinere wirtschaftliche Einheit der Krongutverwaltung. Ungeklärt ist, ob es in der Nähe von größeren Pfalzen wie Aachen, Compiègne oder Frankfurt auch größere Einheiten gegeben hat, die unter der Verwaltung eines *iudex* oder *actor dominicus* standen, wie es im sogenannten Lorscher Reichsurbar, einer zwischen 830 und 850 entstandenen Abgabenaufstellung für karolingisches Reichsgut am Mittelrhein, für die *fisci* Frankfurt und Tribur erwähnt[13] und für den *fiscus* für Annappes in den *Brevium exempla* zu erkennen ist. Ein solches *ministerium* konnte mit der *curtis* einer Pfalz verbunden sein. Auch die Ingelheimer Pfalz hatte ein *ministerium;* am 6. Febr. 835 überließ tauschweise der *exactor palatii Ingilenheim Agano* dem Prümer Abt Markward Güter *ex rebus fiscalibus ex ratione ministerio sui*.[14] Ferner wird ein *maior* erwähnt, der den *fiscalines* übergeordnet ist. Andererseits standen die im

---

[12] Belege bei Dopsch (wie Anm. 1) S. 34f., im letzten § 63: *iudices nostri in villis nostris habere debeant.*

[13] Michael Gockel: Karolingische Königshöfe am Mittelrhein. Göttingen 1970 (= Veröff. d. Max-Planck-Inst. f. Gesch. 31). Es handelt sich um die *fisci* Gernsheim, Nierstein, Trebur/Frankfurt, Worms, Kaiserslautern und Florstadt. Für Frankfurt wurden als *actores dominici* zur Zeit Karls des Großen Nantcharius und 823 Gerold genannt. – Elsbet Orth: Frankfurt. In: Die Deutschen Königspfalzen. Bd. 1: Hessen. Göttingen 1983, S. 143.

[14] Gockel (wie Anm. 13) S. 210. – Hans Schmitz: Pfalz und Fiskus Ingelheim. Marburg 1974 (= Untersuchungen u. Materialien z. Verfassungs- u. Landesgesch. 2) S. 346. –

Lorscher Reichsurbar beschriebenen *fisci* gleichrangig als selbständige wirtschaftliche Einheiten nebeneinander. Da die Verwalter eines *fiscus* der gleichen sozialen Schicht angehörten wie die Inhaber der Grafschaften, d. h. dem hohen Adel,[15] muß „damit gerechnet werden, daß analog der Kumulation von Grafschaften bisweilen auch mehrere *fisci* von einem Amtmann verwaltet wurden"[16] und so eine Entfremdung vom Reichsgut begünstigt wurde.

In der Regel sind in einem Fiskalbezirk, der sich wohl an Gaue oder Marken anlehnte, aber mit deren Grenzen nicht identisch war,[17] einem Haupthof (*curtis*, *villa capitanea*) mehrere Nebenhöfen (*mansioniles*) und abhängiges, in Huben eingeteiltes Zinsland zugeordnet. Davon gibt es aber zahlreiche Ausnahmen, die nicht nur in unterschiedlicher landwirtschaftlicher Struktur, Weinanbau und Forsten begründet waren. Dem Haupthof war zumeist eine königliche Eigenkirche beigegeben,[18] die später häufig zur Pfarrkirche wurde. An Personal werden z. B. für den Königshof Gernsheim neun Fiskalfrauen (*fiscalinae*), 22 unfreie Frauen (*serviles feminae*) und sechs unfreie Männer (*servi*) aufgeführt.[19] Die große Zahl der Frauen erklärt Michael Gockel mit dem Vorhandensein von Webhäusern, wie sie im *Capitulare de villis* erwähnt werden und wie sie Paul Grimm in der Pfalz Tilleda für das 10. Jh. in größerer Zahl ausgegraben hat. „An Knechten bestand offenbar kein solch großer Bedarf wie an weiblichen Arbeitskräften, da die Feldarbeit auf dem Salland[20] weitgehend mit Hilfe der Hintersassen, besonders der Servilhübner, vorgenommen wurde, die während des ganzen Jahres die Hälfte ihrer Arbeitskraft auf dem Salland einzusetzen hatten, während die Freihübner offenbar nur zur Pflug-, Saat- und Erntezeit stärker zu Frondiensten herangezogen wurden."[21]

Ein besonderes Problem bildet in diesem Zusammenhang die Stellung und der Aufgabenbereich von Einhard (um 770–840) in der Aachener Pfalz. Ihm wird in der Literatur allgemein die Funktion eines Verwalters der Pfalzbauten

Peter Classen: Die Geschichte der Königspfalz Ingelheim bis zur Verpfändung an Kurpfalz 1375. In: Ingelheim am Rhein. Hg. Johanne Autenrieth. Stuttgart 1964, S. 100 f.

[15] Nachweise bei Gockel (wie Anm. 13) S. 210 mit Anm. 1292.

[16] Gockel (wie Anm. 13) S. 210 f. – Vergl. auch Carlrichard Brühl: Die wirtschaftliche Bedeutung der Pfalzen für die Versorgung des Hofes von der fränkischen bis zur Stauferzeit. In: Gesch. in Wiss. u. Unterricht 16, 1965, S. 506 f. „*fisci und ministeria* sind keine nebeneinander oder gar in einem Unterordnungsverhältnis zueinander stehenden Verwaltungseinheiten, sondern ein *fiscus* kann gelegentlich einmal *ministerium* bezeichnet werden."

[17] Gockel (wie Anm. 13) S. 203 f. entgegen Metz (wie Anm. 1) S. 605.

[18] *Capitulare de villis* cap. 6: „Auch sollen nur Geistliche aus unseren Hofleuten oder unserer Hofkapelle die Kirchen innehaben."

[19] Gockel (wie Anm. 13) S. 52.

[20] Das Salland des *fiscus* Gernsheim bestand aus 53 Zinshufen, einer Ministerialhufe und 20 zu Zins ausgetanenen *iurnales*, war von *fiscus* zu *fiscus* aber sehr unterschiedlich. Gockel (wie Anm. 13) S. 53.

[21] Gockel (wie Anm. 13) S. 52 f.

zugeschrieben. Das ist aber aus den Quellen nicht zu erschließen.[22] Vielmehr gehörte Einhard seit 796 zu den *aulici*, den fest mit dem Hof (*aula*) Karls des Großen und Ludwigs des Frommen verbundenen Gelehrten und höchsten Würdenträgern, die in Aachen auch ein eigenes Haus mit *oratorium* besaßen. Einhard wird um 916 im Fuldaer Abtskatalog als *variarum artium doctor peritissimus* charakterisiert. Alkuin nennt ihn 799 *Beselel, vester immo et noster familiaris adiutor*, Hrabanus Maurus in dem Epitaphium für Einhard *multis arte fuit utilis,* und Walahfrid Strabo bezeichnet ihn als *Beseleel, fabre primum qui percepit omne artificium praecautus opus* (Beseleel, der zunächst geschickt jedes Werk der Handwerker in weiser Voraussicht vorgeschrieben hat). Pseudonyme waren für die Mitglieder der Aachener Hofgesellschaft ab 794 üblich. Beselehel beherrschte nach Exodus 31 sowohl den Entwurf bzw. Planung als auch die Ausführung von handwerklichen Arbeiten in verschiedenen Materialien zur Ausstattung des Bundeszeltes.

In der Geschichte der Äbte des Klosters Saint-Wandrille de Fontenelle, dessen Laienabt Einhard 817–823 war, heißt es 833/40, daß Ansegis, 823–833 Abt des Klosters, in jungen Jahren an den Aachener Hof kam und um 807 oder 814/17 unter Einhard als Verwalter herrscherlicher Werke in der Aachener Pfalz eingesetzt war (*exactor operum regalium in Aquisgrani palatio sub Einhardo abbate, viro undecunque doctissimo*). Hieraus ist Einhards Stellung als eine Art Oberaufseher der königlichen Werke am Hofe zu erschließen. Das ist vielleicht die gleiche Aufgabe, die Gerward, der Bibliothekar der Pfalz, 828 ausfüllte, „dem auch die Sorge für die Werke und Bauarbeiten der Aachener Pfalz vom König übertragen war" (*Gerwardus palatii bibliothecarius, cui tunc temporis etiam palatinorum operum ac structurarum a rege cura commissa erat*). Wann und ob Gerward diese Funktion von Einhard übernommen hat, bleibt ungewiß. Es handelt sich aber um eine Oberaufsicht eines Hofmitgliedes. Der eigentliche, unmittelbar tätige Verwalter des Aufgabenbereichs (*ministerium*) der Kunst- und Bauwerke war ein anderer, z. B. der Mönch Ansegis. Er war für die Bauarbeiter zuständig, die Karl der Große von überall her zusammengezogen hat, wie Notker Balbulus – allerdings 80 Jahre später – berichtet: „Zu diesem Bau berief er von allen Ländern diesseits des Meeres die Meister und Werkleute aller Künste dieser Art zusammen. Über sie setzte er einen Abt ... zur Vollendung des Werkes, weil er von allen der Kundigste war. (*Ad cuius fabricam de omnibus cismarinis regionibus magistros et opifices omnium id genus artium advocavit. Super quos unum abbatem cunctorum peritissimum ad*

---

[22] Günther Binding: Der früh- und hochmittelalterliche Bauherr als *sapiens architectus*. Köln 1996, dort alle Nachweise für die folgenden Quellen im Kapitel „Einhard".– Günther Binding: *Multis arte fuit utilis*. Einhard als Organisator am Aachener Hof und als Bauherr in Steinbach und Seligenstadt. In: Mittelalt. Jb. 30, 2, 1995, S. 1–18.

executionem operis ... constituit).[23] Diesem Abt werden Betrügereien vorgeworfen, so daß es nicht Einhard gewesen sein kann. Auch 828 waren noch Handwerker aus anderen Orten in Aachen tätig; so war ein Gerlaic aus Reims *inter eos, qui propter aedificia palatii construenda iussi illa civitate venerunt.*[24] Am 26. Mai 850 bestätigte Karl der Kahle dem Erzbischof von Reims die bereits von Ludwig dem Frommen ausgesprochene Befreiung von allen Dienstleistungen, die die Reimser Kirche zur Zeit Karls des Großen für die Aachener Pfalz leisten mußte: *de opere et operariis atque omni exactione que tempore avi nostri domni Karoli imperatoris ex eadem casa Dei exigebantur ad palatium quod vocatur Aquisgrani.*[25] 828 (?) hat sich der Bischof Frothar von Toul dagegen gewehrt, Bauhandwerker für die Aachener Pfalz zu stellen (*Praecipitur enim, ut in Aquis palatio operemur et laboribus ibidem peragendis insudemus*), da er schon den Auftrag habe, Bauarbeiten in der Pfalz Gondreville ausführen zu lassen (*in fronte ipsius palatii solarii opus construerem*).[26] Dem entspricht der Bericht des St. Galler Mönches Notker Balbulus, der im Dezember 883, als Kaiser Karl III. das Kloster auf seinem vierten Italienzug besuchte, in seinen Geschichten aus dem Leben Karls des Großen berichtet hat: „Und wenn Neubauten zu errichten waren, dann mußten alle Bischöfe, Herzöge und Grafen, auch Äbte und wer sonst eine königliche Kirche leitete, samt allen, die ein Lehen vom König hatten, dies in emsiger Arbeit vom Grund bis zum First aufführen. Dies bezeugt noch heute nicht bloß die Kirche in Aachen, sondern auch der weltliche Bau und die Häuser aller Menschen jeglichen Standes, die um die Pfalz des klugen Karl herum nach seiner Anordnung gebaut sind."[27]

Für das 10.–12. Jh. sind die Verwaltungsstrukturen bisher wenig untersucht und somit kaum bekannt.[28] Es ist jedoch davon auszugehen, daß die Organisationsformen des 9. Jhs. zumindest teilweise noch im 10./11. Jh. weiter bestanden. Mehrfach sind im 10./11. Jh. Grafen als *advocati* in Krongutsbezirken bezeugt, denen wohl auch die Verwaltung der Pfalz anvertraut war. In staufischer Zeit waren es in der Regel die für das Reichsgut zuständigen Vögte, so z. B. für die Pfalz Gelnhausen als Burggraf Gerlach von Büdingen (gest. vor 1247), der der oberste Amtsträger des Reiches im Gelnhäuser Bezirk zur Zeit Friedrichs II.

[23] Notker Balbulus: *Gesta Karoli* Magni imp. I, 28. MGH SS II, S. 744. – Rau (wie Anm. 9) S. 364f. – Kaemmerer (wie Anm. 5) S. 34f.
[24] Einhard: *Translatio et Miracula sanctorum Marcellini et Petri* IV, 2. MGH SS XV/1, S 256. – Flach (wie Anm. 1) S. 79f.
[25] Recueil des actes de Charles II le Chauve. Bd. 1. Hg. Georges Tessier. Paris 1943, Nr. 130, S. 342. – Flach (wie Anm. 1) S. 80 Anm. 405.
[26] MGH Epp. V, S. 282f., Nr. 9. Adolf Gauert: Königspfalzen. In: Handwörterbuch z. dt. Rechtsgesch., 1978, Sp. 1052f.
[27] Notker: *Gesta Karoli* I, 30. In: Rau (wie Anm. 9) S. 366f.
[28] Siehe den vorzüglichen Überblick von Egon Boshof: Königtum und Königsherrschaft im 10. und 11. Jahrhundert. München 1993 (=Enzyklopädie dt. Gesch. 27) S. 83–90.

und Heinrichs (VII.) war,²⁹ oder für die Pfalz Wimpfen der zwischen 1222 und 1255 als *scultetus, dispensator* und *advocatus* überlieferte Wilhelm von Wimpfen, der 1240 kurzfristig als Schultheiß nach Hagenau und 1251 als Burggraf auf den Trifels geschickt und schließlich 1253 *proviso imperialium*, also Hüter der Reichsinsignien, und Vogt von Wimpfen genannt wurde.³⁰ Die Pfalz Eger war Sitz des mit Verwaltungs- und Militäraufgaben bevollmächtigten *iudex provincialis*.³¹ „Völlig unklar ist noch, wie der Betrieb einer Pfalz bei Anwesenheit und bei Abwesenheit des Königs in der Praxis funktioniert hat"³² und ob sich bei Anwesenheit des Königs in einer Pfalz die Aufgabenverteilung änderte und die Aufgaben von den mit dem König umherziehenden Hofmitgliedern übernommen wurden. Hierüber geben keine Quellen eine Auskunft.

---

²⁹ Fred Schwind: Reichsstadt und Kaiserpfalz Gelnhausen. In: Blätter f. dt. Landesgesch. 117, 1981, S. 82. – Karl E. Demandt: Die Herren von Büdingen und das Reich in staufischer Zeit. In: Hess. Jb. f. Landesgesch. 5, 1955, S. 49–84.
³⁰ Fritz Arens: Die Königspfalz Wimpfen. Berlin 1967, S. 25f.
³¹ Thomas Martin: Die Pfalzen im dreizehnten Jahrhundert. In: Herrschaft und Stand. Hg. Josef Fleckenstein. 2. Aufl. Göttigen 1979 (Veröff. d. Max-Planck-Inst. f. Gesch. 51) S. 283.
³² Adolf Gauert (wie Anm. 26) Sp. 1052.

A 7 Versorgung der Pfalz

In der vorwiegend agrarisch und naturalwirtschaftlich geprägten Zeit oblag die zentrale Funktion in der Versorgung (*servitium*) der Pfalz während der Königsaufenthalte den Wirtschaftshöfen (*curtes, villae*), den Tafelgütern: *villae nostrae, quas ad opus nostrum serviendi institutas habemus*, wie es das *Capitulare de villis* kurz vor 800 in cap. 1 ausdrückt,[1] oder *iste sunt curiae, quae pertinent ad mensam regis Romanorum*, wie der erste Satz des Tafelgüterverzeichnisses lautet.[2] Dieses wird in der älteren Forschung auf 1064/65, nach neueren Untersuchungen in das ausgehende 12. Jh. datiert. Hier sind die einzelnen, von den Höfen jährlich an den Hof zu liefernden Servitien getrennt für Sachsen, Rheinfranken und Bayern aufgeführt, das schwäbische Gebiet fehlt, es folgt zum Schluß die Lombardei. Nach Alfons Dopsch und Carlrichard Brühl „sind Tafelgüter solche Güter, deren Zweck und Bestimmung so gut wie ausschließlich darauf gerichtet sind, die Naturalverpflegung des Königs und seines Hofhaltes zu decken."[3] Tafelgüter existieren seit karolingischer Zeit; ihre Bedeutung wird mit dem Aufkommen der Geldwirtschaft im 12./13. Jh. geringer. Die *curtis* oder *villa*, deren topographisches Verhältnis zur Pfalz zumeist ungeklärt ist, war ein landwirtschaftlicher Eigenbetrieb und zugleich auch Haupthof des umliegenden Königsgutes (*fiscus*) als Sammelstelle für die Abgaben der Nebenhöfe und den diesen zugeordneten zahlreichen Bauernstellen, den Hufen.[4] Neben dem Haus- und Reichsgut wurden Leistungen der Bistümer und Reichsabteien im Rahmen des *servitium regis* in Anspruch genommen,[5] wobei das

---

[1] MGH LL Sectio II Capit. reg. Franc. 1, S. 82–91. Siehe Kap. A. 6. Anm. 11.

[2] Wilhelm Levison u. Alois Schulte: Das Verzeichnis der königlichen Tafelgüter von 1064/65. In: Neues Archiv 41, 1919, S. 557–577. – Heusinger (wie Anm. 5) S. 83, 155. – Wolfgang Metz: Staufische Güterverzeichnisse. Berlin 1964. – Kritisch dazu Meinrad Weikmann: Königsdienst und Königsgastung in der Stauferzeit. In: Zs. f. bayerische Landesgesch. 30, 1967, S. 314–332. – Dietmar Flach: Untersuchungen zur Verfassung und Verwaltung des Aachener Reichsgutes von der Karolingerzeit bis zur Mitte des 14. Jahrhunderts. Göttingen 1976 (= Veröff. d. Max-Planck-Inst. f. Gesch. 46) S. 89. – Carlrichard Brühl: *Fodrum, gistum, servitium regis*. Bd. 1. Köln-Graz 1968 (= Kölner hist. Abhandl. 14, 1) S. 182–188. – Lorenz Weinrich: Quellen zur deutschen Verfassungs-, Wirtschafts- und Sozialgeschichte bis 1250. Darmstadt 1977 (= Freiherr vom Stein-Gedächtnisausgabe 32) S. 188f.

[3] Alfons Dopsch: Die Wirtschaftentwicklung der Karolingerzeit vornehmlich in Deutschland. 2 Bde. 2. Aufl. Weimar 1921 (Reprint Darmstadt 1962). – Brühl (wie Anm. 2) S. 82–89.

[4] cap. 20 des *Capitulare de villis*: „Jeder *iudex* lasse während des ganzen Jahres reichlich *fructa* zur *curtis* kommen." – Siehe Anm. 1.

[5] Dopsch (wie Anm. 3). – Bruno Heusinger: *Servitium regis* in der deutschen Kaiserzeit. Untersuchungen über die wirtschaftlichen Verhältnisse des deutschen Königtums 900–1250. In: Archiv f. Urkundenforsch. 8, 1923, S. 26–159. – Jean-François Lemarignier: Le gouvernement royal aux prémiers temps capétiens (987–1108). Paris 1965;

servitium der Reichsklöster fixiert war, während „Umfang und Häufigkeit der Inanspruchnahme der bischöflichen Leistungen dagegen in das Belieben des Königs gestellt war."[6] Bei der Auswahl der Pfalzen wurde von den Karolingern darauf geachtet, daß die Winterpfalzen möglichst nicht für Hoftage sowie für Reichs- und Heeresversammlungen genutzt wurden, um die Versorgungslasten zu verteilen.[7] Im 12. Jh. hatten die am Hof weilenden Reichsfürsten für die eigene Verpflegung und für die ihres Gefolges selbst aufzukommen.[8] So scheint es bereits in karolingischer Zeit für die dauerhaft am Hofe weilenden Großen, die eigene Häuser in der Pfalz oder dem *vicus* bewohnten, gewesen zu sein, wie aus einem Brief Einhards hervorgeht, in dem er Anordnungen für die Einlagerung von Vorräten für seinen bevorstehenden Aufenthalt am Hofe in Aachen trifft.[9]

Der Umfang der Gastungsverpflegung eines Klosters im Karolingerreich ist erkennbar aus dem Privileg Ludwigs des Frommen, das er 832 dem Kloster Herrieden an der Altmühl in Anbetracht seiner Armut gegeben hat. Er erteilt dem Kloster Befreiung *ab omni publico servitio vel functione*, und zwar, daß der Abt und seine Nachfolger weder Gesandtschaften (*legaciones*) noch Königsboten (*missi*) noch den König und dessen Söhne fortan dort unterstützen oder private oder öffentliche Aufgaben übernehmen sollen; doch behielt sich der König vor, daß ihm persönlich, wenn er die Grundherrschaft des Klosters auf der Durchreise berühre, ein solches *servitium* geleistet werde, wie es ohne Schädigung der Stipendien der Mönche möglich sei.[10] Ein ähnliches Privileg hatte Karl der Große dem Kloster Hersfeld 775 erteilt, daß weder Grafen, noch

Bespr. François Louis Ganshof in: Révue historique de droit français et étranger 4e série, 46, 1968, S. 263 f. und Carlrichard Brühl in: Göttingische Gelehrte Anzeigen 221, 1969, S. 252–272. – Brühl (wie Anm. 2) mit Forsch.-Ber., Bespr. Ludwig Falkenstein in: Zs. d. Aachener Gesch.-Vereins 80, 1970, S. 254–261. – Carlrichard Brühl: Die wirtschaftliche Bedeutung der Pfalzen für die Versorgung des Hofes von der fränkischen bis zur Stauferzeit. In: Gesch. in Wiss. u. Unterricht 16, 1965, S. 505–515. – Wolfgang Metz: Quellenstudien zum *Servitium regis* (900–1250). In: Archiv f. Diplomatik 22, 1976, S. 187–271; 24, 1978, S. 203–291; 31, 1985, S. 273–326. – Wolfgang Metz: Das *Servitium Regis*. Zur Erforschung der wirtschaftlichen Grundlagen des hochmittelalterlichen deutschen Königtums. Darmstadt 1978. – Wolfgang Metz: Tafelgut, Königsstraße und *Servitium Regis* in Deutschland vornehmlich im 10. und 11. Jh. In: Hist. Jahrb. 91, 1971, S. 257–291. – Carlrichard Brühl: Königsgastung. In: Handwörterbuch z. dt. Rechtsgesch. 2, 1978, Sp. 1032–1034. – Wolfgang Metz: Reichsgut. In: Ebda. 4, 1990, Sp. 597–600. – Dieter Hägermann: Reichsgut. In: Lex MA 7, 1994, Sp. 620–622 mit Lit.-Ang.

[6] Egon Boshof: Königtum und Königsherrschaft im 10. und 11. Jh. München 1993 (=Enzyklopädie dt. Gesch. 27) S. 86.

[7] Peter Classen: Bemerkungen zur Pfalzenforschung am Mittelrhein. In: Deutsche Königspfalzen. Bd. 1. Göttingen 1963 (=Veröff. d. Max-Planck-Inst. f. Gesch. 11, 1) S. 76 f.

[8] Brühl, Fodrum (wie Anm. 2) S. 171 f.

[9] Flach (wie Anm. 2) S. 63. Wortlaut des Briefes siehe MGH Epp. V, Nr. 5, S. 111.

[10] Monumenta Boica 31, 1. Augsburg 1836, Nr. 27. – Heusinger (wie Anm. 5) S. 29.

ein Beamter (*iudex publicus*), noch Königsboten (*missi nostri*), die sich auf Reisen befinden, sich etwas auf seinen Höfen oder von deren Dingen aneignen, Quartier (*mansionaticus*) verlangen oder sonstige Unannehmlichkeiten bereiten dürften.[11]

Bei einem Königsaufenthalt in einer Pfalz hatte nicht nur das Krongut und bei einem Aufenthalt in einer Bischofsstadt der Bischof für die Verpflegung des Hofes zu sorgen, sondern das Zusammenwirken mehrerer Leistungspflichtiger war üblich,[12] wie Lampert von Hersfeld anläßlich der Versorgungsschwierigkeiten Heinrichs IV. in Worms Weihnachten 1073 beschreibt: „Der König feierte Weihnachten in Worms, aber er lebte dort durchaus nicht so, wie es der königlichen Würde entsprochen hätte. Denn weder aus den Krongütern (*ex fiscis regalibus*) erhielt er irgendwelche Zuweisungen (*servicii*) noch gewährten ihm die Bischöfe, Äbte oder andere Würdenträger des Reichs die üblichen Abgaben (*consueta absequia*), sondern der tägliche Bedarf (*in sumptus quottidianos necessaria*) für ihn wurde zu geringem Preis zusammengekauft (*vili precio coemebantur*)."[13] Die ostfränkischen Könige waren nie und ihre Nachfolger nur ganz selten nach Norddeutschland gezogen, weil ihnen dort kein nennenswertes Königsgut zur Verfügung stand und das *servitium* der Bischöfe zum Unterhalt des Hofes nicht ausreichte.

Auf dem Wege zwischen den einzelnen Pfalzen und *villae* bzw. Bischofsstädten und Reichsklöstern mußte ein Etappensystem organisiert sein, denn die Tagesleistung auf den zumeist noch von den Römern angelegten Straßen betrug je nach Umfang des Gefolges und der Jahreszeit 20–30 km. Dazu dienten königliche Wirtschaftshöfe und Reichsabteien, seltener Klöster und vereinzelt Adelssitze. An der Gastungspflicht oder Gastfreundschaft weltlicher Großer, vornehmlich der Grafen, ist nicht zu zweifeln, wenn auch der König davon selten Gebrauch gemacht hat.[14] So wurde Ludwig der Fromme 818 in Vitry-aux-Loges bei Orléans von dem Grafen Matfrid und in Nantes von dem Grafen Lantbert empfangen und bewirtet;[15] 823 urkundete Lothar I. in Venomnia *villa Unfredi comitis* (Rankweil im Vorarlberg)[16] und Otto I. 944 in Eltnon (Hochelten b. Emmerich am Niederrhein), der Burg des Gaugrafen Wichmann.[17] Otto

---

[11] MGH D Kar. 1, 89. – Heusinger (wie Anm. 5) S. 29.

[12] Heusinger (wie Anm. 5) S. 57f. – Brühl, wirtschaftl. Bedeutung (wie Anm. 5) S. 507.

[13] Lampert von Hersfeld: *Annales*. Hg. Adolf Schmidt u. Wolfgang Dietrich Fritz. Darmstadt 1962 (=Freiherr vom Stein-Gedächtnisausgabe 13) S. 214f.

[14] Brühl, *Fodrum* (wie Anm. 1) S. 179f.

[15] Ermoldus Nigellus: *In honorem Hludowici Christianissimi Caesaris Augusti* III, 275, 297; MGH Poet. lat. II.

[16] Brühl, wirtschaftl. Bedeutung (wie Anm. 5) S. 509.

[17] MGH D O I. 59. – Günther Binding: Burg und Stift Elten am Niederrhein. Düsseldorf 1970 (= Rhein. Ausgr. 8) S. 8.

von Freising erwähnt, daß Barbarossa Pfingsten 1156 *privatus* auf einer Burg des Pfalzgrafen Otto von Wittelsbach verbrachte.[18]
Über recht große Entfernungen war der Transport von Naturalien zu organisieren. Für den langen Winteraufenthalt des Hofes unter Karl dem Großen in Aachen mußten sogar Leistungen des Bistums Reims[19] und der Abtei Saint-Remi gefordert werden; ein Privileg Lothars III. von 1137 setzte Lieferungen Stablos nach Aachen bei dortiger Anwesenheit des Hofes voraus.[20] Carlrichard Brühl betont mit Recht, daß, gleichgültig ob der König z. B. in Ingelheim, Frankfurt oder Tribur weilte, die für die Verpflegung des Hofes zuständigen Königshöfe in allen drei Fällen die gleichen Waren liefern mußten und auch der Erzbischof von Mainz nicht unberührt blieb; verschieden war allenfalls die Intensität ihrer Nutzung.[21] Ähnlich war es sicher auch für Compiègne und Quierzy sowie für andere Pfalzen.

Umfangreiche und rechtzeitige Vorbereitungen waren notwendig, aber auch möglich, denn Reiseweg und Aufenthaltsdauer des Hofes waren in der Regel langfristig geplant. Der Pfalzverwalter, *exactor palatii* oder vielleicht auch *procurator domus regalis*, ein anderer Beamter der königlichen Zentralverwaltung (*actor regis* oder *mansionarius*) oder der Senneschalk hatten rechtzeitig die Verwalter (*iudices*) der Königshöfe von der Ankunft des königlichen Hofes zu unterrichten und ihnen mitzuteilen, wohin sie ihr *servitium* zu leisten hatten.[22]

Die Größe der Höfe (*curtes*) mit dem ihnen zugeordneten, z. T. nicht zusammenhängenden Grundbesitz kann aus den verschiedenen Quellen, besonders Urbaren, nicht ausreichend bestimmt werden,[23] denn die Quellen geben nur über die zu erbringenden Leistungen einen Überblick. Die in den *Brevium exempla* genannten vier Höfe waren z. B. nicht gleich groß: 268 Stück Vieh in Annappes, 199, 150 und 139 auf den anderen Höfen; entsprechend unterschieden sich die Getreidemengen: Spelt 90:80:20:20 und Gerste 1800:1300:610:800; Roggen, Bohnen und Erbsen lieferte nur Annappes, das auch die Erträge von fünf Mühlen, wohin anscheinend die Getreideabgaben der Hintersassen des ganzen

---

[18] Bischof Otto von Freising u. Rahewin: *Gesta Friderici* oder richtiger *Cronica* II, 49. Hg. Franz-Josef Schmale. Darmstadt 1965 (= Freiherr vom Stein-Gedächtnisausgabe 17) S. 378 f: *Imperator ... dies pentecostes in quodam castro Ottonis palatini comitis privatus erat*. Vermutlich Kehlheim (zwei Tage später ist er in Regensburg). – Brühl, *Fodrum* (wie Anm. 2) S. 180.
[19] Reims hatte auch Handwerker zum Bau der Aachener Pfalz abzugeben. Flach 1976 (wie Anm. 2) S. 79 f. mit Anm. 406.
[20] D Lo III. 119. – Brühl, *Fodrum* (wie Anm. 2) S. 72–74, 206. – Brühl, wirtschaftl. Bedeutung (wie Anm. 5) S. 507 f. – Heusinger (wie Anm. 5) S. 31. – Flach 1976 (wie Anm. 2) S. 79 f., 82 f., 87–90 mit Quellen-Ang.
[21] Brühl, *Fodrum* (wie Anm. 2) S. 77–81.
[22] Brühl, *Fodrum* (wie Anm. 2) S. 508.
[23] Heusinger (wie Anm. 5) S. 119–121. Die Angaben schwanken zwischen 25 und 200 Hufen, wobei eine Hufe mit etwa 30 Morgen anzusetzen ist. – Brühl, *Fodrum* (wie Anm. 2) S. 95–97.

ministeriums kamen, aufbewahrte; dazu kamen die Abgaben aus vier Brauhäusern, vier Gärten und die Erträge vom Brückenzoll. Die Vorräte aus der Viehwirtschaft wurden auf den einzelnen Höfen verwahrt: Butter, Käse, Schinken und Fett (210 : 150 : 80 : 15).[24] Ähnliche Größenordnungen können auch aus dem Lorscher Reichsurbar (um 830/50) für die *fisci* Gernsheim und Nierstein entnommen werden, dazu kamen Holzfuhren zum Königshof und Holz- und Steinfuhren zum Kalkofen, sowie in Gernsheim am Rhein Schiffsdienste.[25]

In den Weißenburger Urbaren aus dem 2.Viertel des 9. Jhs. werden unter den Lasten der Hintersassen in einzelnen Orten genannt: regelmäßige Fahrten zu Pferd, Wagen und Schiff *ad regis edificium* bzw. *ad palatium regis* in Worms, Mainz und Frankfurt, die Lieferung von Pech, Holz und Wachs *ad regis servitium* sowie die Verpflichtung zum Transport von Lebensmitteln *ad palatium*.[26]

Nach dem *Capitulare de villis* „sollen die Amtmänner (*iudices*) auf jedem Tafelgut (*villa*) einen möglichst großen Bestand an Kühen, Schweinen, Schafen, Ziegen und Böcken halten; fehlen darf dieses Vieh niemals. Außerdem sollen sie Kühe bereit halten, um mit Hilfe unserer Knechte die anfallenden Arbeiten zu verrichten, so daß sich der Bestand an Kühen und Pflug und Wagen für unsere Wirtschaft auf keinen Fall verringert." (cap. 23) Mastgänse und Masthühner sind jederzeit in ausreichender Menge bereitzuhalten (cap. 38). Für die Zeit, wenn der *iudex* den Hof zu beliefern hat, muß er unbrauchbares, aber nicht krankes Vieh für die Hunde vorhalten. Er hat während der Zeit seines Hofdienstes täglich zwei Portionen Brot für die königliche Tafel (*ad mensam nostram*) und ebenso „täglich 3 Pfund Wachs und 8 Sester Seife" zu liefern; außerdem muß er „am St. Andreasfest (30. Nov.) und ebenso zur Mittfasten 6 Pfund Wachs geben, gleichgültig wo wir uns mit dem Hofhalt befinden" (cap. 59); ferner sollen „von der Fastenspeise jährlich zwei Drittel für unseren Hofhalt geliefert werden: Gemüse und Fisch, Käse, Butter, Honig, Senf, Essig, Kolben- und Fenchelhirse, getrocknetes und frisches Küchengewürz, Rettich, Steckrüben, sowie Wachs, Seife und andere Kleinigkeiten" (cap. 44). Wenn das *servitium* in einem Jahr nicht abgefordert wird, sind die verderblichen und überzähligen Güter zu verkaufen und das Bargeld in der Fastenzeit bis zum Palmsonntag an den Hof abzuführen (cap. 28).

Das *servitium* der Abtei Werden bestand um 1050 aus 8 Kühen, 83 Schweinen verschiedener Größe, 8 Pfauen, 195 Hühnern, über 95 Käse, 870 Eiern, 41 ½ Maltern Brot, 95 Scheffeln Hafer, 172 Krügen Bier, 485 Schüsseln und

---

[24] Metz (wie Anm. 5) S. 608. – Wolfgang Metz: Die Agrarwirtschaft im karolingischen Reiche. In: Karl der Große. Bd. I: Persönlichkeit und Geschichte. Hg. Helmut Baumann. Düsseldorf 1965, S. 489–500.

[25] Michael Gockel: Karolingische Königshöfe am Mittelrhein. Göttingen 1970 (= Veröff. d. Max-Planck-Inst. f. Gesch. 31) S. 36–40, 94–96.

[26] Gockel (wie Anm. 25) S. 207f. – Heusinger (wie Anm. 5) S. 31f.

147 Bechern; diese Leistungen sind von den elf Fronhöfen der Abtei zu erwirtschaften: *ad servitia hospitum, regis scilicet ad principum*.[27] Im 12. Jh. wird das *servitium regis* immer häufiger in Geldleistungen abgegolten, den höchsten Betrag leistete das Reichskloster Lorsch mit 100 Pfund im Jahre 1147, sonst waren im 12. Jh. geringere Beträge üblich, z. B. Stablo-Malmédy mit 20–30 Mark, Werden 25 Mark.[28] Nach dem Verzeichnis der königlichen Tafelgüter mit ihren Servitien standen dem König in Aachen im ausgehenden 12. Jh. aus Aachen, Düren und Konzen 12 Servitien zu, das macht 480 Schweine, 84 Ferkel, 600 Hühner, 60 Kühe, 6000 Eier, 120 Gänse, 60 Pfund Pfeffer, 1080 Käse, 120 Pfund Wachs und 48 Fuder Wein.[29]

Der *fiscus* oder die einzelne *curtis* bzw. *villa* als Tafelgut des Königs mit der zugehörigen landwirtschaftlich genutzten Fläche, den Forsten, Fischteichen und evtl. Weinbergen war unter dem Verwalter eine selbständige Eigenwirtschaft. Sie hatte Mühlen und auch – in gewisser zentraler Funktion – vereinzelt Handwerksbetriebe, wie sie für die Pfalz Grone im 12. Jh. belegt (*ibi pertinent falkarii regis* = Sichelmacher des Königs)[30], für die Pfalz Tilleda aus dem 10. Jh. ausgegraben[31] und im *Capitulare de villis* für 800 in cap. 45 im einzelnen genannt sind: „Jeder Amtmann (*iudex*) soll in seinem Amtsbereich (*ministerium*) tüchtige Handwerker (*bonos artifices*) zur Hand haben: Grob-, Gold- und Silberschmiede, Schuster, Drechsler, Stellmacher, Schildmacher, Fischer, Falkner, Seifensieder, Brauer – Leute, die Bier, Apfel- und Birnenmost oder andere gute Getränke zu bereiten verstehen –, Bäcker, die Semmeln für unseren Hofhalt (*ad opus nostrum*) backen, Netzmacher, die Netze für die Jagd, für Fisch- und Vogelfang zu fertigen wissen, und sonstige Dienstleute, die aufzuzählen zu lang ist." Dazu kamen die Frauen, um in Spezialhäusern Flachs- und Wollarbeiten auszuführen.

Der königliche Forst unter der Verwaltung eines *forestarius* umfaßte nicht nur jagdlich genutzte Wälder und Fischteiche (*venationes et piscationes*), sondern auch altbesiedeltes Kulturland; der Forst ist Königsland, das zum Zwecke der Jagd der allgemeinen Nutzung entzogen (seit merowingischer Zeit nachgewiesen) ist, wobei mehr und mehr der Begriff *forestis* auch einen außerjagdlichen Inhalt gewinnt: Fischfang, Holzschlag, Schweinemast und Viehweide.[32] In einer Urkunde für Fulda wird diese Nutzung 1059 *wiltbannum super quoddam forestum* genannt.[33] Im *Capitulare de villis* werden die *iudices* und deren Förster in cap. 36 zur sorgsamen Aufsicht über die königlichen Wälder und

---

[27] Heusinger (wie Anm. 5) S. 37, 44–47, 53. – Brühl, *Fodrum* (wie Anm. 2) S. 200–202.
[28] Heusinger (wie Anm. 5) S. 38–41.
[29] siehe Anm. 2.
[30] Tafelgüterverzeichnis, siehe Anm. 2.
[31] siehe Pfalz Tilleda.
[32] Karl Bosl: Pfalzen und Forsten. In: Deutsche Königspfalzen Bd. 1. Gött. 1963, S. 2 f.
[33] MGH D H IV. 61. – Bosl (wie Anm. 32) S. 3 mit Anm. 9.

Forste (*silvae et forestes*) verpflichtet: „Zur Rodung geeignetes Land soll man roden und verhindern, daß Ackerland wieder von Wald bewachsen wird, und nicht dulden, daß Wälder, wo sie nötig sind, übermäßig ausgeholzt und geschädigt werden. Unser Wildbestand in den Forsten ist gut zu hegen. ...Treiben unsere Amtmänner, Meier oder deren Leute ihre Schweine zur Mast in unseren Wald, so mögen sie als erste den Zehnt dafür entrichten, um ein gutes Beispiel zu geben."

Schließlich ist anzumerken, daß auch das nicht zum Tafelgut, *ad mensam regis*, gehörige Königsgut, das Zinsgut, zur Versorgung des Hofes herangezogen wurde, auch wenn die Güter über weite Strecken transportiert werden mußten. Auch scheint nicht jede Pfalz über eine *curtis* bzw. über der Pfalz oder der *curtis* zugeordnete Tafelgüter verfügt zu haben, wie es z. B. für Gelnhausen und Kaiserswerth wahrscheinlich der Fall war.[34]

Bis ins 11. Jh. wurde vornehmlich das Königsgut für die Versorgung herangezogen, erst mit Heinrich II. wurden die Bischofssitze häufiger zum Aufenthalt gewählt, die damit auch für die Versorgung verantwortlich waren,[35] deren Höhe nicht festgelegt war und sich nach den Erfordernissen richtete: *sed quae necessaria erant, iussit abundanter ministrare*, wird von Bischof Imbricho von Augsburg berichtet, als er 1077 Rudolf von Rheinfelden (Gegenkönig Heinrichs IV.) empfing.[36] Auch waren die Bürger der Bischofsstadt beteiligt, wie aus dem nach 1129 entstandenen ältesten Straßburger Stadtrecht hervorgeht, wonach alle Einwohner bei Ankunft des Kaisers oder Königs zur Unterbringung der Pferde verpflichtet waren (*equi sui ubique hospitantur*), ferner hatten die Becherer der Stadt so viele Becher zu liefern, wie der Bischof sie für seine und des Kaisers Hofhaltung benötigte, ebenso mußten die Küfer alle Arbeiten für die Badestuben, Küchen und Schenken erledigen.[37]

In staufischer Zeit nutzte der König weiterhin die Bischofssitze sowie die wachsende Wirtschaftskraft der Städte und wählte sie in zunehmendem Maße als Aufenthaltsorte.[38] Die staufischen Reichsstädte, deren Stadtherr der König ja zugleich war, hatten durch ihre Befestigungen auch eine militärische Bedeutung. Die Lage neugegründeter Pfalzen in oder neben einer Reichsstadt wird im 12. Jh. üblich.[39] Hier wird die Wirtschaftskraft der Stadt ausgenutzt, „entweder durch die direkte Verpflichtung der Bürger, den König mit Lebensmitteln und

---

[34] Heusinger (wie Anm. 5) S. 127f. – Schwind (wie Anm. 40) S. 92f.
[35] Heusinger (wie Anm. 5) S. 54–57. – Brühl, *Fodrum* (wie Anm. 2) S. 126ff.
[36] Heusinger (wie Anm. 5) S. 56.
[37] Heusinger (wie Anm. 5) S. 59. – Urkundenbuch der Stadt Straßburg. Bearb. Wilhelm Wiegand, Aloys Schulte, Georg Wolfram. Bd. 1. Straßburg 1879, Nr. 616, S. 473.
[38] Schlesinger (1975) S. 47. – Ferdinand Opll: Stadt und Reich im 12. Jh. (1125–1190). Wien-Köln-Graz 1986 (=Forsch. u. Beitr. z. Kaiser- u. Papstgesch. d. MA, Beih. zu J. F. Böhmer, Regesta Imperii 6).
[39] Hans Stoob: Formen und Wandel staufischen Verhaltens zum Städtewesen (1965). Wiederabdruck in: Hans Stoob: Forschungen zum Städtewesen in Europa. Bd. 1. Köln-

Gütern zu beliefern oder durch die Möglichkeit, auf dem Markt der Stadt für die Bedürfnisse des Hofes einzukaufen."[40] Auch wurden, wie zuvor schon in Bischofsstädten, die Bürger zur Beherbergung herangezogen. In diesem Sinne ist die Urkunde vom Sept./Okt. 1145 zu verstehen, in der sich König Konrad III. mit den von den Bürgern Duisburgs um die Pfalz und den Königshof und oberhalb des Marktes errichteten Häusern einverstanden erklärte (*domos sive edificationes, quas circa palatium et curiam regalem sive supra forum locaverant*), damit die Beherbergung des Königs und seines Gefolges, wenn sie die Pfalz besuchen, verbessert werde (*ut et idem locus Duisburg ab habitatoribus ipsius tanto studiosius coleretur et nobis ibidem curiam habentibus principibus et familiaribus nostris seu in aliis locis regalibus fieri solet*).[41]

Erinnert sei an Gelnhausen, das Friedrich Barbarossa 1170 neben seiner Pfalz gegründet hat, in die er den wichtigen Reichstag vom April 1180 einberufen hat. Gelnhausen liegt günstig an der schiffbaren Kinzig und am Rande der von den Münzenberger Ministerialen verwalteten, seit römischer Zeit als Kornkammer genutzten Wetterau sowie am Büdinger Reichsforst. Friedrich Barbarossa hielt sich im April 1180 etwa zwei Wochen mit seinem Hof in Gelnhausen auf. An der Reichsversammlung nahmen nach Ausweis der am 13. April 1180 ausgestellten Urkunde 35 namentlich genannte Personen teil, u. a. vier Erzbischöfe, fünf Bischöfe, ein Landgraf, drei Herzöge, zwei Markgrafen, zwei päpstliche Legaten. „Wenn man bedenkt, daß nur die Reichsfürsten und die vornehmsten Herren und Reichsministerialen namentlich genannt werden und daß alle diese Leute mit Gefolge erschienen waren, dann müssen mit den Angehörigen des kaiserlichen Hofes mehrere tausend Personen in Gelnhausen versammelt gewesen sein."[42] Hier kann die Pfalz nur die engste Umgebung des Königs beherbergt haben; der etwa 26,50 × 13 m große Saal im Obergeschoß des Palas konnte die Reichsversammlung jedoch bequem aufnehmen.

Über die Größe des den König begleitenden Hofes besteht völlige Unklarheit. Gegen die verbreitete Auffassung, es seien 200–300 Mann gewesen, setzt

---

Wien 1970, S. 51–72. – Schlesinger (wie Anm. 38) S. 37 f., 48–55. – Walter Schlesinger: Die Pfalzen im Rhein-Main-Gebiet. In: Gesch. in Wiss. u. Unterricht 16, 1965, S. 495–497. – Fred Schwind: Die Landvogtei in der Wetterau. Studien zur Herrschaft und Politik der staufischen und spätmittelalterlichen Könige. Marburg 1972 (= Schr. d. Hess. Landesamtes f. geschichtl. Landeskunde 35).

[40] Fred Schwind: Reichsstadt und Kaiserpfalz Gelnhausen. In: Blätter f. dt. Landesgesch. 117, 1981, S. 93.

[41] MGH D K III. 135. – Günther u. Elisabeth Binding: Archäologisch-historische Untersuchungen zur Frühgeschichte Duisburgs. Duisburg 1969 (= Duisburger Forsch. Beih. 12) S. 26 f.

[42] Schwind (wie Anm. 40) S. 84 f. – MGH D F I. 795. – Zur Stärke des Gefolges mittelalterlicher Herrscher siehe Brühl, *Fodrum* (wie Anm. 2) S. 70 f., 168 ff. – Boshof (wie

Carlrichard Brühl die Behauptung: „Mit Sicherheit betrug die Normalstärke des Gefolges viele Hunderte, sehr wahrscheinlich sogar weit über tausend Mann."[43] Diese Zahlen dürften aber nur einzelne bedeutende Hof- und Reichstage betreffen, nicht jedoch den herumziehenden Hof, auch wenn Bruno Heusinger aus der Menge der dem König zur Verfügung stehenden Naturalien folgert, daß wir „mit der Annahme einiger hundert Menschen kaum die Zahl erreichen."[44] Als der aus Rom vertriebene Papst Leo III. Karl den Großen 799 in Paderborn aufsuchte, wurde er nach Auskunft des *Liber pontificalis* von einer Schar getreuer Bischöfe und zahlreicher anderer Kleriker sowie Angehörigen städtischer Führungsschichten (*per diversas civitates Romanorum fideles*) begleitet. Nach Paderborn kamen außerdem *ex omni parte* weitere Erzbischöfe, Bischöfe und Geistliche; neben den Königssöhnen Pippin und Ludwig waren es u. a. die Erzbischöfe Arn von Salzburg, Hildebald von Köln und Richulf von Mainz.[45] Zum Jahre 832 berichten die *Annales Bertiniani*: „Nach der Ankunft in Mainz, wo zur gebotenen Versammlung auch alles Volk sich eingefunden hatte, ging der Kaiser (Ludwig der Fromme) am folgenden Tage mit seiner starken Macht von Franken und schlug sein Lager (*castrum*) bei dem königlichen Hofgut Tribur auf."[46]

Als Heinrich IV. 1073 Weihnachten in Worms feierte und die Versorgung nicht ausreichend vorbereitet war, so daß „der tägliche Bedarf für ihn" eingekauft werden mußte, bemerkt Lampert von Hersfeld: „Es befanden sich jedoch einige Fürsten bei ihm, aber sie waren nicht, wie sonst üblich, mit der Ausstattung von Dienern und großem Gefolge von Kriegern und Schreibern (*cum eo serviciorum apparatu neque cum ea militum aut apparitorum frequentia*), sondern nur mit Wenigen und fast in privater Aufmachung zur Begrüßung gekommen."[47] Die wechselnde Begleitung des Königs und immer wieder veränderte Zusammensetzung des Hofes unter Friedrich Barbarossa hat Hans Patze ausführlich behandelt,[48] wobei deutlich wird, daß die Staufer in ihrer Herrschafts-

---

Anm. 6) S. 86, formuliert allgemein zurückhaltender: „mehrere hundert oder mehr als tausend Begleiter".

[43] Brühl, wirtschaftl. Bedeutung (wie Anm. 5) S. 515, entsprechend auch S. 71: in karolingischer Zeit „wahrscheinlich sogar auf über 1000 Mann veranschlagen." – Brühl, Fodrum (wie Anm. 2) S. 71 f., 169–172.

[44] Heusinger (wie Anm. 5) S. 62, 133. – Vergl. auch Weikmann (wie Anm. 2) S. 324: „in der Regel ebenfalls einige hundert Personen."

[45] *Vita Leonis*. Ed. Louis Duchesne. Paris 1955 (= *Liber pontificalis* 2) S. 5f. – Manfred Balzer: Paderborn als karolingischer Pfalzort. In: Deutsche Königspfalzen. Bd. 3. Göttingen 1979 (= Veröff. d. Max-Planck-Inst. f. Gesch. 11, 3) S. 31.

[46] *Annales Bertiniani ad* 832. In: Quellen zur karolingischen Reichsgeschichte. Bd. 2. Hg. Reinhold Rau. Darmstadt 1961 (= Freiherr vom Stein-Gedächtnisausgabe 6) S. 16f.

[47] Lampert von Hersfeld (wie Anm. 13) S. 214f.

[48] Hans Patze: Friedrich Barbarossa und die deutschen Fürsten. In: Die Zeit der Staufer. Bd. 5. Ausst.-Kat. Stuttgart 1977, S. 35–75.

ausübung verstärkt auf die Territorialherzogtümer sowie auf die Grafen und Edelfreien zurückgriffen und sie in die Herrschaft einbanden; daraus folgt, daß sie zumindest in der Zeit den König begleiteten, die er in ihrem Einflußbereich verbrachte.

Zu den Besuchern des mit dem Weihnachtsfest 1179 verbundenen Hoftages Friedrich Barbarossas in Ulm zählte auch Rudolf, Sohn des Pfalzgrafen Hugo von Tübingen mit 130 Begleitern, wie aus einer Urkunde des Pfalzgrafen vom 29. Juli 1180 hervorgeht. [49]

Als Friedrich Barbarossa im Juni 1179 einen Reichstag in der Pfalz Eger zwecks einer Grenzbereinigung zwischen Österreich und Böhmen abhielt, waren zugegen:[50] die Herzöge Leopold und Friedrich von Österreich, Bischof Konrad von Regensburg, Markgraf Diepold IV. von Vohburg, die Burggrafen Friedrich und Heinrich von Regensburg, Graf Konrad von Beilstein, Pfalzgraf Otto der Jüngere von Wittelsbach, Graf Rudolf von Pfullendorf, Burggraf Friedrich von Nürnberg, Otto von Lengenbach, Graf Diepold von Lechsgemünd, Konrad von Bocksberg, Ruprecht von Dürne, Heinrich und Friedrich von Altendorf, Diepold von Lützenburg, Otto von Asheim, Rüdiger von Mindenbach, Otto Graf von Mähren, Bohut aus Böhmen, Billung von Dudleben und dessen Bruder Markgraf Przemysl von Mähren, Albrecht Trocnej und viele andere, darunter auch die Reichsministerialen des Landes Eger; die einzelnen Herren wurden jeweils von einer unbekannten Zahl von „Personal" begleitet. Auch unter Friedrich II. war im Juli 1213 eine ähnlich große Zahl in der Pfalz Eger versammelt.

Allgemein geht die historische Forschung davon aus, daß bei Orten eines Königsaufenthaltes für geeignete Unterbringung gesorgt gewesen war. Das gilt jedoch nur für Hoftage, Synoden, Festkrönungen und Festtage wie Weihnachten, Ostern und Pfingsten sowie die monatelangen Winteraufenthalte, die nur in karolingischer Zeit notwendig waren; seit den Ottonen reist der Hof auch im Winter.

Wenn Karl der Große im Juni 794 in der damals erstmalig erwähnten Pfalz Frankfurt eine große Synode einberief, auf der außer zwei Legaten Papst Hadrians Bischöfe aus allen Teilen des Reiches, auch aus Spanien und England, erschienen, dann sorgte mit Sicherheit ein großes Zeltlager für angemessene Unterkunft der Gäste.[51] Repräsentative Bauten wie Reichssaal, Kirche und Königswohnung mußten aber in Frankfurt vorhanden gewesen sein. Sie konnten aber – wie noch auf dem Reichstag in Mainz 1184 – aus Holz (*palatium de*

---

[49] Württembergisches UB 2. Hg. Kgl. Staatsarchiv Stuttgart 1858, Nr. 422.
[50] Heribert Sturm: Eger. Bildband. Augsburg 1952, S. 57, 77f.
[51] „Bei besonders großem Gefolge oder an kleineren Plätzen vor allem in Klöstern und in königlichen *curtes*, war ein Teil der Begleitung zum Nächtigen in Zelten oder gar unter freiem Himmel genötigt." Brühl, *Fodrum* (wie Anm. 2) S. 763.

lignis) für den speziellen Anlaß und für die große Zahl der Besucher, sicherlich viele tausend, errichtet werden.[52] Königshöfe, Bischofsitze und auch Klöster dienten als Zwischenstationen auf den Reisen von Pfalz zu Pfalz. Wenn hier keine ausreichende Unterkunftsmöglichkeit für den König zur Verfügung gestellt werden konnte, oder auch bei Nachtlagern unterwegs, hatte der König Zelte im Troß. Im Sept. 1157 machte König Heinrich (II.) von England Friedrich Barbarossa in Würzburg „mannigfache, kostbare Geschenke", von denen Rahewin in den *Gesta Frederici* berichtet: „Darunter sahen wir ein riesiges und besonders qualitätvolles Zelt (*papilionem*). Wenn du nach seiner Größe fragst: es konnte nur mit Maschinen und Werkzeugen aller Art und mit Stützen gehoben werden; wenn du nach seiner Beschaffenheit fragst: ich glaube, es kann weder im Material noch in der Ausführung (*opere*) jemals von irgendeiner anderen derartigen Zurüstung (*apparatu*) übertroffen werden."[53] Aber nicht nur Zelte, sondern auch am Ufer vertäute Schiffe dienten dem Aufenthalt. So reiste Erzbischof Albero von Trier, wie Balderich in den *Gesta Alberonis* berichtet, 1149 mit 40 Wohnschiffen von Trier nach Frankfurt über Mosel, Rhein und Main.[54] Neben einer besonders großen Zahl von Rittern und Klerikern begleiteten ihn Herzog Matthäus von Lothringen, Herzog Heinrich von Limburg und acht Grafen; auch zwei berühmte Gelehrte waren auf dem Wohnschiff des Erzbischofs untergebracht und unterhielten ihn mit Disputation und Gesprächen. Zur Flotte gehörten außerdem 40 Versorgungsschiffe (*liburnae, honerariae, coquinaria rates*).

In dem Fall, daß der Herrscher Bischofsitze aufsuchte, ergab sich das Problem der allgemeinen Belastung durch den Besuch des Königs mit seiner zahlreichen Begleitung und den zu erwartenden Gästen nicht nur für den Bischof selbst, sondern auch für die Domherren und Bürger. Hierfür ist ein Privileg sehr aussagekräftig, das Heinrich IV. am 10. Apr. 1101 dem Speyerer Domkapitel

---

[52] Arnold von Lübeck: *Chronica slavorum III*. MGH SS XXI, S. 152: *Illic imperator propter civitatis angustias et aeris gratiam ecclesiam maximam et palatium de lignis honestissime fieri iusserat et alia habitacula diversa et innumera, ut ibi tante sollempnitatis iocunditas honestissime celebraretur.*– In der 1196 abgeschlossenen Chronik des Gislebert von Mons heißt es zu 1184: *Pres nimin quippe hominum copia supervenientium dominus imperator in pratis Moguncie ultra Renum fluvium tentoria sua et omnium advenientium figi ordinavit, ubi domus sibi necessarias ipse imperator proprias fieri fecit. Ibi dominus comes Hanoniensis* (Hennegau) *plura ceteris et pulchriora tentoria habuit.* – Léon Vanderkindere: La Chronique de Gislebert de Mons. Brüssel 1904 (=Commission Royale d'histoire) S. 155. Gislebert von Mons (um 1150–1214), Kanzler und Gesandter des Grafen Balduin V. von Hennegau hat am Mainzer Hoftag 1184 teilgenommen. – Th. des Hemptinne: Gislebert von Mons. In: Lex MA, 1989, Sp. 1467.

[53] Otto Bischof von Freising u. Rahewin, *Gesta Frederici* III, 7; Adolf Schmidt, Franz-Josef Schmale (Hg.): Die Taten Friedrichs oder richtiger Cronica. Darmstadt 1965 (=Freiherr vom Stein-Gedächtnisausgabe 17) S. 406f.

[54] Balderich von Trier: *Gesta Alberonis* 26. MGH SS VIII, S. 257.

gegeben hat. Speyer, als Grablege der salischen Könige besonders herausgehoben, aber verhältnismäßig wenig zu Hoftagen o. ä. aufgesucht, verfügte über eine bischöfliche Pfalz, die zugleich dem König diente: *palatium regis et episcopi*, wie sie zu 1069 genannt wird.[55] Nach dem Privileg durfte niemand in einer Domkurie Quartier nehmen, soweit diese von den Domherren selbst bewohnt war, es sei denn, der Kaiser oder König halte in Speyer einen Hoftag. Auch dann durfte der königliche Kämmerer dem Gast – es darf nur ein Bischof oder Abt sein – nur die Kemenate und nicht den Stall und auch nicht die Küche anweisen, und der Domherr mußte der Quartieranweisung zustimmen.[56] Damit wurde die eigenmächtige oder zwangsweise Einquartierung, besonders von weltlichen Besuchern mit ihrem Gefolge, abgewehrt.

In den Höfen der Metzer Domkanoniker durfte nach einem Privileg Heinrichs III. vom 27. Febr. 1056 außer den Stiftsministerialen niemand Betten verlangen, also auch nicht der König für sein Gefolge.[57] Aus zahlreichen Privilegierungen des 12./13. Jhs. ist erkennbar, wie sehr man sich um Entlastung bemüht hat. So können nach einem Privileg Lothars III. vom 22. Sept. 1137 nur mit Zustimmung des Abtes von Stablo die königlichen Marschälle und die Fürsten Herberge und Dienst (*hospicium aut ullum servitium*) im Kloster Stablo erhalten, wenn der König nach Aachen kommt.[58] Daß längere Aufenthalte auch für Pfalzen eine Last waren, zeigen die Klagen, als Heinrich IV. 1065 von Anfang Oktober bis Weihnachten und wieder 1073 besonders lange in Goslar weilte.[59] Friedrich Barbarossa verspricht 1183 den lombardischen Städten, dort keinen unnötigen Aufenthalt zu nehmen.[60]

Die Beobachtung, daß sich das Königsitinerar der Staufer zu einem erheblichen Maße auf Städte, vorzugsweise auf Städte mit Bischofssitzen und Pfalzen stützte, die mehrfach mit ihnen zugleich gegründet wurden, wie Hagenau, Gelnhausen und Wimpfen, läßt sich auch aus dem letzten Satz des Privilegs erkennen, das Friedrich Barbarossa 1164 der von seinem Vater gegründeten

---

[55] Bernold: *Chronicon*, Nachtrag. MGH SS V, S. 464 f. – Schlesinger, (1975) S. 24. – Classen, Pfalzenforsch. (wie Anm. 7) S. 92.
[56] MGH D H IV. 466: *Hoc quoque addimus, ut nullus in alicuius fratris curte, ubi ipse habitat, eo nolente hospitetur nisi imperatore vel rege ibi curiam habente: caminata et non stabulum neque coquina a camera imperatoris vel regis alicui episcopo vel abbati et ipso fratre permittente ibi concedatur.* – Hermann Heimpel: Bisherige und zukünftige Erforschung deutscher Königspfalzen. In: Gesch. in Wiss. u. Unterricht 16, 1965, S. 401–487, hier S. 481. – Classen, Pfalzenforsch. (wie Anm. 7) S. 92.
[57] MGH D H III. 368. – Heimpel (wie Anm. 53) S. 481. – Brühl, *Fodrum* (wie Anm. 2) S. 213 f.
[58] MGH D Lo III. 119. – Heimpel (wie Anm. 53) S. 481.
[59] Berges, Wilhelm: Zur Geschichte des Werla-Goslarer Reichsbezirks vom 9. bis zum 11. Jh. In: Deutsche Königspfalzen. Bd. 1. Göttingen 1963 (= Veröff. d. Max-Planck-Inst. f. Gesch. 11, 1) S. 113–157, hier S. 140.
[60] MGH DD F I. 844, S. 62 §16; 848, S. 73 §16.

58   A Einleitung

Stadt Hagenau gegeben hat: *Imperator villam si intraverit, marscaldus ipsius absque civium detrimento de hospitiis pacifice disponat*, d. h., „das Vorkommando des königlichen Reisegefolges hält sich wegen der Unterbringung" an die Bürger, wobei ihnen kein Schaden – wie auch 1101 für Speyer betont – entstehen sollte.[61] Die Stadt Hagenau stand wie Gelnhausen (1170) unter straffer herrschaftlicher Leitung, in Gelnhausen ausdrücklich unter der des Königs und seines *villicus*.

Den Bürgern von Gelnhausen versprach König Heinrich (VII.) 1232, daß niemals einer von ihnen für die von ihm bei seinem Aufenthalt in ihrer Stadt veranlaßten Kosten (*sumptus*) aufkommen solle, sondern daß diese nur von seinen Schultheißen (*sculteti*) getragen werden sollten, während die Bürger nur zu den üblichen Leistungen aller staufischen Städte verpflichtet blieben (*servitia, qualia a reliquis civitatibus nostris nobis ministrantur*).[62] Die „üblichen Leistungen" bestanden z. B. in der Unterbringungspflicht der Pferde, wie sie das Straßburger Stadtrecht enthält.[63]

---

[61] Schlesinger (1975) S. 52–56, Zitat S. 56. – Urkunde: MGH D F I. 447.

[62] Böhmer, Johann Friedrich: Regesta Imperii. Bd. V, 3. Hg. Julius Ficker u. Eduard Winkelmann. Innsbruck 1901, Nr. 4226. Huillard-Bréholles: *Historia diplomatica Friderici secundi*. Bd. 4, 2. Paris 1855, S. 951. – Gero Kirchner: Die Steuerliste von 1241. In: Zs. d. Savigny-Stiftung f. Rechtsgesch. (Germ. Abt.) 70, 1953, S. 64–104, hier S. 87. – Nach der Steuerliste von 1241, in der die Jahreszahlungen der zum staufischen Königsterritorium gehörenden Städte aufgeführt sind, hat die Stadt Gelnhausen 200 Mark an die Hofkammer abzuführen. – Weinrich (wie Anm. 2) S. 510–519.

[63] Siehe Anm. 37.

B Karolingisch-ottonische Pfalzen 765 – 1025

Während die merowingischen Herrscher zunächst die Amtssitze der römischen Stadthalter weiterbenutzten, wurden im Verlauf ihrer Herrschaft zunehmend neue Pfalzen auf dem Lande errichtet, z.B. Clichy, Compiègne, Attigny und Quierzy. Pippin III. der Jüngere (714/15–768), der erste fränkische König aus dem Geschlecht der Karolinger, hat diese Anlagen übernommen, aber auch neue gegründet wie z.B. in Aachen, das Karl der Große dann ausbaute.

Einhard berichtet in der um 825 verfaßten Vita Karls des Großen: „So groß sich nun auch Karl im Erweitern des Reiches und im Unterwerfen fremder Völker erwies und wie wohl seine Tätigkeit beständig davon in Anspruch genommen war, so unternahm er daneben doch noch an verschiedenen Orten *(diversis in locis)* sehr viele Werke *(opera plurima)* zum Schmuck und Nutzen des Reiches, einige hat er auch vollendet. Als die vorzüglichsten unter ihnen dürfen mit Recht die mit staunenswertem Werk errichtete Kirche *(opere mirabili constructa)* der hl. Mutter Gottes zu Aachen und die fünfhundert Schritte lange Rheinbrücke zu Mainz angesehen werden. ... Auch Pfalzen von herausragendem Werk begann er *(inchoavit et palatia operis egregii)*, eine nicht weit von der Stadt Mainz, bei dem Hof, dessen Name Ingelheim ist, eine andere in Nimwegen über der Wal."[1] Ludwig der Deutsche ordnet in einem Kapitular von 850 an, die Pfalzen, die durch hohes Alter und lange Vernachlässigung verfallen waren, zu reparieren und wiederherzustellen *(qualiter autem palatia nostra, quae longa vetustate vel neglegentia sunt obsoleta, reparentur atque reficiantur, comitum nostrorum consultus inqiritur)*.[2]

Eine Pfalz bestand – wie Adolf Gauert 1965 ausführlich dargelegt hat[3] – aus mehreren Einzelelementen, die mehr oder weniger räumlich verbunden sein konnten: Saalbau mit dem Saal für die Versammlungen während der Hof- und Reichstage *(aula)*, Wohnbereich *(caminata, casa, domus, mansiones)*, Pfalzkapelle *(capella)*, Wirtschaftshof *(curtis)* und Befestigung *(castrum)*. Dazu

---

[1] Einhard: *Vita Karoli Magni* 17. In: Quellen zur karolingischen Reichsgeschichte. Bd. 1. Hg. Reinhold Rau. Darmstadt 1955 (= Freiherr vom Stein-Gedächtnisausgabe 5) S. 186f.

[2] *Capitula comitibus Papiae ab Hludowico II. proposita. 850. exeunte*; MGH LL Sectio II Capit. reg. Franc. 2, Nr. 212, cap. 7.

[3] Adolf Gauert: Zur Struktur und Topographie der Königspfalzen. In: Deutsche Königspfalzen 2. Göttingen 1965 (= Veröff. d. Max-Planck-Inst. f. Gesch. 11, 2) S. 1–60. – Neuerdings eine Übersicht von Werner Jacobsen: Die Pfalzkonzeptionen Karls des Großen. In: Karl der Große als vielberufener Vorfahr. Hg. Liselotte E. Saurma-Jeltsch. Sigmaringen 1994, S. 23–48.

kommt die *villa* im Anschluß an die Pfalz mit den Häusern der Hofbediensteten, Handwerker und Kaufleute. Auch waren einigen Pfalzen Tiergärten *(bro(g)ilus, Brühl)* zugeordnet.

Grundelement und in karolingischer Zeit Ausgangspunkt einer Pfalz war der Wirtschaftshof *(curtis, villa)*, ein gewöhnlich in Eigenwirtschaft des Königs stehender, landwirtschaftlicher Hof, der für die Tafel des Königs zu sorgen hatte. Dieses Tafelgut war zugleich Sammelstelle für das *servitium* anderer Höfe. „Ob und wie sich das Bild der großen Höfe in den Jahrhunderten des Mittelalters verändert hat, läßt sich allerdings nicht sagen, bevor nicht archäologische Befunde Vergleiche ermöglichen. Jedenfalls scheinen sich die wirtschaftlichen Einrichtungen der Königshöfe in karolingischer Zeit nicht wesentlich von denen anderer großer Höfe unterschieden zu haben. Nach den Zusammenstellungen von Kötzschke und H. Dölling sind, von dem Wohnbau abgesehen, im allgemeinen Arbeitshäuser für die Frauen, wie Webhütten, Koch-, Back- und Badehäuser, Ställe für Groß- und Kleinvieh, geschlossene Scheunen und offene Speicher, Bienenhäuser und andere Kleinbauten als Bestandteile großer Höfe vorauszusetzen. Daß dazu noch häufig die Mühle in unmittelbarer Nähe am fließenden Wasser gehört hat, ist bekannt. Bei karolingischen Königshöfen der westlichen Reichsteile sind zudem an die Hofstatt sich anschließende Gärten bezeugt. Wenn auch nicht geklärt ist, ob bei dem Wohnbau der großen Höfe allgemein die Halle vorausgesetzt werden kann, scheint doch sicher zu sein, daß bei den bedeutenderen Königshöfen eine Unterkunft für den König nicht gefehlt hat. Ob die vielfach bezeugten Fiskalkapellen damit zu verbinden sind, wäre zu untersuchen. Daß Gebäude wie die Kapelle und die Wohnbauten zumindest bei den wichtigsten Königshöfen eher als bei den anderen großen Höfen in Stein ausgeführt worden sind, darf vielleicht, aber auch nicht unbedingt, angenommen werden."[4]

Da bisher keine Grabungsergebnisse über den Baubestand karolingischer Königshöfe *(curtis, villa)* Auskunft geben, müssen die kurzen Hinweise in den 799/800 verfaßten *Brevium exempla* eine Vorstellung vermitteln.[5] „Wir finden in dem königlichen *fiscus Annappes* (bei Tournai) einen königlichen Saalbau bestens aus Stein gebaut *(salam regalem ex lapide factam optime)*, drei Gemächer *(cameras)*[6], ein ganz von Söllern *(solariis)* umgebenes Wohngebäude mit elf beheizten Kammern *(cum pisilibus*, Arbeitsräume für Frauen), darin einen

[4] Gauert (wie Anm. 3) S. 43.
[5] MGH LL Sectio II Capit. reg Franc. 1, S. 250–256. – Wolfgang Metz: Die Königshöfe der *Brevium Exempla*. In: Dt. Archiv 22, 1966, S. 598–617 mit Quellen u. Lit. – Lit.-Ang. auch in: *Capitulare de villis*. Hg. Carlrichard Brühl. Stuttgart 1971, S. 10f., 14. – Zur Identität von *fiscae, villae und curtes* siehe Alfons Dopsch: Die Wirtschaftsentwicklung der Karolingerzeit. Bd. 1. 2. Aufl. Weimar 1921, S. 145–147.
[6] Häufig bezeichnet *camera* einen Vorratsraum; der Zusammenhang legt jedoch nahe, daß es hier das Gemach des Königs ist, wie es 1184 in einer Hagenauer Urkunde heißt,

Weinkeller *(cellarium)*; zwei Vorhallen; 17 andere Wohngebäude *(casae)* in dem Hof *(curtis)*, die aus Holz gebaut sind, mit entsprechend vielen Gemächern und anderen gut zusammengefügten Anbauten, einen Viehstall *(stabolum)*, eine Küche *(coquinam)*, ein Backhaus *(pistrinum)*, zwei Scheunen und drei Vorratsbauten; den Hof, der durch einen Wall gut geschützt ist *(curtem tunimo strenue munitam)* mit einem steinernen Tor und darüber ein Söller zum Umherschauen; den Vorhof *(curticulam)*, ebenso mit einem Wall abgeschlossen;" hier wachsen verschiedene Arten von Bäumen. (cap. 25) Dazu gehören zwei Vorwerke *(mansioniles dominicata)* mit Vorratsbauten, eine Scheune und ein Baumgarten; die Höfe sind mit einem Zaun gut geschützt *(curtem sepe bene munitam)* (cap. 27, 28).

„In eben diesem königlichen *fiscus* finden wir ein königliches Haus *(domum regalem)*, das außen aus Stein und innen aus Holz gut gebaut ist *(exterius ex lapide et interius ex ligno bene constructam)*, zwei Gemächer, zwei Söller, sieben andere aus Holz gemachte Wohnbauten innerhalb des Hofes, einen Werkraum (für Frauen) mit Gemach, ordentlich gebaut, einen Stall, die Küche und das Backhaus in einem zusammengefaßt; fünf Scheunen, drei Kornspeicher; den Hof mit einem Wall umgeben und mit Dorngesträuch darauf, geschützt mit einem hölzernen Tor, darüber einen Söller; den Vorhof *(curticulam)* ebenso durch einen Wall abgeschlossen." Dazu gehören ein Baumgarten, ein Fischteich und ein Garten (cap. 30).

Ferner „finden wir in diesem königlichen *fiscus* ein königliches Haus *(casam regalem)* mit zwei Gemächern und ebensovielen Kaminen, einen Weinkeller, zwei Vorhallen, einen abgeschlossenen Vorhof mit einem Wall entschlossen gesichert *(curticulam interclusam cum tunimo strenue munitam)*, darin zwei Lagerräume mit ebensovielen Werkstuben *(pisilia)* und drei Herbergen für Frauen *(mansiones feminarum)*, eine aus Steinen gut gebaute Kapelle; innerhalb des Hofes *(curtis)* zwei hölzerne Wohnbauten *(casae)*, vier Scheunen, zwei Kornscheunen, einen Stall, eine Küche, ein Backhaus; den Hof mit einem Zaun geschützt, mit zwei hölzernen Toren und darüber einem Söller" (cap. 32).

Schließlich „finden wir in diesem königlichen *fiscus* ein königliches *(domum regalem)* ordentlich aus Holz gebautes Haus, ein Gemach, einen Weinkeller, einen Stall, drei Herbergen *(mansiones)*, zwei Scheunen, eine Küche, ein Backhaus, drei Vorratsbauten, den durch einen Wall mit darauf befindlichem Zaun geschützten Hof; einen Garten mit verschiedenen Baumsorten; zwei hölzerne Tore, drei Fischteiche mit Fischen" (cap. 34).

„Wir finden im königlichen *fiscus* Treola (Gruson) ein königliches Haus *(casam dominicatam)*, das aus Stein bestens gemacht ist, zwei Gemächer mit ebensovielen Kaminen, eine Vorhalle, einen Weinkeller, eine Kelter *(torcolari-*

---

daß der Schiedsspruch *in camera iam dicti domini imperatoris* in Gegenwart von 21 bezeugenden Personen stattgefunden hat. Tiroler UB I 414, S. 212. – MGH Const. I, 297.

um), drei aus Holz gemachte Herbergen für Männer *(mansiones virorum),* einen Söller mit Werkstube, drei andere Aufenthaltshäuser mit Steinen in Lehm gedeckt *(tecta ex maceria),* eine Scheune, zwei Vorratsbauten, den von einer Mauer umgebenen Hof mit einem Tor, das aus Stein gemacht ist *(curtem muro circumdatam cum porta ex lapide facta)"* (cap. 36).

Das genaue Aussehen und die Nutzung der verschiedenen Bauten und Räume ist nicht immer zu erschließen. Die Angaben in den *Brevium exempla* sind genauer und detaillierter als im *Capitulare de villis,* wo in cap. 41 die zu einem Königshof gehörigen Bauten recht pauschal aufgezählt werden: Ställe *(stabula),* Küchen *(coquinae),* Backhäuser *(pistrina),* Kelter *(torcularia)* und *genitia,* Häuser, in denen die Frauen arbeiten, wie in den *Brevium exempla* cap. 7 erwähnt und erläutert wird, *quo sunt feminae,* die wollene und linnene Tücher anfertigen. In cap. 49 *im Capitulare de villis* wird die Sorge um die *genitia* besonders verlangt: „Unsere Gebäude, in denen Frauen arbeiten *(genitia),* sollen gut in Ordnung sein; das sind die Wohngebäude *(casae),* Werkstuben *(pisli)* und gedeckten Schuppen *(tegurae)* oder Kammern *(screones),* in denen die Frauen im Winter arbeiten (= Webkeller). Und ringsum sollen sie gute Zäune haben und feste Tore, damit sie unsere Werke gut durchführen können."

Nach cap. 42 des *Capitulare de villis* „soll jedes Krongut in seinem Gemach *(camera)* vorrätig haben: Bettdecken, Matratzen, Federkissen, Bettlinnen, Tischtücher, Bankpolster, Gefäße aus Kupfer, Blei, Eisen und Holz, Feuerböcke, Ketten, Kesselhaken, Hauer (Queraxt?), Beschlagbeile, Bohrer, Stemmeisen, kurzum alles nötige Gerät, so daß man es nicht anderswo zu erbitten oder zu entleihen braucht." Das wird bestätigt durch die Angaben in cap. 25 der *Brevium exempla,* wo im Haupthof von Annappes verwahrt werden: „an Wäsche *(vestimenta)* ein Bettuch, ein Tischtuch, ein Handtuch, und an Geräten *(utensilia)* zwei bronzene Schüsseln, zwei Trinkbecher, zwei Kochkessel, eine Pfanne, ein Kesselhaken, ein Feuerbock, ein Korb für Kienspan, zwei Äxte, eine Haue (Queraxt ?), zwei Bohrer, ein Beschlagbeil, ein Stemmeisen, ein Zieheisen, ein Hobel, zwei Sensen, zwei Sicheln, zwei eiserne Schaufeln und genügend hölzerne Geräte *(utensilia).*" Also Kochgeräte, Geschirr, Zimmermannswerkzeug und landwirtschaftliche Geräte. Nach dem *Capitulare de villis* cap. 63 wird von den Amtmännern bzw. ihren Unterbeamten gefordert, „daß sie auf unseren Krongütern alles vorrätig haben, was man in seinem Haus oder auf seinen Gütern haben muß." In cap. 64 wird ferner gefordert, „daß unser Fuhrwerk, das für den Krieg bestimmt ist, in gut gebauten Kriegskarren bestehen soll." Sie müssen wasserdicht und mit Mehl, Schild, Lanze, Köcher und Bogen bestückt sein.

Die Frage nach der Befestigung von karolingisch-ottonischen Pfalzen wird in der Forschung, wie Adolf Gauert 1965 ausführlich dargelegt hat[7], sehr unter-

---

[7] Gauert (wie Anm. 3) S. 3f., 20f., 33–36, 43. – Vgl. auch Carlrichard Brühl: *Fodrum,*

schiedlich beantwortet. Die Art der Erdwall- und Flechtwerkzaun-Umfriedung, wie sie in dem *Capitulare de villis* und in den *Brevium exempla* erwähnt werden (s. o.), ist sowohl als Umhegung von Höfen und Feldern bis heute üblich als auch für Burgen. So ist die Burg des Gaugrafen im Hamaland zu nennen, der sich in Elten unter der Normannenbedrohung Ende des 9. Jhs. auf einer 60 m hohen Strauch-Endmoräne eine mit Flechtwerkzaun und später mit einem lehmbedeckten Holz-Sand-Wall geschützte großflächige Burg angelegt hat.[8] Demgegenüber erhielt die etwa gleichzeitig gegen die Normannen im Winter 883/84 erbaute Burg Broich oberhalb der Ruhr, Mühlheim gegenüber, eine 0,83–1,00 m dicke, aus hammerrechten Bruchsteinen in Lehm gesetzte Mauer. Beide Anlagen sind sicher als verteidigungsfähige Burgen anzusprechen, sie waren also befestigt. Die Mauer der karolingischen Pfalz Paderborn (775/80) war in „Feindesland" ebenfalls zum Zweck der Sicherung und Verteidigung angelegt. Die zeitliche Zuweisung der Mauern um die großflächigen Pfalzen Aachen und Frankfurt sind nicht datiert bzw. genauer datierbar, jedoch macht in Frankfurt der zur *Palatium-Capella*-Achse parallele Verlauf der Mainmauer und deren rechtwinkliger Ostschenkel eine zeitgleiche Entstehung im beginnenden 9. Jh. wahrscheinlich. Es bleibt demnach grundsätzlich unentschieden, seit wann karolingische Pfalzen befestigt waren, denn es muß nach den archäologischen Befunden unsicher bleiben, inwieweit ein Wall mit Dornengesträuch oder Zaun als verteidigungsfähige Befestigung angesprochen werden kann; zudem ist zu beobachten, daß sich erst im Verlauf des 9. Jhs. zur Verteidigung eingerichtete Befestigungen allgemein entwickelt haben. So ist die Auffassung von Fred Schwind richtig, daß „in der Regel – besonders seit der ausgehenden Karolingerzeit – Vorsorge für den Schutz des Königs getroffen war: sei es, daß die Pfalzenanlage selbst befestigt war, sei es, daß sich in unmittelbarer Nähe eine Burg befand."[9] Unklar bleibt nur weiterhin, wie eine als gesichert und befestigt angesehene Anlage ausgeführt war. Unter sorgfältiger Berücksichtigung der schriftlichen Quellen und mit Hinweis auf die schwer zu datierenden archäologischen Befunde kommt Adolf Gauert 1978 zu dem folgenden wohlabgewogenen Ergebnis: „Da die Quellen erst im 9. Jh. von Befestigungen der Pfalzen sprechen, waren diese mit Ausnahme der im neueroberten Sachsen angelegten Anlagen, wie z. B. Paderborn, bis in die Zeit Ludwigs des Frommen im allgemeinen wohl nur von Hindernissen und Sicherungen umgeben, die, selbst wenn es sich um Mauern handelte, ... nicht als Elemente von Wehranla-

---

gistum, servitium regis. Bd. 1. Köln-Graz 1968 (= Kölner hist. Abhandl. 14, 1) S. 89f. – Streich (1984) S. 39.

[8] Günther Binding, Walter Janssen, Friedrich K. Jungklaaß: Burg und Stift Elten am Niederrhein. Düsseldorf 1970 (= Rhein. Ausgr. 8) S. 15f., 138–140.

[9] Fred Schwind: Reichsstadt und Kaiserpfalz Gelnhausen. In: Blätter f. dt. Landesgesch. 117, 1981, S. 74.

gen angesehen worden sind. ... Daß aber auch schon vor dem 9. Jh. für den Notfall angelegte Fluchtburge ... zum Verband einer Pfalz gehört haben können, schließt der Sprachgebrauch der Überlieferung nicht aus. Wenn indes im 9. Jh. Pfalzen als Burg bezeichnet werden, kann das nur heißen, daß jetzt der Komplex der Palastbauten, wahrscheinlich der Komplex von Hof und *palatium,* von einer Befestigung umgeben war. Pfalzen dieses Typs wie auch jenes mit der benachbarten Fluchtburg finden sich auch noch unter den im 10. Jh. entstandenen Pfalzen. Jedoch haben die Ottonen einen neuen Typ von Pfalzen geschaffen, indem sie dort, wo die Wirtschaftshöfe mit Fluchtburgen ausgestattet waren, die *palatia* in diesen Burgen errichteten."[10]

In karolingisch-ottonischer Zeit war mit dem Hof mehr oder weniger die Baugruppe des *palatium* aus Saalbau, Königswohnung und Kapelle verbunden. „Insofern sind Pfalzen dieser Art als Anlagen nichts anderes als mit einem *palatium* ausgestattete Wirtschaftshöfe gewesen."[11] Die bauliche Struktur zeigt Streulage der Bauten auf einer großen, umhegten bzw. befestigten Fläche. Die Pfalzen unterscheiden sich im 10./11. Jh. in ihrer Anlage kaum von den Burgen der Territorialherren (Elten).

Lage und Zuordnung von Kirche, Saalbau und Königswohnung zeigen für die Pfalzen Karls des Großen in Aachen, Paderborn und Nimwegen, für die Pfalz Ludwigs des Frommen in Frankfurt, für die spätkarolingische Pfalz Werla und die ottonische Pfalz Tilleda Verwandtschaften. Die Gegebenheiten des leicht fallenden Geländes werden jeweils berücksichtigt und die vorgefundene ältere Bebauung übergangen. Die höchste Stelle der jeweils sehr großen Fläche (Aachen 350×350 m, Paderborn 260×230/270 m, Nimwegen 115×100 m, Frankfurt 300×200 m, Duisburg 200×135 m, Werla 150×140 m, Tilleda ca. 100×100 m) ist für den Saalbau vorgesehen, der zugleich möglichst die Mitte der Gesamtanlage markiert. Auf der dem Zugang zugewandten Seite des Saalbaus erstreckt sich ein unbebauter, ebener Hof. Der Saalbau selbst ist in den karolingischen Pfalzen Aachen, Paderborn und Frankfurt Ost-West-, in ottonisch-salischen Pfalzen jedoch Nord-Süd-gerichtet.

Während in karolingisch-ottonischen Pfalzen der ein- oder mehrgeschossige Saalbau *(aula)* und die Königswohnung *(caminata, camera)* in verschiedenen Bauten untergebracht waren, wurde im staufischen Palas beides räumlich ver-

---

[10] Adolf Gauert: Königspfalzen. In: Handwörterbuch z. dt. Rechtsgesch. 2, 1978, Sp. 1049f.

[11] Gauert (wie Anm. 3) S. 30 (Zitat). – Dietmar Flach: Untersuchungen zur Verfassung und Verwaltung des Aachener Reichsgutes von der Karolingerzeit bis zur Mitte des 14. Jhs. Göttingen 1976 (= Veröff d. Max-Planck-Inst. f. Gesch. 46). – Gauert (wie Anm. 10) Sp. 1049–1051. – Thomas Zotz: Vorbemerkungen zum Repertorium der deutschen Königspfalzen. In: Blätter f. dt. Landesgesch. 118, 1982, S. 182 f. – Günther Binding: Pfalz, Palast. In: Lex MA 6, 1993, Sp. 1997–2001.

bunden.[12] Die Vorstellungen über das Aussehen des Palas mit dem Saal des Reiches, in dem die öffentlichen Regierungshandlungen wie Hoftage, Rechtsprechung, Empfang von geistlichen und weltlichen Würdenträgern und Gesandten stattfanden, ist verhältnismäßig gut, demgegenüber sind die Kenntnisse über die Wohnräume für den Herrscher, seine Familie und seinen Hofstaat äußerst gering.

Die Pfalzkapelle, die als Verwahrort des königlichen Reliquienschatzes, als Oratorium der Herrschers und seiner Familie, als liturgischer Ort kirchlicher Feiern sowie als Ausdruck der Würde königlicher Macht und der Festigung der Herrschaft diente, kann mit einem Kanonikerstift (Pfalzstift) verbunden sein: Aachen durch Karl den Großen, Frankfurt und Regensburg vor 852 durch Ludwig den Deutschen, (Alt) Ötting kurz vor 877 durch Karlmann, Compiègne nach 843 durch Karl den Kahlen (nach Aachener Vorbild, 877 geweiht), Roding am Regen/Oberpfalz vor 896 und Ranshofen bei Braunau am Inn vor 899 durch Arnulf von Kärnten, Quedlinburg 936 und Pöhlde 946/50 durch Otto I. sowie Goslar vor 1047 durch Heinrich III. und Harzburg 1068 durch Heinrich IV.; die Kanoniker waren zum Gebet *pro statu regni et remedio animarum suarum* (Aachen) bzw. *pro totius regni stabilitate* (Compiègne 877) verpflichtet.[13] In Magdeburg gründete Otto I. 937 ein Benediktinerkloster, das die Aufgabe der Pfalzkapelle übernahm und 968 zum Bischofssitz wurde. Für Festgottesdienste wurden auch Bischofs- und gelegentlich Klosterkirchen aufgesucht. In Aachen, Frankfurt, Goslar, Pöhlde sowie vermutlich auch in Tilleda sind die Pfalzkapellen durch einen Gang mit dem Palatium verbunden. Die Pfalz Ingelheim scheint nicht mit einer Pfalzkapelle ausgestattet gewesen zu sein; diese wurde erst im 10. Jh. unter Störung der baulichen Struktur eingefügt. Die Pfalzkapelle liegt in der Regel auf der dem Pfalzzugang abgewandten Seite des Palas, in Aachen ca. 6,50 m, in Frankfurt etwa 1,10 m und in Werla, Goslar und Nimwegen 1,50 m tiefer als der Saalbau. Die Bautypen sind sehr verschieden, sowohl Zentralbauten als auch Saalkirchen wurden gewählt.

Daß auf dem Gelände einer Pfalz oder in deren unmittelbaren Umgebung auch Häuser von Hofangehörigen oder Großen des Reiches für ihre Besuche am Hof standen, läßt sich für großflächige karolingisch-ottonische Pfalzen aus einigen Nachrichten entnehmen. Eine um 820 erlassene Aachener Pfalzordnung nennt für Aachen Häuser bzw. Wohnungen *(domus, scruas, mansiones)* für die

---

[12] Adolf Gauert: Das *palatium* der Pfalz Werla. In: Deutsche Königspfalzen 3, 1979, S. 263–277, hier S. 270f. – Zotz (wie Anm. 11) S. 182.

[13] Streich (1984) – Peter Moraw: Über Typologie, Chronologie und Geographie der Stiftskirche im deutschen Mittelalter. Göttingen 1980 (= Veröff. d. Max-Planck-Inst. f. Gesch. 68). - Karl Heinemeyer: Zur Entstehung und Aufgabe der karolingischen Pfalzstifte. In: Studien zum weltlichen Kollegiatstift in Deutschland. Hg. Irene Crusius. Göttingen 1995 (= Veröff. d. Max-Planck-Inst. f. Gesch. 114) S. 110–151.

königlichen Diener *(servi)*, die königlichen Funktionsträger *(actores)*, die Bischöfe, Äbte und Grafen ohne dienstliche Funktionen *(qui actores non sunt)*, die königlichen Vasallen *(vassi)* und die Kaufleute *(negotiatores)*, ohne jedoch konkrete Angaben zu machen.[14] Das entspricht den Äußerungen Notkers von St. Gallen, Karl habe für sich und alle Bischöfe, Äbte und Grafen und alle aus der gesamten Welt kommenden Gäste in wunderbarer Weise Gebäude errichten lassen.[15] Es muß in Aachen ein ziemlich großer Wohnbereich (*vicus*) für das Pfalzpersonal in unmittelbarer Nähe zur Pfalz vorausgesetzt werden;[16] dazu kamen die Unterkünfte für die Mitglieder des Hofes, wenn sie sich in Aachen aufhielten und dort etwa vier Monate überwinterten, sowie die Werkstätten der Handwerker und die Ansiedlung der Kaufleute. Der Fabrikverwalter der Pfalzkapelle, ein Abt, hatte dort ebenfalls ein mehrräumiges Haus *(domus)*,[17] ebenso bewohnte der Erzkapellan Hilduin ein wohl steinernes Haus *(domus)* mit Kapelle *(oratorium)*.[18] Einhard besaß sogar mehrere Wohnungen *(mansiones)*, darunter ein steinernes Haus *(domus)*, in dem sich eine Kapelle *(oratorium)* sowie Wirtschafts- und Vorratsräume befanden. Das Haus lag innerhalb einer Umzäunung.[19] In einem Brief, vermutlich aus dem Jahre 828, erteilte Einhard einem seiner *vicedomini,* wohl dem von St. Servatius in Maastricht, wo Einhard seit 820 urkundlich als *abbas venerabilis* erscheint, mehrere Aufträge: Er solle einige Leute *(homines aliquos)* nach Aachen schicken, um seine Häuser auszubessern *(mansiones nostras emendent atque restaurent)*, und gewohnheitsmäßig dafür sorgen, daß das Notwendige wie Mehl, Bier, Wein, Käse usw. dorthin geschafft werde; die schlachtreifen Rinder sollten in Lanaken (a.d. Maas, nordwestlich von Maastricht) geschlachtet werden, die Eingeweide und Innereien, die *ad nostrum opus* nicht aufbewahrt werden können, sollten an die *familia* in Lanaken verteilt werden. Zum Schluß schärfte Einhard dem Verwalter ein, alle Befehle den *iuniores ecclesiae* genau weiterzugeben und sie ausdrücklich zur Ausführung zu verpflichten, da er zur Martinsmesse in die Pfalz

---

[14] MGH LL Sectio II Capit. reg Franc. 1, Nr. 146, S. 297 f. – Dietmar Flach: Pfalz, Fiskus und Stadt Aachen im Lichte der neuesten Pfalzenforschung. In: Zs. d. Aachener Gesch.-Vereins 98/99, 1992/93, S. 40. – Siehe Kap. A. 6, Anm. 5, dort Textabdruck.

[15] „... *de edificiis, quae Cesar Augustus imperator Karolus apud Aquasgrani iuxta sapientissimi salomonis exemplum Deo vel sibi vel omnibus episcopis, abbatibus, comitibus et cunctis de toto orbe venientibus hospitibus mirifice construxit, ...* " – Notker, *Gesta Karoli* I, 27. In: Quellen zur karolingischen Reichsgeschichte. Bd. 3. Hg. Reinhold Rau. Darmstadt 1964 (= Freiherr vom Stein-Gedächtnisausgabe 7) S. 762–765.

[16] Flach (wie Anm. 11) S. 56–77 mit allen Quellen-Nachweisen.

[17] Notker, *Gesta Karoli* I, 28. In: Rau (wie Anm. 15) S. 364 f.

[18] Einhard: *Translatio et Miracula sanctorum Marcellini et Petri* II, 3; MGH SS XV, 1, S. 246: *in oratorio domus suae*. – Flach 1974 (wie Anm. 11) S. 56–58.

[19] Einhard (wie Anm. 18): *ad oratorium, quod erat in domo nostra vili opere constructum*. – Siehe Flach 1974 (wie Anm. 11) S. 56–58.

B Karolingisch-ottonische Pfalzen 765–1025   67

kommen wolle.[20] Für die spätere Karolinger- und frühe Ottonen-Zeit fehlen schriftliche Quellen mit Aussagen zum Aussehen einer Pfalz.

In Frankfurt schenkte Otto II. am 8. Febr. 979 seinem Kanzler Hildibald, Bischof von Worms, die an der Westseite der Pfalz *(palatium)* am Treppenaufgang gelegene *porticus* mit dem angrenzenden Gelände zur Erweiterung des Gebäudes, das Hildibald und seinen Nachfolgern als Wohnung dienen sollte.[21] Am 22. Sept. 994 hat Otto III. in einer in Ingelheim ausgestellten Urkunde dem Markgrafen Hugo von Tuszien einen Bauplatz *(locum unum)* von 62 Fuß Länge (ca. 20 m) in der Pfalz Ingelheim *(infra curtem et palatium nostrum Inglinheim vocatum)* geschenkt, damit er sich dort geeignete Gebäude errichte, in denen er verweilen konnte, wenn zu Ostern oder zu anderen Terminen Reichs- oder Hoftage dort stattfanden *(ut ibi faciat aedificia sibi congrua in quibus manere possit, quotienscumque imperialis vel regalis conventus paschali aut alio tempore ibi habeatur)*.[22] Der Bauplatz für Hugo „liegt neben dem Platz gleichen Ausmaßes, den wir dem Bischof der Straßburger Kirche, Widerolt, gegeben haben." Darüber hinaus erhielt Hugo eine Hufe in Ober-Ingelheim mit Gebäuden und Zubehör[23], „offenbar bestimmt, einen Meier des Markgrafen zu beherbergen, der das Haus verwaltet und für die Verpflegung seines Herrn sorgt."[24]

Die Wohnungen der Pfalzbediensteten und der Handwerker lagen, wie dieses für Werla und Tilleda ausgegraben worden ist, neben der Pfalz in einer Siedlung oder Vorburg.

[20] MGH Epp. V, S. 111, Nr. 5. – Walter Kaemmerer: Aachener Quellentexte. Aachen 1980 (= Veröff. d. Stadtarchivs Aachen 1) S. 48f. – Karl Hauck (Hg.): Das Einhardkreuz. Göttingen 1974 (= Abhandl. d. Akademie d. Wiss. in Göttingen. Phil.-Hist. Klasse, 3. Folge Nr. 87) S. 23. – Franz Josef Felten: Äbte und Laienäbte im Frankenreich. Stuttgart 1980, S. 49f., Anm. 13.

[21] MGH D O II. 183: *porticum quandam palatio nostro acclinem occidentali plaga sitam in proprietatem donavimus extraque eandem porticum per quam gradatim ascensus et descensus est in palatium, quantum capi potest undique secus spatio xx pedum ad augmentandum ipsius porticus edificium, devotioni illius insuper concessimus, ea videlicet ratione ut quotienscumque loco superius nominato regia vel imperialis collocutio aut sollempnium dierum celebratio contingat, ipse prefatus pontifex Hildiboldus ac noster fidelis cancellarius ... suique successores perpetuam ibi mansionem ... habeant.* – Alois Schulte: Anläufe zu einer festen Residenz der deutschen Könige im Hochmittelalter. In: Hist. Jb. 55, 1935, S. 137f. – Josef Fleckenstein: Die Hofkapelle der deutschen Könige. Bd. 2. Stuttgart 1966 (= Schr. d. MGH 16, 2) S. 136, Anm. 95.

[22] MGH D O III. 147. – Fleckenstein II (wie Anm. 21) S. 143. – Schulte (wie Anm. 21) S. 131–142, insbes. 139f. – Gert von der Osten: Neueres Schrifttum über deutsche Königspfalzen. In: Zs. f. Kg. 7, 1938, S. 241f. – Peter Classen: Die Geschichte der Königspfalz Ingelheim bis zur Verpfändung an Kurpfalz 1375. In: Ingelheim am Rhein. Hg. Johanne Autenrieth. Stuttgart 1964, S. 113f. – Thomas Zotz: Königspfalz und Herrschaftspraxis im 10. und frühen 11. Jahrhundert. In: Blätter f. dt. Landesgesch. 120, 1984, S. 25f.

[23] MGH D O III. 403, Urkunde vom 12. Mai 1001, in der Otto III. den Besitz Hugos an Graf Tammo weitergibt.

[24] Classen (wie Anm. 22) S. 114.

Einige Pfalzen hatten auch Tiergärten, wie Aachen und Regensburg im 9. Jh. und Kaiserslautern im 12. Jh.[25] Tiergärten sind umzäunte und mit Gebäuden versehene Anlagen zur Tierhege, wie das *Capitulare de villis* in cap. 46 beschreibt: „Unsere Wildgehege, die das Volk Brühl nennt *(lucos nostros, quos vulgus brogilos vocat)*, sollen sie gut beaufsichtigen und immer rechtzeitig ausbessern und keinesfalls warten, bis es notwendig ist, sie ganz neu wiederherzustellen. Ebenso sollen sie es mit allen Gebäuden machen."[26] Für Le Mans heißt es in einer Urkunde Ludwigs des Frommen 833: *forestem ... cum duabus forestulis ... cum aedificiis in eadem constructis, quo Brolius nominatus*,[27] ähnlich für Frankfurt zu 864, für Regensburg zu 888 und Ranshofen zu 899, auch von Otto von Freising vor 1160 für Kaiserslautern, dort als *hortus* bezeichnet. Der Aachener Tierpark wird besonders ausführlich von Walahfried Strabo beschrieben.[28]

Was sich Zeitgenossen unter einer Pfalz vorstellten, bleibt trotz zahlreicher Veröffentlichungen mit Überlegungen zu diesem Thema unklar.[29] Die Meinung von Thomas Zotz, daß die Autoren des 10. und 11. Jhs. mit *palatium* „die Vorstellung einer repräsentativen Architektur ohne Befestigung verbunden" haben,[30] kann aus den Quellen nicht herausgelesen werden, zumal die Diskussion über die ursprüngliche Befestigung der karolingischen Pfalzen wie Aachen, Ingelheim und Frankfurt nicht beendet ist. Aus der Bemerkung von Bruno über die Harzburg ist mit Heusinger und Riekenberg wohl eher ihre räumliche Enge zu erschließen. Zu der von Heinrich IV. um 1065/70 angelegten, befestigten Höhenburg bemerkte Bruno um 1080/90, daß der Ort für eine königliche Pfalz geeignet wäre, wenn sie an einem angemessenen Ort gestanden hätte: *nam si in loco competenti staret, regali palatio locus idoneus esset.*[31] Von einem *palatium* erwartete Bruno *regalia aedificia regali sumptu ... constructa*,[32] und ein Stift, „in dem er so reiche Geräte zusammentrug und hier eine so ansehnliche und zahlreiche Geistlichkeit von überall her versammelte, daß es dank seiner Austattung einigen Bischofssitzen durchaus gleichkam, einige aber sogar über-

---

[25] Karl Hauck: Tiergärten im Pfalzbezirk. In: Deutsche Königspfalzen. Bd. 1. Göttingen 1963 (= Veröff. d. Max-Planck-Inst. f. Gesch. 11, 1) S. 30–74.
[26] MGH LL Sectio II Capit. reg. Franc. 1, S. 87.
[27] Hauck (wie Anm. 25) S. 35.
[28] Hauck (wie Anm. 25) S. 41.
[29] Thomas Zotz: Vorbemerkungen zum Repertorium der deutschen Königspfalzen. In: Blätter d. dt. Landesgesch. 118, 1982, S. 179.
[30] Zotz (wie Anm. 29) S. 179.
[31] Bruno: *Saxonicum bellum* 29. In: Quellen zur Geschichte Heinrichs IV. Hg. Franz-Josef Schmale u. Irene Schmale-Ott: Darmstadt 1968 (= Freiherr vom Stein-Gedächtnisausgabe 12) S. 230. – Vgl. auch cap. 16, ebda. S. 212: *quae si in locis competentibus starent, ingens regno firmamentum simul et ornamentum forent.* – Siehe Kap. Harzburg.
[32] Bruno: *Saxonicum bellum* 33. In: Schmale (wie Anm. 31) S. 236.

traf" *(tale monasterium in ipso construxit, tales ornatus in ipso monasterio collocavit, tales et tot clericos illuc undique congregavit, ut aliquot episcopales locos omni suo apparatu aequiperaret, aliquot etiam trancenderet)*.[33]

Beim Vergleich von Pfalzen mit zeitgleichen Burgen wird recht deutlich, daß der Übergang fließend ist und daß vorwiegend königliches Eigentum und Nutzung durch den König persönlich anläßlich besonderer Ereignisse, wie z.B.

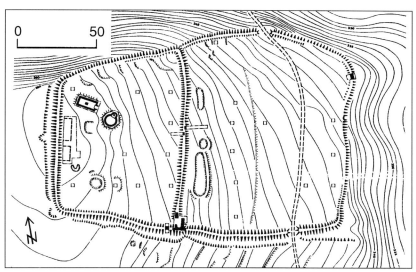

Abb. 1 Höfe bei Dreihausen im Kreis Marburg-Biedenkopf

an Hof- und Festtagen, die Stellung einer Pfalz ausmachten. Beispielsweise ist die Doppelrechteckanlage der Höfe südlich von Dreihausen am Ebsdorfer Grund im Kreis Marburg-Biedenkopf auf einem von Westen nach Osten leicht fallenden Hochplateau, das nach Norden und Osten steil abfällt, auf einer Fläche von 2 ha angelegt und von einer 1,25–2,00 m dicken Mauer umgeben, die im Süden von einem Graben begleitet wird.[34] Die einheitliche Anlage wird von einem Wall mit Mauer in eine westliche dicht besiedelte, 75×85–115 m große Oberburg und eine 100×135 m große, unbebaute Unterburg geteilt. Der Zugang erfolgt von Norden in die Unterburg und von dieser im Süden der Abschnittsmauer in die Oberburg. Entlang der Innenseite der Westmauer lagen

---

[33] Bruno: *Saxonicum bellum* 16. In: Schmale (wie Anm. 31) S. 212.
[34] Rudolf Gensen: Ringwall Höfe bei Dreihausen. In: Hessen im Frühmittelalter. Archäologie und Kunst. Hg. Helmut Roth u. Egon Wamers. Sigmaringen 1984, S. 249–252. – Vorromanische Kirchenbauten. Nachtragsband. Hg. Werner Jacobsen, Leo Schaefer, Hans Rudolf Sennhauser. München 1991, S. 187 mit Lit-Ang.

zwei 8,50 und 14 m lange und wohl 7 m breite Gebäude, deren Schwellbalken auf Steinsetzungen ruhten. Ein 9,80×4,80 m im Lichten großes Gebäude mit Estrich und bis zu 1,30 m dicken, verputzten Mauern, 1,60 m breiter Eingang in der süd-östlichen Schmalseite und Reste eines Mittelpfeilers war vermutlich zweigeschossig und läßt auf einen repräsentativen Wohnbau schließen. Östlich davon stand eine Rundkirche von 6 m innerem Durchmesser mit 1 m dicken Mauern und einer halbrunden Apsis von 2,10 m Breite, darin ein Altarblock von 1×1 m. Alle Mauern waren sorgfältig verputzt und figürlich und ornamental bemalt. Das umfangreiche keramische Fundmaterial datiert die Anlage in das 8. und 9. Jh. Der bemalte Putz und die besonders gute Qualität der Keramik weisen auf den Sitz einer kleinen privilegierten Gruppe hin. Ähnlich verhält es sich bei der 130×150 m großen, von Mauer (1,40–1,60 m dick) und Graben

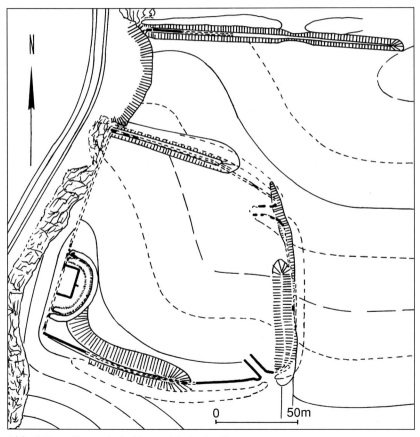

Abb. 2 Burg Kanstein bei Langelsheim im Harz.

(2,50 m tief, 5 m breit) umgebenen Burg Kanstein bei Langelsheim am Harz auf einer Hochfläche am Rande des Innerstetales; an der Kante des 30 m steilen Westhanges stand ein 20×10 m großer, im Verband mit der Mauer errichteter Saalbau mit 80 cm dicken Mauern, der mit einem eigenen Wall und einem davor liegenden Spitzgraben geschützt war.[35] Von dem Ausgräber A. Tode wird die völlig einheitlich gebaute Burganlage der karolingischen Zeit zugewiesen, die Keramik ist in das 9./10. Jh. oder gar erst 11. Jh. zu datieren. Spuren von weiterer Innenbebauung fehlen, so daß es sich wohl um eine Fluchtburg gehandelt hat, in deren Hauptbau ein Adeliger (oder der König) wohnen konnte. Größe und Qualität der Ausführung der gesamten Anlage sind mit Königshöfen vergleichbar, die mit einem königlichen Gebäude ausgestattet waren. Auch die Ähnlichkeit der Pfalz Tilleda und der Graugrafenburg Elten zeigt deutlich, daß von der baulichen Ausstattung in karolingischer und ottonischer Zeit zwischen kleineren Pfalzen und Territorialburgen keine Unterschiede festzustellen sind.

---

[35] A. Tode: Burg „Kanstein" bei Langelsheim am Harz. In: Führer zu vor und frühgeschichtlichen Denkmälern 35. Goslar, Bad Harzburg. Mainz 1978, S. 199–208 mit Lit.-Ang.

B 1 Aachen

Die Aachener Pfalz ist nicht nur die wichtigste Pfalz karolingischer Zeit, sondern auch besonders gut erhalten und in Größe und Anlage ungewöhnlich. Sie wurde im äußersten Osten der Kernlandschaft der frühen Karolinger, deren Zentrum um Lüttich und Herstal lag, errichtet. Ihrer Bedeutung entsprechend ist die Forschungsliteratur äußerst umfangreich (Zusammenstellungen: Falkenstein 1970, Kubach-Verbeek 1976/1989 und Vorr. Kirchenbauten 1966/1991) und doch unzulänglich (Falkenstein 1970), so daß nur ein Überblick gegeben werden kann, der sich auf die vorzügliche Zusammenfassung von Hans Erich Kubach und Albert Verbeek 1976/1989 und zur Pfalzkapelle auf den Katalog der Vorromanischen Kirchenbauten 1966/1991 stützt und einzelne Probleme kritisch beleuchtet.

Mit dem Wiedereinsetzen der in napoleonischer Zeit 1794/95 herausgebrochenen und 1815 teilweise zurückerstatteten Marmorsäulen und Bronzegitter aus den Emporen 1843/47 und der Gründung des Karlsvereins 1847 begannen Restaurierungen, Bauuntersuchungen und Grabungen, insbesondere von Cornelius Peter Bock, Carl Rhoen, Joseph Buckkremer, Felix Kreusch und Leo Hugot. Die Ergebnisse haben Leo Hugot und Felix Kreusch 1965 im dritten Band des von Wolfgang Braunfels herausgegebenen vierbändigen Werkes „Karl der Große" zusammengefaßt. Ergänzend dazu sind besonders die Aufsätze von Walter Schlesinger 1968, Ludwig Falkenstein 1970 mit einer kritischen Zwischenbilanz zur Aachener Pfalzforschung und Günther Binding 1996 zur Ikonologie der Pfalzkapelle nach den Schriftquellen mit einer Datierung in die 780er Jahre – entgegen der allgemein verbreiteten Meinung 790er Jahre – zu nennen. Immernoch gilt jedoch weitgehend das Wort von Ludwig Falkenstein (1970, S. 71): „Bei der Erforschung der Aachener Pfalz hat es deutlich an nüchterner Einsicht gefehlt, zwischen dem zu scheiden, was sich als sicher, als wahrscheinlich, als möglich oder auch als unsicher, als unwahrscheinlich und als unmöglich erweisen läßt." Das wird besonders deutlich an dem zusammenfassenden Bericht von Gerhard Streich 1984, der Spätdatierung (um oder nach 800) durch Werner Jacobsen 1994 und dem neuesten Buch (1994) über Architektur und Ausstattung des Aachener Domes von Ernst Günther Grimme, dem Aachener Museumsdirektor. Grimme verwendet bei der Behandlung der Aachener Pfalz und ihrer Kapelle recht unkritisch die Quellen und nur einen Teil der Literatur sowie veraltete Pläne. Das ist umso unverständlicher, als mit dem Katalog der Romanischen Baukunst an Rhein und Maas von Hans Erich Kubach und Albert Verbeek 1976/1989 und der Darstellung von Matthias Untermann 1989 überzeugende Überblicke vorgelegt worden sind. Deren Datierung in die 790er Jahre wird auch von Katharina Pawelec kritiklos übernommen, ohne zu erkennen, daß ihre Datierung der Bronzegitter und Türen „in die frühen neunziger Jahre des 8. Jhs." (Pawelec 1990, S. 154) eine frühere Bauzeit ergibt; daß „sich Karl der Große 786 entschließt, in Aachen die Hofkapelle erbauen zu lassen," wird von Pawelec an gleicher Stelle ohne Beleg behauptet. Letztendlich ist festzustellen, daß zwar viele Veröffentlichungen zu Aachen vorliegen, eine befriedigende Gesamtdarstellung jedoch fehlt; auch wurden bisher die umfangreichen Ausgrabungen 1910–1914 nicht ausgewertet.

Geschichte

Aachens Frühgeschichte reicht weit in die Vorzeit hinein. In der zweiten Hälfte des 1. Jhs. wurden von den Legionen am Niederrhein in Aachen über den heißen Quellen zwei Thermen für die Bedürfnisse der römischen Besatzungsmacht erbaut, eine am Büchel und eine an der Stelle des heutigen Münsters. Das Ende der Römerherrschaft in Aachen fällt in die Zeit Kaiser Gratians (375–383).

Zum Jahre 765 erwähnen die fränkischen *Annales regni Francorum* und die fälschlich Einhard zugeschriebenen *Annales*, König Pippin der Jüngere (714/15–768) habe in *Aquis villa* bzw. *Aquisgrani* Weihnachten und Ostern (6. April 766) gefeiert (alle Nachweise siehe Kaemmerer 1980). Beide Annalen überliefern auch für Karl den Großen, der nach dem Tode seines Vaters Pippin d. J. am 24. Sept. 768 zusammen mit seinem Bruder Karlmann die Herrschaft übernommen hatte, eine Weihnachtsfeier am 25. Dez. 768 *in villa, quae dicitur Aquis*; am 13. Jan. 769 wird eine Urkunde *Aquis palatio publico* ausgestellt, eine weitere am 1. März 769. Der Wechsel der Bezeichnung *villa* zu *palatium* ist ohne Bedeutung für eine Beurteilung von Stellung oder Bauzustand der Pfalz. Erst 20 Jahre später 788/89 hat Karl dann wieder Weihnachten und Ostern *in Aquis palatio* gefeiert, ebenfalls 794/95 *ad palatium, quod Aquis vocatur*, 795/96 *Aquisgrani palatio nostro*, 796/97, 798/99, 799/800, 801/02, 802/803, 803/04, d. h. fast jährlich, nur nicht 797, weil ihn die Sachsenkriege fernhielten, und 800, als er in Rom zum Kaiser gekrönt wurde. Weihnachten 804 feierte Karl mit Papst Leo in Quierzy; beide kamen anschließend nach Aachen. Bis zu seinem Tode 814 residierte Karl dann fast ununterbrochen in seiner Pfalz Aachen, die Karl und sein Hof seit 794 zum dauerhaften Aufenthalt, zumindest den Winter über, genutzt hatten. Nach Einhard (*Vita Karoli Magni* cap. 22) waren es die heißen Quellen, die Karl veranlaßt haben, „sich in Aachen einen Königssitz *(regia)* zu erbauen, er wohnte in seinen letzten Lebensjahren bis zu seinem Tode beständig darin." Hier empfing Karl bedeutende Gesandtschaften, u. a. 797 „den Sarazenen Abdellah, den Sohn des Emirs Ibn Muawijah, der, von seinem Bruder vom Thron gestoßen, in Mauretanien lebte und ihn jetzt persönlich um Schutz anging. Dorthin kam auch als Gesandter des damaligen Statthalters von Sizilien Nicetas ein Mann namens Thoctistos mit einem Brief des Kaisers" *(Annales regni Francorum* zu 797*)*. 798 weilte eine griechische Gesandtschaft aus Konstantinopel in der Aachener Pfalz *(palatium)*.

74 B Karolingisch-ottonische Pfalzen 765–1025

Aus den historischen Nachrichten läßt sich erschließen, daß der von Pippin d. J. 765/66 bewohnte Königshof von Karl dem Großen nach seinem Winteraufenthalt 768/69 in den 770er und 780er Jahren (Binding 1996; Dendro-Daten für Pfalzkapelle nach 776±10 und Granusturm um 798±6; Hollstein 1980, S. 44f.) so weit zu einer Pfalz ausgebaut worden ist, daß sie 788/89 für einen Winteraufenthalt zu nutzen war, ab 794 dem dauerhaften Aufenthalt des Hofes dienen konnte und für Empfänge bedeutender Gesandtschaften ausreichend repräsentativ war. Das bestätigt auch eine Nachricht, die in der Abschrift des *Codex Laureshamensis* im *Chronicon Moissiacense* zum Jahre 796 eingerückt ist. Sie ist wahrscheinlich aus einer nicht erhaltenen zuverlässigen Quelle abgeschrieben und spätestens bald nach 816 in das *Chronicon* aufgenommen worden. Sie faßt einige Leistungen Karls für Aachen als abgeschlossen zusammen: „Denn dort (in der Pfalz Aachen) hatte er seinen Sitz befestigt *(firmaverat sedem suam)*, und dort hat er eine Kirche von wunderbarer Größe gebaut *(fabricavit ecclesiam mirae magnitudinis)*, deren Türen und Gitter er von Erz machte, und er gestaltete diese Kirche in ihrem übrigen Schmuck *(in ceteris ornamentis ipsam basilicam composuit)* mit großer Sorgfalt und Würde, so wie er es konnte und es sich geziemte. Er baute dort auch einen Palast, den er Lateran nannte, und befahl, daß seine gesammelten Schätze aus den einzelnen Reichen nach Aachen gebracht würden. Er machte aber noch viele und große Werke am selben Ort." (MGH SS I, S. 303; Binding 1996).

Einhard lobt in seiner um 825 in Aachen verfaßten Karls-Vita in Kapitel 17 und 26: „Als die vorzüglichsten unter ihnen (den Bauten, die Karl *ad regni decorem et commoditatem* im Reich errichtet hat) dürfen mit Recht die mit staunenswerter Kunst erbaute Kirche der heiligen Mutter Gottes zu Aachen (und die Rheinbrücke bei Mainz sowie die Pfalzen von Ingelheim und Nimwegen) angesehen werden ... Der christlichen Religion ... war er mit höchster Ehrfurcht und Frömmigkeit zugetan. Darum erbaute er auch das herrliche Gotteshaus zu Aachen und stattete es mit Gold und Silber, mit Leuchtern und mit ehernen Gittern und Türen aus. Da er zu dessen Gefüge *(structuram)* Säulen und Marmor woandersher nicht bekommen konnte, ließ er sie aus Rom und Ravenna herbeifahren. Die Kirche suchte er morgens und abends, auch bei den nächtlichen Horen und zur Zeit der Messe fleißig auf, solange es ihm sein Befinden erlaubte" (MGH SS II, S. 455 und 457).

Der St. Galler Mönch Notker Balbulus spricht in seinen von Karl III. 883 angeregten *Gesta Karoli Magni Imperatoris* I, 27–30, „über die Bauten, die der Caesar Augustus Kaiser Karl in Aachen nach dem Beispiel des höchst weisen Salomo für Gott oder für sich oder für alle Bischöfe, Äbte, Grafen und alle aus der ganzen Welt herbeiströmenden Fremden wunderbar erbaut hat," und gibt einige Zeilen weiter als Karls Bemühungen an, „eine Kirche nach eigenen Vorstellungen zu bauen, die ausgezeichneter ist als die alten Werke der Römer und sich auch in kurzer Zeit am Ziele seiner Wünsche zu sein freute. Zu diesem Bau *(fabricam)* berief er von allen Ländern diesseits des Meeres die Meister und Werkleute aller Künste dieser Art zusammen. Über sie setzte er einen Abt, der von allen der erfahrenste war, zur Durchführung des Werks *(ad executionem operis)*." Von den zahlreichen im königlichen Auftrag ausgeführten Kirchen „zeugt noch heute nicht nur die göttliche Kirche, sondern auch die königliche Wohnung bei Aachen und die Herbergen *(mansiones)* aller Menschen jeglichen Standes, die so um die Pfalz *(circa palatium)* des klugen Karl herum nach seiner Anordnung gebaut sind, daß er durch die Gitter seines Söllers *(per cancellos solarii sui)* alles sehen konnte, was von Eintretenden und Austretenden, als ob es unbemerkt bliebe, gemacht wurde. Aber auch alle Wohnungen *(habitacula)* seiner Großen waren so von der Erde in die Höhe gebaut, daß unter ihnen nicht nur die Soldaten der Krieger und deren Diener, sondern auch das ganze Geschlecht der Menschen sich vor den Unbilden des Regens und Schnees, vor Kälte und Hitze schützen konnten und doch in der Lage sind, sich vor den Augen des scharfsichtigen Karl zu verstecken" (MGH SS II, S. 744f.).

Die Aachener Marienkapelle war, wie Josef Fleckenstein 1982 überzeugend dargestellt hat, von Anfang an Pfalzkapelle und Stiftskirche, sie war Kanonikern zur Versorgung übergeben und diente zugleich den Kapellanen, wenn sie in Aachen waren, zur Gestaltung des Gottesdienstes. Erst die Entscheidung, über die Einhard berichtet, Karl den Großen nicht wie von ihm gewünscht in traditioneller Weise in Saint-Denis sondern in Aachen zu bestatten, führte dazu, daß die Marienkapelle als Zentralbau 814 auch Grabeskirche, also ein Memorialbau wurde, für den man traditionell auch den Zentralbautyp wählte. Im Diplom Karls des Kahlen vom 5. Mai 877 für das Marienstift in Compiègne, wo er als Ersatz für das ihm nach der Reichsteilung nicht mehr zugängliche Aachen eine Pfalz gegründet hatte, heißt es zu Aachen: ... *quia divae recordationis imperator, avus scilicet noster Karolus ... in palatio Aquensi cappellam in honore beati Dei genetricis et virginis Mariae construxisse ac clericos inibi Domino ob suae animae remedium atque peccaminum absolutionem pariterque ob dignitatem apicis imperialis deservire constituisse ac congerie quamplurima reliquiarum eundem locum sacrasse ... dinosciter.* Die Aachener Pfalzkapelle war mit eigenem Kirchenschatz durch Karl den Großen ausgestattet worden und beherbergte 794 bis 842 durchgehend auch als *capella* den Reichsschatz. Entsprechend berichten die *Annales Bertiniani* zu 842, daß der von seinen Brüdern bedrängte Lothar I. „alle Schätze aus der Pfalz Aachen, sowohl die der Marienkirche wie die königlichen" mitgenommen habe *(sublatisque cunctis ab Aquisgranii palatio tam Sanctae Mariae quam regalibus thesauris ...)* und mit ihnen über Châlons und Troyes nach Lyon geflohen sei.

Das Ansehen und die Bedeutung der Aachener Pfalzkapelle geht nicht nur aus der erwähnten Urkunde Karls des Kahlen hervor, sondern auch aus dem Diplom Lothars I. für das Aachener Marienstift von 855: *Sic quippe Karolus imperator avus scilicet noster et domnus ac genitor pia memoria Ludowicus augustus domino opitulante et cooperante fecisse, qui capellam, que Aquis est sita, a fundamentis pro statu regni et remedio animarum suarum pio religionis affectu recoluntur edidisse propriisque illam facultatibus ditantes ac multipliciter ornantes, quatinus ad illorum et successorum suorum utilitatem moneret et ut divini cultus ibi iugiter celebratur.* Lothar fügt hinzu, daß er es für würdig *(dignum)* erachte, *eandem capellam ... amplificare* (MGH D Karol. 3, 136, S. 306).

Über die Bauzeit der Aachener Pfalz gibt es keine Nachrichten. Aus einem Brief Alkuins an Karl den Großen vom 22. Juli 798 ist nur zu entnehmen, daß zu diesem Zeitpunkt Säulen in der Kirche aufgestellt waren: „Auch haben wir ein Gespräch über die Säulen geführt, die in dem allerschönsten und bewundernswerten Bau der Kirche, die Eure Weisheit angeordnet hat, aufgestellt sind."

Für die Pfalzkapelle sind zwei Inschriften überliefert (Binding 1996). In einer Handschrift vom Ende des 9. Jhs., die in der österreichischen National-Bibliothek in Wien liegt, findet sich als Randglosse zum Kapitel 31 der Karls-Vita Einhards die Notiz: „In der Kapelle ist geschrieben: Diese Halle *(aulam)* von würdevoller Erhabenheit hat der große Kaiser Karl gegründet *(instituit)*, der hervorragende Meister *(magister)* Odo hat sie ausgeführt, in der Stadt Metz gebildet ruht er (dort)." Der genaue Ort der Anbringung der Inschrift in der Kapelle ist unbekannt, ebenso wie die Funktion des Meisters Odo, der in der Literatur gerne als Baumeister angesprochen wird, aber wohl eher der Organisator und Verwalter der Bauarbeiten war. Die zweite Inschrift ist in einer vermutlich in St. Gallen entstandenen Sammelhandschrift des frühen (?) 9. Jhs. (Universitätsbibliothek Leiden, Blatt 19) überliefert. Eines der darin niedergeschriebenen Gedichte – ohne Autorenangabe – wird seit den Darlegungen von Martin Schein 1901 als „Widmungsinschrift Alkuins" angesprochen und mit einer Nachricht Einhards in der Karls-Vita verbunden: „Es gab in dieser Kirche (Aachen) in der Einfassung der Korona, die zwischen den oberen und unteren Bogen den inneren Teil des Gebäudes umlief, eine in roten Buchstaben geschriebene Inschrift des Inhalts, wer der Urheber selbigen Tempels sei, in deren letztem Vers zu lesen ist: '*Karolus princeps*'." Der Text lautet: „Wenn die lebenden Steine im Verband des Friedens verbunden werden und alles in geraden Zahlen zusammenkommt, glänzt das Werk des Herrn, der die ganze Kirche errichtet und den frommen Bemühungen der Menschen Erfolg gibt. Deren ordentliche Zusammenfügung immerwährender Zierde wird fortbestehen, wenn das Vollendete der Urheber schützt und bestimmt. So wolle Gott, daß durch dauerhaften Grund dieser Tempel, den Kaiser Karl *(Karolus princeps)* gegründet hat, sicher sei." Ähnliche, 2–7,5 cm hohe Inschriften sind in der Pfalz und im Dom von Paderborn (vor 799), im Kölner Dom (vor 850) und in der Klosterkirche Hersfeld (831–850) ausgegraben worden. Überliefert ist ferner eine

11 cm hohe Inschrift für die 524–527 erbaute Palastkirche St. Polyeuktos der Prinzessin Anicia Juliana in Byzanz.

Das von Dieter Schaller Einhard zugeschriebene Karlsepos, dessen drittes Buch als sog. Paderborner Epos erhalten ist, entstand nach 800 am Aachener Hof in Anlehnung an Vergils Aeneis (Dieter Schaller: Das Aachener Epos für Karl den Kaiser. In: Frühmittelalterliche Studien 10, 1974, S. 134–168. – Ders.: Interpretationsprobleme im Aachener Karlsepos. In: Rhein. Vierteljahrsblätter 41, 1977, S. 160–178). Das betrifft ganz besonders die Beschreibung der Bauarbeiten an der Pfalz Aachen, der *secunda Roma*, die sich mit Angaben zu einem Hafen sowie einem Theater eindeutig nicht an örtlichen Verhältnissen orientiert und deshalb nicht als Hinweis auf den Bauzustand der Aachener Pfalz herangezogen werden kann, so wie es jüngst noch Werner Jacobsen (1994, S. 44f.) getan hat.

Über eine Weihe der Pfalzkapelle, die durch Papst Leo III. im Winter 804/05 vorgenommen wurde, berichten die nach 1300 aus älteren Nachrichten zusammengestellten *Annales Tielenses*: Anno domini 804. *Leo papa hyemavit Aquisgrani et ibidem ecclesiam a Karolo constructum in honore(m) beate Marie virginis cum magna solempnitate consecravit* (MGH SS XXIV, S. 22; Kaemmerer 1980, S. 32f.). Den Aufenthalt des Papstes zum Jahreswechsel 804/05 bestätigen ferner die *Annales regni Francorum* und die älteren Salzburger Annalen. Entsprechendes ist – aber ohne Jahresnennung – aus der angeblich von Karl dem Großen stammenden Urkunde – die Zuschreibung ist in der Forschung wohlbegründet umstritten –, die Friedrich Barbarossa im Freiheitsbrief für Aachen vom 8. Jan. 1166 zitiert, zu entnehmen: „dort (wo ein Pferd die heißen Quellen von Aachen auf einem Ritt durch den Wald freigescharrt hatte) ließ ich der heiligen Maria, der Mutter unseres Herrn Jesus Christus, ein Münster *(monasterium)* mit so viel Mühe und Aufwand *(omni labore et sumptu)*, wie ich konnte, erbauen, es mit kostbaren Steinen aus Marmor ausstatten, wodurch es mit Gottes Hilfe und Beistand eine solche Gestalt *(formam)* erhielt, daß mit ihm kein anderes verglichen werden kann. Als so das hervorragende Werk dieser herrlichen Basilika aufs kleinste nicht nur nach meinem Verlangen und Wunsch, sondern auch mit göttlicher Gnade vollendet war, habe ich Unterpfänder der Apostel, Märtyrer, Bekenner und Jungfrauen aus verschiedenen Ländern und Reichen, vor allem der Griechen, gesammelt, die ich an diesen heiligen Ort brachte, damit durch deren Fürbitten das Reich gefestigt und Verzeihung der Sünden gewährt werde. Außerdem erwirkte ich vom römischen Papst Leo die Weihe und Heiligung dieser Kirche wegen der überaus großen Verehrung, die ich für dieses Werk *(opus)* und für die Unterpfänder der Heiligen empfand, die dort aufgrund meiner eifrigen Bemühungen verborgen gehalten werden" (Kaemmerer 1980, S. 196–201). Diesem mehrfach erwähnten Besuch des Papstes Leo in Aachen nach dem Weihnachtsfest 804, welches er in Quierzy verbracht hat, widerspricht der überlieferte Weihetag am 17. Juli. Die *Annales*

Aquenses berichten zu 1054: Heinrich, der Sohn Kaiser Heinrichs (III.), wurde als Knabe zu Aachen am Feste der Kirchweihe am 17. Juli 1054 zum König gesalbt (MGH SS XXIV, S. 36). Damit ist das Weihejahr der Pfalzkapelle unsicher. Für die Weihe wird in der Forschung auch das Jahr 800 vermutet, zumal für 799 die Erwerbung zahlreicher Reliquien überliefert ist.

Bauarbeiten an der Pfalz wurden auch noch nach dem Tode Karls des Großen 814 unter Ludwig dem Frommen (gest. 840) ausgeführt. Einhard nennt zum Jahre 828 einen Gerlaic aus Reims *inter eos, qui propter aedificia palatii construenda iussi de villa civitate venerunt* (Einhard, *Translatio* IV, 2; MGH SS XV/1, S. 256). 828 entschuldigte sich Bischof Frothar von Toul in einem Brief an Hilduin, daß er die gewünschten Arbeiten in *Aquis palatio* nicht ausführen könne, da er in der Pfalz Gondreville im königlichen Auftrag *opus in fronte ipsius palatii solarii* errichten müsse (MGH Epp. V, S. 282). Gegen Ende des Winters, wenige Tage vor dem Osterfest des Jahres 829, geschah nach den *Annales regni Francorum* „zu Aachen bei Nacht ein Erdbeben, und es erhob sich ein so heftiger Sturmwind, daß nicht allein die geringeren Häuser *(humiliores domos)* sondern auch die mit Bleiplatten gedeckte Kirche der heiligen Mutter Gottes, die sie *capella* nennen, zu einem nicht geringen Teil abgedeckt wurde" (MGH SS I, S. 217f.). Der Umfang der überlieferten (MGH SS V, S. 108) Verwüstungen durch die Normannen im Jahre 881 ist unbekannt. Die um 997 auf Veranlassung von Otto III. durch einen Maler Johannes aus Italien ausgeführte Ausmalung der Pfalzkapelle ist erst in einer Quelle des 11. Jhs. belegt (Vita des Lütticher Bischofs Balderich; MGH SS IV, S. 729f; Wehling 1995, S. 13f.) und am Bau nicht nachzuweisen.

In der Aachener Pfalzkapelle als *basilica magni Karoli*, wie sie Widukind 936 anläßlich der Krönung Ottos des Großen ausdrücklich nennt (Widukind, *Res gestae Saxonicae* II, 1), und *palatium Aquisgrani praecipuam cis Alpes sedes regiam* (Diplom Ottos I. von 966; MGH D O I. 316) wurden zwischen 936 und 1531 34 Könige und elf Königinnen gekrönt (Schlesinger 1968, S. 274; Kaemmerer 1980, S. 99–186). Otto der Große hatte Aachen zum traditionellen Krönungsort der deutschen Könige gemacht, indem er nach seiner eigenen Krönung die Ottos II. 961 folgen ließ. Otto der Große war 944, 945, Ostern 947, 948, Ostern 949, Ostern 951, Pfingsten 961 und 966 in Aachen. Zumeist waren diese Aufenthalte mit Hoftagen verbunden. Otto III. sprach im Jahr 1000 bei der Öffnung des Karlsgrabes von Aachen, *ubi nostra sedes ab antecessore nostro scilicet Karolo famosissimo imperatore augusto constituta atque ordinata esse dinoscitur* (MGH D O III. 347). Wipo bezeichnete im 11. Jh. in den *Gesta Chuonradi II. Imp.*, cap. 6, anläßlich der Krönung Konrads II. 1024, den von Karl errichteten (und von Otto I. 936 erneuerten und auf die Westempore gestellten) *publicus thronus regalis* als *totius regni archisolium* (MGH SS XI, S. 262). Schon zu 814 vermerkt das *Chronicon Moissia-*

cense: Ludovicus autem, filius eius, sedit super thronum patris sui Karoli (MGH SS I, S. 311). Friedrich Barbarossa zitierte in seinem Freiheitsbrief von 1166 (s. o.) für die Stadt Aachen aus der angeblichen Urkunde Karls des Großen, wonach Karl vom Papst, den Fürsten und erlauchten Persönlichkeiten erreichen konnte, „daß in dieser Kirche der königliche Thron *(regio sedes)* aufgestellt und der Ort als Königssitz *(regalis)* und als Haupt *(caput)* Galliens diesseits der Alpen angesehen wurde und daß an diesem gleichen Sitz die Könige als Nachfolger und Erben des Reiches gekrönt wurden und als so Gekrönte danach rechtmäßig die kaiserliche Macht in Rom ohne irgendwelchen Einspruch um so eindeutiger erlangen sollten" (Kaemmerer 1980, S. 198f.).

Der Thron stand zur Zeit Karls des Großen vermutlich unten im Zentrum des Oktogons und wurde erst 936 anläßlich der Krönung Ottos des Großen, wie Leo Hugot 1976 nachweisen konnte, auf die westliche Empore gestellt, wo er heute noch steht. Widukind von Corvey *(Res gestae Saxonicae* II, 1) beschreibt Wahl und Krönungsfeierlichkeiten Ottos I. ausführlich. Nach der Krönung und Salbung am Hauptaltar unten in der Pfalzkapelle „wurde er von den Bischöfen zum Thron geführt, zu dem man über Wendeltreppen hinaufstieg *(ad solium, ad quod per cocleas adscendebatur),* und er war zwischen zwei marmornen Säulen von wunderbarer Schönheit errichtet, daß er von hier aus alle sehen und von allen wiederum gesehen werden konnte."

Friedrich Barbarossa war nach seiner traditionell in Aachen stattfindenden Krönung (9.–14. März 1152) noch im Sommer 1154 und im Mai 1157 in Aachen, danach erst wieder zur Jahreswende 1165/66 anläßlich der Heiligsprechung Karls des Großen, verbunden mit der Ausstellung des Freiheitsbriefes für die Stadt Aachen (8. Jan. 1166), wo Aachen als *caput et sedes regni Theutonie* bezeichnet wird. Dann weilte er noch eine Woche im Aug. 1171 und letztmalig eine Woche zum Osterfest 1174 mit einer Festkrönung der kaiserlichen Familie in Aachen. Zudem veranlaßte Friedrich die Befestigung der Stadt Aachen mit einer Mauer, kam aber nach dem fünften Italienzug (Okt. 1174–Juli 1178) nicht mehr dorthin. Die reichsfreie Stadt Aachen geriet im 13. Jh. unter den Einfluß des Kölner Erzbischofs.

Brände haben 1146 und 1224 Aufstockungen des Kirchen-Tambours veranlaßt. Im 14. Jh. bauten die Bürger Aachens die unter Friedrich Barbarossa umgebaute *aula regia* zum Rathaus aus. 1355–1414 wurde statt des Rechteckchores der Pfalzkapelle der gotische Hochchor angefügt; im 14./15. Jh. erfolgten zahlreiche Kapellenanbauten. Nach Bränden 1624 und 1656 wurden die Dächer der Pfalzkapelle 1664 erneuert. 1720–1733 wurde eine durchgehende Barockisierung der Kapelle vorgenommen. Seit 1802 dient die Pfalzkapelle als Kathedrale für das neugegründete Bistum Aachen. Über die Bauuntersuchungen, Grabungen und Renovierungen finden sich Hinweise bei Kubach-Verbeek 1976/1989 und im Katalog Vorromanische Kirchenbauten von 1966.

Baubeschreibung

Unter dem Aachener Münster wurden Mauern einer römischen Thermenanlage ausgegraben, die aufgrund der Ziegelstempel nach 89 n. Chr. entstanden ist und zu dem über den heißen Quellen in *Aquae Granni* errichteten Badezentrum für römische Legionäre gehörte, deren südöstlich 12 m tiefer gelegenen Büchel-Thermen etwa um 375 zerstört und in karolingischer Zeit teilweise zur erneuten Nutzung wiederhergestellt worden sind. An einen 6 m breiten Rechteckraum unter dem Münster wurde im 5. oder eher wohl im 6. Jh. eine Apsis angebaut. Bestattungen nördlich neben der Apsis und mehrere in der Nähe gefundene frühchristliche Grabsteine weisen den Bau als christliche Kirche aus. Östlich der älteren Apsis, etwas aus der Achse verschoben, umschloß eine halbkreisförmige Fundamentmauer einen Reliquienaltar, der 1861 und 1910 geöffnet und von Felix Kreusch 1958 (S. 38–55) veröffentlicht worden ist. Über vier kreuzförmig in Ausrichtung der römischen Limitation angeordneten Quadern erhob sich ein Stipes aus vier 1,60 m, über dem Fußboden 1,10 m hohen Platten mit einem Hohlraum von 1,37 × 1,00 m und vorderer Fenestella. Der zugehörige grobe, mit einer abgeglätteten roten Beschichtung versehene Estrich der Kirche lag 1,17 m unter dem heutigen Kirchenboden auf einer dicken römischen Schuttschicht und 1,20 m über dem Estrich der römischen Thermen. Diesen Reliquienaltar hat Karl der Große als Hauptaltar seiner Pfalzkapelle übernommen; da diese genau nach Osten ausgerichtet wurde, mußte der Altar um 43° geschwenkt und ummantelt werden. Die Übernahmen des Altares als zentraler Bezugspunkt für die Pfalzkapelle und damit für die gesamte Pfalzanlage macht es sehr wahrscheinlich, daß der Altar mit der Apsis Teil der Kapelle der Pfalz war, die Pippin 765 nachweislich erstmals besucht und in der er das Weihnachtsfest gefeiert hat. Ein zu dieser Kapelle gehöriger Baumsarg ist um 734 ± 8 dendrodatiert (Hollstein 1980, S. 45).

Die bautechnisch perfekte Pfalzkapelle Karls des Großen ist ein schon von den Zeitgenossen bewunderter achteckiger Zentralbau (14,43 × 14,46 m lichte Weite) mit einem 6,70 m breiten, sechzehneckigen, zweigeschossigen Umraum, den Widukind von Corvey *(Res gestae Saxonicae* II, 1*)* in der Mitte des 10. Jhs. *deambulatoria infra supraque in illa basilica in rotundum facta* nennt, von wo aus das Volk die Krönung Ottos des Großen 936 verfolgte. Die Kapelle ist bis heute größtenteils erhalten, jedoch im Innern durch Ausstattung um 1900 verfälscht und im Äußeren durch Anbauten verstellt.

Das Innere wird von dem steil aufragenden Oktogon bestimmt, dessen Wandflächen in den acht Kappen des Klostergewölbes ihre Fortsetzung finden (Scheitelhöhe 30,60 m; zunächst auskragende Bruchsteine, dann Wölbung aus Quellsintersteinen). Das Gewölbe war ursprünglich figürlich bemalt (erste Hälfte 9. Jh.) und wenig später mit Mosaiken geschmückt (Wehling 1995). In Höhe des Emporenfußbodens teilt ein umlaufendes, kräftig vorspringendes

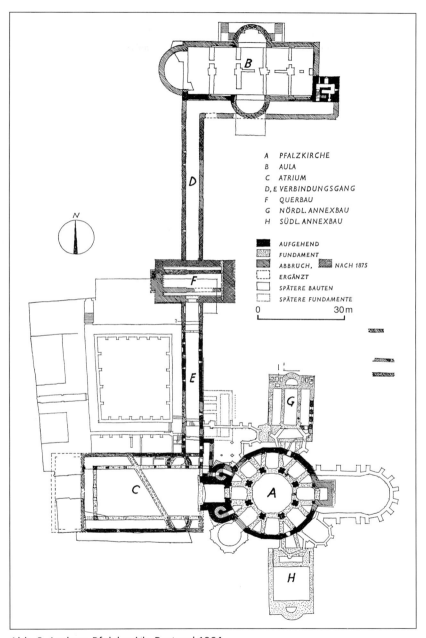

Abb. 3 Aachen, Pfalzbezirk, Bestand 1964

Karniesgesims mit einer Inschrift darunter (Wehling 1995) die Wände. Die hohen Bogenöffnungen auf gewinkelten Pfeilern als Reste der Wandfläche sind zu den Emporen mit je zwei Säulen ausgestellt, die eine dreibogige Brücke stützen, darauf wieder zwei Säulen, die einen sichelförmigen Bogen auf Laibungskämpfern tragen. Korinthische Kapitelle als römische Spolien (teilweise auch als karolingische Nachschöpfungen, jedoch weitgehend im 19. Jh. erneuert) mit Kämpferblöcken und profilierten Kämpfern sowie Bronzegitter geben innerhalb der glatten Wände eine reiche, deutlich als Füllung gekennzeichnete Ausschmückung. Die attischen Basen aus weißem Marmor sind karolingisch; von den wiederverwendeten Säulen aus italienischem Marmor, Granit und ägyptischem Porphyr sind nur die acht großen und sechs der oberen in den Öffnungen ursprünglich (siehe Faymonville 1916). Unterhalb des Gewölbes sind große Rundbogenfenster in die Wandflächen eingeschnitten. Der untere Umraum, außen sechzehneckig, ist von Kreuzgrat- und Dreistrahlgratgewölben ohne Gurtbogen überdeckt und war ursprünglich durch Schranken in kleine Kapellenräume geteilt (wie auf dem St. Galler Klosterplan in den Seitenschiffen). Die über zwei 1,30 m breite, bequeme Wendeltreppen zugängliche, umlaufende Empore hat radial gestellte Schwibbogen; sie tragen Mauern, zwischen die ansteigende Tonnengewölbe gespannt sind. Die Außenmauer ist auf acht Seiten flach genischt und von Fenstern durchbrochen, die dreieckigen Joche sind dunkel. Über der westlichen Eingangshalle liegt oben ein Kapellenraum mit Altar vor der Westwand. Von dem reichen Marmorfußboden *(opus alexandrinum)* ist ein Rest unter dem 936 auf die Empore versetzten Thron erhalten. Im Osten schloß ein zweigeschossiger, rechteckiger Chor an. Von dem unter Pippin errichteten Vorgängerbau wurde der Altar mit Reliquienschacht übernommen und der veränderten Ostausrichtung angepaßt. Er steht genau in der Mitte des östlichen Umraumjoches vor dem Rechteckchor und bestimmt durch seine Ortsbindung die Lage der exakt Ost-West-ausgerichteten Pfalzkapelle Karls des Großen.

Das Äußere war von glattverputzten, rötlich geschlämmten Wänden mit doppelten Fensterreihen bestimmt. Der Oktogonaufsatz über den Pultdächern des zweigeschossigen Umraumes wird von breiten Pilastern beiderseits neben den Ecken gegliedert; ihre korinthisch-kompositen Kapitelle tragen nichts, sondern es folgt eine glatte (einst bemalte?) Wandzone unter dem ausladenden, zweischichtigen Traufgesims. An der dem Zentralbau vorgelegten Westfront wird die 7,86 m breite und 20,17 m hohe Muldennische vor der offenen Eingangshalle durch einen Rundbogen auf vortretenden Pfeilern gerahmt, deren Kämpfer die Gurtgesimse der runden Flankentürme fortsetzen. Deren oberer Abschluß wie auch die Überhöhung des zwischen den Türmen liegenden Mittelraumes ist unbekannt. In diesem Raum enden die Wendeltreppen.

Das in lagerhaften Bruchsteinen mit Eckquaderung vorzüglich ausgeführte Bauwerk (Mauerdicke 1,50–1,73 m) ist durchgehend gewölbt. Der Gewölbe-

Abb. 4 Aachen, Pfalzkapelle, Innenansicht nach Osten

84   B   Karolingisch-ottonische Pfalzen 765–1025

Abb. 5 Aachen, Pfalzkapelle, Außenansicht von Süden.

schub wird in verschiedenen Höhen durch ein System von Ringankern aus Kanteisen abgefangen. Am Oktogon sind drei Ringanker übereinander angebracht, der untere in den Brücken der Säulengitter; außerdem befindet sich am Fuße des Klostergewölbes in Höhe der äußeren Pilasterkapitelle ein Holzanker (Dendrodatum nach 776 ± 10; Hollstein 1980, S. 45). Die organisatorische Bauführung war Odo von Metz übertragen, wie eine Inschrift vermeldet (s. o.).

B 1 Aachen 85

Abb. 6 Aachen, Pfalzkapelle, Westansicht.

Bei der Suche nach Vorbildern, zuletzt 1967 von Günter Bandmann, ist letztlich nur San Vitale in Ravenna (547 geweiht) eine gewisse Vorbildlichkeit zuzusprechen. Der Vergleich zeigt, wie in Aachen das raumhaltige, plastische Vorbild flächig umgeformt und zitathaft vereinfacht, dabei zugleich eigenständig gestaltet wurde, vielleicht nicht ohne Erinnerung an den Grundriß des Felsendoms in Jerusalem, der als Tempel Salomos galt. Die Kapelle war der Jung-

86 B Karolingisch-ottonische Pfalzen 765–1025

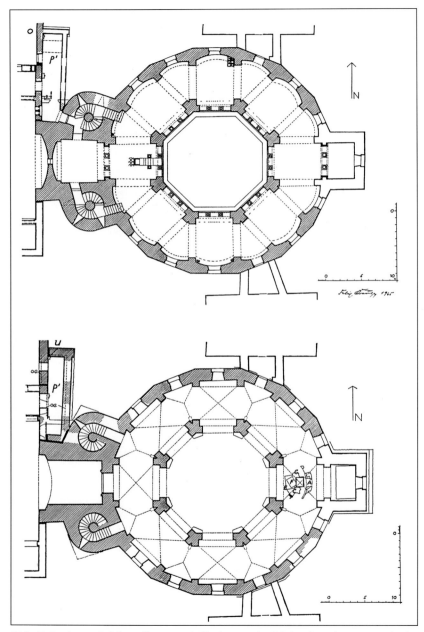

Abb. 7 Aachen, Pfalzkapelle, Grundriß Obergeschoß (oben) und Untergeschoß.

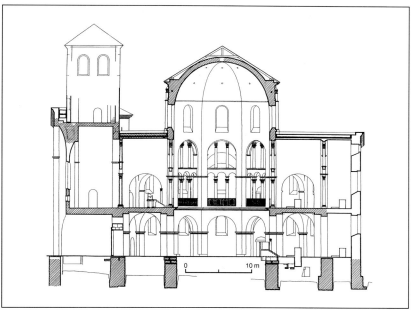

Abb. 8 Aachen, Pfalzkapelle, West-Ost-Schnitt.

Abb. 9 Aachen, Pfalzkapelle, Westansicht und Atrium-Nordseite

frau Maria geweiht, im Obergeschoß stand ein Salvator-Altar. Nach der *Vita Hludowici Imperatoris*, die 837/38 der Trierer Chorbischof Thegan verfaßt hat, ging Karl der Große am 11. Sept. 813 „zu der Kirche, die er selbst von Grund auf erbaut hatte, und trat vor den Altar, der an höherer Stelle als die übrigen Altäre errichtet und zu Ehren unseres Herrn Jesus Christus geweiht war" (MGH SS II, S. 591f.; Kaemmerer 1980, S. 70f.). Die Funktion des Aachener Umgangs im Obergeschoß und des Altars im Westbau ist unbekannt, denn der Thron wurde erst 936 zur Krönung Ottos des Großen dort aufgestellt.

3 Zum ursprünglichen Bauprogramm der Pfalzkapelle gehören, wie die vier Pforten in den beiden Geschossen beweisen, auch die beiden Annexbauten im Norden und Süden, Baukörper von 23 × 15 m Außenmaß mit schwach vortretenden Apsiden. Mit dem Sechzehneck waren sie – um ein Joch nach Osten aus der Nord-Süd-Achse verschoben – durch schmale Zwischenbauten verbunden. Für den Nordbau ist durch die seit 1878 fortschreitende Freilegung von aufgehendem Mauerwerk beim Abbruch späterer Häuser die Innenaufteilung bekannt. An eine schmale Vorhalle schloß ein dreischiffiger Raum von fünf Achsen mit nur 4,60 m breitem Mittelteil an. Von den vier Stützenpaaren war der Stumpf eines aus je sechs radialen Form-Backsteinen geschichteten Rundpfeilers von 73 cm Durchmesser erhalten, der vermutlich verputzt gewesen war. Die Verwendung von Backsteinen ist im Frühmittelalter ungewöhnlich, wurde aber auch von Einhard 815–840 in Steinbach und Seligenstadt angewandt. Die nördliche Schmalseite des Raumes schloß mit einer Apsis zwischen Eckbauten, die vermutlich rechtwinklige Wendeltreppen enthielten. „Über der Vorhalle und den Seitenschiffen sind Emporen anzunehmen, die den wohl nicht basilikal überhöhten Mittelraum umgaben" (Kubach-Verbeek 1966, S. 7). Der südliche Annexbau hatte dagegen wohl einen durchgehenden Saal mit Nordempore und im Süden eine Apsis zwischen kleinen Nebenräumen. Die Funktion der Annexbauten ist unbekannt, vermutlich ist auf einen die überlieferte Bezeichnung Lateran zu beziehen (Falkenstein 1966): Die Synode 816/817 fand in *domo Aquis palatio, quae ad Lateranis dicitur*, statt. Am 6. Febr. 836 war eine Synode „in der Aachener Pfalz in *secretario* der Kirche der heiligen Gottesgebärerin Maria, die man Lateran nennt," zusammengekommen. Ob auch einer der Annexbauten der Ort gewesen ist, an dem sich nach dem Bericht Widukinds von Corvey *(Res gestae Saxonicae* II, 1*)* zur Wahl Ottos des Großen „die Herzöge und die ersten Grafen mit der Schar der vornehmsten Ritter versammelt haben in *sixto basilicae Magni Karoli cohaerenti*, und den neuen Herrscher auf einen hier aufgestellten Thron setzten" und ihm huldigten, ist deshalb kaum zu entscheiden, weil die Übersetzung von *sixtus* unsicher ist. Albert Bauer und Reinhold Rau (Quellen zur Geschichte der sächsischen Kaiserzeit. Darmstadt 1971, S. 87) übersetzen mit „Säulenhof", was Helmut Beumann veranlaßt hat, den provisorischen Thron im Atrium zu lokalisieren.

Im Westen ist der Pfalzkapelle ein längsrechteckiges, im Äußeren 28 m breites und 40 m langes Atrium vorgelagert, dessen beiden längsseitigen Außenmauern vier Konchen von 6,30 m im Lichten innen vorgelegt sind, deren 1,12 m dicken Mauern an beiden Seiten durch 61 cm tiefe und 1,16 m breite Rechtecknischen gegliedert werden, über denen sich in 5 m Höhe achsial schmalere Nischen befinden. Der Boden der unteren Nischen lag 13 cm unter dem Niveau der Pfalzkapelle bzw. 42 cm unter dem Umgangsniveau des Atriums I a. Unter Verwendung der Außenmauern und nach Abbruch der Konchen wurde ein neues Atrium I a errichtet, dessen 17×36 m großer Innenhof auf drei Seiten 3,50 m weite und 6 m hohe, flachgedeckte Gänge umgaben, die sich zu dem 50 cm tiefer liegenden Hof in Arkaden öffneten. Sechs rechteckige Pfeiler waren bei alternierenden Abständen durch vier einfache Rundbogen im Wechsel mit drei mal drei leicht gestaffelten Bogen auf je zwei Zwischensäulen verbunden. Über den Wandaufbau geben bis zu 10 m hohe Reste an der Nordostecke Auskunft. Die Obergeschoßwand gliedern über den Pfeilern aufgehende Lisenen, dazwischen Fenster, deren gerader Sturz von einem kannelierten Zwischenpfeiler gestützt wird.

Der Neubau des Atriums hängt vermutlich mit der Errichtung des Verbindungsganges zur Königshalle zusammen, dessen Ostmauer mit dem Westbau der Pfalzkapelle fluchtet und unorganisch gegen die Nordostkonche stößt. Ein schmaler Zwischenbau war notwendig, um den von Anfang an an dieser Stelle angelegten Zugang über die Wendeltreppe in den quadratischen Westraum des Emporengeschosses zu ermöglichen. Daraus ist zu schließen, daß der ursprüngliche, vielleicht zunächst aus Holz errichtete Verbindungsgang zur Königshalle östlich der Ostmauer des steinernen Verbindungsganges lag. Diese Beobachtungen machen deutlich, daß zunächst die Kapelle mit erstem Atrium errichtet worden ist, es folgte die Königshalle mit hölzernem (?) Gang und schließlich der steinerne Verbindungsgang mit dem Umbau des Atriums (I a).

Die Königshalle (allgemein *aula regia* genannt, aber für Aachen nicht belegt) liegt auf der höchsten Stelle des Pfalzbezirks, 120 m nördlich der Kapelle und parallel zu deren genauen Ostausrichtung (150 m Achsabstand). Auf den Grundmauern und unter Verwendung von Teilen des aufgehenden Mauerwerks baute im 14. Jh. die Aachener Bürgerschaft das bis heute erhaltene gotische Rathaus. Aus der Beobachtung der Reste hat Leo Hugot 1965 eine recht zuverlässige Rekonstruktion der Königshalle vorgenommen. An den rechteckigen Hauptraum von etwa 17×44 m lichter Weite, 20,70 m innerer Höhe und 20,76 × 47,42 m Außenmaß schließen im Westen (12 cm aus der Achse nach Norden verschoben) und in der Mitte der beiden Längsseiten große, halbrunde Konchen an (innerer Durchmesser 14,80 und 13,35 m), an die Südhälfte der Ostseite ein quadratischer Treppenturm von 9 m Seitenlänge, der heute noch erhaltene sog. Granusturm. Das im Fundamentbereich 2,40 m dicke Grauwackebruch-

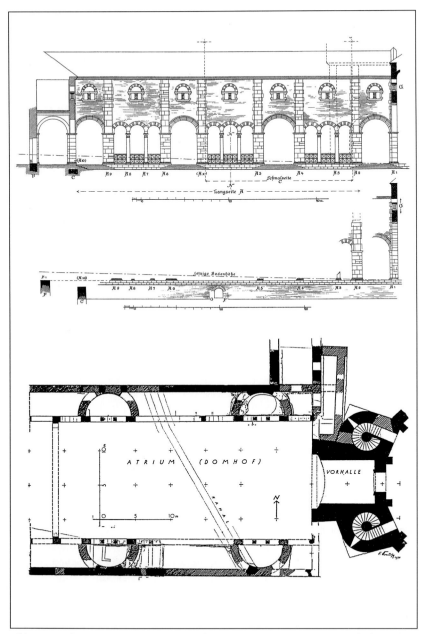

Abb. 10 Aachen, Atrium, Nordseite, Rekonstruktion von Bau Ia, Grundriß I und Ia.

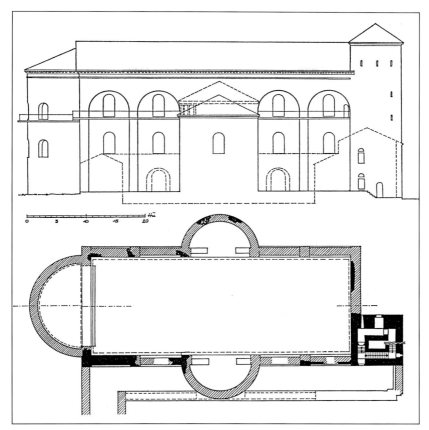

Abb. 11 Aachen, Königshalle, Südansicht und Grundriß.

steinmauerwerk ist wie bei der Kapelle mit durch Ziegelsplittbeimengung rötlichem Mörtel verbunden. Das Fundament ist in Höhe des inneren Fußbodens (174,30 ü. NN) mit einer Schicht Blausteinquader abgedeckt und zeigt außen und innen Rücksprünge zum 1,78 m dicken, aufgehenden Mauerwerk. Darüber steigen auf den Langseiten (auf der Südseite nachgewiesen) beiderseits der Konchen außen 1,50 m breite, 18 cm vortretende Lisenen aus Maaskalkstein auf, die vermutlich über ihrem Abstand von 7,05 m durch Blendbogen mit je zwei achsial übereinander angeordneten Fenstern (?) verbunden waren. Bei der Annahme einer durch die Tür vom Granusturm zugänglichen, vor der oberen Fensterreihe außen und an der Ostseite innen umlaufenden Holzgalerie (nach Hugot gegen Kaemmerer, der Zweigeschossigkeit rekonstruiert) ergibt sich eine Höhe von etwa 21 m. Die Proportionen erinnern an die Basilika in Trier aus konstantinischer Zeit, deren Innenweite 27,20×54,40 m gegenüber 17,20×44,0 m in Aachen beträgt. Die Eingänge in den Saal sind nicht nachgewiesen. Der Fußboden der Nordkonche lag drei Stufen höher als der Saal. Auf der Südseite war der Königshalle eine äußere Portikus vorgelagert, deren mit dem Konchenscheitel bündige, 1,78 m dicke Außenmauer im Osten mit der Ostmauer des Granusturms und im Westen mit der Ostmauer des Verbindungsganges zur Kapelle verbunden war; ihr Boden lag eine Stufe tiefer als der des Saales. Einem staufischen Umbau – vermutlich unter Friedrich Barbarossa um 1160/70 – gehören die Reste einer Blendbogengliederung der Westkonche an. Alle Versuche, Vorbilder für die Königshalle aufzuzeigen, müssen als unbefriedigend bezeichnet werden (Falkenstein 1970, S. 30–33).

Der mit der Ostmauer der Königshalle im Verband stehende quadratische Granusturm enthält über einem eingetieften Untergeschoß in drei Hauptgeschossen, umgeben von geradläufigen Treppen, fast quadratische Räume mit Klostergewölben (Hugot 1969). Kleine Rundbogenfenster in den 1,30 m dicken Außenmauern sitzen jeweils in den Achsen der Treppen. Vom ursprünglichen Südeingang ist die vorn mit einem Pflanzenrelief verzierte Schwelle erhalten. In den oberen Fenstern sind teilweise noch die ursprünglichen Eisenrahmen eingemauert. In über 20 m Höhe wurden Kalksteinquader gefunden, die als Auflager für das Dachgesims des Turmes gedeutet werden. Die verhältnismäßig engen und steilen Treppen schließen eine repräsentative Funktion aus; sie vermitteln die Zugänge zur Holzgalerie und zum Dachraum der Königshalle. Im Untergeschoß befand sich eine aufwendige Abortanlage; der Abort-Schacht hatte von außen in einem überwölbten Raum eine Wasserzufuhr. Im Süden war nach Ansatzspuren die zweigeschossige Portikus vorgelagert, die mit dem Turm durch Türen im Erd- und Obergeschoß verbunden war. Ob dort die Wohnräume des Kaisers, das in den Quellen genannte *solarium*, anschlossen, wie Kubach-Verbeek vermuten, oder der Granusturm selbst der Wohnbau Karls des Großen war, wie Hugot annimmt, muß völlig offen bleiben. Dachanschluß und Türen gehören jedenfalls zu der der Königshalle vorgelagerten Portikus und sicher nicht zu einem nach Süden anschließenden Wohntrakt, der durch einen hölzernen Gang mit der Pfalzkapelle verbunden gewesen sein und die östliche Begrenzung des Pfalzhofes gebildet haben soll. Drei Kanthölzer aus dem Granusturm ergaben Dendrodaten von nach 777±10, um 796−10/+15 und um 801±8, „wahrscheinlichste Fällzeit um 798±6" für die Hölzer (Hollstein 1980, S. 44).

Pfalzkapelle und Königshalle waren durch einen etwa 120 m (= 360 karol. Fuß) langen Gang mit einem monumentalen Querbau in der Mitte verbunden. Der in der Nordhälfte eingetiefte, 4,70 m breite Gang mit 1,30 m dicken Bruchsteinmauern war mit einem Tonnengewölbe überdeckt, dessen unteres Drittel vorgekragt und nur im Scheitel aus radialen Quellsintersteinen gemauert ist

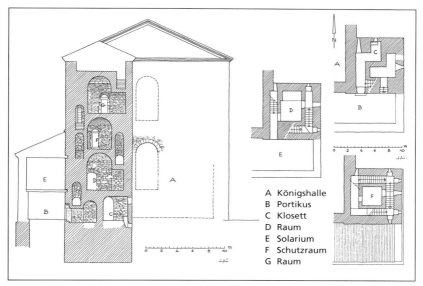

Abb. 12 Aachen, Granusturm an der Königshalle, Schnitt und Grundrisse.

(ähnlich wie bei dem Klostergewölbe der Pfalzkapelle). Über die Vorkragung waren dicke Holzanker gespannt. Die 10 cm breiten, rundbogigen Lichtschlitze saßen in Abständen von rund 4,40 m beiderseits auf Lücke und sind keineswegs als Schießscharten (Kreusch) oder als Hinweis auf wehrhaften Charakter und „Unterkünfte für Wachmannschaften" (Hugot 1965, S. 568) zu deuten (Falkenstein 1970, S. 58–65); der Gang diente vielmehr ausschließlich als belüfteter und schwach belichteter Unterbau für den darüber befindlichen Verbindungsgang; über seine ursprüngliche Nutzung ist nichts bekannt. Der darüberliegende, flachgedeckte Gang, dessen Fußboden etwa auf der gleichen Höhe wie die Königshalle und das Obergeschoß der Pfalzkapelle lag, war nach Westen durch dreiteilige Fenster – zwei Zwischenpfosten mit geradem Sturz aus Kalkstein unter offenem Bogen aus Quellsinterquadern – repräsentativ belichtet.

Der mittlere Querbau (14,80 × 26,80 m bei Hugot oder 15,10 × 29,57 m bei Meckseper nach Kreusch 1965, S. 530f. in Übernahme der Maße von Schmidt-Wöpke 1914) ist aufgrund der ausgegrabenen Fundamente nicht verbindlich zu rekonstruieren (entgegen Hugot, Kreusch, Meckseper). Die 1,65 bis fast 2 m dicken Außenmauern lassen auf eine Einwölbung des Untergeschosses schließen. In den westlich und östlich vortretenden Teilen, deren Außenfronten vermutlich repräsentativ gestaltet waren, können auf den fast 5 m breiten Fundamentblöcken Wendeltreppen zum Obergeschoß vermutet werden. Das Obergeschoß bildete einen etwa 12 m breiten und 22 m langen, vielleicht dreischiffigen

Saal, dessen Funktion unbekannt ist. Die Deutung als Torgebäude mit Gerichtssaal, wie sie seit der Aufdeckung der Fundamente 1914 üblich ist, dürfte nicht zutreffen (Falkenstein 1970, S. 58f.), zumal an der Stelle der vermuteten Durchfahrten das aufgedeckte Mauerwerk bis 1 m über Geländehöhe erhalten war. Interessant ist die Vermutung von Cord Meckseper von 1992, der einen Hinweis von Walter Schlesinger (1968, S. 279f.) aufnimmt, daß sich über einem gewölbten Untergeschoß die ein- oder auch mehrgeschossigen Wohnräume des Kaisers befunden haben. Diese Annahme würde manche Probleme lösen, denn alle bisherigen Vorschläge für die Lage der Wohnräume südlich des Granusturmes in einem den Pfalzhof begrenzenden Osttrakt (oder nach Hugot sogar im Granusturm) sind nicht überzeugend. Auch die Meinung, daß sich dort eine zweite, 817 eingestürzte hölzerne Portikus befunden habe, würde dadurch hinfällig (s. u.). Hinweise von Einhard und Notker Balbulus bekräftigen die Annahme, daß sich die königlichen Wohnräume im mittleren Querbau befunden haben können. So berichtet Einhard (*Translatio* II, 1), er habe einmal (828) frühmorgens den Erzkanzler Hilduin vor dem Gemach *(cubiculum)* Ludwigs des Frommen getroffen und man sei „an ein Fenster getreten, von dem aus der Blick in den unteren Bereich der Pfalz ging" *(ad quandam fenestram, de qua in inferiora palatii prospectus erat)*. Notker Balbulus *(Gesta Karoli* I, 30) schrieb 883, Karl habe die Häuser der Vornehmen auf eine Weise im Umkreis des Palatium errichten lassen, „daß er alles durch die Gitter seines Solariums sehen konnte" *(ut ipse per cancellos solarii sui concta posset videre),* wer aus- und einging; zuvor bemerkt er in ähnlicher Weise im dritten Kapitel: *quod per canellos palatii rex prospiciens*. Man darf jedoch nicht auf das sog. Paderborner Epos verweisen, wie es Meckseper 1992, S. 106, tut, denn dieses enthält eine an Vergil angelehnte, idealisierte Beschreibung ohne Ortsbezug. Ein *solarium* ist nach Isidor von Sevilla (*Etymologiae* XV, 3) wie auch in der Literatur der Karolingerzeit ein bewohnter, hölzerner Oberstock. In einem Brief des Bischofs Frothar von Toul an Hilduin, bis 830 *archicapellanus* Ludwigs des Frommen, aus dem Jahre 828 (MGH Epp. V, S. 282) wird in der Pfalz Gondreville ein *opus in fronte ipsius palatii solari* genannt, das er dort im königlichen Auftrag auszuführen habe. Notker Balbulus kennt auch ein *solarium,* das das Gebäude der Kirche umgibt *(Gesta Karoli* II, 8*)*: *Ascendentes in solarium, quod ambit aedem basilicae, et inde despectantes clerum vel exercitum.* Entsprechend haben die in den *Brevium exempla* aufgeführten Wohnhäuser ein *solarium* (siehe Kap. B). Für Notker Balbulus *(Gesta Karoli* I, 5) sind 883 *palatium* und Wohnräume identisch: *cum rex ad palatium vel caminatam dormitoriam calefaciendi et ornandi se gratia pro tantae festivitatis honore rediret*. Die Geistlichen erwarteten den aus seiner *caminata* kommenden Kaiser morgens auf seinem Wege zum Hochamt „entweder in der Kirche *(ecclesia)* oder in der Portikus, die damals Höflein genannt wurde" *(in porticu, que tunc curticula* *dicebatur*; Notker, *Gesta Karoli* I, 31), das Walter Schlesinger (1968, S. 281) mit dem Atrium der Kirche identifiziert. Auf das Problem der Bezeichnungen geht Notker noch einmal am Schluß seines zweiten Buches, Kapitel 21, ein: am Himmelfahrtstag verteilte Ludwig „allen im Palast Aufwartenden und am Königshof Dienenden" *(cunctis in palatio ministrantibus et in curte regia servientibus)* Geschenke, so daß nun „die zerlumpten Armen in höchst erfreuliches Weiß gekleidet durch den besonders weiten Hof oder durch die Höflein, die die Lateiner üblicherweise mit dem Namen Portikus bezeichnen" *(per latissimam curtem vel curticulas Aquarumgrani, quas Latini usitatius porticum nomine vocant)* Kyrie eleison sangen (MGH SS II, S. 762; Kaemmerer 1980, S. 74f.).

Daraus ist zu schließen, daß es neben dem Haupthof (Katschhof) zwischen Kirche und Königshalle noch andere als Portikus bezeichnete kleinere Höfe gab, die von offenen Hallen umgeben waren, denn in den viel gelesenen *Etymologiae* XV, 7 des Isidor von Sevilla wird *porticus* als offene Vorhalle erläutert: *porticus, quod transitus sit magis quam ubi standum sit, quasi porta, et porticus, eo quod sit aperta.* Und zuvor in Kapitel 3 sagt Isidor: *aula domus est regia, sive spatiosum habitaculum porticibus quatuor conclusum.* Somit muß letztlich unbekannt bleiben, wo die 813 und 817 zusammengebrochenen Portiken lagen.

Die Reichsannalen berichten von einem Unfall Ludwigs des Frommen in Aachen: „Am Gründonnerstag (9. April 817), als der Kaiser nach Beendigung des heiligen Amtes von der Kirche zurückging *(ab ecclesia remearet)*, brach die hölzerne Portikus *(lignea porticus)*, durch die er ging, da sie aus gebrechlichem Material *(fragili materia)* errichtet war und die damals schon morsch und faul gewordenen Querbalken *(marcida et putrefacta transtra)*, die die Stockwerkkonstruktion und die Holzwände stützten *(quae contignationem et tabulatum sustinebant)*, das Gewicht nicht zu tragen vermochten, gerade wie der Kaiser durchging, plötzlich zusammen und warf ihn mit mehr als zwanzig Menschen, die ihn begleiteten, zu Boden." Über das gleiche Ereignis berichtet die anonyme, nach 842 geschriebene Vita Ludwigs des Frommen: „als der Kaiser nach Beendigung der Festlichkeit aus der Kirche in den Palast *(in regiam)* sich zurückbegeben wollte, stürzte die hölzerne Portikus, durch die man zurückgehen mußte, vom Alter morsch geworden und durch fortwährende Nässe verfault, indem das Untere wich *(porticus lignea, per quam redeundum erat, carie senioque confecta et humectatione continua putrefacta, fatiscentibus inferioribus)*, unter den Füßen des Kaisers und seiner Begleiter zusammen" (MGH SS II, S. 261f.; Kaemmerer 1980, S. 72f.). Schon vier Jahre früher hatte sich nach Einhards Bericht im Kapitel 32 der *Vita Karoli Magni* ein ähnlicher Unfall ereignet: „Die Portikus, die er zwischen Kirche und Königshaus in aufwendiger Weise errichtet hatte, brach plötzlich am Himmelfahrtstag (5. Mai 813?) bis zu den Fundamenten zusammen *(porticus, quam inter basilicam et regiam operosa mole construxerat, die ascensionis Domini subita ruina usque ad fundamen-*

tam conlapsa)." Zunächst ist – wie Falkenstein (1970, S. 62f.) dargelegt hat – fraglich, was Einhard unter *regia* verstand, denn andernorts verwendete er *regia* synonym mit *palatium* als Bezeichnung für die gesamte Pfalz, hier dürfte entweder die *aula regia* oder das Wohngebäude des Kaisers gemeint gewesen sein. Auch identifizieren die verschiedenen Autoren die zu 813 und 817 genannten *porticus* sehr unterschiedlich (Schlesinger 1968, S. 279–281; Falkenstein 1970, S. 59–65); entweder beziehen sie die Nachrichten auf den westlichen oder auf einen vermuteten östlichen Verbindungsgang (Hugot 1965, S. 545). *Porticus* kann aber auch die hölzerne Vorhalle vor der Königshalle bezeichnen, die Hugot dort vor der südlichen Fassade auf den nachgewiesenen Fundamenten zweigeschossig rekonstruiert. Keinesfalls können die Nachrichten auf den steinernen, im Untergeschoß gewölbten Verbindungsgang mit dem mittleren Querbau bezogen werden, vielleicht aber auf einen entsprechenden hölzernen Vorgänger mit den Wohnräumen des Kaisers. Der Baubefund läßt vermuten, daß der steinerne Gang, der nach Westen verschoben wurde, zeitgleich mit dem Umbau des Atriums (I a) errichtet worden ist. Ob diese Maßnahme mit den für 828/29 überlieferten Bauarbeiten in Verbindung gebracht werden kann, ist nicht zu entscheiden.

Südöstlich der Pfalzbauten lagen etwa 12,50 m tiefer als die *aula regia* die um 90 n. Chr. errichteten römischen Büchel-Thermen mit einem 22 × 8,50 m großen Badebecken; sie wurden, wie die Ausgrabungen ergaben, nach ihrer Zerstörung um 375 in karolingischer Zeit wiederhergestellt (Hugot 1965) und gehörten als wichtige Ausstattung zu der seit 794 dauerhaft bewohnten Pfalz. Westlich und östlich erstreckten sich die Häuser der Angehörigen und Bediensteten des Hofes, hier hatten auch Einhard und Hilduin ihre Anwesen. Näheres erfahren wir aus der um 820 erlassenen *Capitulare de disciplina palatii Aquisgranensis* (siehe Kap. B). Günther Binding hat 1970 in Fortführung der Überlegungen von Walter Kaemmerer 1965 den Versuch einer Rekonstruktion der Siedlung westlich und nördlich der Pfalz anhand der aus einem Katasterplan des 19. Jhs. erkennbaren Parzellierung unternommen und den Verlauf der karolingischen Mauer aufgrund archäologischer Beobachtungen und Geländegrenzen dargestellt, wobei bis heute strittig ist, ob die Mauer aus der Zeit Karls des Großen oder erst aus spätkarolingischer Zeit stammt (Falkenstein 1970, S 40–43).

Ein besonderes Problem der Forschung ist die Datierung der einzelnen Pfalzbauten. Wie Günther Binding 1996 dargelegt hat, ergeben die schriftlichen Quellen (entgegen den Vorschlägen von Schlesinger 1968, S. 368f.) nicht die bisher angenommene Datierung der Pfalzkapelle in die 790er Jahre (zuletzt Kubach-Verbeek 1976, S. 11 und Jacobsen 1994, S. 33), vielmehr sind die 770/80er Jahre, mit Fertigstellung 794, als Karl der Große dauerhaft in Aachen zu residieren begann, wahrscheinlicher. Die Bauabfolge ist aus den Baubeobachtungen eindeutig ablesbar. Da der Altar der Pippin-Kapelle als Hauptaltar der neuen, um 43° gegenüber der römischen Limitation gedrehten, genau geosteten Pfalzkapelle übernommen worden ist und damit als unverrückbarer Ausgangspunkt für die Gesamtanlage diente, muß die Achse der Pfalzkapelle zunächst bestimmt worden sein. Da die Achsen von Pfalzkapelle und *aula regia* im Abstand von 150 m (= 450 karol. Fuß zu 33,3 cm = 149,85 m) und die Achse der Torhalle genau in der Mitte liegen (die Nord-Süd-Achse entspricht der westlichen Innenkante des Oktogons), ist eine einheitliche Planung und Grundvermessung vorauszusetzen; dabei sind jedoch die Achsen und nicht die Außen-Abstandsmaße, wie Leo Hugot vorgeschlagen hat, zu berücksichtigen (Binding 1970, S. 43). Der steinerne Verbindungsgang ist erst nachträglich an das Atrium I angefügt worden, war aber, etwas nach Osten verschoben, beim Bau der Pfalzkapelle schon geplant, so daß die Bauabfolge Pfalzkapelle mit Atrium I, *aula regia* mit Granusturm und Portikus und zuletzt steinerner Verbindungsgang mit Torbau und Umbau des Atriums (I a) wahrscheinlich ist. Die Dendro-Daten ergeben für den Oktogon-Gewölbeansatz der Pfalzkapelle nach 776 ± 10 (Hollstein 1980, S. 45 f.); die Bronzegitter und Türen der Pfalzkapelle datiert Katharina Pawelec in den Anfang der 790er Jahre. Der Granusturm, der mit der Königshalle im Bauverband steht, ist um 798 ± 6 dendrodatiert (Hollstein 1980, S. 44). Nach Ausweis der Lage von Pfalzkapelle und Königshalle ist von einer einheitlichen Planung auszugehen.

„Angesichts des sehr unbefriedigenden Forschungsstandes, bei dem es an grundlegenden Vorarbeiten fehlt, können alle Urteile über die Pfalz und über ihre wichtigsten Bauten nur vorläufiger Art sein, und selbst sie lassen sich nur mit aller größter Vorsicht formulieren" (Falkenstein 1970, S. 67).

Literatur

Kubach, Hans Erich u. Albert Verbeek: Romanische Baukunst an Rhein und Maas. Bd. 1. Berlin 1976, S. 1 – 13 mit Lit.-Ang. – Bd. 4. Berlin 1989, S. 21 – 29, 555 – 557.
Vorromanische Kirchenbauten. Katalog der Denkmäler bis zum Ausgang der Ottonen. Hg. Zentralinstitut für Kunstgeschichte. Bd. 1. Bearb. Friedrich Oswald, Leo Schaefer u. Hans Rudolf Sennhauser. München 1966, S. 14 – 18. – Bd. 2, Nachtragsband. Bearb. Werner Jacobsen, Leo Schaefer u. Hans Rudolf Sennhauser. München 1991, S. 15f. mit Lit.-Ang.
Besonders und ergänzend sind zu nennen:
Faymonville, Karl: Das Münster zu Aachen. Düsseldorf 1916 (= Die Kunstdenkmäler der Rheinprovinz. Bd. 10. Hg. Paul Clemen).
Kreusch, Felix: Über Pfalzkapelle und Atrium zur Zeit Karls des Großen. Aachen 1958 (= Dom zu Aachen. Beitr. z. Baugesch. 4).
Braunfels, Wolfgang (Hg.): Karl der Große. 5 Bde. Düsseldorf 1965. Mit Beitr. v. Günter Bandmann, Leo Hugot, Felix Kreusch, Walter Kaemmerer, Helmut Beumann u. a. Kreusch 1965 u. Hugot 1965 wie vor.
Falkenstein, Ludwig: Der 'Lateran' der karolingischen Pfalz zu Aachen. Köln 1966 (= Kölner hist. Abhandl. 13).

Schlesinger, Walter: Beobachtungen zur Geschichte und Gestalt der Aachener Pfalz in der Zeit Karls des Großen. In: Studien zur europäischen Vor- und Frühgeschichte. Hg. Martin Claus, Walter Haarnagel u. Klaus Raddatz. Neumünster 1968, S. 258–281.

Hugot, Leo: Der Wohnbau Karls des Großen in der Kaiserpfalz zu Aachen. In: Das Rhein. Landesmus. Bonn 1969, S. 9–11.

Falkenstein, Ludwig: Zwischenbilanz zur Aachener Pfalzenforschung. In: Zs. d. Aachener Gesch.-Vereins 80, 1970, S. 7–71.

Binding, Günther u. a.: Burg und Stift Elten am Niederrhein. Düsseldorf 1970 (= Rhein. Ausgr. 8) S. 38–44.

Falkenstein, Ludwig: Karl der Große und die Entstehung des Aachener Marienstiftes. Paderborn 1981 (= Quellen u. Forsch. aus dem Gebiet d. Gesch. N. F. 3).

Flach, Dietmar: Untersuchungen zur Verfassung und Verwaltung des Aachener Reichsgutes von der Karolingerzeit bis zur Mitte des 14. Jhs. Göttingen 1976 (= Veröff. d. Max-Planck-Inst. f. Gesch. 46).

Hugot Leo: Der Königsthron im Aachener Dom. In: Koldewey-Ges. Bericht 29. Tagung Köln 1976 (1978), S. 36-42.

Hollstein, Ernst: Mitteleuropäische Eichenchronologie. Mainz 1980 (= Trierer Grabungen u. Forsch. 11) S. 44 f.

Kaemmerer, Walter: Aachener Quellentexte. Aachen 1980 (= Veröff. d. Stadtarchivs Aachen 1).

Fleckenstein, Josef: Über das Aachener Marienstift als Pfalzkapelle Karls des Großen. In: Festschr. f. Berent Schwineköper. Hg. Helmut Maurer u. Hans Patze. Sigmaringen 1982, S. 19–28.

Hugot, Leo: Baugeschichtliches zum Grab Karls des Großen. In: Aachener Kunstblätter 52, 1984, S. 13–28.

Streich (1984) S. 26–32.

Mann, Albrecht: Renovatio Romani Imperii. Gedanken zur karolingischen Antikenfortsetzung in der Aachener Palastarchitektur. In: Cecilia Jherusalem. Festschr. f. Erich Stephany. Hg. Clemens Bayer, Theo Jülich, Manfred Kuhl. Köln-Siegburg 1986, S. 311–326.

Koch, Wilfried Maria: Archäologische Anmerkungen zum Dom von Aachen. In: Archäologie im Rheinland 1987. Köln 1988, S. 105–107.

Untermann, Matthias: Der Zentralbau im Mittelalter. Darmstadt 1989, S. 86–110.

Pawelec, Katharina: Aachener Bronzegitter. Studien zur karolingischen Ornamentik um 800. Köln 1990 (= Bonner Beitr. z. Kunstwiss. 12).

Meckseper, Cord: Das „Tor- und Gerichtsgebäude" der Pfalz Karls des Großen in Aachen. In: Architektur u. Kunst im Abendland. Festschr. f. Günter Urban. Hg. Michael Jansen u. Klaus Winands. Rom 1992, S. 105–113.

Flach, Dietmar: Pfalz, Fiskus und Stadt Aachen im Lichte der Pfalzenforschung. In: Zs. d. Aachener Gesch.-Vereins 98/99, 1992/93, S. 31–56.

Jacobsen, Werner: Die Pfalzkonzeptionen Karls des Großen. In: Karl der Große als vielberufener Vorfahr. Hg. Lieselotte Saurma-Jeltsch. Sigmaringen 1994, S. 23–48, bes. S. 33–46.

Grimme, Ernst Günther: Der Dom zu Aachen. Architektur und Ausstattung. Aachen 1994.

Wehling, Ulrike: Die Mosaiken im Aachener Münster und ihre Vorstufen. Köln 1995 (= Arbeitsh. d. Rhein. Denkmalpflege 46).

Binding, Günther: Zur Ikonologie der Aachener Pfalzkapelle nach den Schriftquellen. In: Das fränkische Reich 700–1000. Herrschaft–Kirche–Mönchtum. Festschr. f. Josef Semmler. Hg. Rudolf Hiestand u. Sönke Lorenz. Sigmaringen 1996 (im Druck).

B 2 Ingelheim am Rhein

Die Pfalz Ingelheim, die Einhard zusammen mit der Pfalzkapelle Aachen, der Mainzer Rheinbrücke und der Pfalz Nimwegen als eine der vorzüglichsten Bauleistungen Karls des Großen bezeichnete *(inchoavit et palatia operis egregii, unum haud longe a Moguntiacum civitate iuxta villam cui vocabulum est Ingilenheim)*, lag in der Flur „Im Saal", im heutigen Nieder-Ingelheim, 15 km westlich der Bischofsstadt Mainz auf dem hochwasserfreien Hang der Mittelterrasse (Mainzer Berg) mit weitem Blick über die Rheinebene, oberhalb der Selz, die vier Kilometer weiter nördlich in den Rhein mündet und dort wohl eine Anlandemöglichkeit besaß (Schmitz 1964, S. 154). Die römische Straße zwischen Mainz und Bingen verlief unterhalb am Hangfuß. Von der Pfalz sind nur geringe aufgehende Reste in späterer Bebauung erhalten; Ausgrabungen ermöglichen jedoch eine weitgehende Rekonstruktion.

Schon früh wurde von der Ingelheimer Pfalz Notiz genommen. Johann Wolfgang von Goethe hat von seinem Besuch in Ingelheim am 14. Sept. 1814 eine ausführliche Notiz hinterlassen. Nachdem August von Cohausen 1852 in einem Heft der „Abbildungen von Mainzer Alterthümern" des Vereins zur Erforschung der Rheinischen Geschichte und Alterthümer von kleineren eigenen Grabungen berichtet und Paul Clemen 1888/89 gegraben und in der Westdeutschen Zeitschrift für Geschichte und Kunst 9, 1890 „Den karolingischen Kaiserpalast zu Ingelheim" behandelt hat, begann der Deutsche Verein für Kunstwissenschaft 1909 in Ingelheim mit systematischen Ausgrabungen in fünf Kampagnen unter der Leitung des Gießener Privatdozenten für Kunstgeschichte Christian Rauch, die mit Ausbruch des 1. Weltkrieges 1914 abgebrochen worden sind (Jacobi 1976, S. XIVf.). Vorberichte (Jacobi 1976, S. 1–3) von Rauch und ein danach 1931/32 angefertigtes Modell haben bis 1975 das Bild der als vorbildlich und allgemeingültig gehaltenen karolingischen Pfalz bestimmt. 1935–37 hat Adolf Zeller drei ausführliche Zusammenstellungen aller bekannten Befunde und Bauteile reich bebildert vorgelegt. Auf Anregung von Kurt Böhner wurden mit Mitteln der Deutschen Forschungsgemeinschaft 1960 die Grabungen wieder aufgenommen: 1960/61 untersuchte Walter Sage das Gelände um die Saalkirche und 1963 Hermann Ament den Bereich in der Kirche; 1965 grub Uta Weimann-Wengeroth im Innern der *aula regia* und 1968/70 an der Südfront, der Nordseite und im Zentrum des Pfalzbezirks. Die sorgfältigen Befundpläne von Christian Rauch hat 1976 Hans Jörg Jacobi zusammen mit Rauchs Vorberichten bearbeitet und veröffentlicht, woraus sich zusammen mit den Grabungen 1963/70 ein neues Bild der Pfalz ergab, über das Konrad Weidemann schon 1975 im zweiten Band der „Ausgrabungen in Deutschland" berichtet hat. Peter Classen hat 1964 einen zusammenfassenden Überblick über „Die Geschichte der Königspfalz Ingelheim" gegeben, ebenso haben sich

100   B   Karolingisch-ottonische Pfalzen 765–1025

Christian Rauch 1960 und Hans Schmitz 1964 zur Geschichte geäußert, so daß die Erforschung der Pfalz Ingelheim vorläufig abgeschlossen ist. Es fehlt jedoch eine erneute Erfassung, Beschreibung und Datierung der Reste der Bauskulptur, wie sie zuletzt Adolf Zeller 1935/37 vorgelegt hat. Seit 1995 finden erneut Ausgrabungen im Pfalzgelände statt.

Geschichte
Die in vorgeschichtlicher und römischer Zeit (um 100 bis 230/60) als Hinterland des Doppellegionslagers Mainz besiedelte Gegend war in fränkischer Zeit mit mindestens acht Hofgruppen und zugehörigen Gräberfeldern bebaut, die im 8. Jh. weitgehend in königlichem Besitz waren (Weidemann 1975, S. 437–440). Von einem der Höfe wurden Reste eines größeren Trockenmauerfunda-

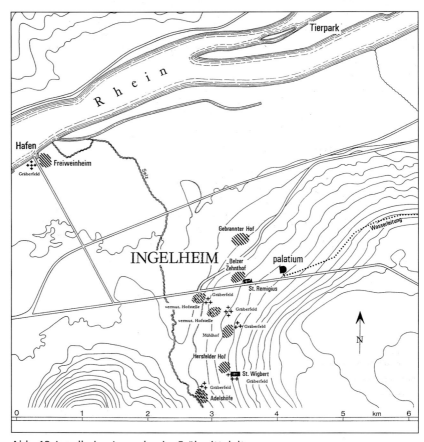

Abb. 13 Ingelheim, Lageplan im Frühmittelalter.

mentes, eines zweischiffigen, etwa 4 m breiten und etwas mehr als 8 m langen Firstpfostenhauses mit Feuerstelle (Keramik 7./8. Jh.) und ein 3×4 m großes Grubenhaus aus dem 7. Jh. unter der Pfalz an der Stelle der ottonischen Kreuzkirche gefunden; das Planiergelände über dem Gehöft enthielt Keramik des 9. Jhs. 742/43 hat König Karlmann die Remigiuskirche in Nieder-Ingelheim, die an der Stelle einer *villa urbana* errichtet war, mit 25 anderen zum Königsgut gehörenden Kirchen und Kapellen dem neugegründeten Bistum Würzburg geschenkt, wie aus der urkundlichen Bestätigung durch Ludwig den Frommen 822 hervorgeht. Ingelheim lag im Wormsgau, einem Kerngebiet der fränkischen Herrschaft. Das zur Kirche gehörige Hofgut, u. a. die Hofstellen in den Fluren „Im gebrannten Hof" und „Im Saal", war als Königsgut für den König wichtig, denn es lag am Rhein und in der Nähe des Sitzes des für die Reichspolitik bedeutenden Mainzer Erzbischofs.

13

Die Anwesenheit eines fränkischen Königs in Ingelheim *(loco, qui dicitur Ingilinhaim)* ist erstmals für Karl den Großen zwischen dem 2. und 7. Sept. 774 belegt, als Karl auf dem Rückweg von seinem ersten Italienzug über Speyer und Lorsch, wo er am 1. Sept. zusammen mit seiner Gemahlin Hildegard an der Weihe der Klosterkirche durch Erzbischof Lull von Mainz teilgenommen hatte, in Ingelheim *(locus Ingilenheim)* kurz Station machte; er sandte von dort Truppen gegen die rebellierenden Sachsen, die Büraberg und Fritzlar bestürmten, und brach gleich weiter nach Düren auf. Nach der Niederwerfung seines Vetters Tassilo von Bayern zog Karl der Große Ende des Jahres 787 nach Franzien „und feierte Weihnachten auf dem Hofgut, das Ingelheim genannt wird, ebenso Ostern" (30. März 788): *et celebravit natalem Domini in villa, quae dicitur Inghilenhaim, similiter et pascha (Annales regni Francorum zu 787)*. Am 28. März 788 urkundet er *actum Ingilinhaim villa nostra* (MGH Dipl. Carol. I, 218), wie auch andere Quellen dieser Zeit Ingelheim *villa* nennen (Rauch 1960, S. 8). Auf einer großen Reichsversammlung im Juni 788 *(congregans synodum ad iamdictam villam Ingilenhaim)* verurteilten die versammelten Franken, Bayern, Langobarden und Sachsen Tassilo wegen Hochverrats zum Tode; Karl der Große begnadigte Tassilo und dessen Sohn zu Klosterhaft. Das Winterquartier, die Länge des Aufenthaltes, die Größe und Bedeutung der Reichsversammlung und die Feier des Weihnachts- und Osterfestes verlangten, daß ausreichende und repräsentative Pfalzgebäude zur Verfügung standen und die Versorgung durch die umliegenden Höfe gewährleistet war. Es ist anzumerken, daß Ingelheim nicht wieder als Winterpfalz genutzt wurde. Karl selbst wählte 789/90 und 790/91 Worms, danach Regensburg, Würzburg und Frankfurt (793/94) für den Winteraufenthalt; ab 794 wurde Aachen ständige Winterpfalz. Ob und wann Karl Ingelheim auf seinen Reisen zu Schiff auf dem Rhein besucht hat, ist nicht überliefert. Im Frühjahr 791 zog er seinem aus Aquitanien kommenden Sohn Ludwig von Worms nach Ingelheim entgegen. Im August 807 versammelte der alternde Karl seinen sommerlichen Hoftag in Ingelheim und sandte von dort aus Königsboten *(missi)* zur Rechtsprechung in alle Reichsteile.

Unter dem jagdfreudigen Ludwig dem Frommen, der zehnmal in Ingelheim nachgewiesen ist, wurde die vor den Toren der erzbischöflichen Stadt Mainz gelegene Pfalz vornehmlich im Sommer aufgesucht. Hier empfing Ludwig Ende Juli/Anfang Aug. 817 die Gesandten des byzantinischen Kaisers Leon V. mit gebührender Prachtentfaltung und verhandelte über Grenzfragen in Dalmatien. Im Juli/Aug. 819 hielt er in Ingelheim eine große Reichsversammlung ab. 823 war er einige Wochen im Juli/August dort und beurkundete die Gründung des Klosters Corvey. 826 fanden gleich zwei Reichsversammlungen, im Juni/Juli und im Okt. statt. Die Sommerversammlung war eine der großartigsten Veranstaltungen in Ingelheim und zugleich ein Höhepunkte der Regierung Ludwigs. Gesandte und Große aus aller Welt kamen zusammen. Sogar der vertriebene dänische König Harald war anwesend und ließ sich mit seinem zahlreichen Gefolge in St. Alban vor den Toren von Mainz taufen. Auch im Juni 828 fand in Ingelheim eine Versammlung statt, dann wieder im Mai/Juni 831. Auf einer Schiffsreise von Worms nach Koblenz und Aachen besuchte Ludwig 836 Ingelheim; im Mai 839 empfing er dort noch einmal byzantinische Gesandte des Kaisers Theophilos. Am 20. Juni 840 starb der Kaiser, 64 Jahre alt, auf der Ingelheim vorgelagerten Rheininsel.

Ermoldus Nigellus preist in dem vierten seiner 826/828 abgefaßten Lobgedichte *In honorem Hludowici* (IV, Vers 179–284; MGH Poet. lat. II, 63–66; Zeller 1935, S. 32; Lammers 1972; Schmitz 1964, S. 165–168; Hauck 1985; D. Schaller in Lex MA 3, 1986, Sp. 2160f.), die er aus der Verbannung in Straßburg, um verlorene Gunst wiederzugewinnen, an Kaiser Ludwig den Frommen gerichtet hat, im Zusammenhang mit dem Bericht über die Taufe von König Harald 826 und die anschließenden Festlichkeiten die Pfalz mit ihren 100 Säulen, 1000 Türen und 1000 Kammern *(Quo domus ampla patet centum perfixa columnis,/Quo reditus varii tectaque multimoda./Mille aditus, reditus, millenaque claustra domorum,/Acta magistrorum artificiumque manu.).* Insbesondere beschreibt er zwei Zyklen von Wandbildern *(pictura insigni)* im Reichssaal *(regia domus)* und in der Kirche *(templa Dei summa).* Das von ihm beschriebene Bildprogramm der Kirche erzählt die Heilsgeschichte in der Gegenüberstellung von zwölf alttestamentlichen Szenen auf der linken Seite und in typologischer Entsprechung zwölf Szenen aus dem Leben Christi auf der rechten Seite. Im Reichssaal waren es eine Folge von in Szenen eingebundenen Herrschergestalten in zwei Reihen: König Ninus von Assyrien, Kyros von Persien, Falaris von Sizilien, Romulus und Remus, Hannibal, Alexander der Große, Augustus, Konstantin, Theodosius, Karl Martell, Pippin der Jüngere und zuletzt Karl der Große *(Carolus sapiens)* als Sieger über die Sachsen. Da Karls Sachsenkriege (bis 785), aber nicht seine wichtigere Kaiserkrönung im Jahre

800 in Rom dargestellt ist, wird in der Literatur eine Datierung der Fresken und damit der *aula regia* zwischen 785 und 800 angenommen. Die übliche Datierung in die Zeit Ludwigs des Frommen wäre demnach falsch. Daraus folgert noch zuletzt Werner Jacobsen (1994, S. 32), daß die Ingelheimer Pfalz vor dem Aufenthalt Karls des Großen erbaut worden ist. Dieser, wie auch anderen Argumentationen ist aber mit Vorsicht zu begegnen, denn Ermoldus beschreibt weitgehend mit Worten alter Dichter, insbesondere auf der Grundlage von Vergils Beschreibung des von Dido erbauten Junotempels mit der Darstellung vom Kampf um Troja, aber auch mit Anklängen an Ovid und andere klassische Dichter. Ferner verlegt er die Taufe Haralds fälschlich in die Pfalz Ingelheim. Die Bildbeschreibung ist darüberhinaus wenig anschaulich und ist auch wie die Pfalzbeschreibung ganz von poetischer Tradition und Phantasie geprägt, durchaus vergleichbar mit dem Einhard zugeschriebenen sog. Paderborner Epos *Karolus rex et Leo papa*, das Ermoldus zum Vorbild gedient hat und das bei der Beschreibung der Aachener Pfalz Vergils Beschreibung von Karthago folgt und in Aachen sogar ein Theater und einen Hafen preist. Trotzdem gehen auch Classen (1964, S. 99) und besonders Lammers (1972, S. 244f.) davon aus, „daß anders als die allgemeine und stilisierte Beschreibung der Ingelheimer Gesamtanlage die konkreten Schilderungen der Bildprogramme in der Pfalz ernst genommen" werden sollen. Dann bleibt aber die Frage nach der bisher nicht nachgewiesenen Kirche in der Pfalz Karls des Großen, es sei denn der Zyklus wird in die Remigiuskirche verlegt. Ich halte das ganze Preislied des Ermoldus Nigellus, der die nach seiner Meinung von Ludwig dem Frommen erbaute Pfalz wohl nicht aus eigener Anschauung kannte, für reine dichterische Phantasie, und es sollte deshalb bis zur Entdeckung neuer überzeugender Argumente unbedingt bei jeder Rekonstruktionsdiskussion der Ingelheimer Pfalz unberücksichtigt bleiben.

Auch die Beschreibung des Poeta Saxo, eines unbekannten sächsischen Dichters, der um 888, vielleicht im Kloster Corvey, ein Epos über Karl den Großen verfaßt und dafür seinen Stoff aus Einhard und älteren Annalen geschöpft hat, ist ebenfalls ohne Bedeutung für eine Vorstellung vom Aussehen der Pfalz Ingelheim: *Ingylemhem dictus locus est, ubi condidit aulam ... Ad quae marmoreas praestabat Roma columnas quasdam praecipuas pulcra Ravenna dedit* (*Poeta Saxo* V, 435–440; MGH Poet. lat. IV, 65).

Lothar II., ein Sohn Ludwigs, versammelte im Aug. 840 seine Anhänger in Ingelheim und restituierte Erzbischof Ebo von Reims in sein Bistum. Bei der Reichsteilung fielen aber die Gebiete von Worms, Mainz und Speyer, damit auch Ingelheim, Ludwig dem Deutschen zu. Worms wurde der wichtigste Ort, an dem Ludwig zwischen 857 und 868 achtmal weilte, darunter waren fünf große Reichstage, während Ingelheim erst im Juli 868 kurz aufgesucht wurde; im Mai 876 fand ein Hoftag statt, und im Juli des gleichen Jahres, sechs Wochen vor seinem Tode in Frankfurt, war Ludwig noch einmal in Ingelheim. Ingelheim wird in den Urkunden seit 868 *curtis regia* genannt. Später kamen nur noch Arnulf (Febr. 893 und Juli 897) und Ludwig IV. das Kind (Juli 904, Nov./Dez. 909) nach Ingelheim. Für 928 wird ein in Ingelheim stattfindendes *colloquium ad Ingilheim*, also ein königlicher Hoftag, in den älteren Salzburger Annalen für König Heinrich I. genannt. Otto I. ist dann mindestens zehnmal, so häufig wie in Aachen, in Ingelheim nachweisbar: zum ersten Mal im Mai 937, dann im Mai 941, im Juni 948 mit einer wichtigen Synode, im Frühjahr 956 mit einem Hoftag für Lothringen, Ostern 958 mit einer Synode von 16 Bischöfen, Ostern 960 (?), Ostern 965, im Sept. 972 mit einer der größten Kirchenversammlungen unter Otto I.; von den fünf deutschen Reichssynoden fanden die drei wichtigsten in Ingelheim statt. Für das Osterfest wurde Ingelheim auch von den Nachfolgern Ottos I. häufig ausgewählt (weniger häufig als Quedlinburg, aber häufiger als Aachen): Otto II. 977 und 980, Otto III. 988, 990 (?) und 993, Heinrich III. 1006 (?) und 1017, Konrad II. 1030 (Bericht des Mönches Ekkehard von St. Gallen) und 1036, Heinrich III. 1040. Unter Otto III. wurde Ingelheim die am häufigsten besuchte Pfalz, vermutlich weil der Mainzer Erzbischof Willigis die vormundschaftliche Regierung für den unmündigen Otto führte: Okt./Nov. 984, Juli 985, Winter 985/86 (?), Jan. 987, Ostern 988, Juli 989, Ostern 990 (?), Febr. 992, Ostern 993, Sommer 993, Nov. 994, Febr. 996, Sept. 996. Im Okt. 997 schenkte Otto III. der Neugründung eines Nonnenklosters bei der Aachener Pfalz „unsere kaiserliche Kapelle in Ingelheim mit allen ihren Zehntrechten und Zubehör" *(capellam imperialem in Ingeleheim sitam)* als ewigen Besitz (MGH D O III. 258, 262, 298; D H II. 99). Diese Kirche wird mit der Kreuzkirche in Verbindung gebracht. Ingelheim zählte neben Frankfurt und Aachen zu den drei bedeutendsten Pfalzen des ottonischen Königtums außerhalb Sachens. Ingelheim war Aufenthaltsort für bedeutende Gefangene: Heinrich, der Bruder Ottos des Großen, wurde dort von Mai bis Dez. 941, Herzog Heinrich II. von Bayern, der Zänker genannt, vom Sommer 974 bis Anfang 976 festgehalten. Heinrich II. war in 22 Regierungsjahren sechsmal in Ingelheim, Konrad II. in 15 Jahren dreimal. Über den Osteraufenthalt Heinrichs II. im Jahre 1017 sagt Thietmar von Merseburg (*Chronicon* VII, 54): „niemals ging es in dieser Gegend prächtiger und glänzender her."

Im Okt. 1043 fand die glanzvolle Hochzeitsfeier Heinrichs III. mit Agnes in Ingelheim statt; sie blieben bis Anfang Dez. Dieses war zugleich das letzte größere Ereignis in Ingelheim. Heinrich IV. war nur im Dez. 1065 zu einer Übernachtung dort, um dann das Weihnachtsfest in Mainz zu feiern. Am 31. Dez. 1105 mußte Heinrich IV. in Ingelheim öffentlich auf den Thron verzichten.

In der allgemeinen Entwicklung der Bevorzugung in oder bei Städten gelegener Pfalzen verlor auch Ingelheim seine Bedeutung. Friedrich Barbarossa ließ zwar vor 1160, wie Otto von Freising berichtet, „die Königshöfe *(regiae)* in Nymwegen und bei dem Hof Ingelheim *(iuxta villam Inglinheim)*, äußerst starke, aber durch Vernachlässigung und Alter schon sehr morsch gewordene Bauwerke *(opera)* aufs herrlichste wiederherstellen *(decentissime reparavit)*", nutzte aber Ingelheim, das in dieser Zeit als Geburtsort Karls des Großen galt, nicht als Pfalzort; nur im März/April 1163 hatte Friedrich im Anschluß an den Hoftag in Mainz Ingelheim besucht und dort Hildegard von Bingen empfangen. Anläßlich des großen Mainzer Hoftages Pfingsten 1184 sollte in Ingelheim ein großes Turnier stattfinden. Um Ostern 1188 kam Heinrich VI. in Ingelheim mit dem Grafen Balduin von Hennegau zusammen. 1214 besuchten Friedrich II. und 1225 Heinrich (VII.) Ingelheim auf der Durchreise.

1249 belagerte der Gegenkönig Friedrichs II., Wilhelm von Holland, mit Unterstützung des Mainzer Kurfürsten *castrum regium Ingilheim*, das nach 40 Tagen zur Übergabe gezwungen wurde. Am 25. und 26. Sept. 1292 urkundete Adolf von Nassau in Ingelheim und am 1. Sept. 1298 Albrecht I. König Adolf von Nassau (1292–1298) verpfändete Ingelheim an die Grafen von Sponheim. 1337 fand in Ingelheim ein Turnier der Rheinischen Ritterschaft statt, vielleicht im Hof der Pfalz. Mit einer am 14. Jan. 1354 in Ingelheim ausgestellten Urkunde dekretierte Karl IV. die Errichtung eines Augustiner-Chorherrenstiftes in *aula nostra imperiali* in Ingelnheim. Nach wiederholten Verpfändungen im 14. Jh. kam Ingelheim 1375 unter kurpfälzische Herrschaft. Das Pfalzgelände wurde um 1400 zur allgemeinen Besiedlung freigegeben.

Baubeschreibung

Der geschlossene, achsial angelegte, weitgehend symmetrisch konzipierte und mit Säulengängen ausgestattete Baukomplex der Pfalz besteht aus einem 99,50×91,50 m großen Rechteck und einem Halbkreis *(Exedra)* mit einem Durchmesser von 87 m, an dem außen sieben Türme angefügt sind; die Gesamtanlage hat eine Achslänge von 142,50 m, eine Breite von 99,50 m, mit den vorstehenden Anbauten von 114,50 m. Das Gelände fällt sowohl in Längs- wie in Querrichtung um jeweils etwa 13 m ab. Aufgrund des Tores in der Westmauer der *aula regia* ist ein westlich anschließender Vorhof zu vermuten. Auf der Symmetrieachse des Pfalzareals, die aus rechteckig ummantelter Apsis des westlichen Mittelbaus, Pfalzbrunnen und von Türmen flankiertem Hauptportal am Halbkreisbau gebildet wird, liegt 445 m westlich auf dem Belzen die ältere Remigiuskirche, die als Pfalzkapelle gedeutet wird. Die Ausgrabungen der 1960er Jahre haben jedoch erwiesen, daß in die Anlage in einer zweiten Bauphase in karolingischer Zeit ein Drei-Apsiden-Bau, das sog. Karlsbad (Brunnenstube), und in ottonischer Zeit die Kreuzkirche als Pfalzkapelle eingebaut worden sind.

In der Südwestecke der Anlage liegt ein als *aula regia* gedeuteter, Nord-Süd-gerichteter Saal mit einer Konche nach Süden, deren Boden um drei flache

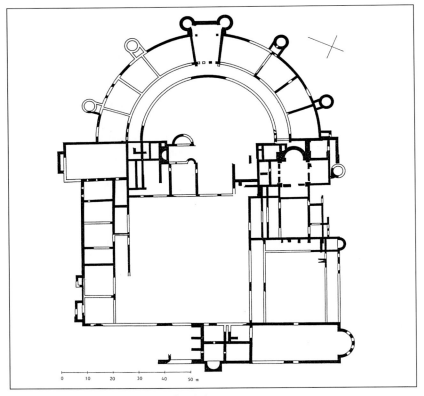

Abb.14 Ingelheim, Grundriß, Befundplan.

Stufen erhöht war. Seine Ostmauer ist bis 8 m Höhe auf einer Länge von 15,50 m und ein Teil der Konche, ebenfalls 8 m hoch, mit profiliertem, 28,5 cm hohem Kämpfer aus weißem Kalkstein als Auflage für den Konchenbogen (zwei steigende Karniese, getrennt durch eine 2 cm hohe Platte und abgedeckt mit einer 4 cm hohen Platte) erhalten. Der längsrechteckige Saal von 14,50 m lichter Breite und vermutlich 33 m Länge ist zu der 9,80 m weiten Konche voll geöffnet. Die Raumhöhe wird mit 13,40 m (= 40 karol. Fuß) angenommen; sie könnte jedoch aufgrund des Konchenbogens auch bis zu 2 m = 6 Fuß niedriger gewesen sein. Die 1 m dicken Bruchsteinmauern mit Eckquaderung waren im Saal auf jeder Langseite durch ein 2,10 m breites und 4 m hohes Tor mit Gewänden aus Sandsteinspolien durchbrochen. In der Konche waren vier 1,40 m breite und 2,90 m hohe Rundbogenfenster mit kaum geschrägtem Gewände eingefügt. An den Mauern haftete noch mehrfarbiger Putz, von dem auch Bruchstücke in den Schuttschichten zwischen dem ersten und zweiten

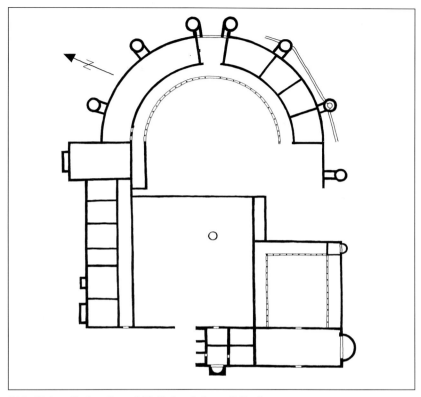

Abb. 15 Ingelheim, Grundriß, Befundplan mit Ergänzungen.

Boden lagen. Bei der Nachgrabung von 1965 durch Uta Weimann fand sich „unter einem Fußbodenrest, der mit dem in der Kirche festgestellten unteren Estrich (zweite Hälfte 10. Jh.) in Technik und Zusammensetzung übereinstimmt, ... ein weiterer Boden (heller Mörtelestrich). Zwischen beiden lagen bemalte Putzreste und Badorfer Keramik des 8. und frühen 9. Jhs." (Weimann 1969, S. 118). Im Aufgehenden der Umfassungsmauern haben sich in regelmäßigen Abständen Gerüstlöcher von 20×20 cm erhalten, die durch lose Steine verschlossen waren. Eines dieser Gerüstlöcher enthielt zwei größere Holzstücke, eines mit Rinde, für die Ernst Hollstein das wahrscheinliche Fällungsjahr 986 ermittelt hat. Daher ist zu schließen, daß sie einer Umbaumaßnahme, gleichzeitig mit dem Bau der Kreuzkirche, entstammen (Ament-Sage-Weimann 1968, S. 310; Sage 1976, S. 152f.); wie man sich das allerdings technisch vorzustellen hat, bleibt fraglich, denn aufgrund der Gerüstlöcher müßten die aufgehenden Mauern ebenfalls in ottonischer Zeit erneuert worden sein. Der Ingel-

108 B Karolingisch-ottonische Pfalzen 765–1025

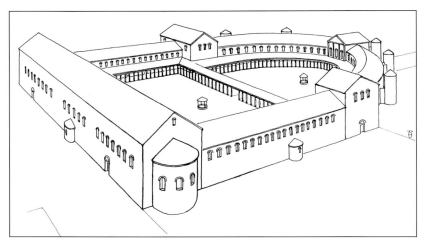

Abb. 16 Ingelheim, Isometrie der Gesamtanlage.

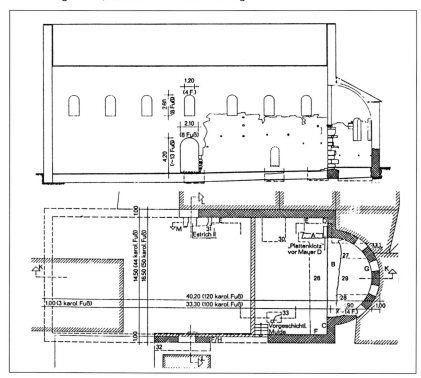

Abb. 17 Ingelheim, Königshalle.

heimer Saal von 14,50×33 m ist kleiner als die Aachener *aula regia* mit 17,20×44 m und größer als die Paderborner mit 10,30×30,90 m. In den Propotionen und in der Art des Konchenanschlusses ist Ingelheim mit der Palastaula Konstantins in Trier vergleichbar (Sage 1976, S. 152; Jacobsen 1994, S. 31f.).

Östlich der *aula regia* unterbricht ein kleiner Raum mit einer über die Außenflucht nach Süden vorstehenden Konche den durch Mauerbefund nicht nachgewiesenen Südflügel; nur eine südliche Außenmauer ist zwischen den beiden Konchen in Resten ausgegraben worden, die Fortsetzung nach Osten fehlt. In diesen Bereich ist in ottonischer Zeit die Kreuzkirche eingefügt worden, und zwar auf bis dahin unbebautem Gelände, wie Walter Sage bei den Grabungen festgestellt hat.

Nördlich der *aula regia* befindet sich in der Achse der Gesamtanlage ein quergeteilter Raum mit rechteckig ummantelter Konche nach Westen. Weitere Räume bilden den Nordflügel, der den rechteckigen Hof abschließt; er war auf der Nord- und Südseite von Säulengängen umgeben, wobei der von Hans Jörg Jacobi rekonstruierte südliche Seitenflügel vermutlich Teil eines Atriums vor der *aula regia* war.

Auf der Ostseite trennte eine Säulenhalle oder eine Mauer den Rechteckhof von dem halbkreisförmigen Hof, der sog. Exedra, die mit 45 m Außenradius ebenfalls von einem 5 m breiten Säulengang vor einer halbkreisförmig angeordneten, 10 m tiefen Raumfolge umgeben war; die Räume waren jeweils durch eine Tür vom Säulengang aus zugänglich. Von der Säulenhalle hat Christian Rauch, neben größeren Abschnitten der Fundamentmauern, im Süden eine Säulenbasis *in situ* und Walter Sage an der inneren Nordmauer eine rechteckige Wandvorlage freigelegt. Im östlichen Scheitel lag eine repräsentative, 10 m breite Eingangshalle. Im Anschluß der Exedra an den Rechteckhof trat ein großer Saal vor die Nordflucht vor, im Süden ist dieser Bereich durch den späteren Einbau der Kreuzkirche gestört. Dem Halbrund der Exedra sind außen sieben 4 m im Lichten messende Rundtürme im Abstand von 2 m vorgelagert; sie sind durch zwei im Fundament ohne Bauverband eingefügte Mauern im Abstand von 2 m mit der Exedra verbunden. Das Mauerwerk der Exedra und der Türme ist gleich, was auf eine einheitliche Bauzeit hinweist. Unter den südlichen drei Türmen verläuft ein gemauerter Kanal, der zwischen den Türmen überwölbt und in den Türmen, in einem wandparallelen Bogen geführt, offen war. Nach Walter Sage war die Aufgabe des Kanals, das hier reichlich vorhandene Grundwasser (Hangwasser) von den Gebäuden fernzuhalten. „Daß aber der Kanal innerhalb der mit den einzelnen Räumen der Exedra wahrscheinlich unmittelbar verbundenen „Türmen" offen lag und obendrein womöglich (zusätzlich?) mit Wasser aus der von Heidesheim herüberziehenden Leitung versorgt wurde, läßt zugleich an seine Verwendung zu sanitären Zwecken denken, womit wir mit einer technischen Anlage erneut auf das Vorbild antiker Bau- und Ingenieurkunst verwiesen werden" (Sage

Abb. 18 Ingelheim, Exedra, Rekonstruktion.

1976, S. 156). Ein 8 km langer, 40 cm breiter und 1 m hoher, gewölbter Kanal führte Wasser für die Pfalz von einer Quelle am Nordrand der Gemarkung Wackersheim heran; vielleicht gehört der Kanal aber auch in römische Zeit. Die 1 m dicken, bis in den gewachsenen Boden (bis 2,50 m tief) wohlgegründeten Außenmauern mit dem türmeflankierten Torbau, die vor die Mauer gestellten Türme an der Exedra und die rechteckigen Vorbauten an der Nordseite weisen auf einen gewissen Wehrcharakter der Anlage hin. Das westliche Außentor der *aula regia* deutet an, daß der Pfalz im Westen ein bisher noch nicht nachgewiesener, eventuell befestigter Vorhof vorgelagert war. Da aber die aufgehenden Mauern mit ihren Fenstern ebensowenig erhalten sind wie einzelne Bereiche der Anlage, ist die Frage nach der Befestigung der Pfalz kaum verbindlich zu beantworten. Über die Funktion der einzelnen Räume etwas aussagen zu wollen, ist ebenso unmöglich wie die Beantwortung der Frage nach der Pfalzkirche. Allgemein wird vermutet, daß die Remigiuskirche die Funktion der Pfalzkapelle übernommen hat und sich in ihr die von Ermoldus Nigellus beschriebenen Wandbilder zum Alten und Neuen Testament befunden haben, was aber, wie oben schon erwähnt, höchst fraglich ist. Zu der großen Synode im Juni 948 in Ingelheim bemerkte Flodoard von Reims (893/94–966) in seinen Annalen, diese Synode habe in Engulenheim *palatio regali in aecclesia beati Remigii honore dicata* stattgefunden (MGH SS III, S. 395). Daraus wird geschlossen, daß anscheinend keine ausreichend große Pfalzkapelle in der Anlage selbst zur Verfügung stand; das ergibt sich auch daraus, daß in der zweiten Hälfte des 10. Jhs. an der Stelle des nicht nachgewiesenen Südflügels eine kreuzförmige Saalkirche eingebaut wurde. Diese heute in späteren Umbauten und nach Teilabbruch in Resten erhaltene Kirche (1346 St. Peter genannt) ist nach Ausweis der im Bauhorizont gefundenen bemalten Pingsdorfer Keramik in der zweiten Hälfte des 10. Jhs. erbaut worden. Sie wird 997 erstmals erwähnt: Otto III. vergibt die Kapelle an das neugegründete Nonnenkloster bei Aachen (MGH D O II. 262). Die Kirche wurde vor 1160 durch Friedrich Barbarossa erneuert. Nach Profanierung 1576–1705 wurde die Kirche 1689 zerstört und 1707/09 verkürzt wiederhergestellt, 1890 restauriert und 1963/64 wieder auf die ursprüngliche Länge gebracht (heute evangelische Kirche). Querschiff und nördliche Langhausmauer stammen noch aus ottonischer Zeit, Vierung und Apsis wurden auf alten Fundamenten vor 1160 neu errichtet. Die ursprünglich kreuzförmige Saalkirche erhielt dabei Vierungsbogen auf Pfeilervorlagen mit ornamentierten Schmiegenkämpfern auf eigenen Fundamentklötzen, die auf älteren, 85 cm breiten Spannmauern ruhten, welche ursprünglich wohl schon eine räumliche Ausscheidung der Vierung durch Bogen trugen. Das Kalkbruchsteinmauerwerk besaß an den Mauerecken Sandsteinquader.

Diese Kirche beschrieb der St. Galler Mönch Ekkehard IV. zum Jahre 1030. Er hatte als Leiter der Mainzer Schola an der Ostermesse in Ingelheim teilgenommen. Unter seiner Leitung hatte die Schola *in medio chori* Aufstellung genommen und stand *in inspectu* des unter der Krone gehenden Kaisers, der auf einem Thron Platz genommen hatte. Einige Bischöfe aus der nächsten Umgebung des Thrones baten den Kaiser, in der Schola unter ihrem ehemaligen Lehrer mitsingen zu dürfen. Sie erhielten die Erlaubnis (Schmitz 1964, S. 169).

Unter der Kreuzkirche wurden keine karolingischen Mauerspuren nachgewiesen, die auf einen karolingischen Südflügel der Pfalz zwischen der Exedra und dem kleinen Querraum mit Südkonche hindeuten. Nach Westen verband ein achsial vorgelagertes Atrium die Kirche mit der *aula regia*. Da das Atrium ebenfalls achsial zur *aula regia* lag, an deren Fluchten anschloß und Spuren eines älteren Säulenganges nicht gefunden worden sind, ist zu vermuten, daß das dreiflüglige Atrium zunächst zur karolingischen *aula regia* gehörte.

Die nördlich der Kirche im Bereich zwischen Rechteckhof und Exedra gelegenen Gebäudereste und ein Badegebäude mit Konchen und einem Raum, in dem in voller Breite über Stufen ein Badebecken zugänglich war (Karlsbad), stammen vermutlich erst aus einer zweiten karolingischen Bauzeit, vielleicht unter Ludwig dem Frommen um 820/30.

Die um einen rechteckigen und einen halbkreisförmigen, säulenumstandenen Hof geordnete Bebauung mit recht geschlossenem Umriß ist für die bekannten karolingischen Pfalzen wie Aachen und Paderborn ungewöhnlich, evtl. vergleichbar mit der sehr viel kleineren und bescheideneren Pfalz von Samoussy (8. oder frühes 9. Jh.), bei der ebenfalls ein gestelzter Halbkreis an einem rechteckigen Baukomplex nachgewiesen ist (Jacobsen 1992, S. 137). Bezogen auf den halbkreisförmigen säulenumstandenen Hof hat Walter Sage (1976, S. 155) festgestellt: „Dieses in der frühmittelalterlichen Architektur bislang einzig dastehende Gebäude kann man sich nur als Rückgriff auf antike Vorbilder erklären. Auf halbkreisförmigem oder jeweils kurvig angelegtem Grundriß einziehende oder ausschwingende Säulengänge in kleineren Dimensionen kennt man etwa an römischen Villen, ... In den Abmessungen eher vergleichbar, zum Teil sogar wesentlich größer sind im Bogen geführte Säulengänge späthellenistischer und römischer Herrscherpaläste und öffentlicher Anlagen, wie zum Beispiel am Trajansforum und einigen großen Thermen in Rom." Letztlich muß man sich aber vergegenwärtigen, daß die Anlage der karolingischen Pfalz Ingelheim viele unbeantwortete Fragen aufwirft und auch der Grundriß noch nicht ausreichend geklärt ist. Die von Rauch und Jacobi abweichende hier vorgelegte Rekonstruktion macht das deutlich. Dennoch ist mit der Exedra und ihren Türmen und dem inneren Säulengang ein großer repräsentativer Baukomplex ausgegraben, der sonst bei Pfalzen bisher nicht nachgewiesen worden ist und in antiker Tradition zu stehen scheint.

Im sogenannten Grauen Haus in Winkel am Rhein, nicht weit von der Pfalz Ingelheim gelegen, wurden in der Mitte des 12. Jhs. karolingische und ottonische Spolien verbaut; ein Kapitell der Südarkade aus dem Umkreis der karolingischen Hofkunst ist aus dem gleichen Kalkstein wie die zu ihm passenden Pyramidenstumpfkämpfer aus dem Gelände der Ingelheimer Pfalz, die heute im Mainzer Museum aufbewahrt werden. Ein Säulchen mit Pilzkapitell in der Ostarkade und zwei Basen gehören in die erste Hälfte des 11. Jhs. und dürften ebenfalls aus Ingelheim stammen wie zwei Bärenkonsolen aus dem gleichen Stein und ein Türsturz mit Kreuz. Dendro-Daten von ebenfalls zweitverwendeten Hölzern weisen auf eine Datierung der Hölzer um 1075 hin. Es wurde demnach beim Bau des Grauen Hauses in Winkel in der Mitte des 12. Jhs. Abbruchmaterial verwendet, das vermutlich bei den Wiederherstellungsarbeiten der Pfalz Ingelheim unter Friedrich Barbarossa vor 1160 angefallen war und einer karolingischen und einer frühsalischen Bauzeit der Pfalz Ingelheim angehört haben.

Literatur

Cohausen, August von: Der Palast Karls des Großen in Ingelheim und die Bauten seiner Nachfolger daselbst. In: Abbildungen von Mainzer Alterthümern 5, Mainz 1852.
Clemen, Paul: Der karolingische Kaiserpalast zu Ingelheim. In: Westd. Zs. f. Gesch. u. Kunst 9, 1890, S. 54–148.
Clemen, Paul: Die Kaiserpfalzen. In: 1.–3. Bericht über die Arbeiten an den Denkmälern deutscher Kunst. Hg. Dt. Verein f. Kunstwiss. Berlin 1911, S. 4–15; 1912, S. 20–39; 1914, S. 15–23.
Zeller, Adolf: Die Auswertung des Befundes früher Bauanlagen im Saale in Ingelheim. Reichssaal und Kaiserwohnung. Berlin 1935 (Forschungen an karolingischen Bauten im Rheingau und in Rheinhessen H. 1).
Zeller, Adolf: Die Kreuzkirche im Saale in Ingelheim, die Wehrbauten und die Reste sonstiger Anlagen; Beschreibung und baugeschichtliche Auswertung. Berlin 1936 (Forschungen an karolingischen Bauten im Rheingau und in Rheinhessen H. 2).
Zeller, Adolf: Reste von Architekturteilen aus Ingelheim aus der Steinhalle des Altertumsmuseums in Mainz. Die St. Ägidienkirche in Mittelheim, das graue Haus in Winkel und die ev. Kirche in Wiesbaden-Bierstadt. Berlin 1937 (Forschungen an karolingischen Bauten im Rheingau und in Rheinhessen H. 3).
Böhner, Kurt: Aus der Vor- und Frühgeschichte des Ingelheimer Landes. In: Ingelheim am Rhein. Hg. Johanne Autenrieth. Stuttgart 1964, S. 9–64.
Sage, Walter: Zur archäologischen und baugeschichtlichen Erforschung der Ingelheimer Pfalz. In: Ingelheim am Rhein. Hg. Johanne Autenrieth. Stuttgart 1964, S. 65–86.
Classen, Peter: Die Geschichte der Königspfalz Ingelheim bis zur Verpfändung an Kurpfalz 1375. In: Ingelheim am Rhein. Hg. Johanne Autenrieth. Stuttgart 1964, S. 87–146.
Schmitz, Hans: Die Pfalz Ingelheim. In: Mittelrhein. Beitr. zur Pfalzenforschung. Hg. Walter Schlesinger. Mainz 1964, S. 154–175.
Oswald, Friedrich, Leo Schäfer, Hans Rudolf Sennhauser: Vorromanische Kirchenbauten. München 1966, S. 129f. (= Veröff. d. Zentralinst. f. Kg. in München 2). Mit Lit.-Verz.; Nachtragsband München 1991, S. 193.

B Karolingisch-ottonische Pfalzen 765–1025

Ament, Hermann, Walter Sage u. Uta Weimann: Die Ausgrabungen in der Pfalz zu Ingelheim am Rhein in den Jahren 1963 und 1965. In: Germania 46, 1968, S. 291–312.

Weimann, Uta: Die Königspfalz in Nieder-Ingelheim. In: Führer zu vor- und frühgeschichtl. Denkmälern 12, Nördl. Rheinhessen. Mainz 1969, S. 113–121.

Lammers, Walther: Ein karolingisches Bildprogramm in der Aula regia von Ingelheim. In: Festschr. f. Hermann Heimpel. Göttingen 1972 (= Veröff. d. Max-Planck-Instituts f. Gesch. 36.3) S. 226–289.

Weidemann, Konrad: Die Königspfalz in Ingelheim. In: Ingelheim am Rhein 774–1974. Hg. Francois Lachenal u. Harald T. Weise. Ingelheim 1974, S. 37–56.

Weidemannn, Konrad: Ausgrabungen in der karolingischen Pfalz Ingelheim. In: Ausgrabungen in Deutschland 2. Mainz 1975, S. 437–446.

Rauch, Christian u. Hans Jörg Jacobi: Die Ausgrabungen in der Königspfalz Ingelheim 1909–1914. Mainz 1976 (= Monographien Bd. 2. Studien zur Königspfalz Ingelheim 1. Hg. Römisch-Germanisches Zentralmus.).

Sage, Walter: Die Ausgrabungen in der Pfalz zu Ingelheim am Rhein 1960–1970. In: Francia 4, 1976 (1977), S. 141–160.

Streich (1984) S. 32–34, 175–177.

Hauck, Karl: Karolingische Taufpfalzen im Spiegel hofnaher Dichtung. In: Nachrichten d. Akad. d. Wiss. in Göttingen. 1. Phil.-hist. Klasse 1985, S. 1–95.

Jacobsen, Werner: Der Klosterplan von St. Gallen und die karolingische Architektur. Berlin 1992, S. 134f.

Jacobsen, Werner: Die Pfalzkonzeptionen Karls des Großen. In: Karl der Große als vielberufener Vorfahr. Hg. Lieselotte E. Saurma-Jeltsch. Sigmaringen 1994, S. 23–48, hier S. 30–33.

Zum Grauen Haus in Winkel:

Meyer-Barkhausen, Werner: Das Graue Haus zu Winkel im Rheingau. In: Mainzer Zs. 55, 1958, S. 1–20.

Wiedenau, Anita: Katalog der romanischen Wohnbauten in westdeutschen Städten und Siedlungen. Tübingen 1984 (= Das dt. Bürgerhaus 34, Hg. Günther Binding).

B 3 Nimwegen

Nimwegen gehört zu den bedeutendsten Pfalzen, die Karl der Große neben Aachen und Ingelheim gebaut hat, wie aus der Notiz Einhards im 17. Kapitel seiner *Vita Karoli Magni* hervorgeht: *Inchoavit et palatia operis egregii ... alterum Noviomagi super Vahalem fluvium, qui Batavonum insulam a parte meridiana praeterfluit.*

Auf dem heute Valkhof genannten Pfalzgelände, in hervorragender Lage am linken Ufer des Waalstroms nach der Gabelung des Rheins, an der Grenze von drei Volks- und Siedlungsbezirken (Franken, Friesen und Sachsen) wurde die Pfalz auf einem steil abfallenden, nur auf der Westseite durch einen Sattel verbundenen Hügel von knapp 100×100 m bebaubarer Fläche errichtet. Hier stand ein im frühen 5. Jh. verlassenes römisches Kastell in der Nähe des Legionslagers *Noviomagum* mit römischer Siedlung. Baureste aus karolingisch-ottonischer Zeit sind nicht nachgewiesen; erst aus dem 11./12. Jh. sind Bauten erhalten (siehe Kapitel C.3.). Wiederverwendete korinthische Kapitelle aus karolingischer Zeit lassen eine ansehnliche Ausgestaltung der Pfalzbauten erschließen (Lemmens 1980, S. 69–72).

Karl der Große weilte von März bis Juni 777 in Nimwegen, hat hier am 30. März Ostern und am 2. April seinen 35. Geburtstag gefeiert: *pascha in villa, quae dicitur Niumaga* (Reichsannalen). Seit 805 wird Nimwegen *(Numaga, Noviomagi)* in den Quellen zumeist als *palatium* bezeichnet.

Nach Einhards Zeugnis hat Karl der Große die Pfalz – vermutlich am Ende seiner Regierungszeit – großartig ausgebaut. Karl hat hier während längerer Aufenthalte noch drei weitere Male Ostern gefeiert: Er war vom 31. März bis 1. Sept. 804, vom 25. Febr. bis 12. April 806 und Ende Febr. bis 16. April 808 in Nimwegen. Ludwig der Fromme war sechs Mal in Nimwegen: Ende April bis Ende Mai 817, Ende März bis Juni 821, Mitte April bis Mitte Mai 825, Juni/Juli 827, vor dem 1. Okt. bis nach dem 11. Nov. 830, Sommer 837 und Mai bis Aug. 838. Während dieser Aufenthalte feierte er zwei Mal Ostern (821, 825) und hielt vier Reichsversammlungen ab. Danach wurden die königlichen Besuche seltener. Lothar I. war nur 846, Lothar II. 856, Karl der Kahle 870, Ludwig der Jüngere 880/81, Arnulf 891, Zwentibold 896 und Karl der Einäugige 898 und 912 in Nimwegen. Im Winter 880/81 eroberten die Normannen die Pfalz und befestigten sie: *vallo firmissimo et muris circumdantes hiemandi sibi locum in palatio regis paraverunt (Annales Fuldenses)*. Beim Abzug wurde die Anlage niedergebrannt: *palatium una cum munitione flammis exurentes* (Regino von Prüm).

Erst die sächsischen Kaiser besuchten Nimwegen wieder häufiger: Otto I. 949, 956 und 966, Otto II. 973, 975, 976, 977 und 980, Otto III. 985, 987, 991, 995 und 996. Die Kaiserin Theophanu scheint Nimwegen besonders bevorzugt zu haben: auf dem Wege nach Nimwegen ist ihr Sohn Otto III. im Juni/Juli 980 auf einem Hof im Reichswald Kessel bei Kleve geboren, und sie starb in Nimwegen am 15. Juni 991. Erst unter Heinrich II., der häufig hier war (1002, 1003, 1006, 1012, 1015, 1018 und 1021), erlebte Nimwegen 1006 wieder ein Osterfest in Gegenwart des Königs. Von den salischen Kaisern legte Konrad II. seine fünf Aufenthalte (1024, 1031, 1033, 1036 und 1039) zweimal auf Ostern (1031, 1039) und Heinrich III. (1040, 1044 und 1046) ebenfalls zweimal (1044, 1046 ?).

Literatur

Gorissen, Friedrich: Nimwegen. Kleve 1956 (= Niederrhein. Städteatlas 2. Geldrische Städte 2, 1) mit Quellen u. Lit.-Verz.
Kubach, Hans Erich und Albert Verbeek: Romanische Baukunst an Rhein und Maas. Berlin 1976, S. 882–885 mit Lit.-Verz.
Lemmens, G. Th. M. (Hg.): Het Valkhof te Nijmegen. Ausst.-Kat. Nijmegen 1980, mit allen hist. Quellen S. 129–135.

B 4 Frankfurt am Main

Die historischen Forschungen von Marianne Schalles-Fischer (1969) und die in Vorberichten vorgelegten Befunde der 1953–1975 im Frankfurter Altstadtbereich nördlich und westlich des Domes durchgeführten Ausgrabungen von Hans-Jürgen Hundt, Ulrich Fischer und Otto Stamm hat Elsbet Orth im Repertorium der deutschen Königspfalzen mit allen Quellen- und Literaturbelegen 1985/86 zusammengefaßt. Ihre Darstellung ist durch die Ergebnisse der Grabungen 1991–93 im Dom zu ergänzen, die Andrea Hampel 1994 publiziert hat.

Geschichte

Die Pfalz Frankfurt wurde von Karl dem Großen *super fluvium Moin in loco nuncupante Franconofurd* (22. Febr. 794) an einer alten Flußübergangsstelle angelegt. Hier kreuzte die bedeutende römische Straße von Nidda nach Mainz den Main, der seit der Regierungszeit Karls des Großen ein außerordentlich wichtiger Verkehrsweg war; schon 790 benutzte Karl der Große den Main auf dem Weg von Mainz zur Pfalz Salz an der Saale und 794 von Würzburg nach Frankfurt. Das Pfalzgelände auf dem Domhügel wurde seit prähistorischer Zeit genutzt. Fundamente mehrerer römischer Militärgebäude, u. a. eines Bades, und zwei Abwasserkanäle, die die 14. Legion bald nach 83 n. Chr. errichtet hat, folgen der Streichrichtung des Domhügels und wurden 103/110 im Zusammenhang mit einer Umstrukturierung der römischen Limespolitik im Wetteraugebiet aufgegeben. Die folgende Siedlung wurde zu Beginn des 3. Jhs. nach beachtlichen Zerstörungen von den Römern verlassen und während der Völkerwanderungszeit von den Germanen genutzt. Die römischen Steinbauten wurden durch leicht gebaute Holzhäuser ersetzt. Bis in die karolingische Zeit wurden römische Mauern bis in die Fundamente zur Steingewinnung abgebrochen und für einfache Neubauten und die nördliche Pfalzumwehrungsmauer benutzt.

Der Frankfurter Königshof wird erstmals anläßlich einer Synode 794 genannt und seit Errichtung neuer Gebäude durch Ludwig den Frommen mehrfach als *palatium* bezeichnet; so hat Ludwig der Fromme nach den *Annales s. Benigni* 822/23 in *palatio novo* überwintert. Auch findet sich die Bezeichnung *villa regia* oder *villa regni*, in den letzten Jahrzehnten des 9. Jhs. *curtis imperialis* oder *curtis regia*. Die Synode von 794 hat nach dem Bericht zweier Teilnehmer, des Patriarchen von Aquileja und des Erzbischofs von Mailand, in *aula sacri palatii* stattgefunden; von der erhöht stehenden *sella regia* aus habe Karl der Große den Vorsitz geführt. Wie Elsbet Orth feststellt, kann „die Versammlung in der *aula* des *domus regalis* innerhalb des königlichen Wirtschaftshofs getagt haben; sie kann auch in der Kirche zusammengetreten sein. ... Eine Kirche oder Kapelle stand 794 in jedem Fall zur Verfügung, denn Karl der Große beging in Frankfurt das Osterfest" (Orth 1985/86, S. 157). Er hielt sich hier rund acht Monate auf; am 10. Aug. 794 ist seine dritte Gemahlin Fastrada hier gestorben. Die Bauanlage aus der Zeit Karls des Großen war aber wohl nicht so bedeutend, denn Einhard nennt sie im Zusammenhang mit den karlischen Bauten (Aachen, Ingelheim, Nimwegen) nicht. Erst für Ludwig den Frommen sind in Frankfurt bedeutende Baumaßnahmen belegt, denn die Reichsannalen berichten, Ludwig der Fromme habe 822/23 in Frankfurt überwintert in *eodem loco constructis ad hoc opere novo aedificiis, sicut dispositum habuerat*, und die anonymen Ludwigsvita überliefert: *in eodem loco et tempori congruebat, novo opere aedificiis hiemavit*. Ludwig der Fromme ist 815, 822 (Weihnachtsfest), 826, 829, 832 und 839 in Frankfurt nachweisbar. Sein jüngster Sohn Karl der Kahle ist 823 hier geboren.

Unter Ludwig dem Deutschen, der fast in jedem Jahr oder zumindest in jedem zweiten Jahr seiner 43jährigen Herrscherzeit 30 mal, teilweise monatelang, in der Pfalz weilte (siehe Orth 1985/86, S.190ff.) und auch dort am 28. Aug. 876 gestorben ist, wird Frankfurt zum bevorzugten Aufenthaltsort des ostfränkischen Herrschers und entsprechend von Regino von Prüm zu 876 als *principalis sedes orientalis regni* bezeichnet. Bei der Reichsteilung von Verdun 843 waren Ludwig dem Deutschen die östlichen Reichsteile endgültig zugesprochen worden; Aachen stand ihm so nicht mehr zur Verfügung, dafür traten Frankfurt und Regensburg in den Vordergrund. In Frankfurt gründete er wie Karl der Große in Aachen ein Pfalzstift. Ein Neubau der Pfalzkapelle *(noviter constructum)*, den Erzbischof Hrabanus Maurus von Mainz am 1. Sept. 852 geweiht hat, ist unter Ludwig dem Deutschen belegt; Patrozinien waren wie in Aachen Salvator, Jungfrau Maria, dazu die zwölf Apostel, Märtyrer, Bekenner, heilige Jungfrauen und alle Heiligen.

Baubeschreibung

Die Pfalz liegt direkt am Mainufer auf der Niederterrasse. Das ca. 320×180– 200 m große Gelände bildete in karolingischer Zeit noch eine Halbinsel, geschützt vom Main im Süden, dem sumpfigen Fischerfeld im Osten und dem Braubach, einem vermoorten Mainarm, im Norden. Nur ein schmaler Landweg verband den 7,50 m über dem Main und 4–5 m über dem Umland gelegenen Domhügel mit dem westlich anschließenden Karmeliterhügel. Die karolingischen Pfalzbauten sind wie in Aachen streng geostet, wobei die natürlichen Geländebedingungen, denen die römischen Bauten folgten, aufgegeben wurden. Reste von einfachen Steinbauten im Umkreis der Hauptgebäude werden dem königlichen Wirtschaftshof und dem Stift zugeordnet. Das Gelände zwischen den Pfalzgebäuden und dem Main scheint unbebaut gewesen zu sein und war mit Kies befestigt.

Die 117 m lange Folge der ausgegrabenen Hauptgebäude besteht aus der zweigeschossigen *aula regia* mit mehrräumigem Anbau im Westen, einem lan-

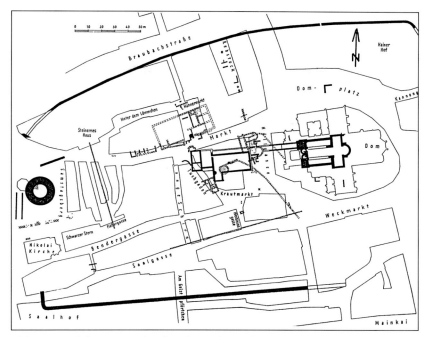

Abb. 19 Frankfurt, römische, karolingische und staufische Mauerreste aus dem Bereich der Pfalz.

gen, zweigeschossigen Verbindungsgang und der Kapelle im Osten. Die tiefgegründeten Fundamente der westlichen Bauten bestehen aus hammerrechten Basaltsteinen, das aufgehende Mauerwerk ist unter Verwendung römischer Spolien mit sauberen, kleinformatigen Basalt- und Buntsandsteinquadern verblendet. Der einheitlich verwendete, feste, weiße Mörtel verweist auf eine geschlossene Bauphase. Die Flucht des Baues weicht um 2° von der des Ganges und der Kapelle ab. Der langgestreckte Hauptraum der *aula regia* von 26,50× 12,20 m im Lichten war zweigeschossig, worauf die dicken Fundamente und der in der Mitte des Raumes angeordnete mächtige Pfeiler hinweisen. Der in der Südwestecke angefügte quadratische Vorbau hatte vielleicht im Norden eine Entsprechung. In diesen mündete der auf der nördlichen Langseite geführte Gang von der Kirche, der wohl ebenfalls zweigeschossig war, worauf winkelförmige symmetrische Anbauten hinweisen, die als Treppenaufgänge gedeutet werden können. Der quadratische Anbau im Westen mag wegen der Fundamentbreiten ebenfalls mehrgeschossig gewesen sein; er wird von den Ausgräbern als Wohnbau gedeutet. Innenmauern teilen ihn in vier Räume: 4,50× 6,50 m, 4,50×7,75 m, 6,70×9,50 m und davor ein schmaler Gang. „Wie Baunähte beweisen, wurde die Galerie nachträglich an das Pfalzgebäude angefügt" (Orth 1985/86, S. 163). Durch Grabungen im Dom konnte Andrea Hampel 1991/93 nachweisen, daß der Gang zusammen mit einem nördlichen Seitenschiff nachträglich an eine einfache Saalkirche angebaut worden ist.

Diese steinerne, im Lichten 17,50× etwa 7 m große Saalkirche datiert Andrea Hampel in die Zeit um 790; es war die Pfalzkapelle, in der die Synode von 794 stattfand. Der Bautyp ist mit der Pfalzkapelle in Paderborn vergleichbar, die in Anwesenheit von Karl dem Großen 777 geweiht worden ist, die allerdings etwas länger und breiter war. Die Saalkirche hat einen kleineren Vorgänger von 4,50 m Breite und etwa 11,50 m Länge. Die Datierung um 680 ist wegen fehlender eindeutiger Befunde oder Nachrichten unsicher. Der unter Ludwig dem Deutschen errichtete und 852 geweihte Neubau erweitert den Saal um ein südliches Seitenschiff und fügt ein ununterteiltes Querschiff mit Apsis an. Später wurde der Gang zum Saalbau für einen doppeltürmigen Westbau aufgegeben. Die Datierung dieser Baumaßnahme ist höchst unsicher, vielleicht erst um 1200.

Datierung

Wenn Karl der Große 794 eine bedeutende Synode in Frankfurt abhielt, müssen entsprechende Gebäude zur Verfügung gestanden haben. Hierzu gehört die von Andrea Hampel ausgegrabene kleine Saalkirche II. Den großen Saalbau mit der gleichzeitig angefügten Königswohnung kann man dem überlieferten Neubau durch Ludwig dem Frommen zuweisen, dessen Fertigstellung die Quellen zu 822 überliefern; wann die Bauarbeiten geplant oder begonnen worden sind und wann sie genau beendet waren, ist völlig unsicher; die Meinung von Elsbet Orth, daß bei Ludwigs Aufenthalt im Sommer 815 „repräsentative Gebäude im Entstehen waren" (Orth 1985/86, S. 164), ist nicht zwingend, denn Ludwig können auch noch die von Karl dem Großen benutzten Bauten zur Verfügung gestanden haben. Auch die in den ersten Regierungsjahren Ludwigs des Frommen geprägten Münzen, die südlich des Domquerschiffs gefunden wurden, geben nur einen *terminus post quem*. Die Abfolge der Baumaßnahmen im Bereich der Pfalzkapelle und späteren Stiftskirche, die Andrea Hampel beobachtet hat, führen nur zu einer relativen Chronologie. Dennoch gestatten sie zusammen mit dem überlieferten Weihedatum 852 des Kirchenneubaus unter Ludwig dem Deutschen eine mögliche zeitliche Zuordnung: Saalkirche I = vor- oder frühkarolingisch; Saalkirche II = vor oder zu 794; *aula regia* mit Wohnbau = vor 822; Verbindungsgang und nördliches Seitenschiff = vor 840 (noch unter Ludwig dem Frommen); Neubau einer dreischiffigen Querhausbasilika = 852 geweiht.

Höchst problematisch ist die Datierung des Untergangs der karolingischen Pfalz: „Der Untergang der karolingischen Pfalzgebäude auf dem Domhügel läßt sich nicht befriedigend genau datieren. Die Grabungen erbrachten folgenden Befund: Die *aula regia* und die östlich anschließenden Gebäude fielen einem Brand zum Opfer. Da die in der Brandschicht vorkommende Keramik vom 9. bis ins 12. bzw. 13. Jh. auftritt, bietet sie keine Datierungshilfe. Die westlich der *aula regia* gelegenen Gebäude blieben möglicherweise vom Brand verschont. Später wurden alle zur weltlichen Pfalzanlage gehörenden Gebäude abgebrochen. Der zwischen Brand und Abbruch verstrichene Zeitraum läßt sich ebensowenig bestimmen wie die Zeit, welche zwischen dem Abbruch der Pfalz und der Neubesiedlung des Platzes verging" (Orth 1985/86, S. 165). Wie die Analyse der Befunde im Saalhof, der angeblich die karolingische Pfalz abgelöst hat, belegt, muß die karolingische Pfalz bis zum beginnenden 13. Jh. funktionsfähig gewesen sein. Dem steht weder die Datierung der Scherben im Brandschutt der karolingischen Pfalz noch die unsichere Datierung der Doppelturmfassade der Stiftskirche entgegen.

Als der Saalhof am Ende des 12. Jhs. errichtet wurde, bestand die Pfalzumfassungsmauer noch, denn die Mauern des Saalhofes lehnen sich zunächst an die karolingische Umfassungsmauer an; ein Erweiterungsbau des Saalhofes nach Norden überbaut diese dann. Die solide, 2,70 m dicke Pfalzmauer des 9. Jhs. mit westlicher, rechtwinklig nach Norden führender Fortsetzung verläuft genau parallel zur Ausrichtung der *aula regia*. Da die Mauer sich nicht nach dem Geländeverlauf richtet, muß die Parallelität in einem bewußten Bezug auf den Pfalzbau erklärt und damit den Baumaßnahmen Ludwigs des Frommen zugeordnet werden. Die dünnere, nur 1,50 m dicke und unter Verwendung römischen Abbruchmaterials schlechter ausgeführte Nordmauer folgt dem Verlauf des Blaubaches und dürfte älter sein; daher kann sie vielleicht schon Karl dem Großen zugewiesen werden. Bauspuren westlich des Pfalzhügels lassen dort eine Ansiedlung seit dem 9. Jh. erkennen.

Literatur

Stamm, Otto: Zur Karolingischen Königspfalz in Frankfurt a. M. In: Germania 33, 1955, S. 391–401.
Hundt, Hans-Jürgen u. Ulrich Fischer: Die Grabungen in der Altstadt von Frankfurt am Main 1953–1957. In: Neue Ausgrabungen in Deutschland. Berlin 1958, S. 391–408.
Schalles-Fischer, Marianne: Pfalz und Fiskus Frankfurt. Göttingen 1969 (= Veröff. d. Max-Planck-Inst. f. Gesch. 20).
Fischer, Ulrich: Altstadtgrabung Frankfurt am Main. In: Ausgrabungen in Deutschland 2. Mainz 1975 (= Röm.-Germ. Zentralmus. Monographien 1, 2) S. 426–436 mit Beilage 42.
Streich (1984) S. 34f.
Orth, Elsbet: Die Deutschen Königspfalzen Bd. 1. Hessen. 2. u. 3. Lfg. Göttingen 1985/86, S. 131–368.
Wamers, Egon: Pfalz Frankfurt am Main. In: Hessen im Frühmittelalter. Archäologie und Kunst. Hg. Helmut Roth u. Egon Wamers. Sigmaringen 1987, S. 264–266 mit ungenauem Befundplan.

Zotz, Thomas: Palatium. In: Die Pfalz. Hg. Franz Staab. Speyer 1990, S. 92–97.
Hampel, Andrea: Der Kaiserdom zu Frankfurt am Main. Ausgrabungen 1991–93. Frankfurt 1994 (= Beitr. zum Denkmalschutz in Frankfurt a. M. 8).

B 5 Paderborn

Die z. T. sehr kontroverse Diskussion um Lage und Zeitstellung von Pfalz und Dom in Paderborn ist inzwischen gegenstandslos, nachdem Wilhelm Winkelmann 1964–1970 die Pfalz nördlich des Domes ausgegraben und die Ergebnisse in mehreren kurzen Vorberichten publiziert hat und nachdem Uwe Lobbedey über seine 1978/80 und 1983 im Dom durchgeführten umfangreichen Ausgrabungen 1986 einen vierbändigen Bericht vorlegte, ergänzt um eine kritische Sichtung der Aussagen der schriftlichen Quellen durch Manfred Balzer.

Geschichte

Die erste Erwähnung der Paderborner Pfalz erfolgt 777 in Zusammenhang mit der ersten fränkischen Reichsversammlung auf sächsischem Boden, anläßlich derer auch eine Kirche dem Erlöser geweiht worden ist, die nach den zeitgenössischen *Sangallenses Baluzii* Karl der Große gebaut hat. „Sie dürfte bereits zu Beginn der Versammlung im Juli/Aug. 777 fertig gewesen sein und diente dann vermutlich u. a. schon als Versammlungsraum für die Missionssynode. ... Die 777 geweihte Kirche muß in sehr kurzer Zeit errichtet worden sein. Das ergibt sich aus dem Verlauf der fränkisch-sächsischen Auseinandersetzungen und aus den Nachrichten über den Bau der Karlsburg, die seit den Pfalzengrabungen mit der karolingischen Burg in Paderborn identifiziert wird. Zwar hatten die sächsischen Heerschaften im Jahre 775 Unterwerfungseide geschworen, aber noch 776 mußte der Frankenkönig wegen sächsischer Widerstände rasch nach Norden ziehen, wo sich an den Lippequellen, also in der Nachbarschaft Paderborns, erneut Sachsen unterwarfen, um anschließend bei der Karlsburg in großer Zahl getauft zu werden. Diese Karlsburg ist nach Auskunft der Annalen 776 neu errichtet worden" (Balzer in Lobbedey 1986, Bd. 1, S. 92). Sie lag über dem östlichen Quellbereich der Pader und schützte die Pfalzbauten und die zugehörige Pfalzkapelle (Bau I), eine Saalkirche, vermutlich mit eingezogenem Rechteckchor.

Während des sächsischen Aufstandes 778 wurden die Bauten der Paderborner Pfalz zerstört. Für 779/80 ist die Wiederherstellung bzw. ein Neubau überliefert. Bereits 793/94 wurde die Anlage im letzten Aufstand im südlichen Sachsen erneut zerstört. Anschließend wurde sogleich mit dem Wiederaufbau begonnen.

Während eines dreimonatigen Aufenthaltes in Paderborn 799 wurde in Gegenwart Karls des Großen ein Kirchen-Neubau auf dem Gelände der Pfalz geweiht, den die Lorscher Annalen eine *ecclesia mirae magnitudinis* nennen und in dem der aus Rom vertriebene Papst Leo III. einen Altar in ecclesia tunc ibidem *noviter constructa* geweiht hat. Es handelt sich um die dreischiffige Kirche mit drei gestaffelten Apsiden (Bau II a), die eine große Festgesellschaft aufnehmen konnte und auch mußte, denn nach Auskunft des *Liber pontificalis* wurde Leo III. von einer Schar getreuer Bischöfe und anderer Kleriker sowie Angehöriger der städtischen Führungsschicht Roms begleitet, hinzu kamen in Paderborn *ex omni parte* weitere Erzbischöfe, Bischöfe und Geistliche (*Vita Leonis*, ed. L. Duchesne, Le Liber Pontificalis 2, Paris 1955, S.5f.). Gleichzeitig wurde Paderborn Bischofssitz und erhielt von Würzburg Kiliansreliquien. Große Reichsversammlungen unter Ludwig dem Frommen 815 und Ludwig dem Deutschen 840 und 845 bezeugen das Fortbestehen der Bedeutung der Pfalz Paderborn als Vorort Sachsens im Frankenreich.

Bischof Badurad (815–862) ließ die *principalis ecclesia* „mit ungeheurem Schmuck *(decus)* und großem Werk *(opus)* verschönern *(extollere)*", um dort den Leib des heiligen Liborius zusammen mit den übrigen Heiltümern der meisten Heiligen ehrenvoll zu bergen und beizusetzen. Als die Reliquien am Pfingstsonntag, dem 28. Mai 836, in Paderborn eintrafen, war die Kirche *maxima ex parte constructa* und der Ort der Beisetzung, in *quo hactenus requiescit*, bereits fertiggestellt. Im Jahre 836 wurde der Dom auch geweiht. Es handelt sich wohl um das an die Basilika angefügte, von Uwe Lobbedey ausgegrabene römische Westquerschiff mit Ringkrypta (Bau II b). Herrscheraufenthalte sind für Konrad I. 913, Otto I. 940 und 958 und Otto III. 987 nachgewiesen bzw. aus dem Itinerar zu erschließen. Paderborn war im 10.Jh. nicht mehr Ort für Versammlungen, sondern nur noch Etappenstation an einer wichtigen Straße, dem von Duisburg über Essen und Soest nach Magdeburg führenden Hellweg. Unter Bischof Rethar (983–1009) wurde der Dom während des Stadtbrandes im Jahre 1000 zerstört; bei der Wiederherstellung wurden ein neuer Ostchor mit Hallenkrypta und ein türmeflankierter Westbau angefügt (Bau II d). Diese Baumaßnahmen wurden durch Stiftungen Kaiser Heinrichs II. gefördert; am 10. Aug. 1002 wurde seine Frau Kunigunde im Dom zur Königin geweiht. Bischof Meinwerk (1009–1036), der zuvor Hofkapellan Heinrichs II. war, hat den Dom von Grund auf neugebaut, wie es in seiner Vita heißt. Er begann mit den Arbeiten noch im März 1009 und weihte die Kirche am 15. Sept. 1015 (Bau III). Kaiser Heinrich II. konnte der Einladung dazu wegen des Polenfeldzuges nicht folgen.

Baubeschreibung

Die Kombination der historischen Nachrichten mit den Grabungsbefunden von Wilhelm Winkelmann und Uwe Lobbedey ergibt ein weitgehend zuverlässiges Bild von der zeitlichen und baulichen Pfalzentwicklung innerhalb des 250/300×280 m großen, von Anfang an mit einem Graben umwehrten und nach 778 auch ummauerten (trockene Bruchsteinmauer 1,30–1,50 m dick) Areals oberhalb der Paderquellen. Der Zugang erfolgte von Südwesten. Die aus Königshalle, Wohn- und Wirtschaftsgebäuden sowie Kapelle bestehende Pfalzanlage lag im nordwestlichen Viertel des Areals; südwestlich davor war offen-

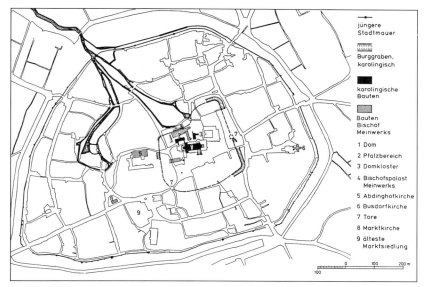

Abb. 20 Paderborn, Lageplan von Pfalz und Ort.

bar zunächst ein freier Platz. Der südlich der Kirche aufgedeckte große Friedhof – auch mit Bestattungen von Frauen und Kindern – zeugt davon, daß die 22 m lange und etwa 9 m breite Saalkirche (Bau I) nicht nur als Pfalzkapelle sondern auch als Missions- und Pfarrkirche diente. Sie war sowohl länger als auch breiter als die Saalkirche in Frankfurt, die dort um 790 datiert wird und für die Synode 794 genutzt wurde. Die Paderborner Kirche wurde 799 von der südlich parallel dazu errichteten Kirche II a abgelöst, die als dreischiffige Säulenbasilika mit einer lichten Breite von 21 m und einer lichten Länge von 42,70 m rekonstruiert wird; im Osten schlossen drei Apsiden an.

Nordwestlich der Pfalzkapelle liegt die *aula regia* (10,30×30,90 m). Ihre 64–66 cm breiten Mauern waren teilweise noch 1,20 m hoch erhalten. Sie stehen auf älteren Fundamenten und sind schon der dritte Bau an dieser Stelle. Der Südwestecke ist ein etwa quadratischer Bau mit breiten Fundamenten angefügt, der in Form und Größe sowie unmittelbarem Bauverband mit dem Saal an den Granusturm in Aachen erinnert. Östlich an die *aula* anschließende Mauern und andere kleinere und größere Gebäude nördlich und nordöstlich deuten auf weitere Wohn- und Wirtschaftsbauten hin. Ein Verbindungsgang mit mehrstufiger Freitreppe (von Winkelmann zunächst als Thronunterbau gedeutet) und mittlerem Durchgang wurde zwischen *aula* und Kirche II a errichtet und trennte so den Pfalzhof von dem Kirchenbereich mit Friedhof. Die Pfalzgebäude wurden immer wieder verändert und ergänzt. So wurde die Südmauer

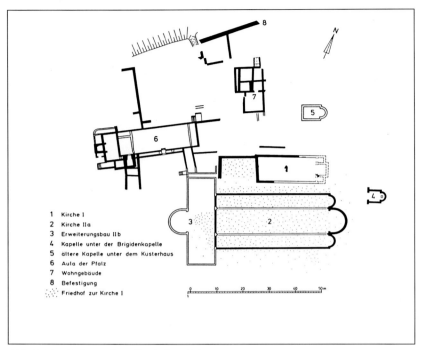

Abb. 21 Paderborn, karolingische Pfalz.

der *aula* mit einem unmittelbar südlich vorgelagerten Mauerzug verstärkt, im Westen ein neuer Bauteil mit einer kleinen Exedra angefügt und der westliche Querflügel umgebaut.

Unter Bischof Meinwerk wurde nicht nur der Dom von Grund auf neu gebaut und 1015 geweiht, sondern auch die alte Pfalz abgerissen und als Pfalzhof planiert. An seiner Nordseite, einige Meter nördlich der alten *aula*, unmittelbar oberhalb der Paderquellen entstand ein neuer Saalbau (44,48×16,17 m). Zwei große repäsentative Treppen mit 5,26 bzw. 5,90 m breiten und 5,20 m tiefen Überbauten führten über 7 bzw. 8 Stufen abwärts zu den 1,40 m breiten und 1,80 m hohen Eingangsportalen, von denen das östliche noch die originalen Sandsteingewände erhalten hat. Die aus Kalkbruchsteinen mit Sandsteineckverquaderung und profiliertem Ecksockel errichteten Mauern sind 3–8 m hoch erhalten. In der Südmauer befinden sich sechs kleine sanduhrförmige Fenster mit monolithen Sandsteinfassungen. Zwei querverlaufende, 1 m breite Spannmauern (ohne Spuren von Pfeilern) teilen den Saal. „Zur westlichen Spannmauer gehört ein 4,40×5,40 m großer, rechteckiger Fundamentzug mit 1 m hoch erhaltenen Resten von neun quadratischen, 1 m dicken Pfeilern. Sie haben

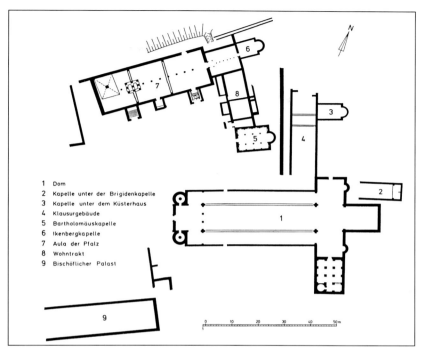

Abb. 22 Paderborn, Anfang 11. Jh.

1 Dom
2 Kapelle unter der Brigidenkapelle
3 Kapelle unter dem Küsterhaus
4 Klausurgebäude
5 Bartholomäuskapelle
6 Ikenbergkapelle
7 Aula der Pfalz
8 Wohntrakt
9 Bischöflicher Palast

wahrscheinlich einen besonderen, das Dach überragenden Turmaufbau getragen" (Winkelmann 1982, S. 16). In der Nordwestecke liegt unter Bodenniveau eine 6,50×7,00 m große, überwölbte Quellkammer für eine der Paderquellen.

„Bei einem Umbau in der zweiten Hälfte des 11. Jhs. erhielt der ursprünglich hohe Saal ein Obergeschoß, getragen von einer in dieser zweiten Bauphase errichteten Ost-West-verlaufenden mittleren Pfeilerreihe. Bei diesem Umbau ist vor der Südwand auch ein neuer, in das Obergeschoß führender Treppenaufgang und das obere Portal über dem östlichen Treppenvorbau errichtet worden. (Die Paderborner *aula* ist in Größe, Raumteilung und Anordnung der Altane mit dem spätstaufischen Palas in Seligenstadt (s. d.) zu vergleichen). Nach Osten öffnet sich der Saalbau mit einem Portal zu einem weiteren, 9,40× 11,60 m großen Raum, an dessen Ostseite eine 5,40×6,70 m große Kapelle mit halbrunder Apsis anschließt. (Ikenberg-Kapelle) ... Vom Zwischentrakt zwischen Saalbau und Kapelle erstreckt sich ein 22 m langer und 8 m breiter Gebäudeteil nach Süden. Hier binden seine Grundmauern in die Fundamente der anschließenden Bartholomäus-Kapelle ein. Die Bartholomäus-Kapelle gehörte als Pfalzkapelle zum Königspalast, eine Zuordnung, die durch das Patrozinium

Abb. 23 Paderborn, Bartholomäuskapelle, Blick nach Osten.

und die Einrichtung des Königskanonikates für Heinrich II. und Kunigunde im Jahre 1017 schon früher vermutet worden war. Sie läßt als einzig erhaltenes Bauwerk der Gesamtanlage im erhaltenen Schmuck der Architektur die ursprünglich reiche Ausstattung der Gebäude ahnen" (Winkelmann 1982, S. 16f.). Die *per operarios graecos* unter Bischof Meinwerk errichtete Bartholomäus- 23 Kapelle ist nach Profanierung und Verfall 1828 durch König Friedrich Wilhelm III. von Preußen wiederhergestellt und 1858ff., 1880–95, 1907 und 1955ff. restauriert worden. Das Langhaus aus drei mal vier, im Mittelschiff querrechteckigen und in den Seitenschiffen längsrechteckigen Jochen ist auf Säulen kuppelförmig zwischen den Gurtbögen gewölbt; im Osten schließt eine leicht gestelzte, gewölbte Apsis in der Breite des Mittelschiffs an. Flache, nicht bis zum Fußboden reichende Nischen gliedern die Nord-, Süd- und Ostwand der Seitenschiffe; in ihrem oberen Teil sitzen kleine Rundbogenfenster mit steilen Sohlbänken. Im Westen liegt der achsiale Eingang. Die Säulen auf niedrigen Sockeln mit attischen Basen und reich skulpierten, korbähnlichen Kapitellen tragen Kämpferblöcke und Kämpfer mit attischem Profil und Kerbschnitt. „Für die Bartholomäus-Kapelle wurden westliche und byzantinische Architekturformen zu einem neuen Ganzen zusammengefügt. Der einheimische Anteil ist dabei am größten, während sich der der byzantinischen Werkleute auf die Wölbung beschränkt haben muß" (Mietke 1991, S. 224).

Ebenfalls unter Meinwerk wurde südwestlich der Kirche ein von der königlichen Pfalz getrennter bischöflicher Saalbau von 12 m Breite und über 42 m Länge errichtet.

Die königlichen Pfalzgebäude nördlich des Domes wurden nach einem Brand in der zweiten Hälfte des 12. Jhs. nicht wieder aufgebaut und zu Beginn des 13. Jhs. beim Domneubau zur Steingewinnung genutzt.

Literatur

Lewald, Ursula: Bischof Meinwerk und die *domus regia* in Paderborn. In: Landschaft und Geschichte. Festschr. f. Franz Petri. Bonn 1970, S. 359–369.
Winkelmann, Wilhelm: Die Königspfalz und die Bischofspfalz des 11. und 12. Jahrhunderts in Paderborn. In: Frühmittelalterliche Studien 4, 1970, S. 398–415.
Winkelmann, Wilhelm: *Est locus insignis, quo Patra et Lippa fluentant*. Über die Ausgrabungen in den karolingischen und ottonischen Königspfalzen in Paderborn. In: Chateau Gaillard 5, 1972, S. 203–225.
Balzer, Manfred: Paderborn als karolingischer Pfalzort. In: Deutsche Königspfalzen Bd. 3. Göttingen 1979, S. 9–85.
Winkelmann, Wilhelm: Die karolingische und ottonische Kaiserpfalz zu Paderborn. In: Kaiserpfalz Paderborn. Hg. Erzbischöfliches Generalvikariat. 2. Aufl. Paderborn 1982, S. 7–17.
Streich (1984) S. 37–39.
Lobbedey, Uwe (mit Beitr. u. a. von Manfred Balzer): Die Ausgrabungen im Dom zu

Paderborn 1978/80 und 1983. Bonn 1986 (= Denkmalpflege u. Forsch. in Westfalen 11) mit Lit.-Verz.

Mietke, Gabriele: Die Bautätigkeit Bischofs Meinwerks von Paderborn und die frühchristliche und byzantinische Architektur. Paderborn 1991.

B 6 Zürich

Die Annahme der Historiker, daß das *imperialis palatium* bzw. *palatium regis Turegi* auf dem Gelände des Lindenhofes in Zürich gelegen habe, wurde durch die Ausgrabungen von Emil Vogt 1937/38 bestätigt. Auf der Grundlage der ausführlichen Grabungspublikation von Emil Vogt 1948 hat Wolfgang Erdmann 1979 eine Neuinterpretation und Einordnung der Befunde vorgenommen. Dabei muß berücksichtigt werden, daß trotz der sehr guten statigraphischen Dokumentation durch Emil Vogt eine Datierung über die wenigen Keramikfunde nicht möglich ist.

Geschichte

Das spätrömische Kastell *Turicum* wurde nach der alemannischen Landnahme und Herrschaftsausdehnung der karolingischen Hausmeier im 8. Jh. Königsgut. 853 erhielt das königliche Eigenkloster (Fraumünster) durch König Ludwig den Deutschen neben der Immunität auch eine *curtis*, von der unbekannt ist, ob sie identisch ist mit der 873 erwähnten *curtis regia*. Äbtissin war Ludwigs Tochter Hildegard. Nach deren Tod 856 folgte seine jüngere Tochter Berta, deren Kirchenbau 874 geweiht wurde. Seit Beginn des 10. Jhs. hatte der 929 *civitas* genannte Ort neben dem Kloster dank seiner verkehrsgünstigen Lage eine gute wirtschaftliche Entwicklung genommen und besaß einen Markt mit der 857 erstmals erwähnten Pfarrkirche St. Peter.

„Inwieweit der Herzog (von Schwaben) zugleich auch über die königliche Pfalz auf dem Lindenhof verfügen konnte und ob für seine 924 und 929 in Zürich vollzogenen Handlungen ... tatsächlich die Pfalz als Stätte gesehen werden darf, läßt sich mit Hilfe der wenigen schriftlichen Quellen ... nicht entscheiden. Dennoch ist es zumindest für die ersten Jahre schwäbischer Herzogsherrschaft in Zürich kaum vorstellbar, daß der die Stelle der Karolinger und des Königs von Hochburgund einnehmende Herzog die Pfalz als das Zentrum königlicher Herrschaft in und über Zürich nicht für sich in Anspruch genommen haben mochte" (Maurer 1978, S. 66).

Auf ihren Romfahrten besuchten die Ottonen oft Zürich; ob ihnen für ihren Aufenthalt ein Königshof oder eine Pfalz zur Verfügung stand oder ob sie das 853 durch König Ludwig den Deutschen bestätigte königliche Eigenkloster Fraumünster aufsuchten, ist aus den Quellen nicht erkennbar. Heinrich II. hat 1004 in Zürich einen Frieden für ganz Schwaben verkündet und 1018 hier einen acht Wochen dauernden Hoftag abgehalten. Konrad II. war 1027 und 1033 in Zürich. Heinrich III. besuchte Zürich besonders häufig und benutzte es als Festort: 1045, Himmelfahrt 1048, 1050, Pfingsten 1052 mit Hoftag, 1054 Landtag mit Hofgericht, Weihnachten und Dreikönigsfest 1055/56 sowie Verlobung seines Sohnes Heinrich IV. mit Bertha von Turin. In der Zeit von der

Mitte des 11. Jhs. bis zum Jahre 1114 schweigen die urkundlichen Quellen über Zürich. Von 1098–1218 unterstand der um Zürich gelegene Reichsbesitz den Zähringern. Unter den Staufern wurde Zürich nicht aufgesucht, da Friedrich I. für seine Italienfahrten die Rhonestraße und seine Nachfolger von Chur aus den Gotthardpaß benutzten. Die Pfalz wurde vermutlich bald nach 1218 zerstört, als Zürich reichsfreie Stadt wurde (1220/21 Rat, 1225 eigenes Siegel). 1251 erlaubte Wilhelm von Holland den Reichsministerialen, in die Pfalz zu ziehen. 1271 heißt es schließlich in einer Urkunde des Konstanzer Bischofs (Züricher UB IV, 183), die kaiserliche Pfalzkapelle in der Züricher Burg *(capella imperialis aulae in castro Thurigensi) in loco qui dicitur uff dem hoff* sei vor vielen Jahren mit der Burg selbst bis auf den Grund zerstört worden *(cum ipso castro funditus destructa)*.

Von einer königlichen Pfalz Zürich sprechen nur verhältnismäßig späte Quellen: 1054 *in loco Turegum in palatio* und *in pallacio domini Henrici imperatoris*, 1142 und 1145 *in fisco Tureginsis aulae*, 1153 *Turegi in loco imperialis palatii*, 1172 *Turegi in palatio regis*.

Baubeschreibung

Auf dem Höhenrücken zwischen See, Limmat und Sihl, einem Moränengrat am linken Ufer der Limmat, hat Emil Vogt 1937/38 auf dem Gelände des Lindenhofes ein spätrömisches Kastell, wahrscheinlich aus der Zeit Kaiser Valentinians 364–375, ausgegraben, das mit seiner von zehn Türmen unterbrochenen Mauer eine Fläche von 85×50–65 m umschloß. Innerhalb des im Verlauf des Frühmittelalters langsam verfallenen bzw. zur Steingewinnung abgebrochenen Kastells konnte Emil Vogt vier mittelalterliche Hauptbauphasen feststellen.

Zunächst wurden während des frühen Mittelalters innerhalb der Kastellmauern mehrfach Gebäude errichtet, die parallel oder senkrecht zu den römischen Mauern standen, die weitgehend abgetragen waren und nur noch als Terrassenmauern dienten. Vermutlich hat der alemannische Zugriff vor der Mitte des 6. Jhs. die römische Anlage in herzoglichen Besitz gebracht. Bei der Herrschaftsausdehnung der karolingischen Hausmeier seit dem 8. Jh. wurde der Platz Königsgut.

Auf der Osthälfte des Kastells wurde über diese Bebauung ein nord-süd-gerichteter Saalbau von ca. 50 m Länge und 16 m Breite auf 1 m breiten Fundamenten errichtet, dessen südliche Begrenzung gestört war, aber wahrscheinlich bis zur Kastellmauer reichte. Im Norden war ein 8 m breiter Raum abgeteilt, dem nach Osten ein gleichbreiter und 6 m vorspringender Raum angefügt war. Die Fundamentreste einer Burgmauer gehören vermutlich zur Bauzeit und trennten einen im Lichten 28×14 m großen Saal von einem dem Nordraum entsprechenden Südraum ab. Westlich des seit römischer Zeit die Anlage durchquerenden Weges wurden Fundamentreste und ein 5×9 m großer Keller ange-

B 6 Zürich 133

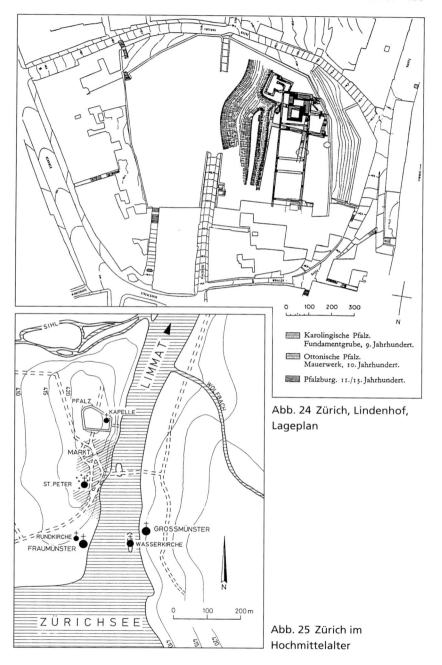

Karolingische Pfalz. Fundamentgrube, 9. Jahrhundert.
Ottonische Pfalz. Mauerwerk, 10. Jahrhundert.
Pfalzburg. 11./13. Jahrhundert.

Abb. 24 Zürich, Lindenhof, Lageplan

Abb. 25 Zürich im Hochmittelalter

134　B　Karolingisch-ottonische Pfalzen 765–1025

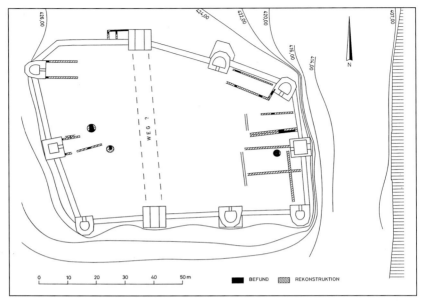

Abb. 26　Zürich, Lindenhof, römische Befestigung und Baureste 5./8. Jh.

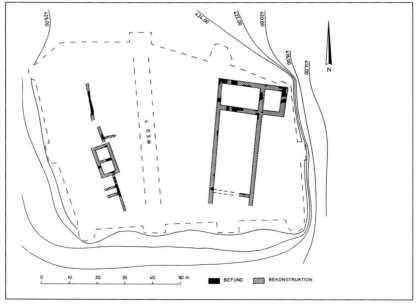

Abb. 27　Zürich, Lindenhof, Bebauung im 9. Jh.

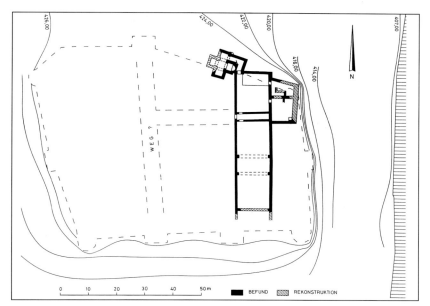

Abb. 28 Zürich, Lindenhof, Bebauung 10. Jh.

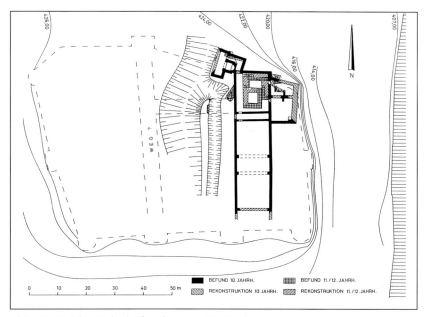

Abb. 29 Zürich, Lindenhof, Bebauung 11./12. Jh.

schnitten, die zu Wirtschaftsbauten gehörten. Der über der Limmat wirkungsvoll aufgerichtete Saalbau mit Wohnräumen wird allgemein als Teil einer Pfalz angesehen und aus historischen Gründen von Emil Vogt in Zusammenhang mit der Gründung der Fraumünsterabtei durch Ludwig den Deutschen 853 und deren weiterer Förderung durch dessen Sohn Karl III. gebracht. Ein in den späteren Pfalzbau vermauertes Pilasterkapitell mit primitivem Schmuck weist in karolingische Zeit. Der Grundriß des Saalbaus mit seinem mittleren Saal, den an den Enden abgeteilten Räumen und einem Anbau verweist sehr auffällig auf den jedoch in Länge und Breite nur halb so großen Hauptbau von Broich an der Ruhr (s. d.) von 883/84, wo die Räume seitlich des Saales als zweigeschossig nachgewiesen werden konnten. Daß die 857 erstmals erwähnte Peterskapelle, Pfarrkirche des Marktortes Zürich, die Funktion als Pfalzkapelle wahrgenommen hat, wie Marcel Beck 1949 vermutet und Helmut Maurer 1978 bestätig hat, lehnt Wolfgang Erdmann 1979 mit dem Hinweis auf die bescheidene Bauform als kleine Saalkirche ab. Hier wäre jedoch auf Frankfurt und Paderborn sowie später auf Duisburg zu verweisen, wo nachweislich Saalkirchen die Pfalzkapelle waren. Andererseits konnte aber auch das Fraumünster an Festtagen dem König den notwendigen Kirchenraum zur Verfügung stellen.

28   In einer zweiten Bauzeit wurde der Saalbau abgebrochen und an gleicher Stelle durch einen etwas längeren, aber schmaleren Bau (ca. 55×13 m), der durch Quermauern unterteilt war, ersetzt. Die aufgehenden Außenmauern sind 85 cm dick. Der Eingang liegt in der Westmauer und führt in einen schmalen Raum, in dem Wolfgang Erdmann eine einläufige Treppe in ein Obergeschoß annimmt. Eine Tür führt nach Süden in den 11,40 m breiten und 31,20 m im Lichten großen Saal, der von zwei Querbalken oder Bogen auf Wandpfeilern mit karniesprofilierten Basen unterteilt war. Südlich des Saales schließt ein weiterer Raum an, der vermutlich bis zur römischen Kastellmauer reichte. Nördlich des schmalen Eingangsraumes liegt ein 11,40×14 m großer Raum mit einem Podest in der Nordostecke. Aus diesem Raum führen zwei Türen in einen schiefwinkligen unterteilten Anbau mit Eckkamin, der die Wohnräume aufnahm. An der Nordwestecke liegt die Pfalzkapelle, die durch einen gewinkelten, 1,50 m breiten Gang mit dem Hauptbau verbunden ist. Der Hauptraum der Kapelle benutzt einen der römischen Wehrtürme als Fundament und ist deshalb zum Saalbau schräg gesetzt. Der Hauptraum der Kapelle ist querrechteckig (8×2,60 m) und zweifach mit Bogen unterteilt, vermutlich gewölbt. An das Mitteljoch schließt sich nach Osten, durch Wandvorlagen abgetrennt, ein querrechteckiger Altarraum (2,10×2,70 m) mit rechteckig ummantelter Apsis an. Der westliche Abschluß der Kapelle ist unbekannt. Die Bautechnik veranlaßte Wolfgang Erdmann, die zweite Bauzeit in die zweite Hälfte des 10. und in die erste Hälfte des 11. Jhs. zu datieren. Den Kapellentyp ordnete er in die Zeit um 1000 ein. Für eine Datierung ins 11. Jh. spricht auch die Zuordnung von Saal-

bau und Kapelle, wie sie in Goslar, Bamberg und Duisburg Parallelen hat. Dem würde aber die von Erdmann vermutete Zweigeschossigkeit und besonders die einläufige Innentreppe, die erstmalig für den Palas der Wartburg um 1160 nachgewiesen ist, widersprechen. Erdmann glaubt, daß der Pfalzneubau beim Aufenthalt Heinrichs III. im Jahre 1004 fertig war. Bei den mehrfachen und bedeutenden Aufenthalten Heinrichs III. muß eine Kirche in dem Ort Zürich die Funktion der Pfalzkapelle übernommen haben, denn die kleine Kapelle konnte nur als Hauskapelle gedient haben.

Der Saalbau blieb lange bestehen. Türen wurden vermauert, in den Nordraum wurde ein quadratischer Bergfried eingebaut, der durch einen größeren in der Gebäudeecke ersetzt wurde; ein Graben westlich vor dem Palas sorgte für eine weitere Sicherung. Wann diese burgartigen Befestigungen der Pfalz zeitlich anzusetzen sind, bleibt unsicher, wohl aber kaum schon im letzten Drittel des 11. Jhs., wie Erdmann vorschlägt, sondern eher erst unter den Zähringern im späteren 12. Jh., und zwar vermutlich nach 1172, als noch wie 1153 von *palatium regis* bzw. *imperialis* gesprochen wird.

Letztlich ist die Datierung der von Emil Vogt ausgegrabenen Bauten unklar und kann wohl auch nicht endgültig entschieden werden. Für den zweiten Palas mit Kapelle sollte aber eine Datierung um 1000 nicht als allzu verbindlich angesehen werden; auch die Mitte des 11. Jhs. unter Heinrich III. wäre durchaus denkbar, wobei man auch auf die Erwähnung von 1054 verweisen könnte, wo es ausdrücklich heißt *in pallacio domini Henrici imperatoris*. Auf jeden Fall kennen wir mit dem *palatium* in Zürich zwei wichtige Palasbauten, einen aus spätkarolingischer und einen aus salischer Zeit, jeweils von bedeutenden Dimensionen (Saal 14×28 m), wie sich im Vergleich mit Paderborn (10,30× 30,90 m), Ingelheim (14,50×33 m) und Frankfurt (12,20×26,50 m) zeigt.

Literatur

Schlag (1940) S. 112f.
Vogt, Emil: Der Lindenhof in Zürich. Zwölf Jahrhunderte Stadtgeschichte auf Grund der Ausgrabungen 1937/38. Zürich 1948.
Beck, Marcel: Die mittelalterliche Pfalz auf dem Lindenhof in Zürich. In: Zs. f. Schweiz. Gesch. 29, 1949, S. 70–76.
Reinle, Adolf: Kunstgeschichte der Schweiz 1. 2. Aufl. Frauenfeld 1968, S. 190–192.
Maurer, Helmut: Der Herzog von Schwaben. Grundlagen, Wirkungen und Wesen seiner Herrschaft in ottonischer, salischer und staufischer Zeit. Sigmaringen 1978, S. 57–75.
Erdmann, Wolfgang: Zur archäologischen und baugeschichtlichen Erforschung der Pfalzen im Bodenseegebiet. In: Deutsche Königspfalzen 3. Göttingen 1979, S. 136–210, bes. S. 144–163.
Streich (1984) S. 179–182.

B 7 Bodman

Die Pfalz Bodman am Bodensee vor den Toren von Konstanz hat seit dem 19. Jh. bei Historikern und Archäologen großes Interesse auf sich gezogen. 1872 fand man beim Abbruch des Barockschlosses Unterbodman nordwestlich der Kirche Fundamentmauern der frühmittelalterlichen Pfalz und grub 1885 nahe der Kirche danach. Die Veröffentlichung 1891 veranlaßte im Nov. 1892 den zuvor mit einer Arbeit über die Pfalzen promovierten Konrad Plath, für mehrere Wochen nach Bodman zu kommen, „um nach Überresten der alten Kaiserpfalz zu suchen." Im Sept. 1904 unternahm er Grabungen. Weitere Grabungen folgten 1970 durch die Universität Konstanz (Arno Borst, Rolf Dehn) und 1975 durch Wolfgang Erdmann. Dieser hat 1977 und 1979 den alten, 1971 wiedergefundenen Grabungsplan von Konrad Plath periodisiert und alle weiteren Grabungsbeobachtungen zusammengestellt und ausgewertet; jedoch ist alles Bauhistorische mehr als unsicher und voller Hypothesen. Die historischen Nachrichten haben Theodor Mayer 1963 und Arno Borst 1977 im einzelnen und in größeren Zusammenhängen dargelegt. Auf diesen Grundlagen basierend gibt Helmut Maurer 1988 im Repertorium „Die deutschen Königspfalzen" einen überzeugenden Überblick mit allen notwendigen Belegen (jedoch mit vertauschten Grundrissen).

Geschichte

In Bodman befand sich im 8. Jh. ein Wirtschaftshof mit Kirche als Zentrum eines großen königlichen Fiskus. Zwischen 834 und 838 berichtete Walahfrid Strabo, auf früheren Nachrichten fußend, daß im Sommer 759 der Alemanne Otmar, Abt des Klosters St. Gallen, auf einer Gerichtsverhandlung verurteilt und durch die fränkischen Grafen Warin und Rudhard als Vertreter König Pippins „in der Pfalz beim Hof Bodman" *(apud villam Potamum palatium)* gefangengesetzt wurde, d. h. das *palatium* Bodman lag bei einer *villa*, einem Wirtschaftshof. Walahfrids Schüler Ermenrich von Ellwangen überliefert 848 ein Erlebnis des Ellwanger Mönches Grimold aus der Zeit zwischen 764 und 768, das dieser *apud curiam Pippini regis iuxta mare apud Podomus dicitur* hatte (Borst 1977, S. 180–184). Diese erwähnte Pfalz ist vermutlich nach der Zerschlagung des alemannischen Herzogtums 746 bei der karolingischen Machtübernahme im Auftrag König Pippins angelegt worden, ohne daß erkennbar ist, daß er selbst dorthin gekommen ist. Auch Karl der Große hat den Bodensee nicht aufgesucht, obwohl er 771 die Alemannin Hildegard (gest. 783) geheiratet hat, deren Brüder Udalrich und Gerold zu den mächtigsten Herren Alemanniens zählten. Ludwig der Fromme nahm während der Auseinandersetzungen mit seinem Sohn Ludwig dem Deutschen im April 839 in Bodman Quartier, *ad villam regiam, quae Bodoma dicitur*, wie der Spanier Prudentius von Troyes (gest.

861), Hofkapellan Ludwigs des Frommen, in der Fortsetzung der *Annales Bertiniani* schreibt; die Urkunden sind *Bodoma palatio regio* ausgestellt.
Ludwig der Deutsche beging am 4. April 846 das Osterfest am Bregenzer See und war Ende Okt. 859 wiederum dort. Er war vermutlich beide Male in Konstanz und wohl kaum in Bodman, wie gerne vermutet wird. Als eine Schlichtung zwischen dem Bistum Konstanz und der Abtei St. Gallen notwendig war, erledigte Ludwig dieses 854 auf einem Reichstag in Ulm. Es ist sicher nicht richtig, wenn immer wieder behauptet wird, Ulm habe die Pfalz-Funktion von Bodman übernommen, da gleichzeitig mit Ulm auch im nahegelegenen Zürich eine Pfalz entstand. Außerdem wurde in Bodman zwischen 842 und 850 eine Privaturkunde *in Potamo curte regis publica* ausgestellt. Erst im April bis Juni 857 weilte Ludwig der Deutsche auf dem Weg von Worms nach Trient acht Wochen zusammen mit seinen Söhnen Karlmann, Ludwig und Karl (dem Dicken) sowie seiner Tochter Irmgard nachweislich in Bodman und stellte fünf Urkunden *in villa Potamo* aus. Am 1. Mai 879 fand eine ansehnliche Versammlung *in loco qui dicitur Potamus in palatio regio* statt. Am 4. Okt. 881 kam Karl III., der Dicke, nach seiner Kaiserkrönung nach Bodman: *ad Potamum palacio imperiali*. Als er im April 884 wieder die Bodenseeklöster und Konstanz aufsuchte, wohnte er vielleicht in Bodman. Im Frühjahr 887 zog sich der erkrankte Kaiser in die *curtis* Bodman zurück und ließ sich operieren. Bodman war aber wohl nicht umfassender ausgestattet als die neu gegründeten Königshöfe Rottweil, Lustenau, Neudingen, Kirchen und Waiblingen.
Ludwig das Kind besuchte am 1. Jan. 901 Bodman und urkundete *in Potamo*, am 21. Jan. 905 *in Potamico palacio* und hielt am 7. Jan. 909 einen Hoftag *in Potamico palatio* ab. Erneut urkundete Ludwig am 21. Mai 909 *ad Potamum*. Der königliche Besitz um die Pfalz Bodman wurde in dieser Zeit teilweise abgegeben, vornehmlich an das Kloster St. Gallen. Vielleicht war Konrad I. nach seiner Königswahl Weihnachten 911 auch in Bodman, als er zusammen mit Bischof Salomon den Weihnachtstag im Konstanzer Dom feierte; am 11. Jan. 912 urkundete Konrad I. *Potamis curte regia*. Im Febr. zog Konrad zu einem Hoftag nach Ulm. Am 25. Sept. 912 ist er wieder im *Patomico palatio*. Es war der letzte Königsbesuch, fortan residierte in Bodman der schwäbische *comes palatii* Erchanger, der mehrfach im Gefolge Konrads I. erscheint; damit hat sich der Charakter der Pfalz nachhaltig verändert. Im Kampf zwischen Erchanger und Bischof Salomon fiel Bodman an den Schwabenherzog Burchard, dem jedoch an Bodman wenig lag. 946 erhielten die Reichenauer Mönche auf der Grundlage einer nach 940 gefälschten Urkunde Karls III. von 887 Güter um Bodman, die Pfalz blieb in Königsbesitz, wurde aber nie wieder von einem König besucht. Im Nov. 1055 weilte Herzog Welf III. von Bayern in *castro Botamo* und starb dort am 13. Nov. 1055. Danach sind keine Herrscher mehr in Bodman nachgewiesen. 1277 hat König Rudolf von Habsburg *curiam nostram in Bodemen sitam* an seinen

140 B Karolingisch-ottonische Pfalzen 765–1025

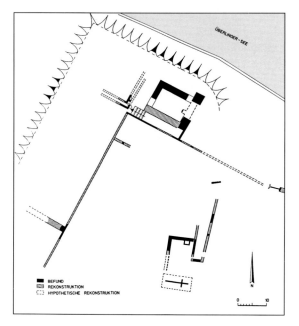

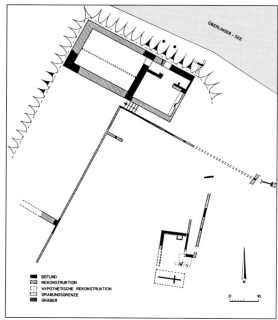

Abb. 30/31 Bodman,
Bestand im
9. und 10. Jh.

Getreuen Johannes von Bodman verpfändet, der 1296 auf dem Frauenberg „nuewe Burch ze Bodemen" erbaute und vor 1309 den Platz der alten Burg *(castrum meum antiquum)* dem Zisterzienserkloster Salem schenkte.

Baubeschreibung

Die von Wolfgang Erdmann aus dem Grabungsplan von Konrad Plath 1892/1904, den Beobachtungen von Arno Borst und Rolf Dehn 1970 sowie seinen eigenen Untersuchungen 1975 am Kirchturm erschlossenen Bauperioden der Pfalz, die auf einem leicht abfallenden Geländesporn direkt am Ufer des Überlinger Sees lag, geben Hinweise auf eine erste Bebauung mit Friedhof wohl im 8. Jh. und eine mindestens zweiperiodige Bebauung des Platzes im 9.–11. Jh. Ein repräsentativer Baukörper von 38,80×13,80 m im Lichten mit bis zu 2,80 m dicken Mauern war möglichst nahe an den Rand des See abfallenden Hanges gerückt. Im Innern war das Gebäude unterteilt, so daß im Westen ein Saal von über 21 m Länge und 13,80 m Breite entstand, dessen Decke auf einem von Stützen getragenen, aus der Längsachse verschobenen Unterzug ruhte. Spuren einer Befestigung des Geländes konnten nicht festgestellt werden. Eine dünne Mauer umgrenzte den Sakralbereich mit der Kirche. In einer zweiten Bauphase wurde an der Stelle des Saalbaus ein wohnturmartiges Gebäude von etwa 11×8 m im Lichten mit 2,40 m dicken Mauern errichtet; nach Westen folgte ein Nebengebäude mit nur 60 cm dicken Fundamenten, vielleicht für einen Fachwerkaufbau. Wolfgang Erdmann datiert die erste Bauphase vermutungsweise in das 9. Jh., die zweite in das 10./11. Jh., wobei im 11. Jh. die Nutzung der Pfalzbauten aufgegeben wurde. In der ersten Hälfte des 12. Jhs. wurde die Kirche umgebaut und mit einem Turm versehen. Im dritten Viertel des 12. Jhs. wurde die Pfalz planiert und an deren Stelle ein herrschaftliches Gebäude mit Buckelquadern errichtet. Nach einem Brand folgte ein mehrgeschossiges Gebäude; daneben stand das spätmittelalterliche Schloß Unterbodman, das 1639 zerstört und 1701 durch einen Barockbau ersetzt wurde.

Literatur

Mayer, Theodor: Die Pfalz Bodman. In: Deutsche Königspfalzen. 1. Göttingen 1963, S. 97–112.
Borst, Arno: Die Pfalz Bodman. In: Bodman – Dorf, Kaiserpfalz, Adel. 1. Hg. Herbert Berner. Sigmaringen 1977, S. 169–230.
Erdmann, Wolfgang: Zur archäologischen Erforschung der Pfalz Bodman. In: Bodman – Dorf, Kaiserpfalz, Adel. 2. Hg. Herbert Berner. Sigmaringen 1977, S. 69–144.
Erdmann, Wolfgang: Zur archäologischen und baugeschichtlichen Erforschung der Pfalzen im Bodenseegebiet. Bodman, Konstanz, Reichenau, Zürich. In: Deutsche Königspfalzen. 3. Göttingen 1979, S. 136–210.
Maurer, Helmut: Bodman. In: Die deutschen Königspfalzen. Bd. 3, 1. Lfg. Hg. Max-Planck-Inst. f. Gesch. Göttingen 1988 S. 18–45.

B 8 Broich in Mülheim an der Ruhr

Bei der Darlegung der Herrschertreffen im frühen und hohen Mittelalter hat Ingrid Voss 1987 deutlich gemacht, welche Orte und Pfalzen dafür ausgesucht wurden (s. u.). Dabei behandelt sie auch das für 923 überlieferte Treffen zwischen dem ostfränkischen König Heinrich I. und Robert I., der am 29. Juni 922 in Reims gegen Karl III. zum westfränkischen König gewählt worden war und dessen Herrschaft über Lotharingien durch das Treffen mit Heinrich I. 923 an-

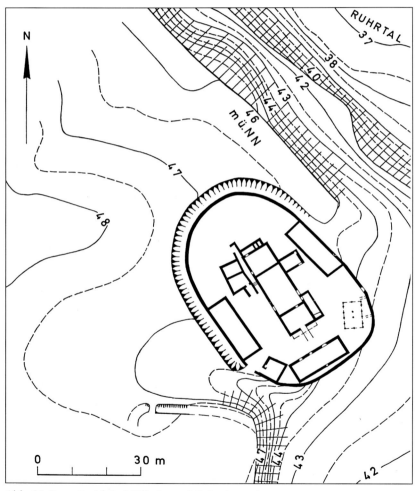

Abb. 32 Burg Broich in Mülheim a. d. Ruhr, Lageplan.

B 8 Broich in Mülheim an der Ruhr   143

erkannt wurde. Nach den Annalen des Flodoard von Reims (893/94–966) hat das Treffen *in pagum Ribuarium super fluvium Ruram* stattgefunden. Mit hoher Wahrscheinlichkeit war dieser namenlose Ort die 883/84 gegen die Normannen errichtete Anlage in Broich am rechten Ruhrufer gegenüber von Mülheim. Diese weitgehend ausgegrabene Burg soll hier behandelt werden, um beispielhaft zu zeigen, wieweit Bauten ohne historische Erwähnung ebenfalls für die Frage nach der baulichen Gestaltung von spätkarolingischen Anlagen von Bedeutung sind, die der König für seine Aufgaben errichten ließ und auch für besondere Anlässe benutzt hat.

Bis zu den Ausgrabungen des Rheinischen Landesmuseums Bonn unter der Leitung von Günther Binding 1965/69 war die spätkarolingische Anlage unter Schloß Broich, Stadt Mühlheim, unbekannt. Südlich des Hellweges, einer alten Handelsstraße, die den 13 m zur Ruhr hin steil abfallenden Hang in einer Mulde und den Fluß in einer Furt überwindet, konnten Teile eines 2,90 m breiten Sohlgrabens mit Holzwand an der inneren Grabenböschung sowie das über eine Erdbrücke zugängliche Tor ausgegraben werden. Es ist anzunehmen, daß diese kurzfristig erstellte Holz-Erde-Anlage sehr bald nördlich des Hellweges durch die aus Ruhrsandstein erbaute Ringmauer mit einem direkt vorgelagerten, etwa 3,80 m breiten Sohlgraben mit Erdbrücke ersetzt worden ist. Auf der ovalen, 40×60 m großen Innenfläche stehen entlang der Ringmauer drei Saalbauten mit Holzfußböden, neben dem Tor ein kleineres Haus mit Kamin, neben der östlichen Ausfalltür zur Ruhr hin ein zweischiffiger Pfostenbau und in der Mitte ein teilweise in Mörtel errichteter Hauptbau mit vier Anbauten. Brunnen und Wirtschaftsbauten fehlten oder lagen in dem nicht ausreichend untersuchten Vorgelände.

In der aus lagerhaften Ruhrsandsteinen mit Lehm aufgerichteten, 0,83–1,00 m dicken Ringmauer wurden im Südwesten das 3,30 m breite Tor, im Südosten eine 1,00 m breite Ausfalltür 2,00 m über dem Außengelände und im Süden ein Abort freigelegt. In der Mitte wird die Anlage durch den teilweise in Mörtel errichteten, 27,75 m langen Hauptbau geteilt, der durch zwei Mauern in drei Räume geschieden ist und drei Anbauten besitzt. Der im Lichten 13,19/ 13,25×7,60/7,70 m große und 2,66–2,95 m hohe Hauptsaal ist von Westen und Osten durch eine ebenerdige Tür zugänglich. Der nördlich anschließende, um 34 cm höher liegende zweigeschossige Nordraum (6,20/ 6,40×7,55/7,65 m) mit Holzfußboden ist über ein Treppenpodest zwischen Haupt- und Nordwestbau erreichbar. Eine Rampe führt von der südlichen Außenseite und eine Holztreppe vom Saal in den 1,55 m eingetieften, 3,16 m hohen Südraum (5,83×7,83 m). Sechs kleine Schlitzfenster sorgen für Licht und Luft. Vom Obergeschoß sind Balkenlöcher, die Nut für Mauerlatten und die Tür, einst vom Saal über eine Holztreppe erreichbar, erhalten. Eine weitere Tür führte auf einen nach Süden ausgekragten Söller (Balkon), von dem man einen guten Überblick über den

144 B Karolingisch-ottonische Pfalzen 765–1025

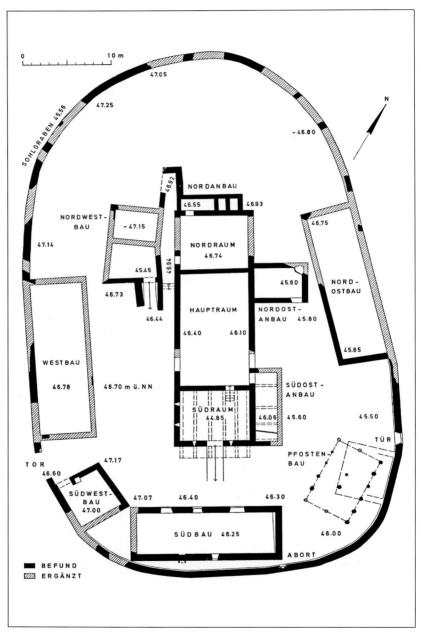

Abb. 33 Burg Broich in Mülheim a. d. Ruhr, Grundriß.

Abb. 34 Burg Broich in Mülheim a. d. Ruhr, heutiger Zustand mit dem Rundturm um 1200.

Hellweg und das Ruhrtal hatte. An den Hauptbau lehnen sich drei Anbauten an: im Nordosten ein kleiner, in der Südostecke von außen zugänglicher, 5,36 x 3,54 m großer Raum mit Eckkamin, wohl ein Schlafgemach (*caminata* = Kemenate); im Südosten, mit dem Hauptsaal durch eine Tür verbunden, ein schmaler 2,00(?) x 7,95 m großer, 2,00 m im Lichten hoher Raum, von dem die Deckenbalken, der Dachanschluß und die Abortgrube (*secessus*) nachgewiesen sind; im Norden ein 1,35 m breiter, vom Nordraum durch eine Tür zugänglicher Gang, der nach 3,70 m an einer Abortgrube endet; dahinter liegt der Abortschacht für das Obergeschoß.

Der im Lichten 15,50×4,70 m große Südbau mit Holzfußboden konnte vollständig ausgegraben werden. Durch drei Türen ist der Saal von Norden zugänglich; eine schmale Tür führt in den Zwickel zwischen Südbau und Ringmauer. In der Südmauer ist ein Kamin nachgewiesen. Der Nordostbau und der Westbau lehnen sich an die dort geradlinig verlaufende Ringmauer an. Während der Nordostbau (17,00/17,65×5,00 m) und der Westbau (17,65×5,65 m), jeweils mit einem Holzfußboden versehen, ebenerdig angelegt sind, ist der Südraum des Nordwestbaues (3,65/4,33 x 4,80/5,45 m) nur über eine Rampe zu erreichen, denn sein Holzfußboden liegt 1,70 m tiefer als der des ebenerdigen Nordraumes (3,33×4,80 m). Der mit Schiefer gedeckte und mit einem Holzfußboden ausgestattete Südwestbau (5,00×4,86/5,36 m) südlich des Tores hat neben seiner Tür unter dem First einen Eckkamin. Der ebenfalls 5,00 m breite Südostbau wurde während der Bauarbeiten an der Ringmauer aufgegeben und durch einen zweischiffigen Pfostenbau (8,00×5,33 m) mit Schieferdach ersetzt. Der Nordteil der Anlage war nachweislich unbebaut.

Die Maße aller Gebäude entsprechen dem karolingischen Fuß von 33,3 cm. Diese im Grundriß vollständig bekannte, 60×40 m im Lichten = 180×120 karolingische Fuß große Anlage mit den teilweise bis zur Dachtraufe erhaltenen Mauern gestattet eine weitgehend zuverlässige Rekonstruktion. Die aus der Bauzeit stammenden Badorf- und Reliefbandamphoren-Scherben lassen an eine Gründung in der zweiten Hälfte des 9. Jhs. denken; Fritz Tischler, Direktor des Niederrheinischen Museums in Duisburg und Professor für Vor- und Frühgeschichte an der Universität zu Köln, nannte aufgrund der Keramikdatierung eine Entstehungszeit um 860/880.

Im Bauprogramm unterscheidet sich Broich insofern von allen bekannten Bauanlagen, als hier ein mehrräumiges Hauptgebäude von drei großen Saalbauten und zwei kleineren Häusern umgeben wird, und eine Kapelle und alle Wirtschaftseinrichtungen wie Küche, Speicher und Brunnen fehlen. Dieses Bauprogramm scheint nach unserer heutigen Kenntnis nicht den Anforderungen zu entsprechen, die an eine Dynastenburg oder Pfalz gestellt wurden. Die großen, nicht unterteilten Saalbauten mit Holzfußböden und der Hauptbau mit aufwendigen Abortanlagen lassen vermuten, daß sie zur Unterbringung einer größeren Zahl von Menschen dienten. Hier kann man zunächst an Krieger denken und wird an ähnlich organisierte Anlagen in Dänemark erinnert, die wohl um 1000 von den Wikingern im Zusammenhang mit den Englandzügen als Trainings- und Winterlager angelegt worden sind.

Je weniger sich die Anlage von Broich in das Bauprogramm einer mittelalterlichen Burg oder Pfalz einfügen läßt, umso mehr fühlt man sich an solche militärischen Anlagen erinnert und greift auf zeitgenössische Berichte über die Anlage und Nutzung von Burgen zur Abwehr der Normannen zurück. Gegen die hereinbrechenden Scharen erwiesen sich Befestigungen als das einzige wirksame Abwehrmittel, denn bei der Weiträumigkeit des Reiches und der Schwerfälligkeit des Aufgebotswesens konnte ein königliches Landheer den wirksamen Schutz der Bevölkerung gegen die plötzlich auftretenden Überfälle nicht erfüllen. Es ist das Verdienst Karls des Kahlen (843–877), daß er diese Notwendigkeit richtig erkannt hat und in Reichsversammlungen energische Maßnahmen hierzu veranlaßte. So ließ er im August 868 neben der 862 begonnenen Sperre in der Seine bei Pîtres zur Abwehr der normannischen Schiffe eine Burg aus Holz und Stein bauen, die er abmessen und in Bauabschnitten an die einzelnen aus dem Reiche verteilen ließ. Von je 1000 Hufen Land mußte ein Ochsenkarren und von je 100 Hufen ein freier Tagelöhner am 1. Mai 869 nach Pîtres kommen, um die Burg auszubauen und zu bewachen. Der Versuch König Ludwigs III., 881 eine Burg aus Holz bei Etrun an der Schelde zu errichten, scheiterte, weil er über keine Leute verfügte, denen er die Burg zur Bewachung übergeben konnte. 885 eroberten die Normannen eine Burg an der Oise, die Kaiser Karl III. (839–888) anlegen lassen und dem Aletramnus zur Bewachung übergeben hatte. Die Einnahme der Burg war deshalb möglich, weil die Normannen die Verteidiger daran hinderten, „Wasser aus dem Fluß zu holen, denn anderes hatten sie nicht".

Broich zeigt sowohl die in unterschiedlicher Mauertechnik von mindestens sechs Kolonnen errichteten Mauern wie Pîtres als auch das Fehlen von Wasser wie bei der Burg an der Oise. Allen drei in den zeitgenössischen Quellen erwähnten Burgen gegen die Normannen ist gemeinsam, daß sie oberhalb eines Flusses lagen und mit Kriegern unter der Führung eines Mannes belegt waren. Diesen waren die Sperre und Verteidigung eines Flußweges anvertraut. Genau das scheinen auch die Aufgaben der Burg Broich gewesen zu sein, die über der Ruhr an ihrer ersten engen Stelle auf dem Wege von Duisburg ruhraufwärts liegt. Alle Befunde und Vergleiche deuten darauf hin, daß es sich um eine militärische Anlage zum Schutz des Ruhrüberganges (Hellweg) und zur Sperrung des Wasserweges gehandelt hat. Die unbenutzten Feuerstellen und die geringe Zahl von Keramikabfällen weisen darauf hin, daß die Anlage nicht oder kaum benutzt worden ist; daraus ist zu schließen, daß sie ihre Aufgaben nur für kurze Zeit erfüllen mußte oder konnte. Wir glauben, aus den Berichten Reginos von Prüm den Anlaß und den Bauherrn entnehmen zu können.

In den zeitgenössischen Berichten über die Raubzüge der aus Dänemark einfallenden Normannen erhalten wir für das Niederrheingebiet zu 863 und 880/884 die ersten Nachrichten über die Existenz bzw. den Bau von Burgen und über organisatorische Maßnahmen zur Landesverteidigung. In den Gegenden, die den Überfällen besonders ausgesetzt waren, ist eine energische Organisation nach bestimmten Mittelpunkten hin festzustellen; der Grundherr mußte sich gegenüber der voraufgehenden Zeit auf eine feste Hofhaltung in der Burg einrichten. Im Jahre 863 bauten die Normannen auf einer Insel bei dem *castellum* Neuss eine Befestigung und verbrannten einen flußaufwärts gelegenen großen Königshof. Im Spätsommer des Jahres 880 befestigten sie die königliche Pfalz Nimwegen mit Wall und Mauern, um sich den Winter über dort aufzuhalten; bei ihrem Abzuge steckten sie die Pfalz mit ihren Befestigungen in Brand. Das gleiche Schicksal widerfuhr Ende 881 u. a. dem *castrum* Neuss und im Winter 883/884 dem *oppidum* Duisburg. Um die Normannen, die sich im Herbst 883 in Duisburg festgesetzt hatten, an Plünderungszügen nach Sachsen zu hindern, erbaute Herzog Heinrich von Ostfranken, der mit der zentralen Reichsverteidigung gegen die Normannen auf dem Reichstage von Worms 882 betraut worden war, in der Nähe ein *castra*. Anfang 884 beauftragte Kaiser Karl III. auf einem Hoftag in Colmar Bischöfe, Äbte und Grafen mit der Verteidigung einzelner Reichsteile. So war offenbar am Niederrhein Eberhard Saxo,

148 B Karolingisch-ottonische Pfalzen 765–1025

Graf im Gau Hamaland, mit der Sicherung der Nordgrenze betraut. Er ist 881 an der Belagerung von Nimwegen und 885 an der Ermordung des Normannenkönigs Godefrid durch Herzog Heinrich von Ostfranken beteiligt. Nach der Ermordung Eberhards 898 übertrug König Arnulf das Amt auf dessen Bruder Meginhard, der es vor 914 wieder verlor, weil die Normannenbedrohung nachgelassen und seit 911 ganz aufgehört hatte. Es dürfte kein Zufall sein, daß etwa gleichzeitig mit dem Hervortreten des Eberhard Saxo in der Reichsverteidigung die ersten nachweisbaren Bauten der Burg Elten zwischen Emmerich und Arnheim entstanden sind (siehe Kap. B.15). Entsprechend geben Lage, Bauprogramm, Scherbendatierung und historische Nachrichten zu der Vermutung Anlaß, daß Broich im Winter 883/84 von Herzog Heinrich als militärische Sperrburg *(castrum)* gegen die Normannen angelegt worden ist und daß die aus Holz errichtete Umwehrung auf dem südlichen Plateau das im Herbst 883 zunächst errichtete Heerlager *(castra)* gewesen ist. Als sich endlich – wie Regino von Prüm berichtet – im Frühjahr (vor Mitte April 884) die Christen alle vereint hatten und die Befestigung der Normannen in Duisburg zu erobern trachteten, verbrannten diese ihr Lager *(castra)* und entwichen aus Furcht des Nachts. Ihnen folgte Herzog Heinrich über den Rhein. Broich hatte damit seine Aufgabe erfüllt.

Im Jahre 923, wohl zu Anfang des Jahres, trafen sich im Gau Ribuarien oberhalb des Flusses Ruhr an einem nicht namentlich bezeichneten Ort an der Grenze zwischen dem westfränkisch-lotharingischen und ostfränkischen Reich die Könige Heinrich I. und Robert I. (s.o.). Es wurde nach Freundschaftsbekundungen und Geschenkaustausch ein Freundschaftsvertrag abgeschlossen. 925 gelang es Heinrich I., das niederlothringische Reich, zu dem auch Werden, Broich und Duisburg auf dem linken Ruhrufer gehörten, endgültig mit dem ostfränkischen Reich zu vereinen. Es ist recht wahrscheinlich, daß das Treffen von 923 in Broich stattfand, denn Werden oder Duisburg wären doch wohl namentlich genannt worden, während die spätere Burg Broich anscheinend noch keinen oder einen dem Chronisten unbekannten Namen hatte. Wenige Pingsdorfer Scherben des 10. Jhs. im Abortschacht des Nordraum-Obergeschosses deuten auf eine kurzfristige Teilbenutzung hin und könnten, wie auch ein Stachelsporn des beginnenden 10. Jhs. vor dem unteren Abort, von dem Treffen zwischen Robert und Heinrich stammen.

Ingrid Voss hat die bevorzugten Gegenden und Orte für Königstreffen zusammengestellt und nach Gründen für die Wahl gesucht. So stellt sie für das 9. und beginnende 10. Jh. fest, daß neben verkehrsgünstig gelegenen Pfalzen auch für Winteraufenthalte und Versammlungen häufig benutzte Pfalzen gewählt wurden und „bei Begegnungen außerhalb der karolingischen Pfalzen wie Grenz- und Inseltreffen ... die Frage der Sicherheit des Ortes verstärkt in den Vordergrund" tritt. Wenn nun Ingrid Voss feststellt, daß das Treffen 923 zwischen den bedeutenden Abteien Essen und Werden an der wichtigen Verkehrs- und Handelsstraße Hellweg stattgefunden hat, dann war ebendieser Ort die namenlose königliche Anlage oberhalb der Ruhr, wo der Hellweg den Fluß überquert. Dazu paßt die Beobachtung von Ingrid Voss, daß sich für das 9. Jh. festhalten läßt, „daß man für die Beratungen zumeist sonst selten beanspruchte Orte wählte, die keine hervorragende Stellung in der Regierungstätigkeit einnahmen. Oft werden sie überhaupt nur – wenn auch mehrere Male – zu Königstreffen aufgesucht" (Voss S. 96). Da Essen auf ostfränkischem und Werden auf westfränkisch-lotharingischem Territorium lagen, konnten diese nicht als neutrale Orte gelten, so daß sich die Anlage von Broich/Mülheim für das Treffen anbot, zumal sie ausreichend große Räume und hohe Sicherheit als *castrum* bot. Nachdem die Anlage im 10./11. Jh. nicht mehr benutzt und teilweise verfallen war, wurde sie im späten 11. oder in der ersten Hälfte des 12. Jhs. in reduzierter Form wiederhergestellt und diente den Herren von Bruke als Burg.

Literatur

Binding; Günther: Die spätkarolingische Burg Broich in Mülheim an der Ruhr. Düsseldorf 1968 (= Rhein. Ausgrabungen 4) (mit dem Befund v. 1965/68 u. den Quellen-Nachweisen).

Binding, Günther: Schloß Broich in Mülheim/Ruhr. Düsseldorf 1970 (= Kunst u. Altertum am Rhein 23).

Binding, Günther: Spätkarolingisch-ottonische Pfalzen und Burgen am Niederrhein. In: Château Gaillard 5, 1972, S. 23-35.

Voss, Ingrid: Herrschertreffen im frühen und hohen Mittelalter. Köln-Wien 1987 (= Beih. zum Archiv f. Kulturgesch. 26) S. 49–57.

Ortsmanns, Kurt: Schloß Broich in Mülheim an der Ruhr. 3. Aufl. Köln 1992 (= Rhein. Kunststätten 77).

Binding, Günther: Burg Broich im frühen Mittelalter. Die Ausgrabungen 1965/69 aus heutiger Sicht. In: 900 Jahre Mülheim an der Ruhr 1093–1993 (= Zs. d. Gesch.-Vereins Mülheim a.d. Ruhr 66, 1993) S. 69–76.

150　B　Karolingisch-ottonische Pfalzen 765–1025

B 9　Duisburg

Duisburg liegt auf einem Ausläufer der bergischen Niederterrasse an der Kante zu der etwa 7–8 m tiefer gelegenen Rheinaue, auf der sich der mittelalterliche Marktplatz entwickelt hat. Das mäandrierende Rheinbett ist hier nur 500 m breit. Direkt nördlich des Burgberges mündete im Frühmittelalter die Ruhr in den Rhein. In Duisburg erreicht der Hellweg, ein wichtiger alter West-Ost-Handelsweg, über Mühlheim, Essen, Dortmund, Soest, Paderborn nach Magdeburg und Leipzig, den Rhein. Nach dem Durchbruch des Rheins bei Essenberg um 1200 floß dieser nun etwa 2 km westlich von Duisburg. Eine Urkunde Friedrich Barbarossas von 1173 erwähnt Duisburg noch als eine zu Wasser erreichbare Stadt. Die günstige Verkehrslage hat dazu geführt, daß sich in Duisburg friesische Händler niedergelassen hatten, die nach dem Prümer Güterverzeichnis von 893 zu St. Martin und zu Ostern je fünf Unzen und zwölf Denare als Abgaben zahlen mußten. Seit dem 8. Jh. entwickelten die Friesen ein Fernhandelssystem und legten Emporien an, u. a. in Birten bei Xanten, Köln, Mainz und Worms. Aus dem Prümer Güterverzeichnis ergibt sich ebenfalls, daß in Duisburg eine Prüm zinspflichtige *ecclesia* mit einem Pastor existierte, der von Prümer Äckern den *census* erhielt. Unter den Saliern und Staufern wurden 1024–1084 und 1160–1210 in Duisburg Denare geprägt.

　Die ottonische Pfalz Duisburg wird erstmals historisch und baugeschichtlich unter Auswertung der Ausgrabungen von Konrad Plath (1900) und Fritz Tischler (1950/61) zusammenfassend von Elisabeth und Günther Binding 1969 behandelt (Dort auch alle Quellen- und Befundbelege). Kleine Ergänzungen aufgrund der Grabungen von Günter Krause haben Joseph Milz und Günter Krause 1983 und 1984 veröffentlicht.

Geschichte

Die früheste sichere Erwähnung Duisburgs erfolgte im Zusammenhang mit dem Normannenüberfall im Herbst 883. Regino von Prüm berichtet in seiner *Chronica*: „Im Laufe des Jahres 883 fahren die Normannen, die von Dänemark ins Kennemerland (im Norden der Provinz Holland) gekommen waren, mit Zustimmung des Normannenkönigs Godefried den Rhein aufwärts, erobern den Ort Duisburg und errichten an dieser Stelle in gewohnter Weise eine Befestigung (Schanzwerke aus Holz und Erde), in der sie sich den ganzen Winter über aufhalten. Gegen die Normannen baut Herzog Heinrich (von Ostfranken) ein Heerlager (wohl Burg Broich an der Ruhr, s. d.) und duldet keine Beutezüge." *(Eodem anno Nortmanni, qui in Chinheim ex Denimarca venerant, adsentiente Godefrido Rhenum navigio ascendunt et Duisburh oppido occupato munitionem in eodem loco more solito construunt et in eo tota hieme resident. Contra quos Henricus dux castra posuit et nullatenus predas agere permisit).* Zum

Jahresbeginn 884 versuchten die Normannen, in Sachsen einzudringen. Ihnen stellten sich Graf Heinrich (von Ostfranken) und der Würzburger Bischof Arn mit einer starken Mannschaft entgegen. Sie wehrten den Angriff in einer Schlacht erfolgreich ab, wie die *Annales Fuldenses* berichten. Die Normannen zogen im Frühjahr 884 nach Westen ab.

Regino von Prüm bezeichnete nur Duisburg als *oppidum*, Städte wurden von ihm *urbs* oder *civitas*, Burgen *castrum* oder *castellum*, Pfalzen bzw. Königshöfe *palatium* (Nimwegen, Forchheim, Frankfurt, Heristal) oder *villa regia* (Flammersheim) genannt. So bleibt die mit *oppidum* zu verbindende Vorstellung der örtlichen Situation unklar. Die nächste Nennung Duisburgs im Jahre 887/88 bezieht sich auf einen königlichen Hof in Duisburg; nach Aussage des *Anonymus Haserensis* (drittes Viertel 11. Jh.) hat König Arnulf die Abtei Herrieden ohne deren königlichen Höfe am Rhein, zu denen auch Duisburg gehörte, dem Bistum Eichstädt geschenkt *(ablatis prius regalibus circa Renum curtibus, in quibus et Thusburg cum omnibus suis pertinentiis)*. Dieser *regalis curtis* genannte Hof war dem allgemeinen Sprachgebrauch nach zu dieser Zeit kein der Königsgastung dienender Hof, der in der Regel *villa regalis* genannt wurde (siehe Einleitung), sondern er war einer der für die Versorgung der *villa regia* oder des *palatium* herangezogenen Höfe im königlichen Besitz. Auch spätere Quellen lassen mehrfach königlichen Besitz im Raum Duisburg erkennen.

Mit der Wahl Heinrichs I. aus sächsischem Geschlecht zum König und dem Anschluß Niederlothringens 923/25 an das Ostreich bekam der Hellweg als Verbindung zum Rhein die Bedeutung einer Königsstraße, und der königliche Besitz wurde als königliche Etappenstation zum Umsteigen vom Land- auf den Wasserweg interessant. Anfang 929 fand *apud Diusburgum* eine Synode statt, deren Teilnehmer aber unbekannt sind. Beurkundete Königsaufenthalte in Duisburg sind zwischen 935 und 1016 14 Mal nachgewiesen: Heinrich I. 935; Otto I. 945 und 966; Otto II. 966, 973, 976, 979; Otto III. 985, 986, 992, 993; Heinrich II. 1002, 1005, 1009, 1016. Die durch die ausgestellten Urkunden belegten Königsaufenthalte lassen die Bedeutungen des Ortes nicht erkennen, jedoch hielt 945 Otto I. einen Hoftag mit Lothringern und Franken ab, und zwischen dem 10. Aug. und 8. Sept. 1002 trafen Erzbischof Heribert von Köln und die Bischöfe von Lüttich und Combrai mit König Heinrich II. in Duisburg zusammen, gelobten ihm eidlich die Treue und begleiteten ihn nach Aachen. Heinrich II. hat neben Kaiserswerth auch Duisburg dem Pfalzgrafen Ezzo übergeben, aber schon 1045 fiel Duisburg unter Heinrich III. wieder an das Reich zurück. Am 16. Okt. 1065 schenkte König Heinrich III. dem Erzbischof Adalbert von Bremen *curtem nostram Tusburch dictam in pago Rurrigowe* (Ruhrgau) *in comitatu Herimanni comitis palatini* (Pfalzgraf Hermann) *sitam cum omnibus appendicis*. Ob die *curtis nostra* mit der Pfalz identisch ist oder mit der *regalis curtis*, die 887/88 dem Kloster Herrieden gehörte, bleibt unklar. 1125 urkundete Heinrich V. *apud*

Tuisburc. Am 8. März 1129 bewilligte König Lothar III. in einer in Duisburg ausgestellten Urkunde den Bürgern seiner *villa* Duisburg *(cives regie ville nostre Duisburch vocate)*, im Duisburger Wald Steine für ihre eigenen Bedürfnisse *(ad domos et alia usui eorum necessaria in villa eadem et in banno illo edificanda)* zu brechen. Ebendiesen Bürgern *(fidelium nostrorum civium Duisburgensium)* bestätigte im Sept./Okt. 1145 König Konrad III. von Werden aus die Häuser bzw. Gebäude *(domos sive edificationes)*, die sie um die Pfalz *(palatium)* und königliche Hofhaltung *(curiam regalem)* bzw. oberhalb des Marktplatzes gesetzt hatten. Er begründete sein Einverständnis damit, daß sie zur Verbesserung der Beherbergungsmöglichkeiten für den König und sein Gefolge dienten, wenn dort ein Hoftag *(curia)* abgehalten wird – was nicht mehr geschah, zumal dann auch die Pfalz Kaiserswerth durch Friedrich Barbarossa ausgebaut wurde.

Baubeschreibung

Das günstige, vom Rhein im Westen, der Ruhr im Norden und Beek- bzw. Dinkelsbach und Pootbach im Süden auf drei Seiten natürlich geschützte, hochwasserfreie Gelände war nur von Osten über eine verhältnismäßig enge Landzunge mit dem 1065 genannten Duisburger Wildbann zwischen Rhein, Düssel und Ruhr verbunden. Ein über 6 m breiter Sohlgraben umzieht auf drei Seiten ein annähernd ovales Plateau von 125 × 180 m; auf der dem Rhein zugewandten, steil abfallenden Westseite ist eine Wehrmauer nachgewiesen; dahinter eine 106 m lange, die Rheinfront bildende Abfolge von großen, 13,90 m breiten Saalbauten mit einer kleinen Saalkirche von 4,65 m lichter Breite und über 8 m Länge. Die beim Bau des Rathauses und in der Salvatorkirche 1900 durch Konrad Plath und die in und nördlich der Salvatorkirche 1956 von Fritz Tischler ausgegrabenen Mauern und die Beobachtungen eines Grabens unter Knüppelmarkt (1929), Georgsstraße und Flachsmarkt (1950/61) sowie Parzellengrenzen haben zu einer Vorstellung der Pfalzanlage, wie sie im frühen und hohen Mittelalter war, geführt. Da Konrad Plath keine Baufugen in seine Pläne eingetragen hat, gibt es nur die Möglichkeit, die Kapelle aufgrund eines Grabes mit Reitersporn in das 10. Jh. zu datieren und damit für die, durch die Salvatorkirche in der Mitte des 12. Jhs. teilweise überdeckte Bebauung und für den Graben eine Entstehungszeit während der politischen Bedeutung Duisburgs als Pfalz im 10./11. Jh. anzunehmen. Während im Duisburger Stadtgebiet bisher 15 fränkische Friedhöfe aus dem 5.–8. Jh. aufgedeckt wurden, die zugehörigen Siedlungen aber noch fehlen, sind die ältesten Keramikfunde auf dem Burgberg Badorfer- und Reliefbandamphorenscherben des 9./10. Jhs.; ob der Graben schon im ausgehenden 9. Jh., als die Normannen Duisburg überfielen, bestand, oder erst im 10. Jh. angelegt wurde, ist bisher archäologisch nicht geklärt.

Das Ost-West-gerichtete, südliche Gebäude H besteht aus 1,50 m dicken Mauern „aus Bruchsteinen in gutem Mörtel" (Plath), der Innenraum ist 11,30 m

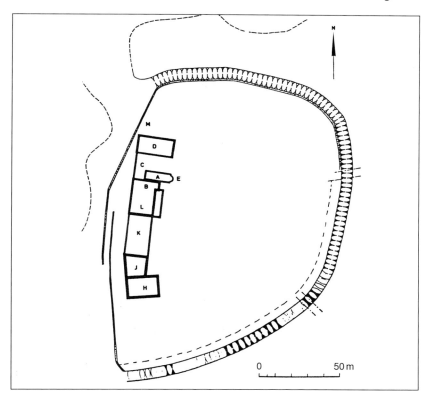

Abb. 35 Duisburg, Lageplan der Pfalz.

breit und über 17 m lang. Der im Norden angefügte verzogene Raum J mit ebenfalls 1,50 m dicken Mauern mißt 12,50/10,40×13,20/11,30 m. Daran schließt sich in Fortsetzung der Westmauer der beiden Südbauten, jedoch leicht abgeknickt, ein großer Saal K von 24,50×13,90 m an, dessen Mauern aber nur 80–90 cm dick sind. Die Innenfluchten fortsetzend, aber mit 1,05 m Dicke nach Westen und 1,30 m Dicke nach Osten vorspringend, folgt ein weiterer 13,90× 21 m großer Saal L/B, dem hofseitig ein 4 m breiter Vorbau angefügt ist. Die nördlich folgende Saalkirche A besteht aus 75 cm dicken Bruchsteinmauern und mißt im Lichten eine Breite von 4,65 m und eine Länge von über 8 m; ob der Raum bis zur westlichen, 85 cm dicken Mauer zwischen der Westflucht der Saalbauten und der Westflucht eines nördlich der Kirche ost-west-gerichteten, über 21 m langen Saalbaus D mit 93 cm dicken Mauern zur Kirche zu rechnen ist, bleibt unsicher. Der Kirchenraum wäre ungewöhnlich lang (etwa 20 m), da er noch über die Ostflucht der Saalbauten vorsteht.

Aus den unterschiedlichen Mauerdicken ist entweder auf verschiedene Entstehungszeiten oder Bauhöhen zu schließen. Die beiden südlichen, wohl einer einheitlichen Bauzeit angehörenden Bauten H und J scheinen eine Erweiterung zu sein, die aber noch dem 11. Jh. angehörenden dürfte, denn sie wurden im 12. Jh. durch westlich anschließende Neubauten ersetzt. Die Saalbauten K und L/B gehören einer älteren Bauzeit an, wobei aufgrund der unterschiedlichen Mauerdicken K wohl nur eingeschossig und L mehrgeschossig und mit einem auf der Hofseite gelegenen Vorbau (Gang?) ausgestattet war. Da der Saalbau B/L gegen die Südmauer der Saalkirche A gesetzt ist, ist die durch das Grab mit dem Reitersporn in das 10. Jh. datierte Saalkirche der älteste Bauteil dieser Bautengruppe. Die für das 10./11. Jh. ungewöhnliche Aneinanderreihung von Saalbauten und Kapelle zu einer geschlossenen Baufront erinnert auffällig an die unter Heinrich II. nach 1002 in Bamberg errichtete Pfalz, so daß zusammen mit der Beobachtung recht solider Mauertechnik für die Saalbauten B/L/K wie auch für die Erweiterung J/H an eine Entstehungszeit im späten 10. Jh. oder im 11. Jh. zu denken ist, auch wenn nach 1016 das Interesse der Herrscher an Duisburg geringer wurde.

Literatur

Binding, Günther u. Elisabeth: Archäologisch-historische Untersuchungen zur Frühgeschichte Duisburgs. Duisburg 1969 (= Duisburger Forsch. Beih. 12) mit älterer Lit.
Kubach, Hans Erich und Albert Verbeek: Romanische Baukunst an Rhein und Maas. Berlin 1976, S. 224–226. (nach Binding)
Rheinischer Städteatlas, Lfg. 4, Nr. 21, 1978: Duisburg.
Krause, Günter: Archäologische Zeugnisse zum mittelalterlichen Duisburg. In: Duisburg im Mittelalter. 1100 Jahre Duisburg 883–1983. Kat. Duisburg 1983, S. 23–77, 116–122.
Milz, Joseph: Pfalz und Stadt Duisburg bis zum Ende des 13. Jh. In: Blätter f. dt. Landesgesch. 120, 1984, S. 135–154.
Krause, Günter: Stadtarchäologie in Duisburg. In: Stadtarchäologie in Duisburg 1980–1990. Hg. Günter Krause. Duisburg 1992 (= Duisburger Forsch. 38) S. 1–65, bes. S. 39.

B 10 Magdeburg

Die von Otto dem Großen in Magdeburg gegründete Pfalz ist als Teil seiner Herrschaftsvorstellung aus historischer Sicht mehrfach behandelt worden. Walter Schlesinger stellte 1968 alle Nachrichten zusammen und führte sie zu einem historischen Gesamtbild, nachdem Berent Schwineköper schon „Die Anfänge Magdeburgs" 1965 ausführlich dargestellt hat. Über die 1959–68 auf dem Domplatz durchgeführten Ausgrabungen hat Ernst Nickel mehrfach berichtet und 1973 die Ergebnisse zusammengefaßt. Das in Ausbruchgruben, Fundamentmauern und geringen Ansätzen von aufgehendem Mauerwerk teilweise freigelegte *palatium* hat Edgar Lehmann 1983 gewürdigt und baugeschichtlich gedeutet. Cord Meckseper hat auf dieser Grundlage 1986 eine zeichnerische Rekonstruktion des Aufgehenden vorgeschlagen und eine weitere Einordnung versucht. Alle diese Bemühungen müssen als sehr hypothetisch angesehen werden, da der archäologische Befund nur wenige Aussagen ermöglicht, während es um die historische Überlieferung besser bestellt ist.

Geschichte

In fränkischer Zeit, vermutlich seit dem 8. Jh., bestand am Westufer der Elbe ein von Fernhändlern besuchter, befestigter Stapelplatz, der zugleich Grenzort zu den heidnischen slawischen Gebieten östlich der Elbe war. Wichtige Handelsstraßen vom Westen, Südwesten und Süden trafen sich hier an der Stelle, an der die Elbe besonders günstig überquert werden konnte. Der Ort wird 805 im Diedenhofener Kapitular Karls des Großen erstmals erwähnt. 806 ließ Karl der Große durch seinen Sohn eine Befestigung gegenüber von Magdeburg auf dem Ostufer der Elbe errichten *(Chronicon Moissacense)*. Erst unter Otto I. rückte Magdeburg in das Zentrum des politischen Interesses. Bereits vor seinem Regierungsantritt bestimmte er es 929 zur Morgengabe seiner ersten Gemahlin Edgith, einer angelsächsischen Königstochter. Madgeburg diente als Stützpunkt gegenüber den eroberten elbslawischen Gebieten und gegen den aufbegehrenden sächsischen Adel. Magdeburg sollte nach dem Willen Ottos Hauptort des Reiches, *Roma nova*, sein und die Grablege der königlichen Familie aufnehmen, ganz in der Tradition von Saint-Denis bei Paris für das Westfränkische Reich. Dazu stiftete er 937 ein Benediktinerkloster in *Magedeburg civitate* bzw. nach den Magdeburger Annalen *abbaciam regalem intra urbem Magdeburg fundavit*, später St. Mauritius (an der Stelle des Domes), südlich anschließend an eine von einem doppelten, zu der Zeit aufgegebenen Spitzgraben gesicherte Fläche, die zum Elbeufer steil abfiel. Dem Benediktinerkloster wurde 937 eine königliche *curtis cum aedificio* und ein *territorium illuc pertinens* geschenkt; in einer anderen gleichzeitigen Urkunde heißt es: *curtem nostram con edificio in ea stante*. 942, 946, 947 und 965 wird in Diplomen Ottos I. das *palatium, pala-*

tium nostrum oder *palatium regium* genannt. In der *basilica nova latere aquilonali ad orientem* (Widukind, *Liber Saxonicae* II, 41) ließ er seine Gemahlin Edgith 946 beisetzen. Die Kirche des Mauritius-Klosters hatte vermutlich die gleiche Funktion als Pfalzkapelle wie in Aachen, Regensburg, Frankfurt und Compiègne die entsprechenden Pfalzstifte.

Spätestens seit 955 verfolgte Otto den Plan der Errichtung eines Erzbistums in Magdeburg mit Missionsauftrag für die slawischen Gebiete. Wie Thietmar von Merseburg (gest. 1018) berichtet, hatte Otto der Große nach der Lechfeldschlacht 955 sein Gelübde erfüllt, und „in der Stadt Magdeburg eine Abtei *(abbacia)* errichtet und ließ an dem Ort, wo die Hl. Aedith ruht und neben der er selbst nach seinem Tod zu ruhen wünschte, einen prächtigen Kirchenbau beginnen *(incipiens aecclesiam mirum in modum)*.... (Nach der Kaiserkrönung am 2. Febr. 962) ließ er durch seinen Kapellan Dodo viele Leiber von Heiligen aus Italien nach Magdeburg bringen. ... Auch kostbaren Marmor, Gold und Edelsteine ließ der Caesar nach Magdeburg schaffen. Er befahl, in alle Säulenkapitelle sorgsam Heiligenreliquien einzuschließen. Den Leib des bewährten Grafen Christin (gest. 951) und anderer Vertrauter ließ er neben der Kirche bestatten, in der er sich selbst schon zu Lebzeiten die Grabstätte zu bereiten wünschte. Im Jahre 961 (Weihnachten 960)... wurde ihm zu Regensburg ... samt anderen Heiligenpartikeln der Leib des Hl. Mauritius und einiger seiner Gefährten überbracht. Dies alles sandte er in gebührender, tiefer Verehrung nach Magdeburg" (Thietmar, *Chronicon* II, 11, 16f.). Mit der Überführung von Säulen aus Rom hatte er sich Karl den Großen zum Vorbild genommen. Die Säulen wurden nach dem Dombrand 1207 in den Chor des Neubaus übernommen und sind dort noch erhalten. 961 wird die mehreren Märtyrern geweihte Krypta erwähnt.

Auf den Dom St. Mauritius bezieht sich der Bericht Thietmars (*Chronicon* II, 30): Otto zog „nach der Stadt *(civitas)* Magdeburg, wo er das Fest der Palmenweihe feierlich beging (16. März 973). Wie gewöhnlich an allen Festtagen ließ er sich in prunkvoller Prozession von Bischöfen und anderen Priestern ihrem Range nach mit Kreuzen, Heiligenreliquien und Rauchfässern zur Vesper, Matutin und Messe in die Kirche *(ecclesia)* geleiten. ... Bei der Rückkehr in seine Wohnung *(ad caminatam)* ließ er sich und seinem großen Gefolge von Priestern, Herzögen und Grafen viele Kerzen vorauftragen."

Die gegen den Widerstand der Erzbischöfe von Mainz und Halberstadt am 18. Okt. 968 durchgesetzte Gründung eines Erzbistums und die feierliche Einsetzung von Erzbischof Adalbert (gest. 981) am Weihnachtstage 968 bedingte die Verlagerung des noch 965 mit den Herrschaftsrechten an Burg und Burgbezirk begabten Klosters in das *suburbium* südlich des Domes, denn die Kirche und die Abteigebäude wurden Sitz des Erzbischofs. Otto wurde 973 in dem vermutlich noch in Bau befindlichen Dom beigesetzt, dessen doppelchörige

Basilika erst 1008 geweiht wurde. Seit dem Privileg Ottos II. von 975 genossen die Magdeburger Kaufleute an anderen Handelsplätzen Zollfreiheit.

Die von Thietmar *(Chronicon* VI, 77) erwähnte *ecclesia rotunda,* eine Marienkirche, deren Lage unbekannt ist, war vielleicht als Pfalzkapelle errichtet worden, nachdem Otto 968 die Klosterkirche zum Sitz des neuen Erzbischofs bestimmt hatte. Beim großen Stadtbrand stürzte sie ein und Erzbischof Walthard (1012) ließ sie von Grund auf erneuern, „er wollte auch dort ein Kanonikerstift einrichten *(canonicorum congregationem facere)*". Das führte dann sein Nachfolger Erzbischof Gero (1012–23) aus, der ein Marienstift, das Liebfrauenstift 300 m nördlich vom *palatium,* stiftete (Schlesinger 1968, S. 12f.). Zu 1017 berichtet Thietmar *(Chronicon* VII, 55), daß sich zwei Schwestern Christus und Maria geweiht haben und ihren Dienst an der Runden Kirche *(in aecclesia, quae Rotunda dicitur)* leisteten.

Otto I. war nachweislich von 936 bis zum Italienzug 961 neunzehnmal in Magdeburg, nach seiner Rückkehr aus Italien noch einmal im Sommer 965 und schließlich nach seiner letzten Romfahrt im März 973. „Magdeburg ist damit die am häufigsten als Aufenthaltsort Ottos nachweisbare Pfalz. ... Auffällig ist, daß Hoftage hier nur selten stattfanden (937, 948, 965). ... Auch die hohen Feste Weihnachen und Ostern pflegte Otto nicht in Magdeburg zu begehen" (Schlesinger 1968, S. 16). „Otto II. hat sich von seinem Regierungsantritt 973 bis zum Beginn des Italienzuges 980 jährlich in Magdeburg aufgehalten, wie sein Vater meist in der warmen Jahreszeit" (Schlesinger 1968, S. 19). Bei den neun Aufenthalten war 979 ein Hoftag. Der Slawenaufstand von 983 störte die weitere Entwicklung des Erzbistums und auch die Bedeutung der Pfalz. Otto III. kam 990 erstmals wieder nach Magdeburg, dann 992, 993, 995 (Hoftag) und 997. Heinrich II. weilte 1003 und 1004 mehrfach in Magdeburg, ab 1009/10 folgten elf Besuche, u. a. 1012, 1013, 1015, 1017 (Hoftag?), 1021 (Pfingsten) und 1024 (Ostern). In dieser Zeit scheint die Pfalz der Hand des Königs entglitten zu sein, und es war 1025 wohl mehr die Metropole, der Konrads II. Besuch auf seinem Umritt galt. Drei weitere Besuche sind für 1028, 1032 und 1035 bekannt. Goslar wurde in dieser Zeit die bevorzugte Pfalz. Heinrich III. war wohl gar nicht in Magdeburg, Heinrich IV. 1064, 1065, 1072 (Pfingsten), 1085, Heinrich V. 1105 und 1107. „Kann man im Zweifel sein, ob zu Heinrichs II. Zeit in Magdeburg eine Königspfalz im vollen Sinne des Wortes bestand, so war es am Ende der salischen Zeit bestimmt nicht der Fall. ... Wenn die Könige nach Magdeburg kamen, waren sie Gäste in der erzbischöflichen Pfalz" (Schlesinger 1968, S. 23).

Baubeschreibung
Über die Gesamtanlage der Pfalz können nur sehr allgemeine und zumeist unzureichende Hinweise aus den historischen Quellen entnommen werden. Die

158 B Karolingisch-ottonische Pfalzen 765–1025

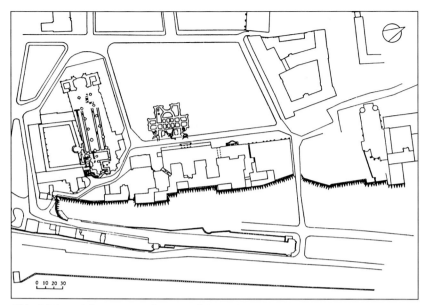

Abb. 36 Magdeburg, Lageplan mit Pfalz und Dom.

36 Ausgrabungen haben außer den Grundmauern des Domes nur noch Ausbruchgruben, Fundamente und geringe Reste von aufgehendem Mauerwerk von einem monumentalen Gebäude auf dem Domhof (1959–68 durch Ernst Nickel) freigelegt, das sich ursprünglich weiter nach Osten erstreckt hat und als *palatium* Ottos I. angesprochen wird. Es liegt etwa 50 m nördlich des Domes (in Aachen und Goslar sind es 120 m, in Frankfurt 40 m); es weicht in seiner Achse nur ein wenig von der des Domes ab.

37 Die 28,40 m breite Westfront wird von einer mächtigen, 10 m weiten, durch Mauerzungen abgeschnürten Konche in der Mittelachse des Gebäudes beherrscht. Die Konche berührt mit ihrem Scheitel den Scheitel einer um 1,20 m größeren, nach Osten geöffneten Konche; beide Konchen werden von gemeinsamen Nebenräumen begleitet, die einen etwa 14,50 m tiefen, rechteckigen Baukörper bilden. Auf der Grundlinie der inneren Konche verbreitert sich der Bau um je 8 m auf 44,40 m Gesamtbreite bei 15,50 m Tiefe. Das Innere wird durch einen Fundamentrost aus 1,10–1,60 m dicken Mauern in zwei Schiffe und sieben Joche geteilt; vermutlich standen auf den Kreuzungspunkten sechs (und nicht zehn wie bei Edgar Lehmann und Cord Meckseper) Säulen (oder Pfeiler), wobei die Frage nach einer Einwölbung, evtl. wie im Westwerk von Corvey, nicht überzeugend beantwortet werden kann, weil die unterschiedlichen Jochweiten zwischen dem Kernbereich und den Flügeln unlösbare Pro-

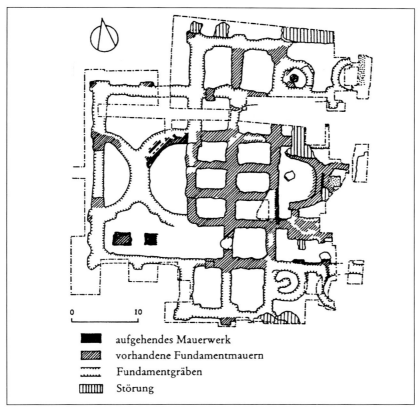

Abb. 37 Magdeburg, Pfalz und Befundplan.

bleme für die Wölbung bringen, die bei einer Säulen- oder Pfeilerstellung mit Holzbalkendecke nicht auftreten. An die mittleren drei etwas engeren Joche schließt auf der Achse der westlichen Konche eine kleinere, 6,50 m weite östliche Konche mit querrechteckigem Vorjoch an; entsprechende Spuren lassen auf einen Durchgang im Scheitel der Konche schließen. An die beiden äußersten Joche sind runde Türme (6,50 m äußerer Durchmesser) mit Treppenspindel (0,85–1,10 m Laufbreite) angebaut, die den Zugang in ein Obergeschoß mit der *aula*, dem Festsaal, herstellen. Der Saal ist zweischiffig mit lichten Maßen von etwa 41×11,5 m vorzustellen.

Die etwa 1,80 m dicken Außenmauern der beiden Baukörper sind durch ca. 1,50–1,75 m breite und etwa 15 cm tiefe Wandvorlagen gegliedert, die vermutlich mit Rundbogen verbunden waren; sie sind als monumentale Wandgliederung und nicht konstruktiv aufzufassen. Das aufgehende Mauerwerk „besteht aus gut gefügten Muschelkalksteinen in Quaderform" und springt über einem Sockel 10–20 cm zurück. „Auch diese Abstufung besteht aus gut bearbeiteten Quadersteinen. Sie leiten unmittelbar in das Fundament über" (Nickel 1975, S. 322f.). Der Vorschlag von Cord Meckseper 1986 für die Baukörpergliederung ist durch die Fundamentbefunde teilweise auszuschließen, so müssen die Räume neben den Konchen des westlichen Baukörpers die gleiche Höhe wie der quergerichtete Hauptflügel besessen haben (Lisenengliederung, fehlende Fundamente neben den Konchen).

Im Anschluß an die Treppentürme und neben der östlichen Konche wurden Maueransätze von geringerer Dicke (1,10–1,20 m) gefunden. Im Scheitel der östlichen Konche deuten Fundamentreste auf eine vierte, nach Osten geöffnete Konche hin, womit das Doppelkonchenmotiv der Westseite sich in kleinerem Maßstab zu wiederholen scheint. Das in der Konche aufgedeckte Steinpflaster verweist auf einen Hof, auf den die in der Ostkonche festgestellte Tür führte. Der Hof wird von einem nördlichen und südlichen Gang begrenzt, der jeweils im Westen in einer kleinen Konche von 4 m Weite endet, die mit Abstand vor den Treppentürmen so angeordnet sind, daß fast die Breite des Hauptbaus aufgenommen wird.

Edgar Lehmann 1983 und Cord Meckseper 1986 haben versucht, eine Einordnung vorzunehmen, die bei der geringen Zahl und der unsicheren Überlieferung der Bauten aus frühmittelalterlicher Zeit unbefriedigend ausfallen muß; auch der Hinweis auf Byzanz bringt keine größere Sicherheit. Die Konchenausbildung kann mit Aachen und antiken Bauten genügend erklärt werden, und für die Wandgliederung sind ebenfalls Aachen und auch St. Pantaleon in Köln ausreichend, um zu verdeutlichen, daß einheimische Anregungen zur Verfügung standen, zumal uns viele Bauten des 9./10. Jhs. verloren sind. Edgar Lehmann betont 1993 (S. 31) noch einmal, daß der Palast „hinsichtlich Größe und Gestalt damals gewiß einzigartig war. Es lag nahe, nach Vorbildern dafür in Byzanz zu suchen. Aber abgesehen davon, daß dort kein Palast aus dieser Zeit erhalten ist, scheint es auch abwegig, dort etwas Ähnliches zu erwarten, da byzantinische Paläste ganz anders organisiert waren."

Das im Verlauf der Grundmauern teilweise bekannte *palatium* in Magdeburg ist in seiner räumlichen Ausbildung bisher einmalig und muß, solange nicht auch die Fortsetzung nach Osten ausgegraben ist, weitgehend in Deutung, Rekonstruktion und Einordnung unsicher bleiben. Auf jeden Fall ist anzunehmen, daß Otto I. in Magdeburg ein *palatium* geplant hat, das seinem politischen Anspruch, den er mit Magdeburg verband, in besonderem Maß entsprach. Die Datierung der ausgegrabenen Anlage in ottonische Zeit ist durch den archäologischen Befund zweifelsfrei; die historischen Nachrichten lassen an eine Bauzeit nach der Kaiserkrönung Ottos I. 962 denken; der Bauabschluß dürfte noch vor Ottos Tod 973 möglich gewesen sein. Der Bau wurde dann von seinem

Sohn Otto II. ausgiebig genutzt. Inwieweit der Bau beim Slawenaufstand 983 beschädigt worden ist, konnte nicht festgestellt werden. Es ist aber auch nicht gänzlich auszuschließen, daß der Bau erst nach dem Slawenaufstand unter Otto III. errichtet worden ist. Diese Unsicherheit in der Datierung und Zuordnung muß angemerkt werden, wenn auch eine Zuweisung an Otto I. hohe Wahrscheinlichkeit besitzt – aber nicht mehr.

„Die Symmetrie des Palastes, der sich auch die Treppentürme unterordnen, die hohe Eingangsnische und die Monumentalität der gesamten Anlage, das alles verleiht ihr gleichsam einen sakralen Charakter. Man fühlt sich an das *palatium sacrum* der Antike erinnert" (Lehmann 1993, S. 32).

Literatur

Schwineköper, Berent: Die Anfänge Magdeburgs (mit Berücksichtigung der bisherigen Grabungsergebnisse) In: Studien zu den Anfängen des europäischen Städtewesens. Reichenau-Vorträge 1955–1956. Darmstadt 1965 (= Vortr. u. Forsch. Hg. Konstanzer Arbeitskreis f. mittelalterl. Gesch., 4) S. 389–450.
Schlesinger, Walter: Zur Geschichte der Madgeburger Königspfalz. In: Blätter f. dt. Landesgesch. 104, 1968, S. 1–31. – Wiederabdruck in: Ausgewählte Aufsätze von Walter Schlesinger 1965–1979. Hg. von Hans Patze u. Fred Schwind. Sigmaringen 1987 (= Vortr. u. Forsch. 34) S. 315–345.
Nickel, Ernst: Magdeburg in karolingisch-ottonischer Zeit. In: Zs. f. Archäologie 7, 1973, S. 102–142. – Wiederabdruck in: Vor- und Frühformen der europäischen Stadt im Mittelalter. Bericht über ein Symposium in Reinhausen bei Göttingen vom 18. bis 24. April 1972. T. 1. Hg. Herbert Jankuhn, Walter Schlesinger, Heiko Steuer. Göttingen 1973, 2. Aufl. 1975 (= Abhandl. d. Akad. d. Wiss. in Göttingen. Philolog.-Hist. Klasse. 3. Folge. Nr. 83) S. 294–331.
Lehmann, Edgar: Der Palast Ottos des Großen in Madgeburg. In: Architektur des Mittelalters. Hg. Friedrich Möbius u. Ernst Schubert, Weimar 1983, S. 42–62. Zusammenfassung in: Ernst Ullmann (Hg.): Der Magdeburger Dom ottonische Gründung und staufischer Neubau. Leipzig 1989, S. 57–61.
Streich (1984) S. 168–173.
Meckseper, Cord: Das Palatium Ottos des Großen in Magdeburg. In. Burgen u. Schlösser 27, 1986, S. 101–115.
Lehmann, Edgar: Der Palast Ottos des Großen in Magdeburg. In: Bernward von Hildesheim und das Zeitalter der Ottonen. Kat. Hildesheim 1993, Bd. 2, S. 31–33.
Kintzinger, Martin: Magdeburg. In: Lex MA 6, 1993, Sp. 71–77.

B 11 Grone

Auf dem südlichen Sporn des Hagenberges im Westen der Stadt Göttingen lag die Pfalz Grone, die Eike von Repgow um 1230 im Sachsenspiegel neben Werla, das durch Goslar ersetzt worden sei, Wallhausen, Allstedt und Merseburg als königliche Pfalz *(palenze)* für Hoftage im Sachsenland nennt. Ausgrabungen haben Georg Merkel und J. H. Müller 1880/81, 1935 U. Kahrstedt und H. Krüger sowie 1957 bis in die 1970er Jahre Adolf Gauert vorgenommen. Adolf Gauert hat seine Befunde immer noch nicht angemessen publiziert. So haben wir für die neben Werla, Tilleda und Pöhlde zu stellende ottonische Pfalz nur eine recht oberflächliche Vorstellung.

Widukind von Corvey (um 925–nach 973) erwähnt in seiner Sachsengeschichte Grone *(Grona)* zu 915 als *urbs*, als sich hier der liudolfingische Herzog Heinrich von Sachsen erfolgreich gegen die von ihm verlangte Unterwerfung unter den mit seinem Heer angerückten König Konrad I. wehrte. Nach der Herrschaftsübernahme durch Heinrich I. 919 gehörte Grone seit 929 zu den Witwengütern der Königin Mathilde (gest. 968). Der Streit zwischen Mathilde und ihren Söhnen Otto und Heinrich um diese Güter wurde 941 beigelegt, indem König Otto I. seine Mutter in Grone wieder in ihre Wittumsrechte einsetzte. Nach dem Tode Mathildes sind in Grone zahlreiche Königsaufenthalte belegt: Otto II. 973, 975 (976), 978, 980; Otto III. 985, 986 (zweimal), 992; Heinrich II. 1002, 1012 (zweimal), 1013, 1022, 1024 (am 13. Juli hier gestorben); Konrad II. 1025. Ein Hoftag fand hier 992 statt; hier entschied Heinrich II. 1012 zweimal über die Besetzung des Madgeburger Erzstuhls, 1022 erhob er in Grone den Abt Godehard von Niederalteich zum Nachfolger Bernwards auf den Hildesheimer Bischofsstuhl. Hierhin zog sich Heinrich II. schwer erkrankt im Sommer 1024 zurück und starb dort am 13. Juli. 1025 fand in Grone noch eine Synode statt, um eine Entscheidung in dem Streit zwichen den Bistümern Hildesheim und Mainz um die Zugehörigkeit des Kanonissenstifts Gandersheim zu treffen. Damit endete die Bedeutung der Pfalz Grone und ihre Aufgaben wurden von der durch Heinrich I., ausgebauten Pfalz Goslar übernommen. Die königliche Reiseroute vom Niederrhein nach Sachsen und Thüringen verlief nun nicht mehr über Grone, sondern über Goslar. Der von Reichsministerialen verwaltete königliche Wirtschaftshof *(curia)* Grone diente weiter zur Versorgung des Königs. Im Zuge der Auseinandersetzungen zwischen Friedrich Barbarossa und dem welfischen Herzog Heinrich dem Löwen wurde auch die Burg „auf dem hagen zu Borchgrone" 1180 zerstört. Auf dem verkleinerten Areal der Pfalz errichteten die Reichministerialen von Grone eine Burg, die in den 20er Jahren des 14. Jhs. von den Bürgern der Stadt Göttingen zerstört und, abgesehen von der Kapelle, nicht wieder aufgebaut wurde.

Die nach Ausweis der Scherben nicht vor dem Ende des 9. Jhs. auf dem Hagenberg angelegte Burg ist wie Werla und Tilleda zweiteilig: die annähernd kreisförmige Hauptburg (etwa 100×120 m) war von einer 1,50 m dicken Mauer aus Kalktuff und Rhätkeupersandstein und von einem 7–12 m breiten, vor den drei Toren durch Erdbrücken (vergl. Broich) unterbrochenen Graben umschlossen. Südlich liegt die ovale, 150×110 m große, vermutlich unbebaute Vorburg, die mit einer Holz-Erde-Konstruktion, später mit einer Tuffmauer und an der Ostseite durch den natürlichen Steilabfall geschützt war. Zu der Burg gehört die 2 km entfernte Siedlung Grone, die mit dem Wirtschaftshof und der Peterskirche in die Zeit um 800 zurückgeht. Neben der Burg entstand gleichzeitig eine zweite Siedlung (Burggrone), deren Kirche Johannes dem Täufer geweiht war. Burg und Siedlung gehörten zu Beginn des 10. Jhs. den Liudolfingern; mit der Wahl Ottos I. 919 ging Grone in das Reichsgut auf und wurde zur Pfalz ausgebaut.

Die Pfalzbauten standen entlang der östlichen Ringmauer über dem 20 m aus der Flußniederung aufsteigenden Steilhang: ein etwa 24 m langer und 6,50 m breiter Saalbau (A) und sich nördlich anschließende Wohnräume (B); im Süden die Kapelle St. Walpurgis als Saalbau von ca. 14×9 m im Lichten mit unregelmäßig um Mauerdicke eingezogener Apsis (C), deren Scheitel an die Ringmauer stößt, und mit quadratischem Anbau an die Nordwand des Saales,

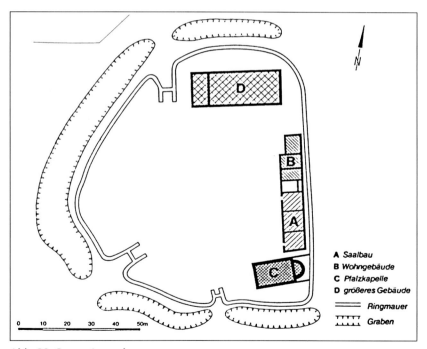

Abb. 38 Grone, Lageplan

der vielleicht den Zugang aufnahm. An der nördlichen Ringmauer seitlich des Nordtores wurden Reste eines 35×12 m großen Gebäudes (D) ausgegraben, dessen Funktion bisher als ungeklärt gilt, es ist vermutlich als Palas, evtl. als Ersatz für den bescheideneren Bau A, anzusehen.

Die Tuffsteinfundamente der Westmauer der Raumfolge A–B wurde nachträglich um eine Lage Rhätkeupersandstein auf fast das Doppelte verbreitert; auch die Fundamente der Kapelle bestehen überwiegend aus Rhätkeupersandstein, nur für die Apsis wurde Kalktuff verwendet. Diese Veränderungen werden mit dem Bericht Thietmars von Merseburg (*Chronicon* VI, 66) in Verbindung gebracht. Anläßlich seines Besuches bei König Heinrich II. in Grone am 14. Juni 1012 erwähnt er die *caminata regis*, also die Wohnräume des Königs, als Ort geheimer Verhandlungen des Königs mit Walthard, dem Kandidaten für den Magdeburger Erzstuhl. Die Walpurgiskirche, in der sich alle zu einem Tedeum versammelten, sei auf Initiative Heinrichs II. erbaut und von dem Magdeburger Erzbischof Tagino (1004–1012) geweiht worden. Bei der Beschreibung des Platzes, an dem Thietmar und seine Begleiter, nachdem sie die Burg (*castra*) verlassen hatten, außerhalb des Ortes (*extra urbem*) damals übernachtet haben, erläutert er für die Leser, daß dort inzwischen (1014) die Kirche des Hl. Alexander stehe. Ob hier Heinrich II. die Absicht hatte, ein Pfalzstift zu gründen, bleibt unklar, denn bald verlor die Pfalz ihre Bedeutung.

2   Größe (140×140 m), Lage und Anlage sind eng verwandt mit der Burg auf dem Kanstein bei Langelsheim, Landkreis Göttingen, die um 900 angelegt und zu Anfang des 11. Jhs. ausgebaut worden ist und deren repräsentativer Saalbau (19,30×10,40 m mit 80 cm dicken Mauern) Sitz eines Adligen war. Solange der ausführliche Grabungsbericht von Adolf Gauert nicht vorliegt, muß davon ausgegangen werden, daß die publizierten steinernen Baureste aus dem beginnenden 11. Jh. stammen und nicht, wie zuletzt noch von Werner Jacobsen angenommen, aus der ersten Hälfte des 10. Jhs.

Literatur

Gauert, Adolf: Die Ausgrabungen auf dem Gelände der Pfalz Grone. Zur Geschichte der Pfalz Grone nach der schriftlichen Überlieferung. In: Deutsche Königspfalzen 2, Göttingen 1965, S. 114–139.
Streich (1984) S. 159–161.
Zotz, Thomas: Pfalz und Burg Grone. In: Göttingen, Geschichte einer Universitätsstadt 1. Hg. Dietrich Denecke u. Helga-Maria Kühn. Göttingen 1987, S. 31–50.
Grote, Klaus u. Sven Schütte: Die Königspfalz Grone. In: Führer zu archäologischen Denkmälern in Deutschland 17. Stadt u. Landkreis Göttingen. Stuttgart 1988, S. 85–93.
Jacobsen, Werner, Leo Schäfer u. Hans-Rudolf Sennhauser: Vorromanische Kirchenbauten. Nachtragsband. München 1991, S. 155f. mit Lit.-Verz.

B 12 Pöhlde

Die Pfalz Pöhlde im Kreis Osterode im südlichen Harzvorland lag am Nordfuß des Rothenberges im Bereich des heutigen Dorfes Pöhlde. Sie war bis zur Brandzerstörung 1017 unter Heinrich II. die bevorzugte Weihnachtspfalz. Oberhalb, auf dem Kamm des Rothenberges, liegt die Wallburg „König Heinrichs Vogelherd", die Martin Claus 1934 und 1955–1966 untersucht hat. 1964 hat er auch Reste der Pfalz bzw. des Königshofes nördlich der Kirche im Ort Pöhlde ausgegraben und darüber 1970 und 1972 Vorberichte vorgelegt.

In zwei Schenkungsurkunden aus den Jahren 927 und 929 vermachte Heinrich I. (919–936) die *curtis regia Palithi* neben anderen Besitztümern in Quedlinburg, Nordhausen, Grone und Duderstadt mit samt der *civitas (cum civitatibus)* seiner Gemahlin, der Königin Mathilde. Civitas bedeutet etwa Burg. 932 weilte Heinrich I. nachweislich in Pöhlde. Vermutlich gehörte der Hof zum Familienbesitz der Liudolfinger und ging durch die Wahl Heinrichs I. zum deutschen König in Reichsbesitz über. Otto I. (936–973) besuchte 957/58 Pöhlde, sein Sohn Otto II. (973–983) war mehrfach hier: 973, 974, Weihnachten 974, 975 und Weihnachten 979. Die Königin Mathilde gründete 950 mit Hilfe Corveyer Mönche ein Benediktinerkloster in Pöhlde, das Kaiser Otto II. 981 dem Erzbistum Magdeburg unterstellte. Den Hof *Palathi* erhielt seine Gemahlin, die Kaiserin Theophanu, als Wittum. 1001 fand in Pöhlde anläßlich des sog. Gandersheimer Streites zwischen dem Bischof Bernward von Hildesheim und dem Erzbischof von Mainz eine Synode statt. 1002 wurde hier der Anwärter auf den Königsthron, Markgraf Ekkehard von Meißen, von dem Grafen Siegfried von Northeim ermordet.

Unter Heinrich II. (1002–1024) war Pöhlde bis zur Brandzerstörung 1017 neben Goslar und Merseburg die wichtigste Pfalz und bevorzugte Weihnachtspfalz, in der Heinrich neunmal Weihnachten feierte. Nach der von Thietmar von Merseburg berichteten Brandzerstörung im Jahre 1017 suchte Konrad II. (1024–1039) Pöhlde im Jahre 1028 wieder auf. Heinrich III. (1039–1056) war 1047, 1049, 1050 (?) in Pöhlde. Nach einem Aufstand gegen Heinrich III. fiel im Jahre 1048 in Pöhlde der Billunger Graf Thietmar, der Bruder des Herzogs Bernhard II. von Sachsen, in einem gottesgerichtlichen Zweikampf. Für 1059 ist mit Heinrich IV. der letzte Königsbesuch in Pöhlde überliefert. Friedrich Barbarossa gab 1158 den Hof Pöhlde zusammen mit den Burgen von Herzberg und Scharzfeld gegen Güter in Süddeutschland an Heinrich den Löwen.

Von dem Königshof Pöhlde sind keine Bauspuren sichtbar. Der quellenmäßig erwähnte Hof Heinrichs I. ist, wie die Grabungen 1934 und 1955–1966 auf dem Rothenberg ergeben haben, nicht mit der Wallburg „König Heinrichs Vogelherd" auf dem Kamm des Rothenberges zu verbinden, sondern der Hof lag, wie Martin Claus 1964 festgestellt hat, im Bereich des Pfarrgartens, 40 m

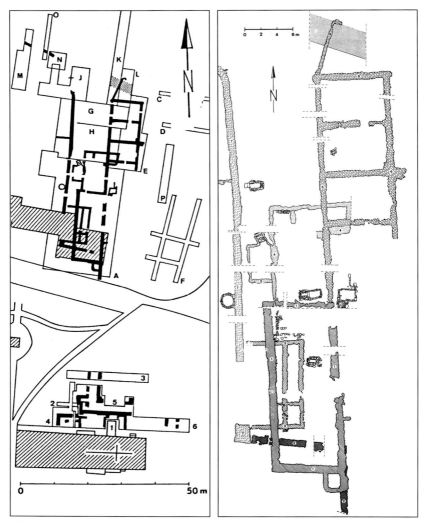

Abb. 39 Pöhlde, Lage- und Befundplan.

nördlich der Pfarrkirche, der ehem. Klosterkirche, im Ort Pöhlde. Die Wallburg auf dem Rothenberg bestand aus einer fast kreisrunden Oberburg von 97–100 m mit gemörtelter Steinmauer, die nachträglich an eine von einem Graben umgebene ovale Vorburg von 220 m Länge und 122 m Breite angefügt worden ist. Auf den Innenflächen konnten keine Spuren von fester Bebauung festgestellt werden, so daß es sich hier um eine Fluchtburg gehandelt hat, die entsprechend den Scherbenfunden im 9. und beginnenden 10. Jh. zeitweise benutzt wurde.

Von dem Königshof, der so häufig zu Weihnachten aufgesucht wurde, hat Martin Claus im Pfarrgarten nördlich der ehem. Klosterkirche Reste freigelegt, 39 die, in Nord-Süd-Richtung gelegen, aus mehreren Gebäuden in mindestens drei Bauphasen bestanden: ein Saalbau von 9,50×22 m (innen 7,20×20 m) mit 1 m dicken Mauern über älteren Mauerresten eines unterteilten Baues von 7×11,50 m *(opus spicatum)*, nördlich anschließend ein schmaler Bau mit kleinerem Rechteckraum mit Ofenanlage, die von einem dreigeteilten Bau von 9,50×20 m überlagert wird. Die südlich gelegene Klosterkirche hat vermutlich die Funktion der Pfalzkapelle übernommen und diente den Weihnachtsmessen. Die Kirche war durch einen gedeckten Gang mit den Saalbauten verbunden. Die heutige Saalkirche steht auf dem Mittelschiff der ehemaligen dreischiffigen basilikalen Klosterkirche.

Literatur:

Claus, Martin: Die Burganlage „König Heinrichs Vogelherd" bei Pöhlde, Kr. Osterode/Harz. In: Deutsche Königspfalzen 2. Göttingen 1965, S. 265–272.
Claus, Martin: Die Pfalz Pöhlde (Palithi). In: Führer zu vor- u. frühgesch. Denkmälern. Bd. 17. Mainz 1970, S. 115–139.
Claus, Martin: Zur Topographie der Pfalz Pöhlde, Kreis Osterode am Harz. In: Neue Ausgrabungen u. Forsch. in Niedersachsen 7, 1972, S. 283–294.
Streich (1984) S. 161–165.

B 13 Werla

Die 16 km nördlich von Goslar gelegene Pfalz Heinrichs I. (919–936) in Werla ist 1934–1939 und 1957–1964, von großem publizistischem Interesse begleitet, ausgegraben worden. Bereits 1875 hatte im Zusammenhang mit dem Wiederaufbau der Goslarer Pfalz (1873–1879) der örtliche Bauführer E. F. A. Schulze für die Aufstellung eines Gedenksteines auf dem Kreuzberg von Werla einen ersten Situationsplan der Pfalz angefertigt. 1926 nahm Uvo Hölscher erste Ausgrabungen vor. Aber erst nachdem 1929 das Pfalzgelände vom Kreis Goslar gekauft und 1933 die Werla-Kommission gegründet war, konnte in deren Auftrag der grabungserfahrene Karl Becker 1934 mit wissenschaftlichen Ausgrabungen beginnen; wegen seiner Erkrankung setzte H. Steckeweh die Grabung 1936 fort; er wurde von dem Prähistoriker Hermann Schroller unterstützt, der 1937–1939 und 1957–1958 die Grabungsleitung übernahm. Nach dessen tödlichem Unfall setzten Gudrun Stelzer und Carl-Heinrich Seebach, der seit 1938 Schroller assistiert hatte, die Grabung bis 1964 fort. Die Ergebnisse der Grabung hat Carl-Heinrich Seebach 1967 – unter Verwendung der Vorberichte von Hermann Schroller 1938–1940 – wohl abgewogen und gut dokumentiert vorgelegt. In der Besprechung dieses Buches stimmte Paul Grimm 1969 den Ergebnissen voll zu, ergänzte jedoch die Deutung des beheizten Südbaus mit angefügtem Rundbau, indem er auf ähnliche Baugruppierungen polnischer Königsburgen verwies. Diesen Hinweis nahm Adolf Gauert 1979 zum Anlaß, Seebachs Datierung und Zuordnung der Bauten zu widersprechen und zu versuchen, den beheizten Saalbau mit Rundkapelle einer ersten Bauphase unter Heinrich I. zuzuordnen und mit der 929 erwähnten *domus magna* zu identifizieren; die Kreuzkirche mit der sich westlich anschließenden Bebauung datierte er in eine spätere Zeit, als der Südbau schon abgegangen war (wobei er übersieht, daß Seebach für diesen Umbauten im 12. Jh. nachgewiesen hat). Für die Umdeutung und Neudatierung der Befunde, die Gerhard Streich 1984 vorbehaltlos übernahm, reichen die Begründungen von Adolf Gauert jedoch nicht aus, vielmehr widersprechen alle Beobachtungen von Schroller und Seebach und die Datierung paralleler Anlagen seinen Vorstellungen. So muß man weiterhin von dem Plan bei Carl-Heinrich Seebach ausgehen und eine genauere zeitliche Differenzierung der Bauten als z. Zt. nicht möglich ansehen. Die schriftliche Überlieferung zur Geschichte der Pfalz hat Carl Borchers 1935 zusammengetragen, Hans Jürgen Rieckenberg würdigte sie 1965. So liegen für die Pfalz Werla den archäologischen und historischen Umständen nach umfassende und überzeugende Veröffentlichungen mit sorgfältiger Dokumentation der Befunde durch Hermann Schroller und Carl Heinrich Seebach vor.

Geschichte

Die Pfalz Werla wird erstmals von Widukind von Corvey in seiner 967 abgeschlossenen Sachsengeschichte (I, 32) erwähnt (alle Nachweise bei Borchers 1935): Heinrich I. hatte sich 926 vor den Ungarn, die in ganz Sachsen „Burgen und Orte in Brand steckten, ... in den Schutz der Burg Werla" *(in praesidio urbis, quae dicitur Werlaon)* zurückgezogen. Am 23. Febr. 931 urkundete Heinrich I. *in Uuerlaha civitate regia*, ähnlich Otto I. am 11. Sept. 939. In einer Urkunde Ottos I. vom 19. April 940 lautet der Ausstellungsort *Uuerla platio regio*. Ende März 968 fand ein sächsischer Landtag statt, wobei die Ortsangabe in den Quellen schwankt: *in castello Werle (Gesta episc. Halberstadensium), in Werlaon castello (Annalista Saxo), in loco, qui dicitur Werla* (Widukind III, 70). Die Pfalz Werla „war in vierfacher Hinsicht für den König bedeutsam: als große militärische Anlage, als großer wirtschaftlicher Stützpunkt in der so wichtigen Königslandschaft rund um den Harz, als Ort für die königlichen Hoftage und ebenso als Ort für die sächsischen Landtage in Gegenwart, aber auch in Abwesenheit des königlichen Herzogs" (Rieckenberg in Seebach 1967, S. 9).

Für das Jahr 1002 berichtet Thiemar von Merseburg in seiner Chronik (V, 3f.) anläßlich einer Wahlversammlung sächsischer Fürsten von einem reichen Mahl *ad civitatem, quae Werla dicitur*, das dort in einem großen Haus, dessen Sitze mit Teppichen geschmückt waren, stattfand: *Vespere autem iam facto, cum prefatis dominis in magna domu sedilia auleis ornata et mensa esset variis cibis referta*. Unter Heinrich II. fand 1017 *edictu Caesari*s (Thietmar VII, 54) der erste Hoftag an Stelle von Werla in der neu ausgebauten Pfalz Goslar statt. Werla war aber als Wirtschaftshof für Goslar und als Ort der sächsischen Landtage weiterhin von Bedeutung. 1024 wurde eine Versammlung *in quodam castello, quod Werla dicitur*, abgehalten, auch wird für diese Zeit oder später ein *concilium generale ... in palatio imperiali in loci qui dicitur* Werla überliefert. Die Bedeutung von Werla endete schließlich, als Heinrich IV. am 1. Jan. 1086 *curtem nostram nomine Werle et villas eodem pertinentes* und damit einen erheblichen Teil des Werlarer Reichsgutes dem Bischof Udo von Hildesheim als Preis für seinen Übertritt in das Lager des Königs überließ.

In der Pfalz Werla sind folgende Königsaufenthalte für die Liudolfinger (Ottonen) nachgewiesen: Heinrich I. 924, Febr. 931, (Weihnachten 932 zweifelhaft); Otto I. Okt. 936, Juni 937, Sept. 939, April 940, Mai 947, April 936; Otto II. Juni 973, April 974, Jan. 975; Otto III. Okt. 993; Heinrich II. Nov. 1005, seit Febr. 1013 mehrere Wochen wegen Krankheit, 1024; Konrad II. März 1035(?). Seit 1017 war Werla nur noch Stammesvorort der Sachsen. Rieckenberg gab 1954 eine Aufstellung, „wann die Ottonen im März in oder in der Nähe der Pfalz Werla geweilt und somit den sächsischen Landtag (der jeweils vor Ostern abgehalten wurde) dort besucht haben" könnten; in den Jahren zwischen 922 und 1035 war das 32 mal möglich. Diese Tradition wiederaufnehmend hat

Friedrich Barbarossa im Zusammenhang mit der Auseinandersetzung mit Heinrich dem Löwen nach den Pegauer Annalen in Werla 1180 gewohnt: *in curia apud Werle habita* (Werla liegt nur 25 km südlich von Braunschweig), und er setzte hier auf einem Hoftag am 15. Aug. 1180 den Anhängern Heinrichs des Löwen für deren Übertritt auf seine Seite einen Termin.

1174 und 1178 wird die *capella in Werle* als zu dem Kloster Heiningen gehörig bestätigt; 1240 wurde dem Kloster *decimam de Werle cum curia quodam in ipsa villa sita* übergeben. Die Kapelle Werla wird weiterhin genannt; am 14. Aug. 1818 fragte die Königl. Großbritann. Hann. Klosterkammer an, ob sie die zwischen Heiningen und Schladen auf dem Kreuzberg zu Kloster Heiningen gehörige Kapelle, worin kein Gottesdienst mehr gehalten wird und die sehr baufällig sei, abtragen dürfe; die Zustimmung erfolgte am 26. Aug. 1818.

Baubeschreibung

Die Pfalz Werla liegt 18 m über der Okerniederung auf einem steil abfallenden Niederterrassensporn der nördlichen Harzausläufer, 16 km nordöstlich von Goslar an der Straße Schladen – Werlaburgdorf, nahe der Straßen von Hildes-

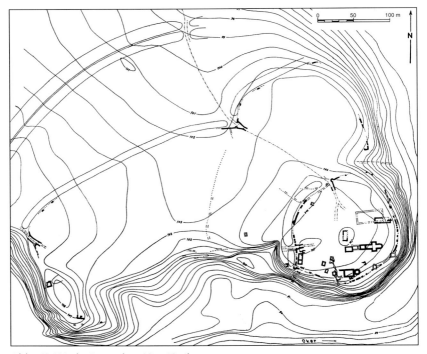

Abb. 40 Werla, Lageplan 10.–13. Jh.

heim nach Halberstadt und Magdeburg. Im 9. Jh. bestand hier ein durch einen 3,80 m breiten Wall mit Graben geschützter Hof mit Holzhäusern auf untermauerten Schwellbalken; eines war 11,60×4,20 m groß mit Anbau, darin eine Herdstelle und im Abstand von 3,50 m ein hufeisenförmiger kleiner Backofen. Die zum Siedlungshorizont des Hauses gehörige Keramik stammt aus dem 9. Jh.

An der Stelle des Hofes wurde eine fast kreishörmige Ringmauer errichtet, im Westen mit vorgelagertem Graben und zwei Vorburgen, deren äußere mit Wall und Graben und deren innere mit Graben, Mauer und zwei Kammertoren wie an der Hauptburg befestigt ist. In den Vorburgen fanden sich Spuren von gewerblich-handwerklichen Tätigkeiten, wie sie für Tilleda umfangreich nachgewiesen sind. Mit knapp 18 ha umwehrter Fläche ist die Pfalz Werla eine der größten frühmittelalterlichen Befestigungen Norddeutschlands. Das sehr unregelmäßige Gelände innerhalb der etwa 150 m im Durchmesser großen Hauptburg wurde einplaniert und anschließend mit Steinbauten und einigen Holzhäusern bebaut. Das Baumaterial für die Ringmauer und die Wohn- und Kirchenbauten stammt aus der näheren Umgebung: der grünliche Hilssandstein nördlich von Burgdorf, der rötliche Rogenstein und Buntsandstein vom Harliberg bei Vienenburg, der für die Bauten des 12./13. Jhs. verwendete Kalksandstein kommt aus der Gegend von Veltheim und Rhoden östlich der Oker. 40

Die 0,80–1,75 m dicke Ringmauer aus graugrünem Hilssandstein ist nur 40 cm tief gegründet. Vor der Mauer liegt eine 1–1,30 m breite Berme und im Nordwesten zur Vorburg ein 9 m breiter und 4 m tiefer Spitzgraben, vor dem südwestlichen Tor verblieb eine Erdbrücke. Die Südwestecke ist durch einen runden, nach innen offenen Turm betont; ähnliche Türme werden bald nach Fertigstellung der Mauer zwischen den beiden Toren und an die Ecke des Nordwesttores angebaut. Die beiden Tore sind als Kammertore ausgebildet. Das besser erhaltene Südwesttor hat einen Mauerdurchlaß von 4 m Breite, die anschließende 6,40 m tiefe Kammer verjüngt sich von 5,40 m auf 4 m, das doppelflügelige Portal ist 3 m breit, davor eine 5 m tiefe Vorkammer. Das nachgewiesene Steinpflaster stammt erst aus dem 12 Jh. Das Nordwesttor ist entsprechend ausgebildet, die Torkammer ist etwas tiefer und der Mauerdurchlaß an der Nordecke durch einen Halbrundturm geschützt, der im 12./13. Jh. eine Entsprechung an der Südecke erhielt. Im 12. Jh. wurden weitere Schalentürme und im Südosten zwei rechteckige Türme an die Ringmauer gebaut, die teilweise in dieser Zeit auch erneuert worden sind. 41

Nach Osten aus dem Zentrum der Anlage verschoben wurde eine kreuzförmige Kirche mit gestelzter Apsis freigelegt, deren innere Gesamtlänge 22 m, deren Breite 5,80 m und deren Querhaus 13,50 m beträgt. Die 80 cm dicken, nur 30–42 cm tief gegründeten Mauern bestehen aus Sandstein, vermischt mit Rogenstein. „Die Steine des aufgehenden Mauerwerks zeigen die gleichen Schlagspuren wie die anderen Bauten des 10. Jhs. (Seebach 1967, S 44). Im 41

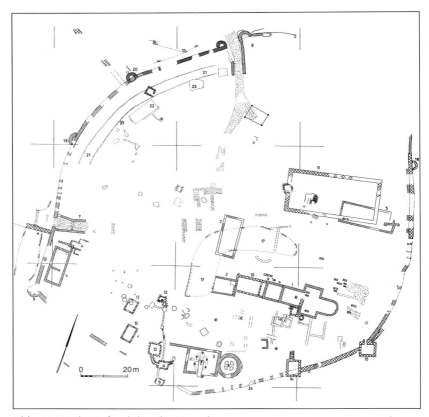

Abb. 41 Werla, Befundplan der Hauptburg.

Chor liegt ein 0,90×2,00 m großes Altarfundament und auf der Längsachse 1,50 m westlich des Querhauses unter dem Fußboden eine quadratische, 45 cm große und 1 m tiefe Steinkiste, die als Sakrarium anzusehen ist. Im 13. Jh. wurde der Westarm der Kapelle durch eine Mauer abgetrennt. In der Kapelle und um sie herum wurden einige Gräber aufgedeckt, deren Datierung unsicher ist.

Im südlichen Knick der Ringmauer an der weithin sichtbaren Südseite über dem Steilhang zur Oker steht mit etwa 5 m Abstand ein repräsentativer Palas, bestehend aus einem 9×12 m großen Raum mit Fußbodenheizung, eine über 8 m lange Fortsetzung nach Westen und einem im Verband errichteten östlichen Rundbau von 10 m äußerem Durchmesser, in dem vier Kreissegmente vermutlich ein Gewölbe getragen haben.

Von besonderer Bedeutung ist die Heizungsanlage unter dem Saal in Werla: „Auf dem Bankett in den beiden Feuerungskammern ist ein Rost anzunehmen,

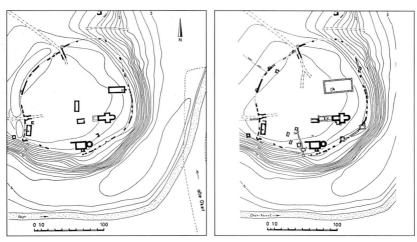

Abb. 42/43 Werla, Rekonstruktion der Hauptburg im 10. und 12. Jh.

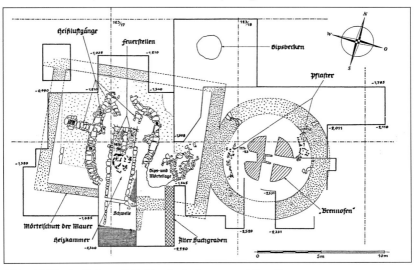

Abb. 44 Werla, Palas mit Fußbodenheizung und Rundbau.

auf dem durch Verbrennen von Holz Steine zum Glühen gebracht wurden. Der Rauch und die sich entwickelnde heiße Luft gelangten durch die Verbindungsgänge in die oberen Heizkanäle. Schloß man mit Hilfe der Deckelsteine beim Anheizen die Lochsteine, so mußte der Rauch zum Schornstein ausweichen. Nach dem Abzug des Rauchs nahm man die Deckel hoch, und die heiße Luft konnte nun in den Saal strömen. Für diese Erklärung spricht, daß der Verbindungsgang zum Schornstein noch bei der Freilegung besonders starke Rußspuren aufwies, während die anderen Verbindungsgänge völlig sauber waren" (Seebach 1967, S. 48). In den Heizkammern fanden sich Scherben des 10. und 11. Jhs. „Ein Vergleich der Mauern bezüglich ihres Materials und Mörtels führt zur Feststellung, daß die Anlage der Heizkammern in das 10. Jh. zu datieren ist, daß das zugehörige Haus aus unbekannten Gründen abgerissen und später zusammen mit dem Rundbau von Grund auf erneuert wurde. Der Eingang zur Heizkammer muß im 12. Jh. noch einmal ausgebessert sein" (Seebach 1967, S. 48). Die jüngsten Scherben aus dem Abbruch stammen aus dem 14. Jh. Das Gebäude ist vermutlich zweigeschossig zu rekonstruieren, zumindest würden die Mauerdicken von 80 cm für den Palas und 1,40 m für den Rundbau ausreichen.

Gleichzeitig mit der Kapelle ist ein kleiner, ost-west-gerichteter Wohnbau von 5,20× über 8 m im Lichten (Mauerdicke 70 cm) mit Zugang im Osten entstanden, der wegen seines rosa gefärbten Gipsestrichs als Wohnraum zu werten ist; seine Westwand ist später durch einen Graben beseitigt worden. Ebenfalls aus der ersten Bauperiode stammt ein quadratischer Raum, von 5,80×5,90 m im Lichten, der an den gleichbreiten Kirchensaal angefügt ist. Seine 80 cm dicken Mauern bestehen wie die der Kapelle aus Rogenstein und gelbem Sandstein. Der beide Bauten verbindende Trakt ist später eingefügt worden, wahrscheinlich im 12./13. Jh. gleichzeitig mit der Verkleinerung der Kapelle; er hat anscheinend einen Pfostenbau ersetzt. Im rechten Winkel zu dem westlich der Kapelle gelegenen Wohnbau steht ein Saalbau in gleicher Mauertechnik von 5,80 m×14,80 m im Lichten.

Südlich des Südwesttores liegt mit geringem Abstand von der Ringmauer ein zweigeteiltes Gebäude von etwa 14×5,60 m. Am Ostende der Trennmauer ist eine Verbindungstür mit Türanschlag und Schwelle nachgewiesen. Der Hauseingang befindet sich in der Nordwand des Nordraumes, ausgerichtet auf das Südwesttor. Die aus großen, gut bearbeiteten Steinen errichteten Mauern mit verputzten Innenwänden, der 15 cm dicke Lehmboden mit dünnem Estrich und ein Herd in der Nordecke lassen einen Wohnbau vermuten, der einen 3×3 m großen Holzbau ersetzt hat. Seebach vermutet in dem Bau einen Wohnbau für die Wachmannschaft am Tor. Diese Deutung ist sehr unsicher oder eher unwahrscheinlich, denn direkt neben der Nordwestecke dieses Hauses wurden Mauerreste eines kleineren Steingebäudes von 2,50×3 m lichten Maßen nachgewiesen. Hier lag ein Herd in der Südwestecke. Auch dieses Haus ersetzt ein älteres Holzhaus auf Schwellbalken. Hier ist eher – ähnlich wie in Tilleda – an ein Wachhaus zu denken.

Auf dem freien Gelände zwischen Kreuzkirche und Nordwesttor stand ein 21,50×8 m im Lichten großes, ununterteiltes Gebäude mit festem Lehmboden. Die 60 cm dicken Mauern aus Sandstein, vermischt mit einigen Kalksteinen, können nur ein eingeschossiges Gebäude getragen haben. Seebach vermutet deshalb, daß das Gebäude vielleicht wirtschaftlichen Zwecken gedient habe, die Deutung als Versammlungssaal ist ebenfalls möglich, denn an der Stelle dieses Baues wird im 12. Jh. ein Saalbau von 34,40×15 m Innenmaßen und 1,45 m dicken Mauern errichtet, der im 13. Jh. durch einen Keller gestört wird. Seebach bringt diesen großen, wohl zweigeschossigen Saalbau mit der Tagung Kaiser Friedrichs I. im Jahre 1180 zusammen. In dieser Zeit gehören wohl auch die rechteckigen Mauertürme mit der erneuerten Ringmauer im Süden sowie die Wiederherstellung der westlichen Ringmauer, die zuvor niedergelegt worden war und nun weiter westlich errichtet wurde, so daß die Hauptburg in ihrer Fläche verdoppelt wurde.

Das große zweiräumige Gebäude neben dem Südwesttor wurde erneuert und nach Norden erweitert, kleinere Gebäude entstanden an verschiedenen Stellen außerhalb der Hauptburg. Zwischen Kreuzkapelle und dem gleichgerichteten Bau westlich davon wurde ein Verbindungsbau angefügt. Der große Saalbau und die Reparatur und Verstärkung der Ringmauer durch Türme sowie die Veränderungen an dem beheizbaren Gebäude lassen deutlich erkennen, daß im 12. Jh. umfangreiche Erneuerungen der alten Pfalz vorgenommen worden sind. Mit der Übergabe der *curia quodam in ipsa villa (Werle) sita* (s. o.) an das Kloster Heiningen 1240 wandelte sich die Nutzung. Vielleicht begann man damals, die Kreuzkapelle mit den sich westlich anschließenden Gebäuden durch einen Sohlgraben abzuteilen, um so eine kleinere Anlage zu schaffen; der Rest des Geländes wurde aufgesiedelt, wie Keller und unterirdische Gänge mit Kammern erweisen.

Datierung

Die Datierung der Ringmauer und der einzelnen Gebäude der Pfalz Werla bereitet Schwierigkeiten, denn die historischen Nachrichten und die Keramikfunde verweisen nur allgemein in das 10. Jh.. Unklar ist, welche Bauten vorhanden waren, als Heinrich I. sich 926 hier vor den Ungarn in Sicherheit brachte. Die Ringmauer oder ein Holzerdevorgänger mit Abschnittsgraben sowie die Vorburgumwallungen dürften in dieser Zeit benutzbar gewesen sein. Wann dann aber die Kreuzkapelle, der beheizte Wohnraum mit Rundkapelle und die einzelnen Wohn- und Saalbauten errichtet worden sind, kann im einzelnen nicht genauer festgelegt werden. Die Keramikfunde verweisen nur sehr allgemein in das 10. Jh. Aufgrund des verwendeten Steinmaterials schließt Seebach auf gleichzeitige Entstehung. Der Grundriß der Kreuzkirche zeigt an den entscheidenden Stellen der Vierungsecken keinen Befund, so daß die Frage nach einer ausgeschiedenen Vierung nicht zu beantworten ist und darüber eine Datierung ausbleibt. Somit ist der Bautyp im 10. wie im 11. Jh. möglich, wie auch Gerhard Streich annimmt und im Anschluß an Adolf Gauert vermutet, daß die Kreuzkirche „erst nach der Verlegung der Pfalz unter Heinrich II. entstanden ist." Andererseits meint er, daß „angesichts der Bedeutung der Werlaer Pfalz ein Nebeneinander von zwei Kapellen schon zur Pfalzenzeit nicht ganz auszuschließen ist" (Streich 1984, S. 155).

Das gleiche gilt ganz besonders für den beheizten Saalbau mit Rundkapelle. Die von Paul Grimm zum Vergleich herangezogenen polnischen Königsburgen sind in das 11. Jh. zu datieren. Der mit Werla verwandte piastische Fürstensitz von Ostrow auf der Insel im Lednica-See bei Posen im Erzbistum Gnesen soll von der böhmischen Prinzessin Dabrowska, Gemahlin Miezkos I. (gest. 992),

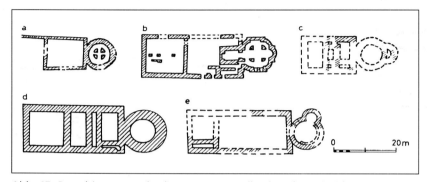

Abb. 45 Grundrisse von Palastbauten mit Rundkirche: a) Werla; b) Ostrów Lednicki; c) Plock; d) Giecz bei Gniezno; e) Przemysl

gegründet worden sein und dürfte unter Boleslav I. Chobry (gest. 1025), der in seiner Jugend als Geisel am kaiserlichen Hof weilte, errichtet worden sein; Otto III. war in Ostrów Gast des Boleslav Chobry. Giecz bei Gnesen blieb wohl infolge des Tschecheneinfalls 1038 unvollendet. Die ebenfalls von Paul Grimm zum Vergleich herangezogenen Bauten Przemysl und Plock sind zeitgleich oder eher etwas jünger. Die große Verwandtschaft zwischen dem Bau mit Rundkapelle in Werla und Ostrów legt eine Datierung für Werla in den Anfang des 11. Jhs. nahe.

Fußboden-Heizkanäle finden sich ähnlich wie in Werla sowohl auf dem St. Galler Klosterplan um 830, im Kloster Reichenau im 9. Jh., im Königshof Attersee/Oberösterreich im 9. Jh., aber auch in der Burg Dankwarderode (vollendet 1164/66) und im Kaiserhaus Goslar (zweite Hälfte 12. Jh.?) sowie in Zisterzienserklöstern ab etwa 1200; auch in der Pfalz Tilleda wurde in der zweiten Hälfte des 12. Jhs. eine Bodenheizung in den Palas eingebaut. Welches das „große Haus", die *domus magna* des Thietmar von Merseburg gewesen ist und damit 1002 bestanden hat, ist entgegen Adolf Gauert nicht zu entscheiden. Somit bleibt der von Carl-Heinrich Seebach publizierte Plan der „Hauptburg mit den Gebäuden des 10. Jhs." ohne eine ins einzelne gehende Periodisierung als verbindlicher Vorschlag bestehen; die Datierung kann höchstens noch in den Anfang des 11. Jhs. bis kurz vor der Verlegung der Hoftage nach Goslar unter Heinrich II. 1017 ausgeweitet werden. Danach sind bedeutende Neubauten kaum anzunehmen. Daß zwei Kapellen gleichzeitig bestanden haben, was Adolf Gauert ablehnt, kann unter Hinweis auf Nimwegen, Bamberg und Goslar als möglich bezeichnet werden, wenn auch diese Beispiele erst aus dem 11. und 12. Jh. stammen.

Erst für Friedrich Barbarossa wird Werla wieder bedeutungsvoll, und Erneuerungen der Wehranlage sowie der Bau eines großen Saalbaus werden notwendig, ganz ähnlich wie in der Pfalz Tilleda. Anlaß dafür könnten Friedrichs Bemühungen um die Stabilisierung der Reichsmacht gegen Heinrich den Löwen gewesen sein, vielleicht auch die Erinnerung an die Bedeutung Werlas als Ort der sächsischen Landtage, was auch Eike von Repgow um 1230 im Sachsenspiegel veranlaßt haben mag, Werla mit Grone, Wallhausen, Allstedt und Merseburg zu den sächsischen Pfalzen (palenze) zu zählen.

Literatur

Borchers, Carl: Werla-Regesten. In: Zs. d. Harz-Vereins f.. Gesch. u. Altertumskunde 68, 1935, S. 15–27.
Schroller, Hermann: Bericht über die Untersuchungen der Königspfalz Werla im Jahre 1937, 1938, 1939. In: Nachrichten v. d. Ges. d. Wiss. zu Göttingen. Phil.-Hist. Kl. II. Mittl. u. Neuere Gesch. N. F. Bd. 2, Nr. 6, Göttingen 1938, S. 85–120; Bd. 2, Nr. 9, 1939, S. 233–256; Bd. 3, Nr. 2, 1940, S. 65–87.
Osten, Gert von der: Neueres Schrifttum über deutsche Königspfalzen. In: Zs. f. Kg. 7, 1938, S. 242–244.
Seebach, Carl-Heinrich: Freilegung einer frühmittelalterlichen Heißluftheizung auf der sächsischen Königspfalz Werla. In: Mannus 33, 1941, S. 256–273.
Rieckenberg, Hans Jürgen: Werla. In: Harz-Zs. 5/6, 1954, S. 29–41.
Berges, Wilhelm: Zur Geschichte des Werla-Goslarer Reichsbezirks vom 9. bis zum 11. Jahrhundert. In: Deutsche Königspfalzen 1, Göttingen 1963, S. 113–157.
Schroller, Hermann: Die Ausgrabung der Pfalz Werla und ihre Probleme. In: Deutsche Königspfalzen 2, Göttingen 1965, S. 140–149.
Rieckenberg, Hans Jürgen: Zur Geschichte der Pfalz Werla nach der schriftlichen Überlieferung. In: wie vor, S. 174–209.
Krüger, Sabine: Einige Bemerkungen zur Werla-Forschung. In: wie vor, S. 210–264.
Stelzer, Gudrun u. Carl-Heinrich Seebach: Neue Ausgrabungen auf der Königspfalz Werla bei Schladen, Kreis Goslar. In: Neue Ausgrabungen und Forschung in Niedersachsen 2, Hg. Herbert Jankuhn. Hildesheim 1965, S. 298–325.
Seebach, Carl-Heinrich: Die Königspfalz Werla: Die baugeschichtlichen Untersuchungen. Neumünster 1967 (Göttinger Schriften zur Vor- und Frühgesch., Hg. Herbert Jankuhn, 8) mit Lit.-Verz.
Grimm, Paul: Bespr. von Seebach 1967. In: Zs. f. Archäologie 1969, S. 151–154.

Gauert, Adolf: Das Palatium der Pfalz Werla. Archäologischer Befund und schriftliche Überlieferung. In: Deutsche Königspfalzen 3, Göttingen 1979, S. 263–277. Streich (1984) S. 153–156.

Heine, Hans-Wilhelm: Burgen und Wehrbau zur Zeit Bernwards unter besonderer Berücksichtigung des Bistums Hildesheim. In: Bernward von Hildesheim. Kat. Hildesheim 1993, Bd. 1, S. 313–322, bes. S. 313 f.

Zu den polnischen Königsburgen:
Michala, Walickiego: Sztuka Polska przedrománska i románska do schylku XIII wieku. Warszawa o. J. (1969) S. 71–78.

B 14 Tilleda

Die auf dem Pfingstberg, einem flachen, aus dem Kyffhäusergebirge vorspringenden Bergsporn, oberhalb des Dorfes Tilleda (Kreis Sangershausen) gelegene Pfalz konnte auf Anregung von Paul Grimm 1935/39 unter der Leitung von Heinrich Butschkow (Landesanstalt für Volkheitskunde in Halle) und 1958/79 durch Paul Grimm selbst (Institut für Ur- und Frühgeschichte der Akademie der Wissenschaften zu Ost-Berlin) auf dem nach Abgang der Pfalz nicht wieder bebauten Gelände großflächig ausgegraben werden. Durch zahlreiche Vorberichte und Einzelvorlagen wurden die neuesten Funde laufend bekannt gemacht. Die umfassende Abschlußpublikation hat Paul Grimm 1968 und 1990 in zwei Bänden vorbildlich vorgelegt. Darin befinden sich auch ein historischer Überblick von Hans Eberhardt und zwei Beiträge von Gerhard Leopold über die Pfalzkapelle, über die er noch einmal gesondert 1994 berichtet hat. Damit ist die Pfalz Tilleda mit ihrer großflächigen Vorburg die am besten untersuchte und publizierte frühmittelalterliche Pfalz.

Geschichte

Das Gebiet zwischen Kyffhäuser und Harz tritt erst verhältnismäßig spät in die historische Überlieferung ein. In einem Hersfelder Güterverzeichnis, dem *Breviarium Lulli*, aus dem Anfang des 9. Jhs. werden Schenkungen Karls des Großen an das Kloster aufgeführt, u. a. auch in Tilleda; in der Gegend befand sich demnach Königsbesitz. In der Nähe liegen drei Pfalzen, die als Ausstellungsort von ottonischen Königsurkunden nachgewiesen sind: Wallhausen 922–966 zehnmal, Nordhausen 934–966 viermal und Allstedt 935–974 zehnmal. Wallhausen wird 994 als Marktort aufgeführt.

Tilleda wird 972 als *curtis imperatoris* erstmals genannt, als es Otto II. u. a. mit Wallhausen seiner byzantinischen Gemahlin Theophanu als Mitgift überläßt. Wenn Otto II. 974 in Tilleda urkundet *(actum Tullide)*, „so dürfte für diesen Zeitpunkt Tilleda als eine im wesentlichen voll ausgebaute Pfalz anzunehmen sein" (Eberhardt in Grimm 1968, S. 55), wobei wir bis heute nicht wissen, wie eine Pfalz ausgebaut sein muß, um für Königsaufenthalte geeignet zu sein. Für Tilleda ist wichtig festzustellen, daß alle Beurkundungen nur mit *actum Tullide* ohne jeden Zusatz wie z.B. *in palacio, in regia* usw. erfolgt sind, was Tilleda deutlich von anderen Pfalzen abhebt. Weitere Königsaufenthalte sind für Otto II. 993, Konrad II. 1031, 1035 und 1036 sowie für Heinrich III. 1041 und 1042 durch Urkunden belegt. „Für die Pfalz Tilleda ist ... somit festzustellen, daß sie nicht zu den vom Königtum besonders bevorzugten Pfalzen gehörte, wie hier ebenso wenig Hof- und Reichsversammlungen nachweisbar sind. Tilleda scheint nicht einmal als Aufenthaltsort zu hohen kirchlichen Festen gedient zu haben. Für die Zeit von 1042 bis 1174 aber läßt uns die schriftliche

Überlieferung völlig im Stich, und dies dazu für eine Zeit, in der sich das Königtum unter Heinrich IV. und Heinrich V. besonders um das Krongut bemühte und das thüringisch-sächsische Gebiet im besonderen Maße in die politischen und kriegerischen Auseinandersetzungen einbezogen wurde" (Eberhardt in Grimm 1968, S. 58). Auch ist auffällig, daß für Tilleda keine staufischen Reichsministerialen überliefert sind, wie das für Wallhausen (seit 1134), Allstedt (seit 1154) und Kyffhausen (seit 1147) der Fall ist. Die Reichsburg Kyffhausen hatte Friedrich Barbarossa zum Schutz der Gegend, insbesondere wohl für Tilleda, mit einem gewaltigen Bergfried aus Buckelquadern ausgebaut und vermutlich die dort eingesetzten Ministerialen auch mit der Verwaltung des Reichsgutes um Tilleda betraut. Friedrich Barbarossa besuchte die Pfalzen der Goldenen Aue weniger häufig als die Liudolfinger: zweimal Nordhausen (1174, 1188), einmal Wallhausen (1169), Tilleda (1174) und Allstedt (1188); Heinrich VI.: zweimal Nordhausen, einmal Allstedt und Tilleda. Spätere Königsbesuche in dieser Gegend sind nur noch in Allstedt (Philipp von Schwaben) und in Nordhausen (Philipp von Schwaben, Otto von Braunschweig, Friedrich II. und dessen Sohn Heinrich (VII.)) belegt. Der Aufenthalt Friedrich Barbarossas in Tilleda im Febr. 1174 ist aus einer Urkunde von 1180 zu entnehmen, wonach er in Tilleda einen Teil des Heeres für den Italienzug gesammelt hat. Anfang März 1194 bezog Heinrich VI. in Tilleda Quartier, um dem bei einem Ritt verletzten Heinrich dem Löwen näher zu sein, mit dem er sich damals aussöhnte. Zuvor waren im Kampf gegen Friedrich Barbarossa 1180 die Reichsstädte Nordhausen und Mühlhausen durch Heinrich den Löwen eingeäschert worden. Ob auch Tilleda betroffen war, ist unbekannt. Die Quellen geben keinen Hinweis, ob, in welchem Umfang und wann Wiederherstellungs- und Neubauarbeiten unter Friedrich Barbarossa und Heinrich VI. vorgenommen worden sind. Hierzu konnten die Ausgrabungen einige Hinweise bieten. Der Nachweis eines ausgedehnten Friedhofes um die Pfalzkapelle in der zweiten Hälfte des 12. und der ersten Hälfte des 13. Jhs. bestätigt, daß die Pfalz nach 1194 ihre Bedeutung verloren hat und die Kirche als Pfarrkirche genutzt wurde. 1420 gelangte „der hofe zu Tulleda, da die capelle innelegt," als Reichslehen an die Herren Witzleben, wobei aber unsicher ist, ob damit ein Hof im Pfalzgelände oder im Ort Tilleda gemeint ist.

Baubeschreibung

Die Pfalz liegt auf dem Ostende eines aus dem Kyffhäusergebirge nach Osten vorspringenden, allmählich immer flacher werdenden Bergsporns, etwa 25 m über dem Wolwedatal. Für die Anlage der Hauptburg wurde der am weitesten nach Osten vorspringende Teil des Bergsporns, der Pfingstberg, benutzt, dessen Ost- und Nordseite seit dem 11. Jh. durch Geländeabstürze in seiner bebaubaren Fläche immer wieder reduziert wurde. Eine großflächige Vorburg umschließt die Hauptburg im Westen und mit einem tieferliegenden Teil (untere Vorburg) im Süden. Die Hauptburg ist im Westen durch drei weit auseinanderliegende Wälle und vorgelegte Gräben und zum Hang hin durch eine Mauer mit Graben geschützt. Das Gelände der oberen Vorburg steigt nach Westen bis zu 9 m an. Hier ist zum Berg hin eine besondere Sicherung notwendig, die durch eine mächtige Mauer als Ersatz für eine Holzerdeeinfassung erreicht wird. Von einer ersten Besiedlung des Pfingstberges im 8. Jh. stammen Hausreste, für die aber eine Verbindung zur Pfalzanlage nicht nachweisbar ist.

In einer ersten Bauphase, wohl während der zweiten Hälfte des 10. Jhs., 46 wurde die Hauptburg im Westen durch eine von einem Humuswall ummantelte Holzkonstruktion gegen die Vorburg geschützt. Der Zugang erfolgte durch ein an der Südwestecke gelegenes Tor. Auf dem etwa 40/75×100 m großen Gelände der Hauptburg liegen außer Wachhäusern neben dem Tor von 2,80×3,40 m Größe (59) und in der Nordwestecke von 4,00×5,30 m Größe (79, 80) noch einige unbedeutende Grubenhäuser (52, 54, 78, 82) verstreut. In der Mitte direkt hinter dem Wall wurden 60 cm breite Steinfundamente eines 7 m breiten Hauses (73) von über 7,60 m Länge freigelegt; Paul Grimm vermutet, daß es sich hierbei ebenfalls um ein Wachhaus handelte. Gegenüber dem Tor am südlichen Hangansatz sind die in Lehm gesetzten, 60 cm breiten Fundamente aus Sandbruchstein eines um 90 cm eingetieften, 8,40×5,60–6,10 m im Lichten großen Rechteckbaus (60) ausgegraben, dessen Innenwände mit blaugrauem Gipsmörtel verputzt waren. Der achsiale Zugang erfolgt von Westen über eine 1,85 m breite und 3,50 m lange Rampe mit seitlichen 30 cm breiten Stützmäuerchen. Aus der Baukontinuität heraus kann der Bau als Kapelle angesprochen werden. Er gehört nach Form und Größe zu einer Gruppe von Eigenkirchen, wie sie besonders am Niederrhein im 10. Jh. in größerer Zahl von Günther Binding nachgewiesen sind. Am Ostende der Hauptburg steht ein Saalbau. Seine in Gipsmörtel gesetzten, 0,95×1,00 m breiten Steinfundamente aus plattigen Buntsandsteinblöcken bilden einen 8,80×9,00 m breiten und über 13,60 m langen Bau (68) mit 4 cm dickem Gipsestrich über 6 cm Stein-Lehm-Schüttung. Da der Bau nach Abrutschen seines Ostteiles in Bauphase 2 weiter westlich durch einen großen Pfostenbau ersetzt worden ist, wird er von Paul Grimm mit Recht als Versammlungssaal bezeichnet.

In einer zweiten Bauphase wurde die Befestigung der Hauptburg ausgebaut. 47 Durch Eintiefen eines mächtigen, 15 m breiten Halsgrabens und durch Aufschüttung des Aushubes auf dem Humuswall entstand ein breiterer und höherer Wall. Das Tor blieb bestehen. Im Anschluß daran wurde ein flacher Wall entlang der Südseite aufgeschüttet, der zusätzlich von einer Mauer begleitet wurde. Davor liegt am Hang 5 m tiefer eine Fortsetzung des Halsgrabens. Vermutlich hat diese Befestigung zumindest auch die Ostseite vor dem Abrutschen des Nord- und Osthanges gesichert. Gleichzeitig wurde entlang der Südseite das

182   B   Karolingisch-ottonische Pfalzen 765–1025

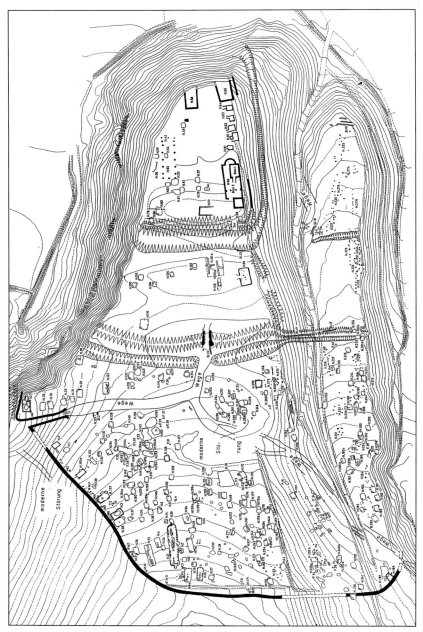

Abb. 46   Tilleda, Befundplan, Periode 1, 10./11. Jh.

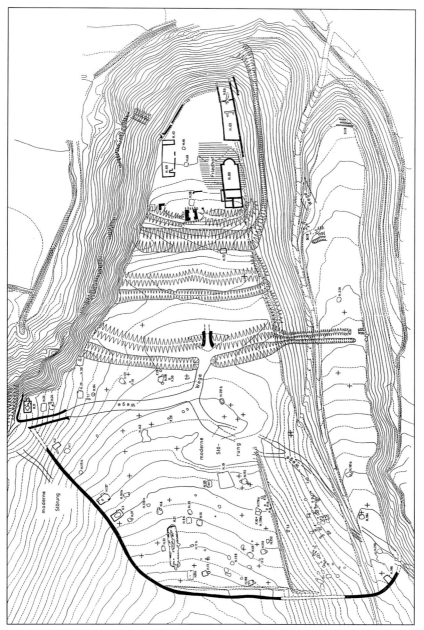

Abb. 47 Tilleda, Befundplan, Periode 2, 2. Hälfte 12. Jh.

184　B　Karolingisch-ottonische Pfalzen 765–1025

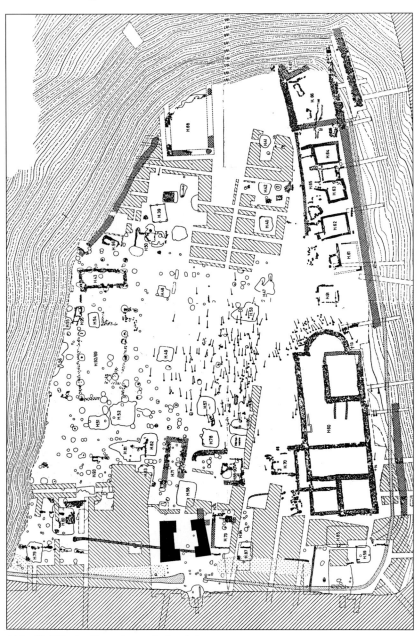

Abb. 48 Tilleda, Hauptburg, Befundplan.

Gelände durch Aufbringen einer roten Tonschicht planiert und darauf eine neue Kirche, fünf eingetiefte Steinfundamenthäuser (61–64, 91) und ein großes, repräsentatives Gebäude (65) errichtet. Ebenfalls in dieser Phase entstand als Ersatz für den abgerutschten Saalbau das schon erwähnte Pfostenhaus (92) von 7,00–7,20×24,10–24,50 m lichter Größe (Außenmaße 9,50×26,60/26,80 m). Die Größe und die bedeutende Dimension der Pfosten (bis zu 1,20–1,50 m) verweisen für diesen Bau auf einen großen Versammlungssaal. Er ist in seiner Größe mit dem Palas der Burg Elten aus der Mitte des 10. Jhs. vergleichbar (siehe Kap. B.15.). Ihm gegenüber entlang der Südseite, parallel zu der nur hier nachgewiesenen Ringmauer sind die erwähnten Steinbauten aufgereiht.

Direkt dem Eingang gegenüber und mit einem 2,90 m breiten Westeingang auf ihn bezogen, steht der Neubau der Kapelle als 22,20×10,50 m im Lichten messender Saal mit 5,20 m tiefer Westempore und eingezogener, voll geöffneter, 6,40 m weiter Halbrundapsis. Der Gipsestrich reicht bis an zwei Stufen, die zu dem 38 cm höher liegenden Estrich in der Apsis vermitteln. Die 1,00–1,10 m dicken Mauern aus Sandbruchstein in Lehm und Gipsmörtel waren innen verputzt. Die zwei querrechteckigen Freipfeiler der Empore von 72×60 cm und die 20 cm tiefen Wandpfeiler ruhen auf 20 cm hohen Sockeln aus Platte und Schräge aus feinem gelbem Sandstein. Aus gleichem Sandstein bestehen auch die ähnlich profilierten beiden westlichen Eckquader des im Bauverband mit der Kapelle errichteten Quadratbaus von 5,30×5,40 m lichter Größe. Die Mauerdicke des Quadratbaus entspricht den Mauern der Kapelle, nur die Westmauer ist mit 90 cm schmaler. Da nachweislich kein Eingang im Erdgeschoß vorhanden war (die Mauern waren mindestens 30 cm hoch durchgehend erhalten), hatten Paul Grimm und Gerhard Leopold an einen Wohnturm gedacht. Das hat

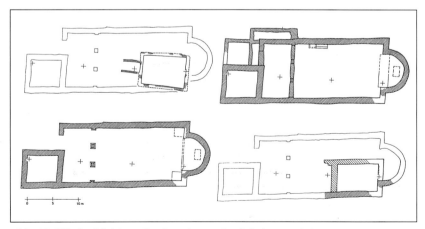

Abb. 49 Tilleda, Pfalzkapelle, Bauphasen 1–4, Rekonstruktion.

Horst Wolfgang Böhme 1991 veranlaßt, im Modell einen „mächtigen", dreigeschossigen Wohnturm als Unterkunft für den König zu rekonstruieren, was jedoch im Hinblick auf Mauerdicke und Raumgröße abwegig ist. Es kann sich hier allein um einen die Kirche an Höhe kaum überragenden Baukörper handeln, wie er – ebenfalls ohne Erdgeschoßzugang – in Elten um 1100 als Kirchturm errichtet worden ist. Auch dort liegt der Westeingang neben dem Turm.

Dieser Hinweis und auch die Ausbildung der Sockelprofile lassen die von Paul Grimm vorgeschlagene Datierung der zweiten Bauphase um 1000–1075 recht früh erscheinen. Die Kombination von Kapelle und Königswohnung in Übernahme der Deutung Grimms durch Streich als „einen entwicklungsgeschichtlich wichtigen Abschnitt" zu bezeichnen und als frühe Stufe eines „bis ins Spätmittelalter zu der am häufigsten getroffenen Anordnung" zu rechnen, ist kaum überzeugend, zumal die Nutzung völlig unbekannt ist. Vielleicht ist der Bau mit dem quadratischen Anbau, der an die Westfront der Kreuzkapelle in Werla nachträglich angefügt worden ist und dort der ersten Bauphase im 10./11. Jh. zugerechnet wird, vergleichbar.

Aufgrund des verwendeten weißen Sandsteins ist nachgewiesen, daß gleichzeitig mit der Kapelle das östlich in der später abgestürzten Südostecke gelegene, über 15,50 m lange (höchstens 20 m) und 8 m breite Haus mit 1,20–1,40 m dicken Fundamentmauern entstanden ist. Zwischen Kapelle und östlichem Saalbau stehen fünf in den Boden eingetiefte, trocken gefugte Steinfundamenthäuser (61–64, 91), die jeweils von Norden vom Hof aus über Rampen zugänglich sind: 2,90×5,40 m im Lichten (90 cm eingetieft), 3,60×4,30 m (1,60 m), 3,50×2,50 m (2,00 m), 3,20×4,20 m (1,30 m) und 3,00×3,70 m (70 cm).

Zeitgleich mit der ersten und zweiten Bauphase der Hauptburg entstand die ausgedehnte Vorburg, die zunächst im Nordwesten gegen das ansteigende Gelände durch einen Holz-Erde-Wall geschützt wurde. Die zahlreich gefundene Keramik datiert die Vorburg in das 10./11. Jh. In der Vorburg wurden 239 Häuser unterschiedlicher Größe und Konstruktion angeschnitten. Als größte Gruppe sind 0,30–2,18 m eingetiefte Grubenhäuser festzustellen, entweder ganz aus Holz oder über Steinfundamenten. Daneben finden sich ebenerdige Pfostenbauten, vereinzelt wohl auch Schwellbalkenbauten. Die Funktion der Häuser war sehr verschieden. Von den in Lage und Ausrichtung unregelmäßig angelegten Häusern des 10./11. Jhs. sind die Hälfte, nämlich 114, Grubenhäuser mit Feuerstelle, sie dienten demnach als Wohnhäuser, ferner 51 Vorratshäuser sowie sieben sehr lange zweischiffige Bauten von 7,40×29,10 m Länge und 3,40×5,70 m Breite als Tuchmachereien, daneben gibt es 20 Pfostenbauten als Scheune oder Stall, Arbeitsgruben und Wachhäuser mit Feuerstellen neben den zu sichernden Toren; die Wachhäuser sind Grubenhäuser mit in Lehm gesetztem Steinfundament und Holzaufbau: 5,10–7,40 m lang und 4,30–7,00 m breit. Abgesehen von den Tuchmachereien wurden Abfallstücke von verschiedenen

Handwerkern gefunden: Elfenbeinverarbeitung, Kammherstellung, Emailarbeiten, Eisenverarbeitung, Messer- und Kastenbeschläge. Paul Grimm schätzt die Zahl der Bewohner auf etwa 250.

Wichtig ist der Hinweis, daß weder für die Hauptburg noch für die dicht besiedelte Vorburg Brunnen oder Zisternen nachgewiesen werden konnten. Paul Grimm nimmt die Versorgung mit Wasser aus dem Fluß durch Saumtiere an. Das entspricht den Beobachtungen für Broich (883/4) und Elten (erste Hälfte 10. Jh.).

In einer Zwischenphase, die Paul Grimm noch in das 11. Jh. datiert, wurde durch den Einbau einer Holz-Erde-Mauer mit vorgelagertem Graben, etwa 55 m westlich des Grabens der Hauptburg, eine Art Mittelburg geschaffen, die den Schutz der Hauptburg verstärken sollte. „Daß dieser neue Burgteil eine besondere Bedeutung besitzt, beweisen das größere Gebäude mit den Heizkanälen und die geräumige Einfahrtsscheune. ... Die Lage der Mittelburg auf der Zugangsseite der Hauptburg weist auf den Sitz eines militärischen Befehlshabers hin, dessen bevorzugte Aufgabe der Schutz der Hauptburg war" (Grimm 1990, S. 89f.). Die Mittelburg wurde vor der Mitte des 12. Jhs. wieder aufgegeben. Das der Kirche gegenüberliegende Tor der Hauptburg wurde abgebrochen und in der Mitte des Hauptwalles durch ein neues Tor ersetzt, das in der Achse des Vorwalltores liegt. Im Westteil des Walles ist ein größerer Brand nachgewiesen, dem auch das Tor und ein dahinter errichtetes Haus zum Opfer gefallen sind. Scherben in der Brandschicht deuten in das beginnende 12. Jh.

„Das Ende der Beurkundungen im Jahre 1042, das Aufhören der Keramik des 10./11. Jhs. und die Brandschichten in mehreren Häusern der Vorburg machen eine weitgehende Zerstörung der Anlage wahrscheinlich. Hinweise auf eindeutige Kampfhandlungen lassen sich am einfachsten mit einem der Sachsenaufstände der Jahre 1073–1076 und 1115–1118 verbinden. Es handelt sich um die in den Trümmern der Häuser 14 und 271 gefundenen Skelette. Die Tatsache, daß die Toten zwischen den Haustrümmern liegengeblieben sind, spricht dafür, daß die Besiedlung der Vorburg nach der Eroberung der Pfalz für eine gewisse Zeit unterbrochen war" (Grimm 1990, S. 90). An 12 Skeletten von 45–60jährigen Männern, die auf dem Friedhof der Hauptburg bestattet worden waren, fanden sich an den Schädeln Reste von Hiebverwundungen.

Danach wurde die Befestigung der Hauptburg verstärkt, indem die Mittelburg durch einen Wall mit Graben geteilt wurde. Die Vorburg erhielt eine mächtige, 2,20×2,40 m dicke Steinmauer, die ein Grubenhaus mit Keramik des 10./11. Jhs. überbaut. Der Zugang in die Vorburg erfolgt durch das Nordwesttor mit 30 m langen Wangenmauern in Mörtel. Der Torweg verengt sich von 4,75 m zum 2,40 m breiten Eingangstor. Das Pflaster steigt 4 m an. Ähnlich ist das Tor im vorderen Wall vor der Hauptburg geformt, hier sind die Torwangen aber nur 12 m lang.

Nach einer Brandzerstörung des mittleren Westtores der Hauptburg wurde – vermutlich im Zusammenhang mit der Auseinandersetzung Friedrich Barba-

rossas mit Heinrich dem Löwen in den 1180er Jahren – an dieser Stelle ein mächtiger Torturm errichtet und in das Nordende des Walles ein Hakentor eingefügt. Durch die Aufgabe des Südwesttores der Hauptburg war eine Erweiterung der Kapelle im Westen möglich. Durch Vermauern der Pfeilerarkaden der West-
47 empore wurde der Westteil gegen den Hauptraum der Kapelle abgeschlossen. Außerdem setzte man das Westportal zu und erweiterte den Quadratbau auf die volle Breite des Kapellensaals durch einen quadratischen, 4,20×4,50 m großen Raum und einen 1,30 m breiten Zwischenraum; dem Westbau wurde im Norden eine Treppe zum Obergeschoß eingefügt. Die Kirche erhielt einen neuen Gipsestrich, ebenso die Apsis 20 cm über dem alten. Die Fundamentmauern „sind ziemlich willkürlich aus Sandbruchsteinen verschiedener Form und Größe teils mit Lehm und Humus, teils mit Gipsmörtel aufgemauert" (Grimm 1968, S. 192). Die Mauerdicke ist sehr unterschiedlich, aber durchweg geringer als die der älteren Kapelle. Ein neuer Eingang wurde in die Nordmauer eingebrochen, innen davor zwei 2,16 m breite Stufen. Um die Apsis herum wurden 50 Gräber eines Friedhofes aus dem 12. Jh. (frühestens seit dem Ende des 11. Jhs.) freigelegt, der sich später auch bis auf den nördlich gelegenen Hof erstreckte und bis ins 14. Jh. belegt wurde (368 Skelette von 50% Männern, 25% Frauen und 25% Kindern).

48 In diese Zeit gehören auch eine ganze Reihe von kleineren Grubenhäusern (40–42, 47–49, 53), die bald wieder aufgegeben wurden; im Füllschutt fand sich Keramik des 12./13. Jhs. Sie wird überlagert durch die Gräber des nördlich der Kirche erweiterten Friedhofes. An den Saalbau in der Südostecke ist ein 10×18,50 m großer Anbau als Ersatz der eingegrabenen Häuser angefügt. Dieser und der Ostbau erhielten eine Heißluftbodenheizung. Grimm bringt den Bau des Torturmes sowie den Umbau und die Erweiterung des östlichen Saalbaus mit den Königsaufenthalten 1174 und 1194 in Verbindung. Der Torturm scheint nicht fertiggestellt worden zu sein, und die Ausbreitung des Friedhofes hat seine Nutzungsmöglichkeit eingeschränkt.

In der Vorburg sind von den 236 nachgewiesenen Häusern 43 aufgrund der Scherben in die zweite Hälfte des 12. Jhs. zu datieren, davon sind 23 ältere, weiterbenutzte Häuser, 10 Umbauten und 10 Neubauten.

Im 13. Jh. verfielen die Gebäude der Hauptburg; nur der Torturm bestand weiter. Kleinere Steinbauten in der Nähe der westlichen Umwehrung wurden nun errichtet, und in die Kirchenruine eine rechteckige, 7,80×5,50 m große Kapelle eingebaut. Den Friedhof weitete man nach Norden aus. Auch in der Vorburg entstanden einzelne Bauten auf Steinfundamenten, sie gehörten wohl zu einzelnen Gehöften. Im 14./15. Jh. endete die Besiedlung auf dem Gelände der Pfalz.

Datierung

Der erfahrene Ausgräber und Fachmann für Siedlungsforschung und Keramikdatierung Paul Grimm hat nachdrücklich auf die Unmöglichkeit einer genaueren Datierung der in Tilleda gefundenen Keramik hingewiesen und diese nur in zwei Gruppen (10./11. Jh. und 12./13. Jh.) geschieden. Die Bebauung der Hauptburg hat er anhand der stratigraphischen Befunde und bautechnischen Beobachtungen, vor allem der Verwendung von besonderen Gesteinsarten, in fünf Phasen gegliedert und diese durch die relative und absolute Chronologie der Keramik und unter Hinzuziehung historisch bekannter Daten zeitlich zugeordnet: Vorstufe: 8. Jh.; Stufe I: zweite Hälfte 10. Jh.; Stufe II: um 1000–1075 (weißgelber Sandstein aus dem 12 km entfernten Laidenberg bei Bretleben, Kreis Astern); Stufe III: nach 1075– um 1200 (Sandstein des Oberkarbon aus dem Kyffhäuser); Stufe IV: nach 1200. „Leider war es nicht möglich, die in der Hauptburg erkannten aufeinanderfolgenden Stufen der Pfalzbesiedlung auf die Vorburg anzuwenden, da die langsame Entwicklung der Keramikproduktion keine durchgehende Unterscheidung der Gefäße erlaubt. ... So konnten in der Vorburg nur zwei Zeitstufen festgelegt werden. Die erste enthält die anhand der Keramik erkannten Bauten des 10./11. Jhs., also der ersten Blütezeit der Pfalz, während die Befunde aus der zweiten Hälfte des 12. Jhs. der zweiten Blüte" zugeordnet wurden (Grimm 1990, S. 11f.).

Bei der Datierung der stratigraphisch sorgfältig geschiedenen Bauphasen durch Paul Grimm muß die Frage, welche Bauten zu den einzelnen Königsbesuchen bestanden hatten, weitgehend unbeantwortet bleiben. So ist das Argument, daß 974 bereits eine Kapelle und anläßlich der häufigeren Besuche 1031–1042 die Saalkirche mit Westempore zur Verfügung gestanden haben, in keiner Weise verbindlich. Bei der Unsicherheit der Keramikdatierung kann auch die Kapelle zusammen mit dem Friedhof um 1100 entstanden sein und die Palaserweiterung mit Einbau der Bodenheizung in der dritten Bauphase erst in die Mitte oder in das spätere 12. Jh. gehören; ihre Entstehung ist vielleicht im Zusammenhang mit dem längeren Aufenthalt Friedrich Barbarossas seit Ende Juli 1180 bis Anfang 1181 in Sachsen zu sehen, wo er in der Auseinandersetzung mit Heinrich dem Löwen das Territorium für das Reich zu sichern suchte. In der Gesamtanlage erweist sich die in der zweiten Hälfte des 10. und ersten Hälfte des 11. Jhs. benutzte Pfalz Tilleda nicht als eine der großen Pfalzen wie Magdeburg oder Goslar, sondern mehr als ein bedeutender Königshof, der durch eine mit Gebäuden für Königsaufenthalte ausgestatteten Burg geschützt war. Hier ist ein Vergleich mit der Pfalz Werla angebracht, aber auch mit bedeutenden Territorialburgen wie z. B. die der Gaugrafen in Elten am Niederrhein, deren Hauptburg mit ca. 80×120 m sogar deutlich größer war als die von Tilleda. Gerade der Vergleich mit Werla macht deutlich, wie schwer oder unmöglich es ist, die Anlagen im einzelnen genauer als 10./erste Hälfte 11. Jh. zu datieren, auch zeigt es, daß die Steinmauer von Werla wohl kaum in die Zeit vor der ersten Erwähnung 929 zu datieren ist. Holz-Erde-Umwehrungen sind im 10. Jh. durchaus üblich und ausreichend, wie Tilleda und Elten darlegen; erst im Laufe des 10./11. Jh. wurden Steinausbauten vorgenommen.

Literatur

Grimm, Paul: Tilleda. Eine Königspfalz am Kyffhäuser. Bd. 1. Die Hauptburg. Mit Beitr. v. O. August, H. Eberhardt, G. Leopold. Berlin 1968 (= Dt. Akademie d. Wiss. zu Berlin. Schr. d. Sektion f. Vor- u. Frühgesch. 24).

Grimm, Paul: Tilleda. Eine Königspfalz am Kyffhäuser. Bd. 2. Die Vorburg und Zusammenfassung. Mit Beitr. v. G. Leopold, Ch. Müller, W. Timpel, E. Blaschke. Berlin 1990 (= Dt. Akademie d. Wiss. zu Berlin. Schr. d. Sektion f. Vor- u. Frühgesch. 40).

Binding, Günther: Bespr. Grimm Bd. 1. 1968. In: Zs. f. Archäologie d. MA Bd. 3, 1969, S. 308–311.

Bachmann, Hans-Jürgen: Zum Burgenbau salischer Zeit zwischen Harz und Elbe. In: Burgen der Salierzeit. Bd. 1. Hg. Horst Wolfgang Böhme. Sigmaringen 1991, S. 97–148, hier S. 144.

Streich (1984) S. 157–159.

Leopold, Gerhard: Die Pfalzkapelle auf dem Pfingstberg in Tilleda nach den Grabungsergebnissen. In: Koldewey-Gesellschaft. Ber. über d. 37. Tagung in Duderstadt 1992. Karlsruhe 1994, S. 66–71.

B 15 Elten

Die Burg Elten der Grafen im Gau Hamaland, 60 m über dem Rhein zwischen Emmerich und Arnheim gelegen, ist als ottonische Burg, in der Otto I. 944 geurkundet hat, im Vergleich mit den Pfalzen Tilleda und Werla darzustellen. Von der großflächigen Burg wurden 1964/65 unter der Leitung von Günther Binding durch das Rheinische Landesmuseum Bonn Teile der Hauptburg ausgegraben und die Ergebnisse 1970 zusammen mit Walter Janssen und Friedrich K. Jungklaaß veröffentlicht. Ein besonderer Vorteil ist die genaue Datierung, da die Burg vor 968 von Graf Wichmann in ein freiadeliges Damenstift unter der Leitung seiner Tochter Liutgard umgewandelt und überbaut wurde.

Geschichte

Schon die wenigen überlieferten Nachrichten zur Geschichte Eltens und seiner Bewohner (Oediger 1954) geben einen Hinweis auf die große Bedeutung der Burg im Verlauf des 10. Jhs. zur Zeit der ottonischen Herrscher. Im Juli 944 stellte Otto I. in Eltnon eine Urkunde aus. Daß deutsche Könige bei Territorialherren das Gastungsrecht in Anspruch nahmen, war äußerst selten und deutet auf deren große Bedeutung hin. Die Ortsangabe Eltnon ist zugleich die älteste bekannte Erwähnung der Burg Elten, die Graf Wichmann vor 968, wahrscheinlich 967, in ein freiadeliges Damenstift umwandelte. Wichmann wird seit 952 als Graf im Gau Hamaland genannt. Er war mit Liutgard, der Tochter des Markgrafen Arnulf von Flandern und dessen Gemahlin Athela von Vermandois, verheiratet. Beide Eltern stammten aus angesehenen Geschlechtern, denn Arnulf führte sich auf Arnulf von Metz und Athela auf die Karolinger zurück. Liutgard starb am 15. Okt. 962. Vier ihrer Kinder kennen wir mit Namen: Liutgard, die 973 genannte erste Äbtissin des Stifts; Adela, die Frau der Grafen Imed und Balderich, Mutter des Bischofs Meinwerk von Paderborn; Meginhard, der mit 7 1/2 Jahren nach 962 verstarb; und Wichmann, der mit 10 1/2 Jahren am 1. Aug. 967(?) verstarb. Die Todesdaten und die genaue Lage der Gräber auf dem Eltenberg sind in einem Memorienbuch überliefert; die Gräber konnten 1965 ausgegraben werden.

Wie Alpert von Metz in der Vita des Bischofs Meinwerk ausführt, beherrschten „die Vorfahren des sehr reichen und vornehmen Wichmann einen großen Teil Deutschlands (rechtsrheinisch) und einen sehr großen Bereich an der Küste." Der Hauptteil dieses Gebietes wurde durch die Überfälle der Normannen heimgesucht, die 881 bis Nimwegen vorgedrungen waren und sich dort in der königlichen Pfalz festgesetzt hatten. Aufgrund der auf dem Eltenberg gefundenen Scherben ist festgestellt worden, daß zu dieser Zeit die erste Besiedlung und Bebauung durch die von den Normannen vertriebene Grafenfamilie und ihren Anhängern vorgenommen wurde. Der Großvater Wichmanns,

Meginhard, übernahm 898 die Herrschaft seines ermordeten Bruders Eberhard Saxo, der 881 von den Normannen gefangen und von seiner Mutter Evesa freigekauft worden war und 885 an der Ermordung des Normannenkönigs Godefried durch Herzog Heinrich von Ostfranken (siehe Kap. B.8. Broich) in der Nähe von Nimwegen beteiligt war.

Wichmann zählte auch den Grafen Eberhard im Hamaland zu seiner engeren Verwandtschaft, der mit Amalrada, einer Schwester der Königin Mathilde, vermählt war und deren Sohn Theoderich, Bischof von Metz, 968 Schenkungen für das von Wichmann direkt nach dem Tod seines letzten Sohnes neugegründete Stift Elten dem Kaiser gegenüber befürwortete. Am 29. Juni 968 schenkte Kaiser Otto I. dem Damenstift Reichsgut. Wichmann selbst folgte 970 Kaiser Otto I. nach Apulien, erwirkte dort die Bestätigung seines Stiftes und ließ sich mit seiner Familie in das Verbrüderungsbuch der Abtei Reichenau eintragen. Kaiser Otto II. verlieh dem Stift am 14. Dez. 973 die Immunität und die gleichen Rechte, wie sie die Stifte Quedlinburg, Essen und Gandersheim besaßen. Wichmann starb kurz nach 973 als *conversus* (Mönch) des Benediktinerklosters St. Vitus zu Mönchengladbach und wurde in Elten neben seiner Gemahlin bestattet. Seine älteste Tochter Liutgard wurde als erste Äbtissin des Stiftes eingesetzt.

Baubeschreibung

Zwischen Emmerich und Arnheim erhebt sich gegenüber von Kleve auf dem rechten Ufer des Rheins der 500 m lang gestreckte und 60 m aus der Ebene hochaufragende, nach Süden zum Rhein hin steil abfallende Eltenberg, eine Stauch-Endmoräne der Eiszeit, die durch natürliche Wasserschluchten im Nordwesten und Osten von dem anschließenden, leicht fallenden Höhenrücken getrennt ist. Die ebene, leicht nach Westen fallende westliche Spitze des Elten-

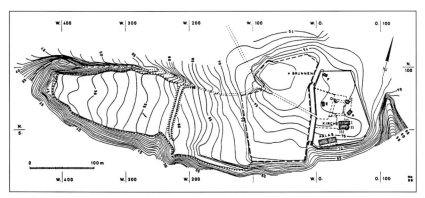

Abb. 50 Elten, Gaugrafenburg, Lageplan 1. Hälfte 10. Jh.

berges, die durch einen Wall vom Bergplateau getrennt ist, diente einst als Fluchtburg. Der Zugang liegt in der Südostecke, wo der Wall parallel zu einer Einbuchtung des Steilhanges umbiegt und einen leicht zu verteidigenden Durchgang läßt. Zwischen Fluchtburg und Vorburg erstreckt sich ein unbebautes, 10 m nach Westen fallendes, 130 m tiefes Glacis. Das östliche Drittel des Eltenberges ist durch einen etwa 8 m breiten und über 2,50 m tiefen Sohlgraben in eine 80×120 m große Hauptburg und eine 100×160 m große Vorburg getrennt, die durch ein zurückgezogenes Tor in der Nordwestecke den von Norden, d. h. von Niederelten, den flachen Hang überwindenden Zugangsweg aufnimmt.

Von einer ersten Anlage auf dem östlichen Teil des Eltenberges wurden im Norden eine Palisade und im Süden, am Hangansatz zum Rhein hin, ein zweischiffiger, 20,35 m langer und 5,90 m breiter Pfostenbau mit einschiffigem, 13,35 m langem Anbau sowie ein Zaun festgestellt. Nach einer Planierung der Bergkuppe und Anschüttung des Südhanges war das Bergplateau durch einen 8 m breiten Sohlgraben geteilt. Über den Sohlgraben führte an der Stelle des heutigen Kirchenportals eine Holzbrücke in die Hauptburg, die von einer Umwehrung umgeben war, die aus Holzbalken, Flechtwerk und Sand gefügt und mit Lehmplaggen belegt war. Um einen freien Platz lagen im Norden und Nordosten in die Erde eingegrabene Wohnhäuser, im Osten die Burgkapelle und im Süden zum Rhein hin, direkt am Berghang, der repräsentative Wohnbau, der Palas. Alle Bauten waren aus Holz, teilweise mit verputzten Gefachen, errichtet. Die etwa 1,40 bis 1,70 m in den Boden eingegrabenen Wohnhäuser A, C, D und E waren unterschiedlich aus Holz konstruiert: verbretterte Pfosten und Wände sowie Holzfußboden bei Haus E; Schwellbalken-Ständer und Firststützpfosten sowie Trampelboden bei Haus A; Schwellbalken-Ständer mit Flechtwerk und Bretterverkleidung sowie Trampelboden bei Haus C und Pfosten sowie Lehmboden bei Haus D. Die über eine schräge Rampe auf der Giebelseite zugänglichen Wohnhäuser hatten lichte Raummaße von 5,00×5,49 m, 5,01× 7,05 m und 4,52×6,78 m. Die Häuser hatten keine Feuerstelle. Das Haus E ist mit dem Hausinventar abgebrannt; in einem Holzregal neben dem Eingang standen ein Steinmörser, zwei spätkarolingische Knickwandtöpfe und ein großes, dünnwandiges Bronzegefäß mit Roggen. Alle anderen Häuser wurden nach der Gründung des Stiftes abgebrochen und verfüllt.

Im Süden stand parallel zur Umwehrung der zweiteilige, 28 m lange und 9 m breite Palas III, der unter Verwendung älterer Bauteile die gleiche Fläche wie ein Vorgängerbau einnahm. Mächtige Holzpfosten waren in den Boden eingegraben und bildeten im Westteil eine zweischiffige und im Ostteil eine dreischiffige Halle. Die Wände waren im Westen mit Holzbohlen, im Osten über Tuff-Sockelmauerwerk mit verputztem Fachwerk und mit Mörtel beworfenem Weidengeflecht geschlossen. Der Eingang lag in der Mitte auf der Nordseite. In

194 B Karolingisch-ottonische Pfalzen 765–1025

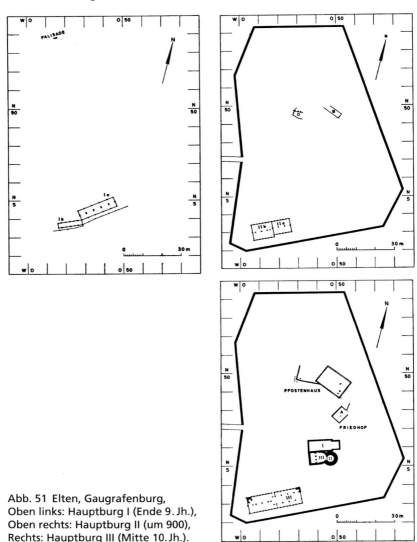

Abb. 51 Elten, Gaugrafenburg,
Oben links: Hauptburg I (Ende 9. Jh.),
Oben rechts: Hauptburg II (um 900),
Rechts: Hauptburg III (Mitte 10. Jh.).

den beiden Nordecken waren offene Kamine aus Tuffsteinen errichtet. Der Fußboden war aus Lehm.

Der sakrale Bereich bestand im Endzustand der Burg aus drei Bauten: der hölzernen Saalkirche I, dem steinernen Rundbau II und der steinernen Westemporenkapelle III. Die im verputzten Fachwerk über Schwellbalken auf mit Lehm abgeglichenem Bankett errichtete, im Lichten 15,50×5,00 m große Saal-

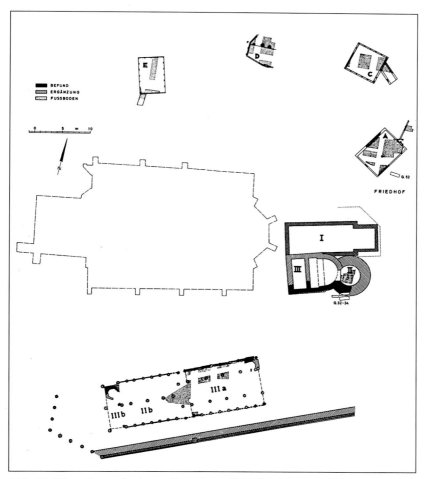

Abb. 52 Elten, Gaugrafenburg, Hauptburg III, Befundplan 1.Hälfte 10. Jh.

kirche I hatte einen Plattenboden. Sie ist gleichzeitig mit den Wohnhäusern und dem Palas III entstanden. Nordöstlich der Kapelle lagen einige Gräber. Der im Lichten 3,72 m messende Rundbau II hat 1,86 m dickes Großmauerwerk mit Kieseln und Tuffbrocken in Kalkmörtel, außen mit kleinen Tuffsteinen verkleidet. Er war vermutlich überwölbt. Ein profiliertes, gekälktes Gesims leitete aussen zum Dach über. Ein Tonplattenboden und das doppelflügelige Westportal deuten auf die besondere Bedeutung dieses kleinen Baus hin. Südlich des Rundbaues wurden die Gräber der gräflichen Stifterfamilie aufgedeckt. Er wurde wohl 962 oder früher errichtet, da er für das Grab der am 15. Okt. 962 verstorbenen Liutgard nachträglich eingenischt worden ist. Bald darauf wurde im Westen die Kapelle III mit halbrunder Apsis und Westempore angefügt, die vermutlich zur Feier von Totenmessen diente. Der mit einem Johannes-Täufer-Altar verbundene Rundbau steht in der Tradition der Heilig-Grab-Kapellen. Rundbau und Kapellen waren die ersten steinernen Bauten auf dem Eltenberg und zugleich auch die letzten des Grafen Wichmann vor der Umwandlung der Burg zum Stift 967.

Nach Gründung des Stifts wurde eine Stiftskirche errichtet, die die Burgkapelle überbaute und Rundbau und Emporenkapelle einbezog. Über den Wohnhäusern wurde der vierflügelige Kreuzgang angelegt, und der Palas wurde durch einen Steinbau an gleicher Stelle und in gleicher Größe ersetzt. Befestigung, Sohlgraben und Tor blieben bestehen; wegen des Tores wurde sogar das nördliche Seitenschiff der Kirche verkürzt.

Datierung

Die zeitliche Eingrenzung der stratigraphisch zu scheidenden drei Hauptbauphasen der Burg ist einmal durch die Stiftsgründung 967 und der damit verbundenen Überbauung gegeben, zum anderen durch die gefundene Keramik. In der südlichen Hanganfüllung sowie unter dem Holzfußboden des Hauses E fanden sich bemalte Pingsdorfer Gefäßscherben, ebenfalls in dem letzten zum ersten Pfostenbau gehörigen Siedlungshorizont. Die Vergesellschaftung mit Badorfer Keramik auch noch in den folgenden Siedlungsschichten gibt einen Hinweis darauf, daß die erste und zweite Anlage wohl noch in das ausgehende 9. Jh. anzusetzen sind, also in die historisch überlieferte Zeit der Normannenbedrohung und der damit verbundenen Aktivitäten des Eberhard Saxo und Meginhard 888–898. Die dritte Anlage ist durch das einheitliche Vorkommen von Pingsdorfer und Kugeltopf-Keramik bestimmt und darf deshalb in die erste Hälfte des 10. Jhs. gesetzt werden. Es ist die Burg, in der Otto der Große 944 geurkundet hat.

Damit stellt die Burg Elten eine bedeutende Burg aus der ersten Hälfte des 10. Jhs. dar, die in ihrer Anlage, Größe und Art der Bebauung große Ähnlichkeit mit der Pfalz Tilleda aufweist. Nicht nur zeitliche, sondern auch regionale Verbindungen können aufgezeigt werden, denn bei den Erbauseinandersetzungen zwischen den Schwestern Liutgard und Adela während des letzten Drittels des 10. Jhs. spielte es eine besondere Rolle, ob für Elten das fränkische oder sächsische Erbrecht galt, da die Familie in Sachsen begütert war. Bei dem Vergleich mit Werla und Tilleda spielt die Holzerde-Umwehrung, die Lage und Größe der Bauten, ihre Ausführung in verschiedenen Holzkonstruktionen, ihre Mischbauweise sowie die einzeln stehenden, eingetieften Wohnhäuser eine Rolle, d. h., Werla und Tilleda stehen ganz in der Tradition des spätkarolingisch-frühottonischen Burgenbaus und sind auch entsprechend zu würdigen.

Die Holzerde-Befestigungen von Elten und Tilleda begründen die Zurückhaltung bei der Annahme, die steinerne Ringmauer der Pfalz Werla habe Heinrich I. 926 schon zur Verteidigung gegen die Ungarn gedient.

Literatur

Oediger, Friedrich Wilhelm: Adelas Kampf um Elten (962–1002). In: Annalen d. Hist. Vereins f. d. Niederrhein 155/156, 1954, S. 67–86.
Binding, Günther, Walter Janssen und Friedrich K. Jungklaaß: Burg und Stift Elten am Niederrhein. Düsseldorf 1970 (= Rhein. Ausgr. 8).
Streich (1984) S. 335–339.
Binding, Günther: Emmerich-Elten am Niederrhein. 2. Aufl. Neuss 1986 (= Rhein. Kunststätten 197).

C Salisch-staufische Pfalzen 1025–1240

Wenn der Wiener Archivar und Mittelalterhistoriker Peter Csendes in der Biographie Heinrichs VI. sagt, daß das Symbol des weltlichen Mittelalters vorrangig die trutzige Burg – wie der Trifels – und die prächtige Pfalz – wie Gelnhausen, Nürnberg oder Wimpfen – sind,[1] dann ist das zunächst auf die staufische Zeit zu beziehen, denn in der salischen Zeit entstanden erst langsam die auf hohen Bergen weithin sichtbar und in Stein ausgebauten Burgen mit repräsentativen Bauten. Pfalzen wurden von den Saliern nur in Verbindung mit Bischofsitzen und in Goslar neu gebaut. Erst im Verlauf des 12. Jhs. wurden in größerer Zahl Burgen Zentrum der Herrschaft und prägten einen wichtigen Bereich im Leben des einzelnen. Zugleich war die Burg von hoher symbolischer Bedeutung für die Entfaltung von *dominium,* von Herrschaft; das erweist sich darin, daß sich seit Mitte des 12. Jhs. die adligen Familien häufig nach ihrem bevorzugten und wichtigsten Ansitz nannten[2] z. B. Hohenstaufen, Bolanden oder Tirol, das nicht nur einer Familie sondern einem Land den Namen gegeben hat. Die Ministerialen von Hagen (Wasserburg in der Dreieich, südlich von Frankfurt), die im Reichsdienst zu großem Ansehen gelangt waren und sich mit dem königlichen Kämmerer Cuno über 50 Jahre (1152/55–Anfang 13. Jh.) im Gefolge Friedrich Barbarossas und Heinrichs VI. finden und in die Familie von Arnsburg (Burg in der Wetterau) vor 1093 eingeheiratet hatten, nannten sich ab 1162/66 nach ihrer auf dem Münzenberg neu gebauten, weithin die Wetterau beherrschenden Burg „von Münzenberg".[3]

„In einem großen, übergeordneten Zusammenhang – und daher in die gottgewollte Ordnung eingebettet – steht die Burg (aber auch besonders die Pfalz) für den weltlichen Anspruch, im letzten daher für den Kaiser, der mit dem Papst im Widerstreit um das *dominium mundi*, die Herrschaft der Welt, liegt. Sie versinnbildlicht in der ausbalancierten Werteordnung die profane, menschliche Seite des Herrschertums, seine Einbindung in das Lehenswesen, das Feudalsystem, welches das Reich ordnen und verwalten half."[4]

---

[1] Peter Csendes: Heinrich VI. Darmstadt 1993 (= Gestalten des Mittelalters und der Renaissance. Hg. Peter Herde) S. 2.
[2] Karl Schmid: Zur Problematik von Familie, Sippe und Geschlecht. In: Karl Schmid: Gebetsgedenken und adeliges Selbstverständnis im Mittelalter. Sigmaringen 1983, S. 183–244.
[3] siehe Anm. 9.
[4] Csendes (wie Anm. 1) S. 2.

C Salisch-staufische Pfalzen 1025–1240

Die königlichen Pfalzen mit repräsentativen Saalbauten und prächtigen Burgkapellen waren, wie die in Konkurrenz stehenden Burgen mächtiger Territorialherren, sehr aufwendig ausgestattet. „Der Trifels, die Wartburg oder die Ruine der Münzenburg legen davon Zeugnis ab, wenngleich sie natürlich nicht mit südlicher oder orientalischer Prachtentfaltung schritthalten konnten. ... Dem Kaisertum ... standen wenige Machtmittel zur Verfügung. Es waren die lokalen Kräfte, die Lehensträger des Reichs, die Reichsfürsten – *principes imperii* werden sie in den Quellen genannt – Herzoge und Grafen, aber auch die geistlichen Fürsten, die für Frieden und Sicherheit, für den Ausbau des Landes und die Förderung der bescheidenen Wirtschaft Sorge zu tragen hatten. Sie waren auch ihrem Lehensherrn, dem König und Kaiser, zu Rat und Hilfe, zur Gefolgschaft verpflichtet. Dieses notwendigerweise hohe Maß an Selbständigkeit führte zwangsläufig zur persönlichen Interessenspolitik und damit zur Rivalität untereinander, ja einzelne forderten den Herrscher selbst heraus."[5]

Das zeigt sich auch im Bauprogramm und in der formalen Ausgestaltung der Burgen, die zur Machtdemonstration benutzt wurden.[6] So sind in Hinblick auf die Palasbauten die Burg Dankwarderode Heinrichs des Löwen in Braunschweig (Palas 43×15 m, fast so groß wie in Goslar, 1164/66 vollendet),[7] die Wartburg (1157– um 1160/65) des Landgrafen Ludwig II. von Thüringen (gest. 1172), verheiratet mit Jutta, einer Halbschwester Barbarossas, und mit diesem eng vertraut,[8] die Burg Münzenberg des angesehenen staufischen Ministerialen Cuno von Hagen-Arnsburg-Münzenberg (um 1160/65),[9] die Wildenburg der Herren von Durne (um 1170/90, 1220/25),[10] die Burg Büdingen bei Gelnhau-

[5] Csendes (wie Anm. 1) S. 3 und 6.
[6] Hotz (1981). – Bruhns (1937/59). – Günther Binding: Wohnbauten in staufischen Pfalzen und Burgen. In: Burg und Schloß als Lebensorte in Mittelalter und Renaissance. Hg. Wilhelm G. Busse. Düsseldorf 1995, S. 83–107. – Jost (wie Anm. 9).
[7] Ludwig Winter: Die Burg Dankwarderode zu Braunschweig. Braunschweig 1883. – Stefanie Lieb: Die Adelog-Kapitelle in St. Michael zu Hildesheim und ihre Stellung innerhalb der sächsischen Bauornamentik des 12. Jhs. Köln 1995 (= 51. Veröff. d. Abt. Arch. d. Kunsthist. Inst. d. Univ. zu Köln). – Cord Meckseper: Die Goslarer Königspfalz als Herausforderung für Heinrich den Löwen? In: Heinrich der Löwe und seine Zeit. Ausst.-Kat. Braunschweig 1995, Hg. Jochen Luckhardt u. Franz Niehoff. München 1995, S. 237–243.
[8] Georg Voss: Die Wartburg. Jena 1917 (= Bau- u. Kunstdenkmäler Thüringens. H. 41).– Dieter Eckstein, Thomas Eißing, Peter Klein: Dendrochronologische Datierung der Wartburg und Aufbau einer Lokalchronologie für Eisenach/Thüringen. Nachwort v. Günther Binding. Köln 1992 (= 46.Veröff. d. Abt. Arch. d. Kunsthist. Inst. d. Univ. zu Köln).
[9] Günther Binding: Burg Münzenberg. Bonn 1963 (= Abhandl. z. Kunst-, Musik- u. Literaturwiss. 20). – Karl Gruber, Waldemar Küther: Münzenberg. Burg, Stadt, Kirche. Gießen 1968. – Bettina Jost: Die Reichsministerialen von Münzenberg als Bauherren. Köln 1995 (= 55. Veröff. d. Abt. Arch. d. Kunsthist. Inst. d. Univ. zu Köln).
[10] Walter Hotz: Burg Wildenberg. MS Diss. Gießen 1935. – Walter Hotz: Burg Wildenberg im Odenwald. Amorbach 1963. – Thomas Steinmetz: Die stauferzeitliche Burg Prozelten und ihre Beziehung zur Burg Wildenberg. In: Burgen u. Schlösser 29, 1988, S. 22–36.

C Salisch-staufische Pfalzen 1025–1240   201

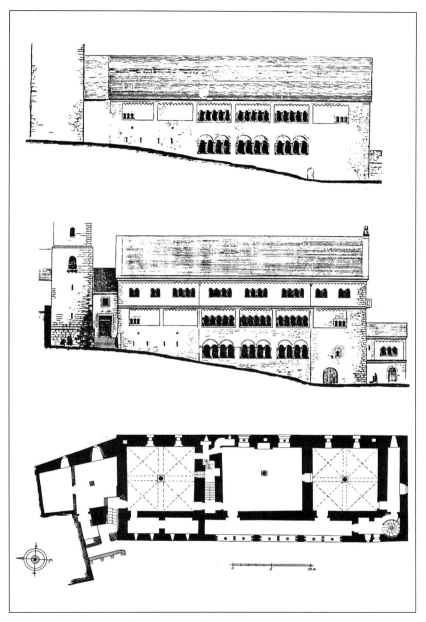

Abb. 53 Wartburg, Landgrafenhaus, Hofansicht vor und nach der Aufstockung, Grundriß des Erdgeschosses, 1157 – 1160/65.

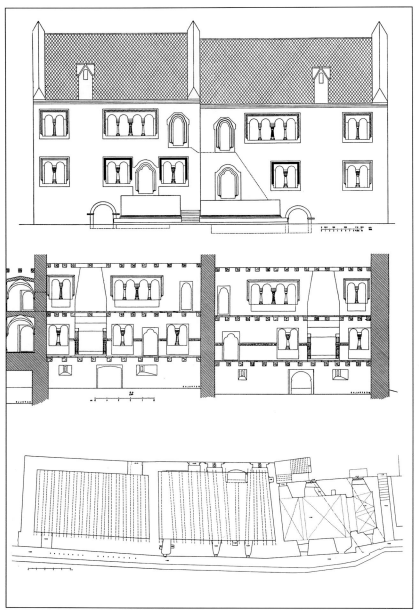

Abb. 54 Münzenberg in der Wetterau, Ministerialenburg, Hoffront des Palas, Längsschnitt, Grundriß 1. Obergeschoß, um 1160/65.

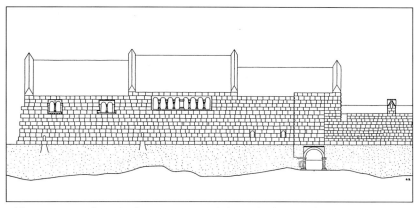

Abb. 55 Münzenberg in der Wetterau, Ministerialenburg, Talseite des Palas und der Kapelle

sen (um 1180/90),[11] die Burg Tirol (um 1138, 1210/20)[12] u. a. durchaus mit königlichen Pfalzen vergleichbar, wie mit der von Friedrich Barbarossa nach 1158 bis 1173 gebauten Pfalz Gelnhausen.[13] Auch der Markgraf und Herzog Leopold III. aus dem Hause Babenberg (1093–1136) hat in Klosterneuburg etwa zeitgleich mit der Burg Tirol eine pfalzähnliche Residenz mit einem 25 ×12,50 m großen Palas errichtet.[14] Und schließlich ist auf die Pfalz der Herzöge bzw. Könige von Böhmen aus dem Geschlecht der Premysliden auf dem Prager Burgberg Hradschin, an der Peripherie des Hl. Römischen Reiches gelegen, zu verweisen; die seit dem späten 9. Jh. bestehende Burg wurde ab 1135 ausgebaut und 1185 mit der Weihe der Allerheiligenkapelle abgeschlossen; die Anlage mit 32 m langem und 9 m breitem Saalbau und anschließender Kapelle

---

[11] Karl E. Demandt: Die Herren von Büdingen und das Reich in staufischer Zeit. In: Hess. Jb. f. Landesgesch. 5, 1955, S. 49–84. – Hans Faust: Das Schloß in Büdingen. Frankfurt 1929. – Karl Dielmann: Schloß Büdingen. 6. Aufl. Büdingen 1971. – Walter Nieß: Zum Alter und zur Geschichte des Schlosses Büdingen. Büdingen 1979. – Jost (wie Anm. 9) S. 175 f.

[12] Martin Bitschnau, Walter Hauser: Baugeschichte der Burg Tirol im Hochmittelalter (1077/1100–1300). In: Tiroler Heimat 59, 1995, S. 5–18. – Kurt Niccolussi: Dendrochronologische Untersuchungen zur mittelalterlichen Baugeschichte von Schloß Tirol. In: Tiroler Heimat 59, 1995, S. 19–43. – Gerhard Seebach: Die normanischen Portale auf Burg Tirol - Eine bauhistorische Untersuchung. In: Eines Fürsten Traum. Meinhard II. – Das Werden Tirols. Tiroler Landesausstellung 1995. Schloß Tirol – Stift Stams 1995, S. 79–91.

[13] Hans Patze (Hg.): Der Reichstag von Gelnhausen. Marburg-Köln 1981. (auch in Blätter f. Dt. Landesgesch. 117, 1981).

[14] Karl Oettinger: Die Babenberger-Pfalz in Klosterneuburg als Beispiel einer bairischen Dynastenpfalz. In: Jb. f. fränk. Landesforsch. 19, 1959, S. 371-376.

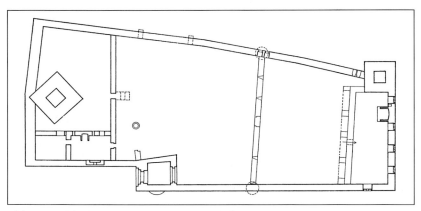

Abb. 56 Wildenburg im Odenwald, Grundriß.

zeigt Verwandtschaft mit den staufischen Pfalzen, u. a. Gelnhausen, Eger und besonders Wimpfen.[15]

Der kinderlose Tod des letzten Königs aus dem Geschlecht der Liudolfinger (Ottonen), Heinrichs II., am 13. Juli 1024 in der Pfalz Grone führte dazu, daß das *regnum*, was zugleich Königsherrschaft und Reich bedeutete, ohne Führung war, d. h. nach allgemeiner Auffassung letztlich ohne göttliche Leitung. Zur Friedenssicherung wurde Konrad II. aus dem im rheinfränkischen Raum (Worms-, Nahe- und Speyergau) begüterten Geschlecht *(domus)* der Salier mit Unterstützung der von Erzbischof Aribo von Mainz angeführten Fürstengruppe in Kamba im Rheingau am 4. Sept. 1024 zum neuen König gewählt. Das seit dem hohen Mittelalter Salier genannte Geschlecht hatte seit karolingischer Zeit Führungs- und Verwaltungsaufgaben im Reich übernommen.[16] Gleich nach dem Regierungsantritt wandelte Konrad II. 1025 die väterliche Stammburg Limburg a. d. Haardt in ein Kloster um und legte den Grundstein zum großartigen Neubau des Speyerer Domes, der in Ablösung von Worms Grablege des kaiserlich überhöhten salischen Königshauses werden sollte. Konrad starb am 4. Juli 1039 in Utrecht und wurde in Speyer begraben. In konsequenter Weiter-

---

[15] Vaclav Formanek u. a.: Die Prager Burg. Prag 1965. - Ivan Borkovsky: Die Prager Burg zur Zeit der Premyslidenfürsten. Prag 1972.

[16] Egon Boshof: Die Salier. Stuttgart 1987 (= Urban-Taschenbücher 387). - Stefan Weinfurter: Herrschaft und Reich der Salier. Sigmaringen 1991. - Stefan Weinfurter (Hg.): Die Salier und das Reich. 3 Bde. Sigmaringen 1991. - Tilman Struve: Salier In: Lex MA 7, 1995, Sp. 1300-1302. - Stefan Weinfurter: Zur „Funktion" des ottonischen und salischen Königtums. In: Mittelalterforschung nach der Wende 1989. Hg. Michael Borgolte. München 1995 (= Hist. Zs. Beih. 20) S. 349-361. - Odilo Engels: Der Dom zu Speyer im Spiegel des salischen und staufischen Selbstverständnisses. In: Archiv f. mittelrhein. Kirchengesch. 32, 1980, S. 27-40.

C Salisch-staufische Pfalzen 1025–1240   205

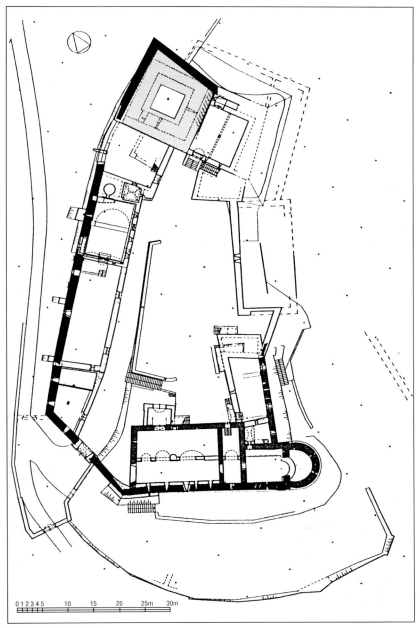

Abb. 57 Tirol, Burg, Grundriß, Bauphase 1138.

C Salisch-staufische Pfalzen 1025–1240

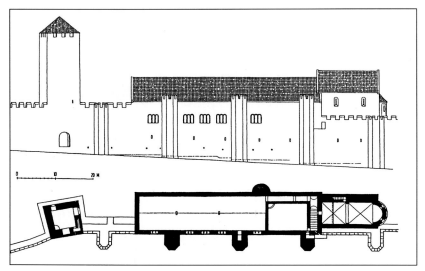

Abb. 58 Prag, Hradschin, 2. Drittel 12. Jh.

führung der Herrschaft Heinrichs II. baute Konrad die Machtstellung des Reiches weiter aus. Er stützte seine Herrschaft wie schon seine Vorgänger auf die Reichskirche, die er finanziell stark beansprucht hat, und zog in großem Umfang Ministeriale zur Reichsverwaltung heran. Unter Konrads Nachfolger Heinrich III., der Ostern 1028 zehnjährig schon zum König gekrönt worden war und nach dem Tode seines Vaters 1039 die Regierung übernahm, „erreichte das sich auf Einheit von *regnum* und *sacerdotium* gegründete theokratische Königtum einen Höhepunkt. Gemeinsam mit dem Papsttum förderte er die Kirchenreform."[17] Seine praktische Politik war von den Idealen des Friedens und der Gerechtigkeit geprägt. Er wollte das göttliche Friedensreich auf Erden befehlen. Planmäßig baute er das von den Liudolfingern geerbte Reichs- und Hausgut aus und errichtete als bevorzugten Aufenthalt in Sachsen die Pfalz Goslar, in der am 11. Nov. 1050 sein Sohn und Nachfolger Heinrich IV. geboren wurde. Für seine Aufenthalte im Reich wählte er vornehmlich Bischofssitze und Reichsklöster.

Heinrich IV. (1050–1106), der am 17. Juni 1054 in Aachen zum König gekrönt worden war, übernahm nach dem Tode seines Vaters am 5. Okt. 1056 in der Pfalz Bodfeld die Herrschaft. Er versuchte, nach seiner Mündigkeitserklär-

---

[17] Struve (wie Anm. 16) Sp. 1301. – Paul Gerhard Schmidt: Heinrich III. – Das Bild des Herrschers in der Literatur seiner Zeit. In: Dt. Archiv 39, 1983, S. 582–590. – Tilman Struve: Kaisertum und Romgedanke in salischer Zeit. In: Dt. Archiv 44, 1988, S. 424–454. – Weinfurter (wie Anm. 16) S. 357.

ung am 29. März 1065 in Auseinandersetzung mit der Fürstenopposition und dem Reformpapsttum die Rechte der Krone zu behaupten.[18] Nach seiner Entmachtung am 31. Dez. 1105 in Ingelheim setzte sein am 6. Jan. 1099 in Aachen gekrönter Sohn Heinrich V. (1086–1125) seine Politik fort, ohne jedoch zu einem Ausgleich mit den aufstrebenden Territiorialherren zu gelangen. Der Kompromiß des Wormser Konkordats 1122 sicherte dem deutschen Königtum auch künftig einen Einfluß auf die Reichskirche. „Durch ihr beharrliches Bemühen um Wahrung der Rechte der Krone haben die Salier die Voraussetzungen für die Erneuerung der Königsmacht unter den Staufern geschaffen."[19] Mit dem Tode Heinrichs V. am 23. Mai 1125 in Utrecht war das Haus der Salier nach 100jähriger Herrschaft im Mannesstamm erloschen.

Die Fürsten wählten am 24. Aug. 1125 in Mainz den sächsischen Herzog Lothar von Supplinburg zum König; dieser hatte sich nach seinem Sieg in der Schlacht am Welfenholz 1115 weitgehend dem Einfluß des Saliers Heinrich V. entzogen. Unter Lothar war Sachsen zum letzten Mal Kernlandschaft des Reiches. Lothar bestimmte seinen Schwiegersohn Heinrich den Stolzen zu seinem Nachfolger. Nach Lothars Tod am 4. Dez. 1137 wurde jedoch der Staufer Konrad III., Sohn Herzog Friedrichs I. von Schwaben und Agnes, Tochter Kaiser Heinrichs IV., der schon am 18. Dez. 1127 in Rothenburg zum Gegenkönig ausgerufen worden war, sich aber gegen Lothar nicht durchsetzen konnte, aus regionalpolitischen Gründen von Erzbischof Albero von Trier gefördert in einer Versammlung in Koblenz am 7. März 1138 zum König erhoben; er starb am 15. Febr. 1151 in Bamberg. Konrad betrieb eine erfolgreiche Territorialpolitik, ordnete die Reichskanzlei neu und versuchte, der königlichen Zentralgewalt mehr Bedeutung zu geben, wenn er auch den staufisch-welfischen Gegensatz nicht überwinden konnte.[20]

Friedrich Barbarossa, nach 1122 als Sohn Friedrichs II. (1090–1147), Herzogs von Schwaben, geboren, begegnete 16jährig schon seit Frühjahr 1138, wenige Wochen nach der Königswahl seines Onkels Konrad III. (1093–1151), als Zeuge in Herrschaftsurkunden und begann, am Hofe eine wohl nicht unbedeutende Rolle zu spielen. Er folgte Anfang April 1147 seinem damals verstorbenen Vater als Herzog von Schwaben und Elsaß nach und zog 1147 mit auf den Kreuzzug, auf dem er vom König zu diplomatischen Missionen und militärischen Beratungen hinzugezogen wurde. In den letzten Jahren Konrads III. ist Friedrich immer wieder am Hofe. Am 4. März 1152 wurde er nach geschickten Verhandlungen in Frankfurt zum König gewählt und am 9. März in Aachen

---

[18] Egon Boshof: Heinrich IV. Göttingen 1979 (= Persönlichkeit u. Geschichte 108/109).
[19] Struve (wie Anm. 16) Sp. 1301.
[20] Odilo Engels: Konrad III. In: Lex MA 5, 1991, Sp. 1339 f. – Odilo Engels: Stauferstudien. 1988, S. 160-176.

von dem Kölner Erzbischof Arnold von Wied gekrönt (Kaiserkrönung in Rom am 18. Juni 1155). Arnold von Wied, seit 1127 Kölner Dompropst und seit 1138 Kanzler Konrads III. und Begleiter auf dem Kreuzzug 1147/49, hatte am 24. April 1151 im Beisein von Konrad III. die beeindruckende Doppelkapelle seiner Burg Schwarzrheindorf gegenüber von Bonn u. a. von Bischof Otto von Freising, Friedrichs Biograph, der sie als *capella operosa* gewürdigt hat, weihen lassen.[21]

Friedrich wird von Wibald von Stablo, Rahewin und Acerbus Morena als erfahren auf politischem und militärischem Gebiet charakterisiert sowie geschickt bei Verhandlungen; außerdem habe er Entscheidungskraft und Durchsetzungsvermögen, sei liebenswürdig und gütig gegenüber Freunden und Guten, schrecklich und unerbittlich gegenüber Bösen.[22] Rahewin, der die Biographie Friedrich Barbarossas von Otto von Freising bis zum Jahre 1160 fortgesetzt hat, bringt im letzten abschließenden, Friedrich im ganzen charakterisierenden Kapitel nach einer Darstellung der persönlichen Erscheinung des Kaisers eine allgemeine Würdigung (fast wörtlich nach Einhards Karls-Vita cap. 17) und dann eine spezielle Hervorhebung der Bauleistungen: „Obwohl er in der Ausweitung der Königsherrschaft *(in ampliando regno)* und der Unterwerfung von Völkern so Großes leistet und sich ständig den erwähnten Beschäftigungen widmet, hat er doch zur vielfachen Zierde der Königsherrschaft *(pluriam ad regni decorem)* und zur Zweckmäßigkeit *(commoditatem)* dienende Werke *(opera)* an verschiedenen Orten begonnen *(inchoavit)*, einige auch vollendet und den größten Teil seiner Vorsorge *(providentia)* für die Hingabe seiner Frömmigkeit *(pietatis)* verwendet. Die einst von Karl dem Großen besonders schön *(pulcherrima)* errichteten Pfalzen *(palatia)* und die mit besonders herrlichem Werk ausgeschmückten Königshöfe *(regias clarissimo opere decoratas)* bei Nimwegen und nahe dem Ort Ingelheim *(apud Noviomagum et iuxta villam Inglinheim)*, äußerst feste Werke *(opera quidem fortissima)*, aber durch Vernachlässigung *(neglectu)* und Alter sehr morsch geworden, hat er aufs schicklichste wiederhergestellt *(decentissime reparavit)* und darin seine außergewöhnliche, ihm angeborene Größe seines Herzens bewiesen; bei Kaiserlautern hat er ein aus roten Steinen errichtetes königliches Haus mit nicht geringerer Freigiebigkeit sorgfältig bereitet *(apud Lutra domum regalem ex rubris lapidibus fabricatam non minori munificentia accuravit)*. Er hat es nämlich zum einen

---

[21] Albert Verbeek: Schwarzrheindorf. Die Doppelkapelle und ihre Wandgemälde. Düsseldorf 1953. – Günther Binding, Albert Verbeek: Die Doppelkapelle in Bonn-Schwarzrheindorf. 12. Aufl. Neuss 1991 (= Rhein Kunststätten 93).

[22] Ferdinand Opll: Friedrich Barbarossa. Darmstadt 1990, (= Gestalten des Mittelalters und der Renaissance. Hg. Peter Herde) S. 36–38. – Odilo Engels: Friedrich I. (Barbarossa). In: Lex MA 4, 1989, Sp. 931-933 mit Lit. – Odilo Engels: Die Staufer. 3. Aufl. Stuttgart 1984 (= Urban-Taschenbücher 154).

Teil mit einer sehr festen Mauer umgeben, den anderen Teil umspült ein seeähnlicher Fischteich, der zur Weide der Augen wie des Gaumens alle Delikatessen an Fischen und Geflügel enthält. Auch hat es einen Park, der einer Fülle von Hirschen und Rehen Nahrung bietet. Die königliche Pracht all dieser Dinge und ihre Menge, die größer ist, als daß man sie schildern könnte, erweckt das Staunen der Beschauer. Auch in Italien hat er in Monza, in Lodi und in anderen Orten und Städten bei der Erneuerung von Pfalzen und heiligen Gebäuden eine solche Großartigkeit an Freigiebigkeit gezeigt, daß das ganze Reich nicht aufhört, den Geschenken und dem Andenken des so großen Kaisers auf Dauer zu genügen."[23]

Weihnachten 1165 ließ Friedrich Barbarossa Karl den Großen in Aachen heiligsprechen. Nach dem prächtigen Mainzer Hoftag Pfingsten 1184 mit der feierlichen Schwertleite der Kaisersöhne ging eine Gesandtschaft mit dem Auftrag einer Eheverabredung an den sizilischen Königshof; im Herbst 1184 wurde in Augsburg die Verlobung des 1165 bei Nimwegen geborenen und 1169 zum König gekrönten Heinrich VI. mit Konstanze (1154–1198), der jüngsten Tochter König Rogers II. von Sizilien, Erbin des Königreichs Sizilien, verkündet, letztlich das Ergebnis der erfolgreichen Politik seit dem Frieden von Venedig 1178. Die Hochzeit fand am 27. Jan. 1186 in Sant' Ambrogio in Mailand statt; dadurch wurde in demonstrativer Weise die Veränderung der politischen Landschaft zum Ausdruck gebracht. Heinrich hielt sich bis Ende 1187 in Oberitalien auf und nahm dort die königlichen Aufgaben wahr, während Friedrich Barbarossa seit Herbst 1186 im Norden das Reich ordnete und den Kreuzzug vorbereitete. Als Friedrich am 11. Mai 1189 in Regensburg zum Kreuzzug aufbrach, war Heinrichs Aufgabe die Verwaltung des Reiches. Zentraler Punkt seines Handelns war die Wahrung des königlichen Ansehens. Von Philippopel aus erteilte Friedrich seinem Sohn am 18. Nov. 1189 noch brieflich den Auftrag, die Pfalzen Kaiserswerth und Nimwegen zu vollenden und gut zu bewachen (MGH D F I. 1009). Am 10. Juni 1190 ertrank Friedrich im Fluß Saleph in Kleinasien.

Als Heinrich der Löwe im Herbst 1189 nach Braunschweig zurückgekehrt war, versuchte Heinrich VI. von Goslar aus, Braunschweig zu belagern – ohne Erfolg –, feierte 1189 Weihnachten in der Pfalz Eger und zog nach Italien, um das Königreich Sizilien zu erobern. Ostern 1191 erfolgte die Kaiserkrönung in Rom. 1192–1194 weilte Heinrich wieder in Deutschland, zog dann am 12. Mai 1194 vom Trifels aus mit dem Heer erneut nach Süden, um sein normannisches Königreich zu erobern und Konstanze als rechtmäßige Herrscherin einzusetzen.

---

[23] Adolf Schmidt (Übers.), Franz-Josef Schmale (Hg.): Bischof Otto von Freising und Rahewin, Die Taten Friedrichs oder richtiger Cronica. Darmstadt 1965 (= Freiherr vom Stein-Gedächtnisausgabe 17) S. 710–713; die Übersetzung wurde an entscheidenden Stellen verändert, da die Übersetzung in der Wortwahl nicht der Bedeutung des lateinischen Textes entsprach.

Er wurde Weihnachten 1194 in Palermo zum König gekrönt. Ein Tag später, am 26. Dez. 1194, gebar Konstanze den Thronfolger Friedrich II. in Jesi (Prov. Ancona). Heinrichs weiteren Bemühungen dienten der Vereinigung Süditaliens mit dem Reich *(unio regni ad imperium)*. Im Okt. 1195 hielt er in Gelnhausen einen wichtigen Reichstag ab, um Ruhe im Nordreich herzustellen. „Sein Hauptaugenmerk wandte der Kaiser in den folgenden Monaten den Kreuzzugsvorbereitungen und den Verhältnissen im Königreich Sizilien zu."[24] Anfang April 1197 erreichte der Kaiser wieder Palermo, wo Konstanze während seiner Abwesenheit die Regentschaft ausgeübt hatte, und starb am 28. Sept. 1197 in Messina. Konstanze ließ ihren Sohn Friedrich II. nach Palermo bringen und am 17. Mai 1198 zum König von Sizilien krönen,[25] wobei Friedrich auf den deutschen Königstitel verzichtete. Wenn auch Heinrich VI. das Stauferreich auf den Höhepunkt seiner politischen Geltung führte, ist aus der politischen Situation leicht zu erkennen, daß an den Bau von Pfalzen während seiner Herrschaftszeit kaum zu denken war; es wurden die von Friedrich Barbarossa wiederhergestellten oder erbauten Pfalzen weiterhin besucht. „Schwer läßt sich sein Wirken beurteilen, schwer läßt sich absehen, welche Ziele er sich gesteckt hatte und wieviel vom Geplanten er in einem längeren Leben hätte verwirklichen können."[26]

Die stauferfreundlichen Fürsten wählten im März 1198 Heinrichs Bruder Philipp von Schwaben zum König. Viel Kraft und Zeit verbrauchten seine Bemühungen um die Durchsetzung seiner rechtmäßigen Herrschaft gegen den 1198 als Gegenkönig gewählten Welfen Otto IV. (1175/80–1218). Nach der Ermordung des Staufers Philipp am 21. Juni 1208 in Bamberg wurde am 11. Nov. 1208 Otto IV. in Frankfurt einmütig erneut zum König gewählt; er verlobte sich Pfingsten 1209 mit Philipps Tochter Beatrix.[27] Am 4. Okt. 1209 empfing er in Rom die Kaiserkrone. Als Otto IV., von aufständischen Baronen gerufen, im Nov. 1210 in das Königreich Sizilien einfiel, exkommunizierte der Papst ihn am 31. März 1211 und ließ Friedrich II. im Sept. 1211 in Nürnberg zum künftigen König wählen.[28] Im März 1212 brach Friedrich von Sizilien gegen den Rat seiner Gattin Konstanze von Aragon, die er im Aug. 1209 geheiratet (gest. 1222) und die er als Regentin in Sizilien eingesetzt hatte, aber mit der Unterstützung seines Vormundes, des Papstes Innozenz III., nach Norden auf und erreichte Mitte Sept. 1212 wenige Stunden vor Otto IV. Konstanz. Die staufertreuen Reichsministerialen erkannten bereitwillig den Staufererben als

[24] Wolfgang Stürner: Friedrich II. Darmstadt 1992 (= Gestalten des Mittelalters und der Renaissance. Hg. Peter Herde) S. 63.
[25] Theo Kölzer: Konstanze. In: Lex MA 5, 1991. Sp.1406f.
[26] Stürner (wie Anm. 24) S. 65.
[27] Peter Thorau: Otto IV. In: Lex MA 6, 1993, Sp. 1570–1572. – Bernd Ulrich Hucker: Kaiser Otto IV. Hannover 1990 (= Schr. d. Monumente Germaniae Historica 34).
[28] Zu Friedrich II. siehe Stürner (wie Anm. 24) u. Walter Koch: Friedrich II. In: Lex MA 4, 1989. Sp. 933-939 mit Lit.

ihren rechtmäßigen Herrn an, und die Förderung durch den Papst brachte ihm auch die Unterstützung eines Großteils der geistlichen Fürsten ein. Bereits Mitte Nov. traf er sich von Hagenau aus in dem Grenzort Vaucouleurs an der Maas mit dem französischen Thronfolger Ludwig VIII. (gest. 1226) und schloß dabei mit König Philipp von Frankreich ein Freundschaftsabkommen ab. Am 5. Dez. 1212 wurde Friedrich in Frankfurt nochmals zum König gewählt und am 9. Dez. mit nachgebildeten Insignien in Mainz gekrönt.

„Wie Walther (von der Vogelweide) rühmte man bald allenthalben in Deutschland die *innata liberalitas* Friedrichs, die ihm angeborene Freigiebigkeit ... Sie vermochte ... die anziehende, oft geradezu faszinierende Wirkung noch deutlich zu erhöhen, die zweifellos ohnehin von der jugendlichen Gewandtheit und rasch auffassenden Intelligenz seiner Person, vom Glanz seiner Herkunft und von dem glückhaften Fortgang seines wagemutigen Unternehmens ausging, der vielen nur mit Gottes unmittelbarer Hilfe erklärbar erschien."[29] In der ersten Hälfte des Jahres 1213 blieb Friedrichs Wirkungsbereich auf Süddeutschland mit den traditionellen Zentren staufischer Macht beschränkt: Hagenau, Konstanz, Nürnberg, Augsburg, Worms. „Seine Urkunden bestätigten Bischöfen und vor allem Klöstern aus jener Region ihre Privilegien und Besitztümer und gewährte ihnen seinen Schutz. Meist knüpfte er dabei an Verfügungen seiner Vorfahren an. Er betonte – bis hin zur äußeren Form des nun benutzten Siegels – die Kontinuität der staufischen Herrschaft und fand weiterhin Zustimmung und wachsendes Vertrauen."[30] Am 12. Juli 1213 wiederholte er in Eger in der goldenen Bulle mit fürstlicher Zustimmung die Zugeständnisse an die Kirche, die Otto IV. 1209 gemacht hatte, und erfüllte die territorialen Forderungen des Papstes in Mittelitalien. In dem Entscheidungskampf zwischen Kaiser Otto IV. mit seinen englischen Verbündeten und König Philipp II. August von Frankreich entkam Otto am 27. Juli 1214 nur mit knapper Not dem Angriff an der Marquebrücke bei Bouvines. Seine Niederlage änderte auch seine Situation in Deutschland. Friedrich konnte weitere Anhängerschaft gewinnen und sich vom Mainzer Erzbischof am 25. Juli 1215 in Aachen nochmals krönen lassen. Er sah sich als Erbe der Staufermacht und „zugleich in der Nachfolge und besonderen Nähe Karls des Großen, des Neubegründers des Kaisertums und erhabenen Vorbildes jedes christlichen Herrschers. Beides, echte Frömmigkeit und das sichere Bewußtsein seiner überlegenen Würde und Berufung, prägten dann auch die Handlungen und Entscheidungen."[31] Das zeigt sich sowohl darin, wie Reiner von Lüttich berichtet, daß "nach der feierlichen Messe der König selbst den Hammer ergriff, ... und mit dem Meister zusammen vor aller Augen das Behältnis (den Goldschrein für den auf Betreiben Friedrich

[29] Stürner (wie Anm. 24) S. 157f.
[30] Stürner (wie Anm. 24) S. 158.
[31] Stürner (wie Anm. 24) S. 172f.

Barbarossas 1165 heiliggesprochenen Karl den Großen) fest zunagelte,"[32] als auch in seinem Entschluß, das Kreuz zu nehmen, womit er bewußt „in die Bahnen seiner staufischen Vorfahren trat, starb doch sein Vater bei der Vorbereitung eines Kreuzzugs, sein Großvater auf diesem selbst."[33] Diese allgemeinen Beobachtungen zum politischen und geistigen Verhalten Friedrichs II. zu Beginn seines Deutschlandaufenthaltes in den Jahren 1213–1215 lassen sich mit zahlreichen Beobachtungen an den Pfalzen in Wimpfen, Eger und Seligenstadt verbinden, wo deutliche Rückbezüge auf 50 Jahre alte Pfalzen Friedrich Barbarossas, vornehmlich auf Gelnhausen, festzustellen sind (Raumaufteilung des Palas, Ausbildung der Arkaden und Kapitelle), stilistische Vergleiche aber eine Datierung zwischen 1215 und 1235 notwendig machen.

Seinem 1211 geborenen Sohn Heinrich (VII.), den Friedrich entgegen früheren Versprechungen 1216 nach Deutschland holte, ihm 1217 das Herzogtum Schwaben übergab und 1219 zum *Rector Burgundiae* und im April 1220 zum deutschen König wählen ließ, übergab Friedrich zunächst unter der Vormundschaft des Kölner Erzbischofs Engelbert von Berg und nach dessen Ermordung 1225 unter der Vormundschaft des Herzogs Ludwig von Bayern als seinem Vertreter die Herrschaft in Deutschland, als Friedrich im Aug. 1220 wieder nach Sizilien zog. 1225 heiratete Heinrich in Nürnberg Margarete von Österreich. Der seit Weihnachten 1228 selbständig regierende Heinrich (VII.) geriet mit seiner Politik bald in Konflikt mit Friedrich II. und suchte Unterstützung bei den aufstrebenden Städten und den Reichsministerialen, bis hin zur offenen Rebellion. Entsprechend ist es kaum denkbar, daß er Friedrichs Repräsentationsabsichten beim Neubau von Pfalzen fortgesetzt hat.

Im Mai 1235 zog Friedrich mit einem kleinen Heer wieder nach Deutschland; sein rebellischer Sohn unterwarf sich ihm am 2. Juli 1235 in Wimpfen und starb nach siebenjähriger Haft in Süditalien. Nach einer glänzenden Hochzeit Friedrichs II. mit Isabella, Schwester König Heinrichs III. von England, am 15. Juli 1235 in Mainz kam es auf dem Mainzer Hoftag zur endgültigen Aussöhnung mit den Welfen. Mit dem am 22. Aug. 1235 in deutscher Sprache verkündeten Mainzer Reichslandfrieden versuchte Friedrich, über eine verbesserte Friedenssicherung hinaus die Verfassungsstruktur des Reiches zu ordnen, indem alle Rechte, wie auch immer erworben, als vom König verliehen gelten sollten. 1237 wurden Kämpfe in Oberitalien und gegen den geächteten Herzog Friedrich II. von Österreich und Steiermark geführt. Im Aug. 1239 rückte Friedrich in den Kirchenstaat ein, was zu intensiven Auseinandersetzungen mit dem Papst und zur Bannung führte. Am 13. Dez. 1250 starb Friedrich in Castel Fiorentino bei Lucera, ohne wieder deutschen Boden betreten zu haben.

[32] Reineri Annles ad 1215; MGH SS XVI, S. 673.– siehe Stürners berechtigte Kritik an Hucker (wie Anm. 27), Stürner (wie Anm. 24) S. 173 Anm. 96.
[33] Stürner (wie Anm. 24) S. 174.

C Salisch-staufische Pfalzen 1025–1240

Von den salischen Königen (1024–1125), deren Hausmacht am Oberrhein und in der Pfalz um Worms, Speyer und der Burg Limburg auf der Haardt lag, wurde nur die Pfalz Goslar und zu deren Schutz die Harzburg gebaut. In der Forschung besteht Unklarheit, ob die Könige an Bischofssitzen, die sie häufig besuchten, ein eigenes königliches *palatium* neben der *domus* oder *curtis* des Bischofs (im 12./13. Jh. *palatium* genannt) besaßen oder bei ihrem Besuch und während der Hoftage vom Bischof aufgenommen wurden,[34] wie es sich ähnlich in Bamberg abzeichnet. Hier hatte Heinrich II. (1002–1024) 1007 ein Bistum gegründet und den Dombau gefördert (vor 1007 begonnen, 1012 geweiht); aus dieser Zeit stammt die *curia episcopalis*: ein südlich an das östliche Querschiff des Domes anschließender Saalbau (außen 60×12 m, nach Brand 1185 umgebaut), eine östlich den Saalbau abschließende Thomas und Katharina geweihte, langgestreckte Kapelle (15,60×5,70 m im Lichten) mit eingezogener, abgeschnürter Apsis, angeblich 1020 von Papst Benedikt VIII. geweiht (nach Brand 1185 umgebaut), und die zwischen 1047 und 1053 an die Südostecke angefügte, achteckige, zweigeschossige, an Aachen orientierte Andreaskapelle.[35] In Speyer, das von den salischen und staufischen Herrschern etwa 120 mal besucht wurde und dessen Pfalz unmittelbar nördlich des Domes stand, wird 1096 von einem *palacium regis et episcopi* gesprochen.[36] In Köln hat Erzbischof Reinald von Dassel (1158–1167) südlich des Domes wohl als Ersatz für ein im 11. Jh. genanntes *palatium imperiale* bzw. *curtis regia* die bischöfliche Pfalz errichtet.[37] Ähnlich war es wohl auch in Worms,[38] Würzburg,[39] Regensburg,[40] Augsburg[41]

[34] Hermann Heimpel: Bisherige und künftige Erforschung deutscher Königspfalzen. In: Gesch. in Wiss. u. Unterricht 16, 1965, S. 481–483. – Thomas Zotz: Palatium. In: Die Pfalz. Hg. Franz Staab. Speyer 1990, S. 113–121.– Carlrichard Brühl: Fodrum, gistum, servitium regis. Bd. 1. Köln-Graz 1968 (= Kölner hist. Abhandl. 14, 1) S. 160 f.
[35] Heinrich Mayer: Bamberger Residenzen. München 1951. – Heinrich Mayer: Bamberg als Kunststadt. Bamberg-Wiesbaden 1955, S. 101–105. – Opll (1978) S. 125.
[36] Bernoldi Chronicon, Nachtrag zu 1096; MGH SS V, S. 465. – Schlesinger (1975) S. 23f – Opll (1978) S. 149.
[37] Vita Lietberti ep. Camerac. ad a. 1051; MGH SS XXX, 2, S. 848. Vita Annonis; MGH SS XI, S. 505. – Anita Wiedenau: Romanischer Wohnbau im Rheinland. Köln 1979 (= 16. Veröff. d. Abt. Arch. d. Kunsthist. Inst. d. Univ. zu Köln) S. 22–36. – Opll (1978) S. 136.
[38] Die karolingische Pfalz war 790/91 abgebrannt, aber 829 anscheinend wieder hergestellt, weiterer Bestand und Lage sind unbekannt. Schon zur Zeit Konrads II. war der König Gast des Bischofs. Schlesinger (1975) S. 8. – Opll (1978) S. 155 f.
[39] Für die Stauferzeit ist zwar eine curia regia nachweisbar, die aber schon 1219 im Besitz des Bischofs war; unklar ist, ob sie für die vielen Königsaufenthalte mit Hoftagen ausgereicht hat. Schlesinger (1975) S. 9f. – Opll (1978) S. 156f.
[40] Die Herzogspfalz wurde im 9. Jh. Königspfalz; König Arnulf errichtete bei St. Emmeram eine neue Pfalz; mit Heinrich II. wurde die Herzogspfalz mit der Alten Kapelle in die curtis regia. Ob der Herzogshof als Königspfalz zu gelten hat, ist unsicher. Schlesinger (1975) S. 6f. – Opll (1978) S. 145 f.
[41] Schlesinger (1975) S. 21–23. – Opll (1978) S. 124.

214 C Salisch-staufische Pfalzen 1025–1240

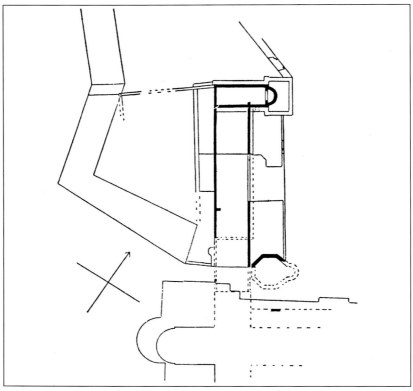

Abb. 59 Bamberg, Pfalz.

und Konstanz;[42] auch die von Friedrich Barbarossa vier- bis sechsmal aufgesuchten Bischofstädte Straßburg, Mainz, Utrecht, Merseburg, Basel, Magdeburg, Trier, Salzburg und Passau gehörten dazu. Die bauliche Überlieferung und archäologische Untersuchung ist gerade für die unter Friedrich Barbarossa am häufigsten aufgesuchten Orte, nämlich die Bischofsitze Worms, Würzburg (schon unter Konrad III. steht Würzburg mit 15 Aufenthalten an erster Stelle) und Regensburg, so unzulänglich, daß keine Vorstellungen von den Bauten, ja zumeist noch nicht einmal von der Lage der Pfalz möglich sind.[43] In Paderborn baute Bischof Meinwerk (1009–1036) südlich des Domes eine neue *domus episcopalis*.[44] Westlich der Xantener Stiftskirche am Rande der Befestigung besaß der Kölner Erzbischof einen Saalbau von 38×8,40/9,80 m im Lichten, eine

[42] Opll (1978) S. 136f.
[43] Schlesinger (1975) S. 6–10.
[44] siehe Kap. B.5.

C Salisch-staufische Pfalzen 1025–1240

Abb. 60 Köln, erzbischöflicher Palast, Finckenbaum 1664/65.

angebaute Kapelle (6,40×10,40 m) mit Rechteckchor (5×5 m) und einen mächtigen Turm von 27,50 x 21 m Außenmaß, nach Meinung der Ausgräber Hugo Borger und Walter Bader um 1000 errichtet und vor 1173 erneuert, aber eher wohl späteres 11. Jh.[45] Die Xantener bischöfliche Pfalz ist in Lage, Anlage und Größe unmittelbar mit dem von U. Mozer 1975 östlich der Hersfelder Stiftskirche ausgegrabenen, im Lichten etwa 48×10 m großen Saalbau und angebauter Kapelle (7×10 m) mit Apsis vergleichbar.[46] Der Hersfelder Bau ist durch eine Münze nach 1050 datiert. Auch wenn Fred Schwind die Deutung von Rolf Gensen anzweifelt, liegt hier doch wohl ein Gebäude für Königsaufenthalte vor. Für Hersfeld sind zwischen 782 (Karl der Große) und 1144 (Konrad III.) 20 Königsbesuche sicher belegt, etwa soviel wie in Fulda und Lorsch, davon für Heinrich IV. (1056–1106) sieben; 1073 flüchtete er von der Harzburg nach Hersfeld, um sich einige Tage zu erholen, 1066 hatte Heinrich hier das Pfings-

---

[45] Hugo Borger u. Friedrich Wilhelm Oediger: Beiträge zur Frühgeschichte des Xantener Viktorstiftes. Düsseldorf 1969 (= Rhein. Ausgr. 6) S. 167–190, Tafel 30, 33, 34. – Walter Bader: Der Dom zu Xanten. Erster Teil. Kevelaer 1978 (= Xantener Domblätter 8) S. 133–138.

[46] Rolf Gensen: Archäologie im Stiftsbezirk von Bad Hersfeld. In: Hess. Heimat 36, 1986, S. 14–19. – Fred Schwind: Das Kloster Hersfeld und das fränkisch-deutsche Königtum. In: Hess. Heimat 36, 1986, S. 19–26.

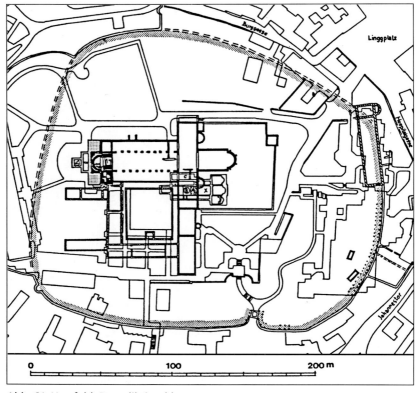

Abb. 61 Hersfeld, Benediktinerkloster.

fest gefeiert, und 1074 gebar seine Frau Berta, nachdem sie aus der von Sachsen eingeschlossenen Burg Volkenrode nach Hersfeld geholt worden war, hier einen Sohn.[47]

Ein Überblick über die Verteilung der Pfalzbesuche Friedrich Barbarossas (Opll 1978) zeigt deutlich, daß die am häufigsten besuchten Pfalzen Ulm (13), Nürnberg (12) und Goslar (11) gleichmäßig verteilt während seiner Deutschlandaufenthalte aufgesucht wurden. Die Besuche von Frankfurt (10) endeten 1174 und wurden von Gelnhausen (7) ab 1170/73 abgelöst; zusammen stehen sie an ersten Stelle aller Pfalzen und gleich mit den am häufigsten besuchten Bischofssitzen Worms (16) und Regensburg (15) und vor Würzburg (13). Aachen (7) wird nur bis 1174, Hagenau (9) ab 1158 bzw. 1166 und Kaiserslautern (7) ab 1158 gleichmäßig verteilt besucht, Nimwegen (4) nur zwischen

---

[47] Schwind (wie Anm. 46) S. 22f.

1157 und 1174 und Eger (3) erst ab 1179. Kaiserswerth (1158, 1174), Paderborn (1152, 1171), Ingelheim (1163), Tilleda (1174), Werla (1180) und Wimpfen (1182) mit jeweils nur ein oder zwei Besuchen entziehen sich einer Beurteilung, wobei für Paderborn und Wimpfen wie für Seligenstadt (1188) eher die Aufnahme im Bischofspalast, Stift oder Kloster in Frage kommt. Auffällig sind die acht gleichmäßig über die Zeit verteilten Besuche des Klosters Fulda; das erklärt sich aus der Lage an dem Wege vom Mittelrhein Worms-Mainz-Frankfurt-Gelnhausen nach Thüringen und Sachsen und aus dem ausgesprochen guten Verhältnis Konrads III. und Friedrich Barbarossas zu Fulda bis hin zu Abt Markward. Schließlich wird die Reichsburg Trifels (4) ebenfalls gleichmäßig besucht (Dez. 1155, 1169?, Aug. 1174, Okt. 1186), auffälligerweise kurz vor bzw. nach einem Italienaufenthalt, wie das auch für Hagenau zu beobachten ist; hier wird vermutet, daß der Kaiser Hagenau zur Erholung aufgesucht hat, während der Trifels wohl mehr militärische Bedeutung (s. u.) besessen hat.

Die erhaltenen Baureste und die überlieferten Baunachrichten sowie die Dendrodaten verweisen für Kaiserslautern, Ingelheim und Nimwegen auf eine Bauzeit vor 1160, Gelnhausen, Hagenau und Nürnberg auf die 1160/70er und für Goslar, Kaiserswerth und Trifels auf die 1180er Jahre.[48] Eger und Wimpfen gehören in die Zeit Friedrichs II. um 1215/20 und Seligenstadt 1235/40. D. h., die Baureste ergeben eine Datierung, die sich aus der Verteilung der Besuche in den Pfalzen nicht ablesen läßt, im einzelnen aber erklärbar ist, da ältere Anlagen oder Klöster/Stifte zur Verfügung standen. Andererseits sind bei Neugründungen wie Gelnhausen oder Kaiserslautern repräsentative Nutzungen erst nach Bauabschluß möglich und auch gegeben. Wenn man Heinrich (VII.), zumindest nach 1228, die bewußte Fortführung staufischer Traditionen seines Vater nicht zusprechen kann, dann bestand für Friedrich II. nur in der Zeit 1213/15–1220 und dann wieder 1235–1237 die Möglichkeit für gezielte Pfalzbaupolitik in staufischer Tradition, die dann während der folgenden Abwesenheit Friedrichs fortgesetzt werden konnte, aber – wie die Baubefunde erkennen lassen – ausgelaufen ist. Daraus ergibt sich für die Pfalzen von Eger und Wimpfen, die sich deutlich Pfalzen aus der Zeit Friedrich Barbarossas zum Vorbild nehmen, eine Planung 1213/15–1220 mit Ausführung bis vor 1228 und für Seligenstadt 1235–1237 mit wenigen weiteren Jahren für den Bauabschluß. Der Saalbau der Burg Girbaden im Elsaß, der um 1218–26 erbaut worden ist,

---

[48] Dem widerspricht Fritz Arens: Die staufischen Königspfalzen. In: Die Zeit der Staufer. Ausst.-Kat. Stuttgart 1977, Bd. 3, S. 129–142, Zitat S. 140: "Der Bauherr oder Gründer vieler Pfalzen ist Kaiser Friedrich Barbarossa. Trotzdem darf diese Tatsache nicht dazu verführen, die meisten Bauten der besprochenen Pfalzen in dessen Regierungszeit zu datieren. Dieser Irrtum wird aber immer wieder begangen, weil der unausgesprochene Wunsch besteht, daß der volkstümliche Kaiser auch für diese Zeugen der großen Vergangenheit zuständig sein soll."

zeigt – worauf Thomas Biller hingewiesen hat[49] – vergleichbare restaurative Tendenzen wie Eger, Wimpfen und Seligenstadt. Allein der Saalhof in Frankfurt ist in der Zwischenzeit, um 1200, erbaut worden, aber dieser ist nicht die königliche Pfalz, sondern ein Burgmannensitz oder ähnliches.

Aufbewahrungsorte der Reichskleinodien

Der Hort der deutschen Könige, bestehend aus den königlichen Insignien *(imperialia insignia)*, Krönungsgewändern und Heiltümern des Heiligen Römischen Reiches sowie der Schatz des Königs ist über die Jahrhunderte zusammengetragen worden.[50] Er hatte neben den Insignien auch einen Reliquiencharakter; sein Besitz bedeutete den Nachweis für die Rechtmäßigkeit der Herrschaft. Die Krönungszeremonie der Kaiser und Könige beinhaltete mit der kirchlichen Übergabe der Insignien die Herrschaftslegitimation.[51] So war der Besitz der Reichskleinodien von besonderer Bedeutung und ihre Sicherung ein vorrangiges Anliegen. Für die Aufbewahrung in staufischer Zeit wird in der Literatur immer wieder vermutet, daß dafür besondere Bauten errichtet worden sind.[52] Ein fester Aufbewahrungsort für den königlichen Hort, d. h. die Reichskleinodien, ist für die Zeit vor der staufischen Herrschaft nicht bekannt, vielmehr führte der König den Hort wohl zumeist mit sich und deponierte ihn während seines Aufenthaltes in den Pfalzkapellen.[53] Heinrich IV. rettete *regni insignia et thesaurorum suorum* 1073 auf die Harzburg bei Goslar und verließ diese unter der Feindesbedrohung heimlich bei Nacht, nachdem er zuvor die Reichsinsignien und einen Teil des Schatzes vorausgeschickt hatte. 1105 brachte er sie vor seinem Sohn Heinrich V. auf der Burg Hammerstein am Rhein in Sicherheit. Heinrich V. hatte kurz vor seinem Tode 1125 die Reichsinsignien seinem Reichsverweser Herzog Friedrich von Schwaben (Vater Friedrich Barbarossas) übergeben, um sie auf der Burg Trifels in der Pfalz sicher zu bewahren. Sie wurden an König Lothar von Sachsen übergeben, der sie über Heinrich den Stolzen 1138 in Regensburg an Konrad III. ausliefern ließ. Zwischenzeit-

---

[49] Thomas Biller: castrum novum ante Girbaden noviter edificatum – ein Saalbau Friedrichs II. im Elsaß. In: Forschungen zu Burgen und Schlössern 2. München 1996 (im Druck, Manuskript von Biller zur Einsicht erhalten).

[50] Percy Ernst Schramm, Florentine Mütherich: Denkmale der deutschen Könige und Kaiser. München 1962.

[51] Helmut Trnek: Reichsinsignien. In: Lex MA 7, 1995, Sp. 623–626 mit Lit.

[52] Vergl. dazu die wohlabgewogenen Darstellung von Dankwart Leistikow: Aufbewahrungsorte der Reichskleinodien in staufischer Zeit. In: Burgen u. Schlösser 1974, S. 87–103. – Ebenso in: Selbstbewußtsein und Politik der Staufer. Göppingen 1977 (= Schr. z. stauf. Gesch. u. Kunst 3) S. 41–62. – Neben Hagenau, Trifels, Hammerstein und Waldburg bezieht Leistikow auch noch die Burg Krautheim in die Überlegungen ein.

[53] Josef Fleckenstein: Die Hofkapelle der deutschen Könige. 2 Bde. Stuttgart 1959 (= Schr. d. Monumenta Gemaniae Historica 16) Bd. 1, S. 95 f.

lich lagen sie vorübergehend in der Burg Nürnberg. Die Nachricht aus dem 16. Jh., sie seien 1153–1208 in der Pfalz Hagenau aufbewahrt gewesen, ist – wie Robert Will gezeigt hat – falsch; sie sind zwar dort mehrfach nachgewiesen, aber die Nachrichten sind immer mit einem Aufenthalt des Hofes dort verbunden. Als Philipp von Schwaben 1208 in Bamberg ermordet wurde, brachte sein Kanzler *(protonotar)* Konrad aus dem Geschlecht der Reichsministerialen von Scharfenberg, Bischof von Speyer und Metz, die Insignien von Bamberg, wo sie sich gerade befanden, auf den Trifels und lieferte sie im gleichen Jahr am 11. Nov. 1208 in Frankfurt an den Welfen Otto IV. aus.[54] Falsch ist die Annahme von Bernd Ulrich Hucker, der Fritz Arens folgt und mit der durch ein falsches von Walter Hotz abgedrucktes Dendrodatum 1208 begründeten Bauzeit der Kapelle des Saalhofes in Frankfurt die Aufbewahrung der Insignien in Frankfurt in Verbindung bringt und damit, wie schon Krieg von Hochfelden 1844, die überhastete Einrichtung der Saalhofskapelle erklärt.[55]

Daß die Insignien unter Otto IV. auf der Harzburg in dem von Otto erbauten Turm gelegen haben,[56] ist nicht belegt, vielmehr macht Bernd Ulrich Hucker wahrscheinlich, daß sie in Braunschweig verwahrt worden sind.[57] Otto IV. verfügte in seinem Testament, daß sein Bruder Heinrich, Pfalzgraf bei Rhein, die *imperialia insignia* 20 Wochen lang verwahren und dann dem von den Fürsten gewählten Nachfolger übergeben solle. Friedrich II. erhielt sie im Juli 1219 in Goslar, ließ sie nach Nürnberg bringen und nahm sie im Aug. 1220 mit nach Italien zur Kaiserkrönung in Rom am 22. Nov. 1220. Er schickte sie 1221 in schwieriger Situation wieder zurück und gab sie in die Obhut des ehemaligen welfischen Ministerialen und Truchsessen Eberhard von Tanne-Waldburg (gest. um 1234) in die Burgkapelle des Hl. Nikolaus auf der Waldburg bei Ravensburg: *insignia imperii ... faciens ea custodiri sub protestate Eberhardi de Tanne, ministerialis et dapiferi sui, in castro Waldpurc*. 1240 wird Eberhards Neffe Schenk Konrad von Tanne-Winterstetten (gest. 1243) als Verwahrer der Reichskleinodien genannt. Wie auf dem Trifels die Zisterzienser von Eußerthal, so erhielten auf der Waldburg die Prämonstratenser von Weißenau die geistliche Betreuung: *in obsequium regis ad servandum ea regalia et serviendum*.[58] Am 17. Sept. 1246 wurden gemäß einer auf deutsch abgefaßten Urkunde Konrads IV. „die burg Trivels und die keyserlichen Zeychen" durch Ysengard, Frau des Truchseß Philipp von Falkenstein, dem Verwalter des Reichsamtes Trifels und Hüter der Reichskleinodien bis 1259, an König Konrad IV. übergeben.

[54] Hucker (wie Anm. 27) S.603.
[55] Hucker (wie Anm. 27) S. 603.
[56] Hucker (wie Anm. 27) S. 604f.
[57] Hucker (wie Anm. 27) S. 602–605.
[58] Karl Bosl: Die Reichsministerialität der Salier und Staufer. Stuttgart 1951 (= Schr. d. Monumenta Germaniae Historica 10) S. 428–439 mit allen Belegen.

1255 übernahm der 1248 gekrönte Wilhelm von Holland den Trifels und den Reichsschatz: *quod castrum Driesvelt et insignia imperialia iam habemus*. Philipp, der nach dem Aussterben der Münzenberger 1255 auch Reichskämmerer und *procurator* der Wetterau geworden war, übergab die ihm von König Wilhelm anvertrauten Insignien zu Aachen am 17. Mai 1257 dem König Richard von Cornwall (1257–1272). 1274 wurden die Reichskleinodien unter Rudolf von Habsburg (1273–1291) auf die Kyburg in der Schweiz überführt, 1291 lagen sie auf der Burg Stein bei Rheinfelden und unter Adolf von Nassau (1292–1298) noch einmal auf dem Trifels, dann aber wieder auf der Kyburg.

Aus diesen wenigen Nachrichten ist jedoch für die Frage nach Bauten, die für die Aufbewahrung der Reichskleinodien errichtet wurden, zu schließen, daß es diese sicher nicht gab. Alle Versuche, die doppelgeschossige Pfalzkapelle Hagenau, die Kapelle des Frankfurter Saalhofes, den Kapellenturm der Reichsburg Trifels oder den Turm auf der Harzburg als Bauten zu interpretieren, die für die Aufbewahrung der Reichskleinodien errichtet worden sind, sind im einzelnen nachweislich falsch. Somit ist auch der Trifels, auf dem zwischen 1125 und 1298 verschiedentlich, aber wohl auch immer nur für kurze Zeit während unsicherer Perioden die *imperialia insignia* sicher verwahrt wurden, nicht eine für diese Verwahrung gezielt eingerichtete Burg, sondern wie andere Burgen ein gut gesicherter Ort, der zeitweise auch für den königlichen Hort genutzt wurde. Zudem war der Trifels schon unter Kaiser Heinrich V. Staatsgefängnis: 1113/15 für den Mainzer Erzbischof Adalbert und 1113/16 für Wiprecht von Groitzsch; Heinrich VI. hielt hier den englischen König Richard Löwenherz 1193/94 fest und nutzte den Trifels als Aufbewahrungsort für das entrichtete Lösegeld und für den 1195 erbeuteten normannischen Königsschatz sowie 1195/98 für die Unterbringung der sizilianischen Geiseln, darunter Nikolaus von Ajello, Erzbischof von Salerno, und Admiral Margarito. 1206/08 war der Kölner Erzbischof Bruno als Gefangener Philipps von Schwaben auf dem Trifels.[59] Während der staufischen Herrschaft waren die Könige mehrfach auf dem Trifels: Friedrich Barbarossa 1155, 1169, 1174, 1186; Heinrich VI. 1194; Philipp von Schwaben 1194, 1207; Friedrich II. 1215(?); Heinrich (VII.) 1234, 1235; Konrad IV. 1246. Diese Aufenthalte lassen aber nicht erkennen, ob dem Trifels auch Pfalzfunktionen zugekommen sind.

Die einzelnen, zufällig überlieferten Aufbewahrungsorte der Reichsinsignien lassen erkennen, daß es keine extra für deren angemessene und sichere Auf-

---

[59] Friedrich Sprater: Der Trifels. 4. Aufl. Speyer 1953. – Friedrich Sprater, Günter Stein: Der Trifels. 9. Aufl. Speyer 1971. – Bernhard Meyer: Burg Trifels. Die mittelalterliche Baugeschichte. Diss. Köln 1995. – 1180er Jahre bei Walter Hotz: Pfalzen und Burgen der Stauferzeit. Darmstadt 1981, S. 93–102. – Unter Philipp von Schwaben (gest. 1208) in Georg Dehio: Handbuch der Kunstdenkmäler. Rheinland-Pfalz Saarland. München 1972, S. 30f

C Salisch-staufische Pfalzen 1025–1240 221

Abb. 62 Trifels, Reichsburg, Kapellenturm.

bewahrung errichteten Bauten und auch nicht besonders dafür ausgewählte Burgen gegeben hat, sondern daß je nach Bedarf und Situation bestimmte Personen mit der Aufbewahrung betraut wurden; zumeist wurden aber wohl – wie in vorstaufischer Zeit – die Insignien auf den Reisen des Hofes mitgeführt und am Aufenthaltsort würdig in vorhandenen Bauten deponiert.

C 1 Goslar

Die Grundlage für die baugeschichtliche Erforschung der in salischer und staufischer Zeit ungewöhnlich wichtigen Pfalz in Goslar ist die Monographie von Uvo Hölscher aus dem Jahre 1927. Seine Darstellung wurde von Konrad Weidemann im 35. Band der „Führer zu vor- und frühgeschichtlichen Denkmälern" 1978 im ganzen übernommen. Erst Fritz Arens 1985 und Cord Meckseper 1991, 1993 und 1995 haben zu Rekonstruktion und Datierung Ergänzungen vorgetragen. Eine umfassende archäologische und baugeschichtliche Untersuchung der Pfalz steht aber noch aus. Der Versuch von Matthias Haenchen, für die Ulrichkapelle eine typologische und stilistische Einordnung und Datierung vorzunehmen, zeigt diese Probleme erneut. Günther Borchers und ihm folgend Kurt Weidemann 1978 sowie Heinrich Spier 1991 vermuten in der unter der Stiftskirche auf dem Georgenberg nördlich von Goslar ausgegrabenen Saalkirche mit Apsis und Westempore die Kapelle des älteren Königshofes aus dem 10. Jh. Die daraus entstandene Pfalz habe Heinrich III. an die Stelle des Wirtschaftshofes auf dem Liebfrauenberg am Fuße des Rammelsberges zwischen den Orten Bergdorf und Frankenberg verlegt, an die Stelle des heutigen Kaiserhauses. Demgegenüber haben Joachim Dahlhaus 1991, der sich ausführlich mit der Geschichte der Goslarer Pfalz befaßt hat, und Thomas Zotz 1993 Zweifel angemeldet. Sie gehen – wie schon Uvo Hölscher 1927 – davon aus, daß die Pfalz von Anfang an an der heutigen Stelle auf dem Liebfrauenberg gelegen hat, gegenüber der Marktsiedlung nördlich der Abzucht (Gose).

Geschichte

Die älteste Erwähnung einer Kirche in Goslar findet sich in der Vita des Bischofs Bernward von Hildesheim (Thangmar, *Vita sancti Bernwardi* 27), wo für 1001 notiert ist, daß im Auftrage Kaiser Ottos III. Reliquien des Märtyrers Exuperantius aus Rom nach Goslar überführt wurden, um sie dort in *celebri loco* niederzulegen; die Nachricht ist auf keinen bestimmbaren Kirchenbau zu beziehen. Erstmals urkundlich bezeugt ist Goslar im Jahre 1005, als Heinrich II. mit seiner später zurückgenommenen Schenkung dem Aachener Adalbertstift den Zehnten der königlichen Einnahmen u. a. in Goslar übertrug. Als Heinrich II. 1009 erstmals in Goslar nachweisbar ist, war Goslar wohl noch nicht eine ausgebaute Pfalz, sondern wurde nur der Jagd wegen von Werla aus besucht. Erst am Johannistage 1015 (24. Juni) scheint Goslar mit einer Versammlung zu neuer Bedeutung gekommen zu sein. Nach einer Notiz von Thietmar von Merseburg (*Chronicon* VII, 53) weilte Heinrich II. im März/Anfang April 1017 vier Wochen mit Hoftag in der *villa Goslerria*, „die er damals beträchtlich zu Ansehen gebracht hat *(hanc enim tunc multum excoluit)* und – gemäß Nachtrag – auch erbaut hat *(quam et edificaverat).*" 1019 war Goslar soweit ausgebaut, daß

Heinrich II. dort eine Synode mit mindestens 13 Bischöfen abhalten konnte. Die in Gegenwart von Kaiser Heinrich II. und Kunigunde von dem Hildesheimer Bischof Bernward geleitete Synode *in consistorio regali Goslare praeminenti* hat *in ecclesia scilicet australi latere eodem adhaerente*, also in einer Kapelle, die im Süden an das *consistorium* (Versammlungssaal?) angrenzte, stattgefunden (MGH LL IIb, S. 173, um die Mitte des 11.Jhs. verfaßt).

Für die Verlagerung der Pfalzfunktion von Werla nach Goslar unter dem letzten Liudolfinger Heinrich II. werden politische und wirtschaftliche Gründe vermutet. „Indem sich Heinrich II. von Werla ab- und Goslar zuwandte, brachte er die Eigenständigkeit seiner Königsherrschaft gegenüber dem sächsischen Stamm zum Ausdruck (Petke 1978, S. 4), denn für die Sachsen war Werla mit seinen sächsischen Hoftagen jeweils im März Sinnbild der sächsischen Adelsopposition gegen das Reich. Als Heinrich II. im März 1017 die sächsischen Großen zur Beratung des anstehenden Polenfeldzuges nach Goslar einlud (*principes nostri edictu caesaris ad Gosleri conveniunt*; Thietmar, *Chronicon* VII, 54), war der Wechsel von Werla nach Goslar überaus deutlich, denn in der Tradition seiner Vorgänger war er noch im Nov. 1005 und im Febr./März 1013 (mehrere Wochen wegen Krankheit) in der Pfalz Werla gewesen. Zugleich hatte sich Goslar durch den Silberbergbau, den Otto I. wahrscheinlich in den 960er Jahren am Rammelsberg begonnen hatte (vermünztes Silber seit 990/1000 nachweisbar), zu einem wirtschaftlichen Zentrum entwickelt.

Die Nachricht in der Vita Godehardi, Kaiser Konrad II. habe in *curte regali* durch Bischof Godehard von Hildesheim eine Kirche erbauen lassen, verbindet Kurt Weidemann (1978) mit dem zur Pfalz gehörigen Wirtschaftshof auf dem Frauenberg südlich der Gose, wo Uvo Hölscher die Marienkirche im späteren Pfalzbezirk freigelegt hat.

Während Goslar im Itinerar bei Heinrich II. (1002–1024) noch an zwölfter Stelle stand (erster Besuch mit Hoftag März 1009, 1015, 1017, 1019 und 1024 die letzten Monate seines Lebens), kam es unter Konrad II. (1024–1038) schon an dritter Stelle (sechs Aufenthalte) und rangierte unter Heinrich III. (1038–1056) schließlich an erster Stelle mit 22 Aufenthalten (davon 18 mit Hoftagen), wobei der von 1050 wohl drei Monate dauerte. Joachim Dahlhaus (1991, S. 377) hat die Dauer der Goslaraufenthalte deutscher Könige summiert: Heinrich II. fast 5, Konrad II. 1 ½, Heinrich III. 6 ½ und Heinrich IV. 13 Monate. Heinrich III. hat vor 1047 auf dem Pfalzgelände ein Stift gegründet, das er seinen Geburtstagsheiligen Simon und Juda weihte (Dahlhaus 1991, S. 403–428 mit Quellen). Am 7. Sept. 1047 beurkundete er eine Schenkung an das Stift, *quam a fundamento constituimus* (DH III 207), das zu diesem Zeitpunkt schon bestand und mit mehreren Kanonikern besetzt war. Leo IX. hat auf Bitten des Kaisers das Stift 1049 unter päpstlichen Schutz gestellt; Viktor II. hat es 1057 bestätigt; dem Kaiser war die *advocatio ipsius sacri loci* mit dem Recht, die

Pröpste einzusetzen, garantiert. Aus dem Kollegiatstift bezogen die Salier einen Teil ihrer Hofgeistlichkeit, welche in der Regel nach Verwendung im Hofdienst zu Bischöfen erhoben wurden (16 nachweisbar). 1052 heißt es über das Stift: *a nobis constructum et dedicatum.* Im August 1053 bezeichnete Heinrich III. das Stift *a fundamento incepimus et ... perfecimus,* also als ein vollendetes Werk, das am 2. Juli 1051 von dem Kölner Erzbischof Hermann geweiht worden ist. Die 1819 abgebrochene Pfalzkirche, eine große dreischiffige Säulenbasilika mit Querschiff, Chor mit Krypta und Westbau, war eine königliche Eigenkirche; die Rechtsstellung entsprach dem Pfalzstift in Aachen; der Goslarer Propst gehörte regelmäßig der königlichen *capella* an.

Nach allgemeiner, zuletzt von W. Petke und W. Hillebrand 1978 sowie Cord Meckseper 1993 vorgetragener Meinung soll der heutige Saalbau der Pfalz in seinen Ausmaßen von 47, 20×15,20 m ebenfalls von Heinrich III. erbaut worden sein. Das findet seine Bestätigung in der allerdings erst um 1140 verfaßten Vita des Passauer Bischofs Altmann (gest. 1091), wo es heißt: Heinrich III. *palatium Goselariae ad radicem montis Ramisberc, de quo argentum tollitur, construxit et basilicam ibidem apostolorum Symonis et Iudae aedificavit* (MGH SS XII, S. 229f.). Auch schon Adam von Bremen schreibt die Errichtung der Pfalz Heinrich III. zu: *Goslariam fundavit ... In qua etiam sibi contruens palatium duas omnipotenti Deo congregationes instituit* (Adam, *Gesta* III, 28). Daraus schließt Joachim Dahlhaus unter Hinweis auf die Verwandtschaft des nördlichen Eckpfeilers der Fensterarkaden des Obergeschosses des Palas mit der um 1050 begonnenen, heute nur in Zeichnungen überlieferten Goslarer Stiftskirche, daß der Neubau des heute erhaltenen Kaiserhauses unter Heinrich III. erfolgt ist und begründet das auch mit dem Itinerar des Kaisers: „Nachdem der König 1045 in Goslar sowohl Ostern als auch Weihnachten gefeiert hatte, beging er hier anscheinend erst wieder mit dem Weihnachtsfest 1051 eines der drei Hochfeste. In die Zwischenzeit fallen mindestens zwei, wahrscheinlich drei Weihnachtsfeiern in Pöhlde, das seit 1016 nicht mehr als Weihnachtspfalz gedient hatte und es nach 1050 höchstens noch einmal (1057) tat. Die vorübergehende Reaktivierung Pöhldes könnte erfolgt sein, weil die Goslarer Pfalz eine Baustelle war und hier insbesondere kein repräsentatives profanes Gebäude zur Verfügung stand. Gewiß befand sich damals St. Simon und Juda im Bau, dieser Umstand allein würde das Verhalten des Herrschers aber nicht hinreichend erklären. Zwischen dem 25. Dez. 1045 und dem 15. März 1049 ist Heinrich überhaupt nicht in Goslar nachzuweisen" (Dahlhaus 1991, S. 401).

Die Bedeutung der Goslarer Pfalz unter Heinrich III. zeigt sich sowohl an seinen häufigen Aufenthalten als auch an den dort stattgefundenen Ereignissen: 1050 Geburt Heinrichs IV., des Thronfolgers; 1056 Besuch von Papst Victor II.; 1056 Beisetzung des Herzens des im Jagdhof Bodfeld am 5. Okt. verstorbenen Kaisers (Leichnam nach Speyer überführt).

Heinrich IV. (1056–1106) hat in der ersten Hälfte seiner Regierungszeit dreißigmal in Goslar Hof gehalten und neunmal Weihnachten gefeiert. Am 27. März 1065 soll das Kaiserhaus durch Feuer zerstört worden sein: *domus regalis Goslari concremata est* (Berthold von Regensburg, *Annales* zu 1065; MGH SS V, S. 428), aber im Aug. und Okt. war der Hof wieder in Goslar. 1070 hielt sich Heinrich IV. längere Zeit bis Weihnachten in Goslar auf, „weil er fürchtete, die Feinde (Herzog Otto von Northeim) würden diese ihm so teure, so ans Herz gewachsene Stadt, die die deutschen Könige als ihre Residenz und ihre Heimat zu bewohnen pflegten, während seiner Abwesenheit in Schutt und Asche legen" *(ne tam caram tamque acceptam sibi villam, quam pro patria ac pro lare domestico Theutonici reges incolere soliti erant)*, bzw. *clarissimum illud regni domicilium* (Lampert von Hersfeld, *Annales* zu 1070 und 1071; 1077/78 geschrieben; MGH SS V, S. 179). Ende Juni 1073 mußte der Kaiser vor den Sachsenfürsten auf die Harzburg (s. d.) fliehen. Nachdem er 1075 die Sachsen bei Hohenburg an der Unstrut geschlagen hatte, konnte er wieder in Goslar einziehen, wo er Weihnachten feierte. 1076 mußte er Goslar jedoch wieder verlassen, und Goslar blieb in der Hand seines Gegners. Weihnachten 1081 wurde hier der neugewählte Gegenkönig Hermann durch den Erzbischof Sigfried von Mainz gesalbt. Hermann hielt sich in den folgenden Jahren vorzugsweise in Goslar auf. Erst unter Heinrich V. (1106–1125) war Goslar wieder regelmäßige Residenz des königlichen Hofes (zehn Aufenthalte bis 1120). Am 8. Sept. 1107 soll ein Blitz das Kaiserhaus getroffen haben. Lothar von Supplinburg (1125–1137) berief gleich nach seiner Krönung für 1126 einen Hoftag nach Goslar ein, auf dem sich sein Thronrivale Herzog Friedrich von Staufen unterwerfen sollte. Lothar weilte fast jedes Jahr in Goslar. Im März 1132 soll bei einem Hoftag das Palatium eingestürzt sein *(cum palatium cum omnibus ruisset, nullum dei gratia vulneravit.* MGH SS IX, S. 138). Der Annalista Saxo berichtet um die Mitte des 12. Jhs. für 1137 von einer Feuersbrunst, die einen großen Teil Goslars zerstört hat. Auch Konrad III. (1138–1152) zog bald nach seiner Wahl nach Goslar. Dort feierte er 1139 Weihnachten mit anschließendem Hoftag, ebenso 1142, wo Heinrich der Löwe öffentlich auf Bayern verzichten mußte. Die Nähe des welfischen Stammlandes veranlaßte Konrad, Goslar zu meiden. Nur 1151 versuchte er ohne Erfolg von Goslar aus, dem Herzog die Stadt Braunschweig zu entreißen.

Unter Friedrich Barbarossa (1152–1190) war Goslar der bedeutendste Stützpunkt in Sachsen. Gleichmäßig über seine Regierungszeit verteilt war Friedrich zwischen seinen Italienaufenthalten in Goslar: Mai 1152, zwei Monate nach seiner Krönung in Aachen, Ende Mai/Anfang Juni 1154 (Italien Okt. 1154–Okt. 1155), Juni 1157, Anfang 1158 (Italien Juni 1158–Sept. 1162 und Sept. 1163–Okt. 1164), Febr. 1165 (Italien Nov. 1166–März 1168), Sommer 1170, Nov. 1171, April/Mai 1173 (Italien Sept. 1174–Juni 1178), Nov. 1180, Nov.

1181, Juli/Aug. 1188. In den Kämpfen gegen Heinrich den Löwen 1180/81 bildete Goslar einen festen Stützpunkt des Kaisers. Nach dem Italienaufenthalt Sept. 1184 bis Herbst 1186 war Friedrich noch einmal Juli/Aug. 1188 in Goslar, um auf einem glänzenden Reichstag die Angelegenheiten in Sachsen vor Aufbruch zum Kreuzzug zu ordnen.

Heinrich VI. war nie in Goslar, Otto von Schwaben nur kurz 1209 und 1217, Friedrich II. 1219 und Heinrich (VII.) 1227. Als letzter König stieg Wilhelm von Holland auf einer Reise nach Braunschweig 1253 in Goslar kurz ab. Am Peter-und-Pauls-Tag 1289 brannte die Pfalz nieder: „do verbrende das Keyserhus to Gosslar in den grunt" (MGH D C 2, S. 597). Das Kaiserhaus wurde als Amtssitz des seit 1290 vom Rat der Stadt bestellten Reichsvogtes teilweise wieder aufgebaut. Die Pfalz war nicht mehr von Bedeutung. Im Jahre 1819 wurde die Stiftskirche St. Simon und Juda bis auf die Portalvorhalle abgebrochen. Erst 1810 ließ der Regierungsrat Blumenbach aus Hannover von dem Universitätsbaumeister Müller aus Göttingen eine Fassadenzeichnung des recht verfallenen Kaiserhauses herstellen (1846 im Archiv des Historischen Vereins für Niedersachsen abgedruckt). 1854 hat H. W. H. Mithoff eine erneute Aufmessung vorgenommen und diese veröffentlicht. 1860 wurde die Ulrichkapelle von der Hannoverschen Staatsregierung gekauft und hergestellt. Nachdem 1865 ein Teil des Kaiserhauses eingestürzt war, übernahm 1866 die Hannoversche Regierung auch das Kaiserhaus und ließ es 1868–70 nach Plänen von Landbaukonduktör Adalbert Hotzen wiederherstellen; die Arbeiten wurden unterbrochen und 1873–1879 nach Plänen von Bauinspektor E. F. A. Schulze abgeschlossen. Am 15. Aug. 1875 hatte Kaiser Wilhelm Goslar besucht und das Kaiserhaus als Abbild der Wiederherstellung des deutschen Kaisertums empfunden; entsprechend wurde der Saal im 1. Obergeschoß 1879–1897 von Hermann Wislicenus ausgemalt.

Baubeschreibung

Die Goslarer Pfalz bestand aus dem Kaiserhaus mit nördlich anschließendem Wohnbau, den ein Atrium mit der östlich gelegenen Liebfrauenkirche verband; im Süden des Kaiserhauses schließt ein Verbindungsgang zur Ulrichkapelle an. Wie in Aachen im Abstand von 130 m und tiefer gelegen ergänzte östlich vom Kaiserhaus die 1819 abgebrochene Stiftskirche St. Simon und Juda mit dem südlich anschließenden Kreuzgang das Ensemble. Im Norden und Süden begrenzten den etwa quadratischen Pfalzhof die Kurien- und Ministerialenhäuser; eine die Pfalz umgebende Befestigung ist nicht nachgewiesen.

Von einer ersten Pfalzanlage stammen die 1886/87 freigelegten Mauerreste eines Gebäudes von bedeutenden, aber wohl nicht genau ermittelten Grundmaßen östlich vor dem Kaiserhaus. Wie Uvo Hölscher vorgeschlagen hat, sprechen Anzeichen dafür, daß dies der älteste Saalbau, wohl das 1019 erwähnte

Abb. 63 Goslar, Kaiserhaus und Ulrichskapelle von Osten.

consistorium regale gewesen ist. Im Erdgeschoß war der Bau durch mindestens eine Quermauer geteilt. Vielleicht hat im Obergeschoß ein großer Saal gelegen. „Die Mauern sind verhältnismäßig schwach und vor allen Dingen mangelhaft fundamentiert" (Hölscher 1927, S. 103), so daß der Gedanke naheliegt, daß der Bau im wesentlichen aus Holz konstruiert gewesen ist. An der Südseite schloß sich ein nach Osten vorspringender Flügel an, in dem vielleicht die älteste Pfalzkapelle zu sehen ist, die vor 1038 auf Veranlassung der Kaiserin Gisela in *curte regali* durch den Hildesheimer Bischof Godehard erbaut worden ist. Sicher ist diese Nachricht nicht auf die Liebfrauenkirche zu beziehen, wie Uvo Hölscher annimmt.

Die 1913/14 ausgegrabene Liebfrauenkirche wird von Uvo Hölscher doppelgeschossig mit offenem Mitteljoch rekonstruiert. Der quadratische, 9,70 m im Lichten große Kirchenraum war über vier Pfeilern mit leichten Tuffsteinen gewölbt (Mittelquadrat 3,52 m, Seitenquadrate 2,35 m), im Osten drei Apsiden, im Westen ein von zwei Treppentürmen flankierter Turm. Der Zugang erfolgte von Westen aus einem Atrium und von Süden (Sandsteinschwelle, etwa 1,30 m Durchgang) mit später vorgesetzter Vorhalle. Der Fußboden war mit roten Sandsteinplatten belegt, im Obergeschoß (aufgrund der Lage im Schutt) lag ein *pavimentum sectile*: dreieckige oder rhombenförmige Plättchen, auch scheiben- und ringförmige (weißlicher und gelber Kalkstein, schwarzer Schiefer, grüner Marmor breccia aus Thessalien, roter Quarztrachyt, gelber numidischer Marmor). Die Mauern aus Kalkbruchsteinen mit wenig Sandsteinwerkstücken ruhten auf einem Sockel mit einfacher Schmiege. Fraglich ist die von Uvo

Hölscher vorgenommene Identifizierung mit der vor 1038 erbauten Kirche *in curte regalis* und der in einer Urkunde vom 13. Mai 1108 als *regis capellam et sancte Marie* bezeichneten Kirche. Die salische Entstehungszeit der Liebfrauenkirche ist ebenfalls höchst unsicher, wie schon Paul Jonas Meier 1926 angemerkt hat. Sie ist der Gothardkapelle am Mainzer Dom, kurz vor 1137 geweiht, recht ähnlich, d.h. eine Entstehung im 12. Jh. ist wahrscheinlich (Meckseper 1995, S. 241), vielleicht unter Lothar von Supplinburg im zweiten Viertel des 12. Jhs. erbaut. Zudem ist die Kapelle mit der in Braunschweig zwischen Palas und Dom gelegenen doppelgeschossigen Burgkapelle verwandt, die zusammen mit Burg und Dom von Heinrich dem Löwen in den 60er Jahren des 12. Jhs. erbaut worden ist. Die Goslarer Kapelle war gegen Ende des 17. Jhs. baufällig und wurde bis 1722 nach und nach abgebrochen.

Zwischen der Liebfrauenkirche und einem an das Kaiserhaus nördlich in gleicher Breite anschließenden, mindestens zweigeschossigen Wohnbau liegt ein rechteckiger, 10×21 m großer Hof, dessen 1,20 m dicken Umfassungsmauern mit der Liebfrauenkirche im Verband stehen. Der Kalkestrich des Atriums liegt 1,15–1,50 m über dem Kirchenboden.

Von dem salischen Palas sind in dem 1873/79 weitgehend rekonstruierten, seit dem Mittelalter sogenannten Kaiserhaus noch die Außenmauern teilweise erhalten. Damit hat sich jüngst Cord Meckseper in zwei Aufsätzen (1991, 1993) befaßt. Es ist ein quergelagerter, 47,20×15,18 m im Lichten großer, zweischiffiger und zweigeschossiger Saalbau. Über einem mit kleinen Rundbogenfenstern nach Osten geöffneten Untergeschoß liegt im Obergeschoß ein ununterteilter Saal mit reichen Arkadenfenstern nach Osten zum Pfalzhof hin. Ungewöhnlich ist die symmetrische Anordnung von jeweils drei Fenstergruppen seitlich eines hervorgehobenen Mittelteils, der schon in der ersten Bauzeit vermutlich über die Dachtraufe hochgezogen war. Die Rückseite war zu allen Zeiten weitgehend geschlossen und ungegliedert. Das Untergeschoß war durch einen tonnengewölbten, 10,50 m breiten und mindestens 3,80 m tiefen Vorbau (als Substruktion einer Freitreppe zum Obergeschoß?) zugänglich. Die Tür hat einen in der Mitte leicht giebelförmig erhöhten Sturz unter einem Überfangbogen. Vom Obergeschoß führte eine Verbindungstür in den nördlichen Wohnbau und von Süden über die jüngere Treppe ein Gang zur Ulrichkapelle. In jedem Geschoß trugen fünf Holzstützen den Längsunterzug der Balkendecke. Eine Warmluftheizung im Erdgeschoß gehört in die Zeit des staufischen Umbaus. Sie ist vergleichbar mit der im Palas Heinrichs des Löwen in Braunschweig (um 1160) und in der Pfalz Werla. Die unterste Schicht des Fundaments aus ziemlich großen Kalkbruchsteinen ohne Mörtel ist auf dem gewachsenen Boden gelagert. Das aufgehende Mauerwerk besteht aus horizontalen und etwa gleichhohen Schichten. Einzelne Architekturteile aus Sandsteinquadern zeigen keinen regelmäßigen Kantenschlag und auf der Fläche unregelmäßige Hiebe.

Abb. 64 Goslar, Rekonstruktion der staufischen Pfalz.

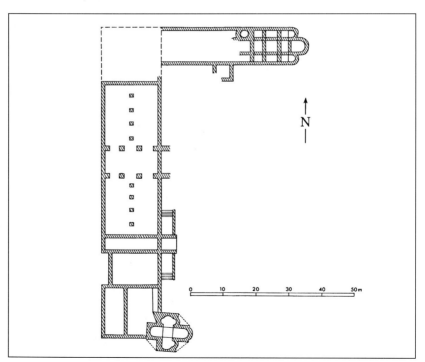

Abb. 65 Goslar, Grundriß 12./13. Jh.

Von der ursprünglichen, östlichen, hofseitigen, repräsentativen Gliederung des Palasobergeschosses ist nur der nördliche Endpfeiler der nicht verschließbaren Fensterarkaden erhalten: an einen übereck gestellten, halben, quadratischen Pfeiler lehnen sich außen und innen je zwei gekuppelte, verschmolzene Säulchen an, deren achteckige Kapitelle und steile Basen aus zwei Wülsten und ohne Eckzier an die zeichnerisch überlieferten Säulen der Stiftskirche erinnern (Hölscher, Arens), aber, wie Cord Meckseper gezeigt hat, auch mit rhein-maasländischen Formen des 11. oder der zweiten Hälfte des 12. Jhs. und mit dem Braunschweiger Dom Heinrichs des Löwen verwandt sind. Die salische Entstehungszeit bleibt unsicher und man muß gespannt auf die Ergebnisse einer genaueren baugeschichtlichen Untersuchung der alten Mauerreste sein, deren Ergebnis Cord Meckseper (1995, S. 240) schon kurz mitgeteilt hat: „Im Laufe des 12. Jhs. wurde die Fassade durchgreifend verändert. Ihre Obergeschoßzone stellte sich in der Folge als Reihung gleicher Arkaden dar, die, gruppenweise überfangen von großen Blendbögen auf Pfeilern mit Kantensäulchen, beidseitig eine riesige Rundbogenöffnung flankierten. Eine neuerliche stilistische Analyse (Dr. Möhle) führte zur Datierung der Pfeiler auf nicht früher als die 1160er oder 1170er Jahre, und eine dendrochronologische Untersuchung der Deckenbalken über der seitlich an den Saalbau angefügten Durchfahrt ergab das Fälldatum um 1182." Daraus ergibt sich ein tiefgreifender Umbau des Kaiserhauses unter Friedrich Barbarossa. Die symmetrische Fassadengestaltung ist jünger als die Palasfronten der Wartburg (um 1160/65), der Burg Dankwarderode in Braunschweig (um 1155–1166) und der Pfalz Gelnhausen (um 1165–70). Aus diesem Vergleich ergibt sich die Frage nach der ursprünglichen Fassadengliederung des salischen Palas.

Die Ulrichkapelle, 1290 erstmalig als *capella sancti Olrici* genannt, ist ein Zentralbau mit zwei durch einen Mittelschacht verbundenen Geschossen – einem reich gegliederten kreuzförmigen Untergeschoß und einem über äußere Trompen errichteten, achteckigen, schlichten Obergeschoß. Sie wird sehr unterschiedlich datiert. Während Uvo Hölscher an eine Bauzeit unter Heinrich IV. (1056–1106) dachte, hat Hans Reuther 1968 unter Hinweis auf Verwandtschaften mit der Kirche auf dem Georgenberg einen Baubeginn im ersten Drittel des 11. Jhs. und eine Fertigstellung unter Heinrich III. zusammen mit dem Neubau des Kaiserhauses angenommen. Dem hat Mathias Haenchen 1993 nachdrücklich unter Hinweis auf Verwandtschaften mit dem Magdeburger Domneubau widersprochen und die 20er Jahre des 13. Jhs. vorgeschlagen; allgemein wird die Kapelle in die erste Hälfte des 12. Jhs. datiert. Unter Hinweis auf die 1151 geweihte Burgkapelle von Schwarzrheindorf und auf die verwandte, um 1200 errichtete Burgkapelle von Sayn dürfte eine Datierung nicht vor der Mitte des 12. Jhs. möglich sein. Die Kapelle wurde 1575 zu einem Gefängnis umgewandelt und 1875/78 im Obergeschoß weitgehend rekonstruiert.

232 C Salisch-staufische Pfalzen 1025–1240

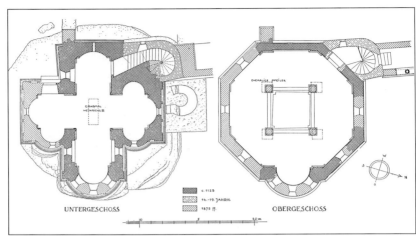

Abb. 66 Goslar, Ulrichskapelle, Unter- und Obergeschoß.

Abb. 67 Goslar, Ulrichskapelle, Untergeschoß.

C 1 Goslar 233

Abb. 68 Goslar, Ulrichskapelle, Ostansicht.

Die historischen Nachrichten zur Goslarer Pfalz lassen zumindest drei Hauptbauzeiten erkennen: einen ersten Ausbau unter Heinrich II. 1015–1019, die Hauptbauzeit unter Heinrich III. mit Kaiserhaus und Stiftskirche um die Mitte des 11. Jhs., vielleicht auch Fortsetzung unter Heinrich IV. im dritten Viertel des 11. Jhs., und schließlich unter Friedrich Barbarossa Umbau des Kaiserhauses mit Ulrichkapelle und Verbindungsgang; die Liebfrauenkirche mag schon unter Lothar von Supplinburg (1125–1137) errichtet worden sein. Die geringe Bedeutung, die die Pfalz Goslar unter den Nachfolgern Barbarossas hatte, läßt kaum an weitere Baumaßnahmen denken, vielmehr ist auf die Konkurrenzsituation zwischen Heinrich dem Löwen mit dem Ausbau seiner Burg Dankwarderode in Braunschweig und Friedrich Barbarossa mit der Erneuerung und Erweiterung der Pfalz in Goslar zu verweisen. Die bei fallendem Gelände höhere Lage des Saalbaus gegenüber der Pfalz- bzw. Stiftskirche ist in Goslar ähnlich wie bei den karolingischen Pfalzen in Aachen und Frankfurt, der Abstand von Saalbau zu Kapelle entspricht mit 130 m dem in Aachen. Die immer wieder mit der salischen Pfalz in Bamberg verglichene Anordnung von zwei Kapellen an den Enden des Palas ist in Goslar erst das Ergebnis der Ergänzungen im Laufe des 12. Jhs. Die beeindruckende Größe des Saalbaus ist mit Aachen und dem salischen Neubau in Paderborn zu vergleichen und geht zusammen mit der Gesamtanlage auf Heinrich III. zurück, der hier um die Mitte des 11. Jhs. eine das Reich repräsentierende Pfalz in karolingischer Tradition errichten ließ.

Literatur

Hölscher, Uvo: Die Kaiserpfalz Goslar. Berlin 1927 (= Denkmäler dt. Kunst: Die dt. Kaiserpfalzen 1).

Griep, Hans-Günther: Goslars Pfalzbezirk und die Domkurien. In: Harz-Zs. 19/20, 1967/68, S. 205–251.

Spier, Heinrich: Zur Frage einer Burg auf dem Goslarer Georgenberg. Ein Beitrag zu den bisherigen Ausgrabungsbefunden und ihren Problemen. In: Harz-Zs. 19/20, 1967/68, S. 169–184.

Reuther, Hans: Studien zur Goslarer Pfalzkapelle St. Ulrich. In: Niederdt. Beitr. z. Kunstgesch. 7, 1968, S. 65–84.

Weidemann, Konrad u. a. W. Petke: Goslar. Bad Harzburg. Mainz 1978 (= Führer zu vor- und frühgeschichtlichen Denkmälern 35).

Streich (1984) S. 407–426, 441–443.

Arens, Fritz: Die Königspfalz Goslar und die Burg Dankwarderode in Braunschweig. In: Stadt im Wandel. Ausstellungkatalog Bd. 3. Hg. Cord Meckseper. Stuttgart 1985, S. 117–149.

Spier, Heinrich: Der Georgenberg als Stätte einer älteren Pfalz Goslar. Ein Beitrag zur Pfalzenforschung. Goslar 1991 (= Beitr. z. Gesch. d. Stadt Goslar 39).

Meckseper, Cord: Zur salischen Gestalt des Palas der Königspfalz in Goslar. In: Burgen der Salierzeit. Hg. Horst Wolfgang Böhme. Bd. 1. Sigmaringen 1991 (= Römisch-germanisches Zentralmus. 25) S. 85–95.

Dahlhaus, Joachim: Zu den Anfängen von Pfalz und Stiften in Goslar. In: Die Salier und das Reich. Hg. Stefan Weinfurter. Bd. 2. Sigmaringen 1991, S. 373–428.

Schneidmüller, Bernd: Das Goslarer Pfalzstift St. Simon und Judas und das deutsche Königtum in staufischer Zeit. In: Geschichte in der Region. Zum 65. Geburtstag v. Heinrich Schmidt. Hg. Dieter Brosius, Christiane van der Heuvel, Ernst Hinrichs, Hajo van Legen. Hannover 1993, S. 29–53.

Meckseper, Cord: Der Palas der Goslarer Königspfalz und der europäische Profansaalbau. In: Goslar: Bergstadt – Kaiserstadt in Geschichte und Kunst. Bericht über ein wissenschaftliches Symposion in Goslar vom 5. bis 8. Okt. 1989. Göttingen 1993. (= Schriftwerke d. Komm. f. Niedersächs. Bau- u. Kunstgesch. bei d. Braunschweig Wiss. Ges. Bd. 6) S. 45–61.

Zotz, Thomas: Die Goslarer Pfalz im Umfeld der königlichen Herrschaftssitze in Sachsen – Topographie, Architektur und historische Bedeutung. In: Goslar: Bergstadt – Kaiserstadt in Geschichte und Kunst. Göttingen 1993, S. 63–79.

Zoth, Thomas: Goslar – Silberbergbau und füh e Pfalz. In: Bernward von Hildesheim und das Zeitalter der Ottonen. Bd. 1. Kat. Hildesheim 1993, S. 241–247.

Haenchen, Mathias: Zur Architektur der Goslarer Pfalzkirche St. Ulrich und ihrer Herkunft. In: Goslar: Bergstadt - Kaiserstadt in Geschichte und Kunst. Göttingen 1993, S. 81–94.

Meckseper, Cord: Die Goslarer Königspfalz als Herausforderung fü Heinrich den Löwen? In: Heinrich der Löwe und seine Zeit. Hg. Jochen Luckhardt u. Franz Niehoff. Ausst.-Kat. Braunschweig 1995, Bd. 2, S. 237–243.

C 2   Harzburg bei Goslar

Wie der in staufischer Zeit als Staatsgefängnis und zur Aufbewahrung des Reichsschatzes genutzte Trifels nimmt auch die 12 km nordöstlich von Goslar auf einem Ausläufer der Harzberge in salischer Zeit gegründete und in staufischer Zeit ausgebaute Harzburg eine besondere Stellung ein. Sie ist wie der Trifels eine auf steilem Felsen erbaute Burg mit Bergfried, diente dem König zum Aufenthalt, war Verwahrort des Reichsschatzes und wurde als Staatsgefängnis benutzt. Eine ungewöhnlich große Zahl zeitgenössischer Nachrichten erwähnen und würdigen die Burg, die um 1065 als erste und größte Anlage des Burgensystems auf Veranlassung König Heinrichs IV. (1054–1106) errichtet worden ist. Unter den Staufern hat die Burg erneut eine wichtige Rolle gespielt, und hier ist der Welfe Otto IV. am 19. Mai 1218 gestorben.

Das historische Interesse an der Harzburg spiegelt sich seit dem ersten Viertel des 19. Jhs. in volkstümlichen Veröffentlichungen und Quellenstudien wider. Für 1843 sind erste Sicherungsarbeiten überliefert. Zu Anfang des 20. Jhs. fanden Ausgrabungen durch R. Nehring statt. Eine 1959 von H. A. Schultz durchgeführte Testgrabung und geplante Baumaßnahmen führten zu umfangreichen Ausgrabungen 1970–75 durch das Niedersächsische Landesverwaltungsamt (Denkmalpflege) unter der Leitung von Maria Keibel-Maier. 1967–1979 hat sich Heinrich Spier in mehreren Aufsätzen mit der Geschichte der Harzburg beschäftigt.

Über den Burgenbau Heinrichs IV. in Sachsen und Thüringen, insbesondere über die Harzburg, berichten der Hersfelder Mönch Lampert in seinen nach 1077 fertiggestellten *Annales* und der Magdeburger Kleriker Bruno in seinem um 1082 verfaßten *Saxonicum bellum*, jeweils als Parteigänger der Gegner Heinrichs IV. aus sächsischer Sicht (genaue Quellennachweise bei Spier 1970). Nach dem Tode seines Vaters Heinrich III. (gest. 5. Okt. 1056 in der Pfalz Bodfeld am Harz) hat Heinrich IV. folgende Burgen errichtet: Harzburg, Wigantenstein (?), Mosburg (bei Walkenried), Sachsenstein (ebenda), Spatenberg (südlich von Sondershausen), Heimburg (südwestlich von Blankenburg im Harz), Hasenburg (bei Großbudungen am südwestlichen Harzrand) und Volkenrode (Volkenroda nördlich von Mühlhausen). „Außer diesen hatte er noch viele andere Burgen zu errichten begonnen, doch der sich plötzlich erhebende Kriegssturm vereitelte dieses Vorhaben": *Haec autem sunt castella, quae ipse, postquam pater eius decesserat, extruxit, quae tamen ad presens memoriae occurrunt: Hartesburg, Wigantestein, Moseburg, Sassenstein, Spatenberg, Heimenburg, Asenberg, Volkenroht ... Alia preter haec quam plurima extruere aggressus fuerat, sed eum ab incepto repente oborta bellorum tempestas revocavit* (Lampert zu 1073).

Die organisatorische Leitung war Benno (um 1020–1088), dem späteren Bischof von Osnabrück, anvertraut, der als Dompropst in Hildesheim und bischöflicher Vicedominus und Archipresbyter in Goslar an der Spitze der Finanz- und Krongutverwaltung dieser Region stand. Er hatte bei Heinrich IV. „einen außerordentlich guten Stand. Beinahe nach seinem Gutdünken wurden die gesamten inneren Angelegenheiten des Hofes geführt," wie Norbert von Iburg in der *Vita Bennonis* um 1090/1100 bemerkte. Da sich die Anfänge eines Sachsenkrieges abzuzeichnen begannen, „fing der König an, ganz Sachsen mit neuen und starken Burgen zu befestigen. ... Die zu beschleunigende und sorgfältige Durchführung dieses Unternehmens stellte der König unter die Leitung des Herrn Benno": *Quod rex ille non ignorans totam Saxoniam castellis novis et firmis coepit munire ... cui rei maturandae et diligenter exequendae dominum Bennonem praeesse constituit* (Norbert von Iburg. Allgemein dazu siehe Günther Binding: Bischof Benno II. von Osnabrück als *architectus et dispositor* ... In: Zs. d. dt. Vereins f. Kw. 44, 1990, S. 53–66).

Nach Brunos Bericht begann König Heinrich IV. nach seiner Mündigkeitserklärung am 29. März 1065 „bald nachdem er den Bischof Adalbert von Bremen (seit 1043 Erzbischof von Hamburg-Bremen, nach 1062 bis 1066 Berater Heinrichs IV.) als Ratgeber gewonnen hatte und auf dessen Rat hohe und von Natur befestigte Berge in einsamen Gegenden (in Sachsen, und zwar im Harzgebiet) zu suchen und Burgen auf ihnen zu bauen, wie sie dem Reich zu großem Schutz und Schmuck zugleich gereichen würden, wenn sie nur an geeigneten Orten stünden. Der ersten und größten gab er den Namen Harzburg. Er befestigte sie nach außen hin durch eine starke Mauer, Türme und Tore, schmückte sie im Innern mit wahrhaft königlichen Gebäuden, errichtete ein Stift in ihr und trug darin so reiche Geräte zusammen und versammelte hier eine so ansehnliche und zahlreiche Geistlichkeit von überall her, daß es dank seiner gesamten Ausstattung einigen Bischofssitzen durchaus gleichkam, einige aber sogar übertraf. Wenn er bei einem Bischof ein besonders schönes kirchliches Gerät sah, suchte er es durch Befehl oder Bitten zu erlangen und übertrug es seinem Stift. Bei den übrigen Burgen aber sah er weniger auf Schönheit und Pracht als auf Festigkeit. ... Die Fürsten *(principes)* ... unterstützten ihn mit Geld und Dienstleistungen bei den Bauarbeiten. ... Die königlichen Bauten (auf der Harzburg) waren mit königlichem Aufwand in vielen Jahren errichtet worden": *mox ut Adalbertum Bremensem episcopum nactus est consiliarium, ipsius suasionibus coepit in desertis locis altos et natura munitos montes quaerere et in his huiusmodi castella fabricare, quae, si in locis competentibus starent, ingens regno firmamentum simul et ornamentum forent. Quorum primum et maximum Hartesburg appellavit; quod ita forti muro et turribus et portis exterius munivit, ita regalibus aedificiis intus adornavit, tale monasterium in ipso construxit, tales ornatus in ipso monasterio collocavit, tales et tot clericos illuc undique congregavit, ut aliquot episcopales locos omni suo apparatu aequiperaret, aliquot etiam transcenderet. Quicquid ornatus ecclesiastici quemlibet episcopum magis decorum videbat habere, sive praecepto sive precibus acceptum suo monasterio studebat conferre. Cetera vero castella non tam pulcra quam fortia esse laborabat ... ad ipsas aedificationes eum vel opibus vel operibus adiuvabant. ... regalia aedificia, regali sumptu per multos annos constructa* (Bruno, cap. 16, 33).

Lampert von Hersfeld beschrieb ebenfalls die Harzburg als eine Gipfelburg auf einem sehr hohen und äußerst schwer zugänglichen Berg: *castellum in altissimo colle situm erat et uno tantum itinere ipsoque difficillimo adiri poterat* (Lampert zu 1073). Die Kirche des Chorherrenstiftes war nach Lamperts Zeugnis zur Beschleunigung zunächst aus Holz sehr geschmackvoll erbaut: *aecclesiam, quae accelerandi operis studio interim lignis elegantissime constructa fuerat* (Lampert zu 1074).

1068 hielt Heinrich IV. Bischof Burchard II. von Halberstadt *in urbe Harcesburch* gefangen (*Annales Palidenses*, in der zweiten Hälfte des 12. Jhs. geschrieben). In diesem Jahr war auch Heinrich IV. nach Brunos Zeugnis (cap. 11) auf der Harzburg: *rex autem erat in Hertesburg castello.* Diese Nachrichten weisen darauf hin, daß die Burganlage 1068 in ausreichendem Umfang erstellt war, und die Nachricht, daß im folgenden Jahr Heinrich IV. den Magdeburger Kanoniker, *Harcipurgensis autem praepositus*, zum Nachfolger Bischof Rumolds von Konstanz ernannt hat, ist ein erster Hinweis auf die Existenz des Stiftes, in dessen Kirche Heinrich den Mitte August 1071 in Mainz geborenen und unmittelbar nach der Taufe gestorbenen Sohn „gebracht und dort beigesetzt hat": *delatus in Hartesburg ibi sepultus est* (Lampert). Dort hat er auch seinen Bruder Konrad, der am 10. April 1055 im Alter von drei Jahren gestorben war, beigesetzt (Bruno, Lampert). Wie Lampert mitteilt, habe er sie dort bestattet, „um den Platz beim Volke beliebt zu machen." Auch stattete er die Kirche mit Reliquien aus, die er im April 1072 in Aachen empfangen hatte: „den Hl. Bekenner Speus, einen Arm Simons des Gerechten, der im Evangelium erwähnt wird (Luk. 2, 25–32), das Haupt des Mönchs und Märtyrers Anastasius und Reliquien anderer Heiliger und brachte sie nach der Harzburg" (Lampert zu 1072).

Vor den am 29. Juni 1073 in Goslar vor der Pfalz *(ad palatium)* versammelten Fürsten rettete sich Heinrich IV., „indem er durch eine andere Tür hinausging und in schnellem Ritt zu seiner Burg (Harzburg) eilte": *cum rex per aliam ianuam egressus, ad urbem suam veloci cursu properaret* (Bruno, cap. 23). Nach Lamperts Bericht „begab sich der König eiligst auf die Harzburg und nahm die Reichsinsignien und von seinen Schätzen soviel dahin mit, wie er bei der hastigen Flucht konnte. In seiner Begleitung befanden sich damals Bischof Eppo von Zeitz und Bischof Benno von Osnabrück, und nach deren Rat richtete er sein ganzes Tun wie früher in ruhigen Zeiten, so jetzt in diesen politischen Wirren": *instantis periculi graviter mente consternatus propere in Hartesburc se contulit eoque secum regni insignia et thesaurorum suorum quantam in ea trepidatione potuit partem convexit.* Erant tum temporis cum eo *Eppo Citicensis episcopus et Benno Osenbruggensis episcopus, eorum consilio et prius tranquilla et nunc turbata re publica omnia faciebat* (Lampert zu 1073). „Bald darauf zogen sie (die aufständischen sächsischen Fürsten) mit großer Heeresmacht geradewegs zur Harzburg, wo sich der König aufhielt, und schlugen gegenüber in Sichtweite ihr Lager auf:" *Nec multo post recta via ad Hertesburg, ubi rex erat, cum magno exercitu perrexerunt et contra urbem ita, ut inde possent videri, castra posuerunt* (Bruno, cap. 27).

Am 9. Aug. 1073 entfloh der König mit Herzog Berthold, den Bischöfen Eppo und Benno und vielen seiner übrigen Vertrauten des Nachts heimlich aus der belagerten Harzburg, nachdem er zuvor im Gepäck die Reichsinsignien und einen Teil der Schätze vorausgeschickt hatte: *nocte ... et premissis ante se in sarcinis regni insignibus et ... parte thesaurorum, clam egressus est de castello* (Lampert zu 1073). Die Besatzung konnte erfolgreich Widerstand leisten, „denn zerstört werden konnte die Burg nicht": *castellum, quod facile destrui non poterat* (Bruno, cap. 28). Sie mußten aber am 15. Aug. 1073 den seit zwei Jahren *in castello Hartesburg* inhaftierten Magnus, Sohn des 1072 verstorbenen Herzogs Ordulf von Sachsen, freilassen.

Die im Gerstunger Frieden vereinbarte Schleifung aller Burgen in Sachsen suchte Heinrich IV. für die Harzburg durch eine List *(dolum)* zu umgehen. „Er befahl (am 12. März 1074) insgeheim einigen seiner alten Vertrauten, nur die Schutzwehr an den höchsten Stellen abzutragen,... so daß die Burg nach Ausbesserung der geringen Beschädigungen unversehrt verbleibe." Die mit der Ausführung beauftragten Bauern „kümmerten sich nicht mehr um die Befehle ... und ließen nicht eher von der Zerstörung ab, als bis sie keinen Stein mehr auf dem anderen sahen. So zerstörten sie in kurzer Zeit die königlichen Bauten, die mit königlichem Aufwand in vielen Jahren errichtet worden waren, und ließen nicht einmal die Fundamente der gewaltigen Mauern in der Erde. ... Infolgedessen rissen sie auch die Stiftskirche, die in mühsamer Arbeit fertiggestellt worden war, bis auf die Fundamente nieder, plünderten den ganzen dort zusammengetragenen Schatz, mochte er nun dem König oder der Kirche gehören, zerbrachen die helltönenden Glocken, gruben den Sohn und den Bruder des Königs, die dieser dort bestattet hatte, aus und zerstreuten ihre Gebeine wie gemeinen Unrat und ließen durchaus nichts von der Burg übrig:" *Nam quibusdam de suis antiquis familiaribus occulte praecipit, ut eius tantum propugnaculum summatim deponerent, ... et sic illud paucis ruinis restauratis integrum, sicut volebat, permaneret. Sed illi suo labori parcentes vicinos adduxere rusticos, quos, sicut erant iussi, iusserunt summos tantum muros demoliri. Rustici vero, cum eius loci potestatem nunc accepissent, quo ... non quid iuberentur, ... a diruendo non quiescentes, donec lapidem super lapidem non remanere videbant. Ergo regalia aedificia, regali sumptu per multos annos constructa, brevi tempore destruunt et in tantis moenibus nec fundamenta non eruta relinquunt. ... Itaque monasterium laborioso opere perfectum deiciunt usque ad fundamentum, totum thesaurum ibi congestum, sivi regis esset sive ecclesiae, diripiunt, campanas dulcisonas confringunt, filium regis et fratrem, quos ibi posuerat, effodiunt ossa que eorum velut quaslibet immunditias dispergunt et nichil penitus eius loci permanere permittunt* (Bruno, cap. 33).

Lampert bestätigt diese Darstellung: „Auf der Harzburg wurden nur die Mauern niedergelegt, soweit es genügte, um die Verteidigungskraft zu schwächen und den Platz leicht zugänglich zu machen. Die übrigen Bauwerke ließ man unversehrt, weil man dort eine Kirche erbaut hatte und der Platz für die Errichtung eines Chorherrenstifts bestimmt war. Nachdem so in Sachsen Ruhe geschaffen war, verließ der König Goslar. ... Am dritten Tage nach dem Abzug des Königs rotten sie (die sächsischen Bauern in der Umgebung der Harzburg) sich ohne Wissen und ohne Befragung der Fürsten zusammen, stürmen auf die Harzburg, zerstören die Überreste der Mauern bis auf den Grund und verstreuen die Steine weit und breit. Mit den übrigen Gebäuden, die die Nachsicht der Fürsten unversehrt erhalten hatte, verfahren sie ebenso; die Kirche, die zur Beschleunigung des Baues einstweilen in Holz mit höchster Pracht errichtet worden war, stecken sie in Brand, plündern die Kleinodien und zertrümmern die Altäre. Damit dem König kein Grund zur Wiederherstellung der Burg bleibt, graben sie schließlich die Gebeine des Sohnes und seines Bruders aus. ... Die Reliquien der Heiligen, die nach der Zertrümmerung der Altäre herausgerissen worden waren, und die ausgegrabenen Körper der Toten entriß der Abt des benachbarten Klosters (Ilsenburg), der glücklicherweise gerade dazukam, dem rasenden Haufen und brachte sie mit allen Ehren in sein Kloster." *In Hartesburg muri tantum sunt diruti, quantum ad infirmandam munitionem difficultatemque loci adimendam sufficeret. Caeteris aedificiis status mansit incolumis, eo quod aecclesia illic constructa et canonicorum congregacioni instituendae locus attitulatus fuisset. Ita pacatis Saxonibus, rex Goslaria ... Igitur tercio die postquam rex abscesserat, insciis inconsultisque principibus, facto grege in Hartesburg irruunt, quod residuum erat murorum a fundamento deiciunt, lapides longe lateque dispergunt. Caeteris aedificiis, quae indulgentia principum integra servaverat, idem faciunt; aecclesiam, quae accelerandi operis studio interim lignis elegantissime constructa fuerat, incendunt, thesauros diruunt, altaria confringunt. Postremo, ne qua regi instaurandi castelli occasio reliqua esset, filium eius et fratrem ... Reliquias sanctorum, quae effractis altaribus erutae fuerant, et effossa defunctorum corpora abbas ex vicino cenobio oportune superveniens furenti vulgo eripuit atque in suum monasterium cum honore transvexit* (Lampert zu 1074).

Im April 1075 rechtfertigten sich die sächsischen Fürsten wegen der Zerstörung und Plünderung der Kirche auf der Harzburg und versprachen „sie würden überdies die Kirche auf eigene Kosten prächtiger, als sie war, wiederaufbauen, sie mit reicheren Zieraten ausschmücken und außerdem alles vielfacher ersetzen: *„insuper ipsam aecclesiam propriis impensis ambiciosius quam fuerat instaurarent, amplioribus ornamentis excolerent; omnia etiam ... multiplicius restituerent* (Lampert zu 1074).

Ein Jahr später, im Frühjahr 1076, „residierte der ehemalige Bayernherzog Otto (von Nordheim) in der Harzburg. Ihm hatte der König seine Stellvertretung in ganz Sachsen und die Verwaltung der Staatsgeschäfte übertragen und ihm dazu noch den Auftrag gegeben, die Harzburg und eine andere Burg auf dem sogenannten Steinberg nahe bei Goslar mit aller Kraft aufbauen zu lassen:" *Solus adhuc Otto dux quondam Baioariae in castello Hartesburg residebat. Huic rex per totam Saxoniam vices suas et publicarum rerum procurationem delegaverat, dato insuper negocio ut castellum Hartesburg et aliud in monte qui dicitur Lapideus, qui proximus Goslariae imminet, summa ope extrueret* (Lampert zu 1076). Nach Ausbruch des neuen Sachsenaufstandes ging Otto zu den sächsischen Fürsten über und verließ 1076 die Burg.

Hundert Jahre später, im Jahre 1180, baute Friedrich Barbarossa im Kampf gegen Heinrich den Löwen die Harzburg wieder auf und legte eine Besatzung hinein. Am 25. Juli 1180 war er mit einem Heer in Sachsen eingerückt und hielt nach erfolgreichen Eroberungen am 15. Aug. 1180 in der Pfalz Werla, die den Sachsen im 10. und 11. Jh. schon als Beratungsort über Stammesangelegenheiten gedient hatte, einen Hoftag ab, auf dem er den Anähngern Heinrichs des Löwen Termine für den Übertritt auf seine Seite für Sept. und Nov. stellte. „Dem Kaiser gelang es damals, das Harzgebiet wieder fast unter seine Kontrolle zu bekommen" (Opll 1978, S. 76). Weihnachten feierte Friedrich in Erfurt und zog dann nach Süddeutschland. Die Grafen von Wohldenberg hatte er als Burggrafen der Harzburg eingesetzt: *comites de Hartesburg* werden seit 1187 in Urkunden erwähnt, zunächst im Gefolge der Staufer Friedrich Barbarossa und Philipp, seit 1204 des Welfen Otto IV., der im Mai 1218 selbst auf der Harzburg urkundete und hier am 19. Mai 1218 starb, nachdem er am Vortage in seinem Testament u. a. die Harzburg mit dem von ihm dort erbauten Turm dem Reich übergeben hatte: *castrum Hartisburch representabitur imperio, et eidem cedet turris, quam in eo construximus* (Spier 1970, S. 95). 1218 schlossen sich die Grafen Heinrich I. und Hermann I. von Harzburg Friedrich II. an und begleiteten ihn 1222 nach Italien. In einem Vertrag vom 24. Sept. 1223 zwischen Kaiser Friedrich II. und König Heinrich (VII.) mit Graf Heinrich von Schwerin, der den Dänenkönig Waldemar II. und seinen Sohn Waldemar gefangen hielt, wurde eine Lösegeldsumme für den Vater vereinbart. Der Sohn sollte auf der Harzburg unter der Bewachung durch die Grafen Hermann und Heinrich von Harzburg, Graf Adolf von Schauenburg, Lifthards von Meinersen und anderer dort wohnenden Burgmannen und Reichsministerialen festgesetzt werden. Nach der Zerstörung ihrer Burg durch Heinrich den Löwen wohnten sie in der Harzburg.

Am 1. Mai 1269 verpfändeten die Grafen Hermann und Ludolf von Wohldenberg das *castrum Hartesburg* dem Grafen Konrad II. von Wernigerode. Nach mehrfachem Besitzerwechsel wurde die Burg 1651 auf Befehl des Herzogs August d. J. von Braunschweig-Wolfenbüttel geschleift.

Baubeschreibung

Die umfangreichen Ausgrabungen auf dem Großen Burgberg 1970–1975 durch Maria Keibel-Maier haben den Grundriß der Harzburg weitgehend geklärt. Der Große Burgberg bot auf drei Seiten durch steile, 170 m hohe Hänge und durch einen weiten Blick in das Vorland des Harzes eine ausgezeichnete strategische Lage. Durch Abplanierungen wurde eine langovale Fläche von 225×60 m geschaffen, die durch einen breiten Halsgraben in zwei ungleiche Teile geteilt war, deren östlicher die Burganlage aufnahm.

Der Ostteil der in mehreren Bauphasen errichteten Anlage wird gegen den 20 m tieferen Sattel zum östlich höher gelegenen Sachsenberg sowie an ihrer steilen Nord- und Südseite durch einen breiten Graben mit Vorwall geschützt. Am östlichen, gefährdeten Rand der Ostburg steht ein winkelförmiger Bau aus 22,50 und 23,70 m langen Flügeln mit 2,90–3,90 m dicken Mauern, der als Donjon rekonstruiert wird. Davor befand sich ein Zwinger, dessen Mauer im

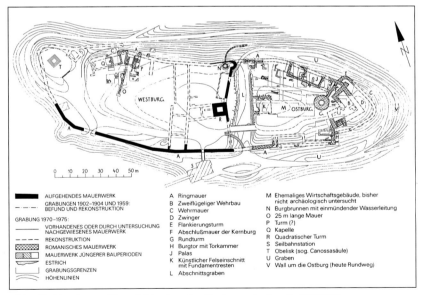

Abb. 69 Harzburg, Übersichtsplan der Grabungsbefunde 1970/75.

Norden mit Viertelkreisbogen an die an den Winkelbau anschließende nördliche Ringmauer anstieß und im Süden bis an das Burgtor mit Torkammer reichte. Westlich des Winkelbaus wurden die 3,60 m dicken Fundamente eines Rundturmes von 10 m Außendurchmesser freigelegt. An den Turm schließt nach Norden eine Mauer an, die die Ringmauer an der Stelle der Zwingermauer erreicht und den Ostgiebel eines 33 m langen und 9,50 m breiten, dreiräumigen Gebäudes entlang der nördlichen Ringmauer bildet. Auf der Hofseite des als Palas gedeuteten Baues wurde in seiner Mitte ein Mörtelfundament freigelegt, das wahrscheinlich eine Treppe trug (vgl. Palas der Burg Münzenberg in der Wetterau um 1160/65). Eine künstliche, 1,60 m tiefe Felsausarbeitung von 12× 12 m auf der Ostseite des Halsgrabens gehörte vermutlich zu einer wehrhaften Brückenkonstruktion, auf deren westliche Entsprechung Spuren hinweisen (Machens 1978 und Böhme 1992 deuten den Befund als Rest der Stiftskirche, die sie an der Stelle des Grabens vermuten). Der Burghof hatte einen 10–15 cm dicken, lehmhaltigen Kalkmörtelestrich, der an den Palas, den Winkelbau, den Zwinger und das Burgtor anschloß (ähnlich wie auf der Burg Münzenberg). Der 42 m tiefe Brunnen in der Nordostecke der Westburg erhielt einen Teil seines Wassers durch eine Wasserleitung aus Tonröhren von einem 1,3 km entfernten Staubecken im Kleinen Spüketal. Weitere Baureste aus verschiedenen Zeiten, u.a. von einer Burgkapelle aus dem 14. Jh., und von einem quadratischen Turm (9×9 m), der Otto IV. zugewiesen wird und in die Abschnittsmauer eingebaut ist, zeugen von einer intensiven Nutzung der Westburg im späteren Mittelalter. Hinweise auf die Lage der hölzernen, 1074 abgebrannten Stiftskirche fehlen.

Die Ausgräberin hat die freigelegten Baureste weitgehend in die Zeit Heinrichs IV. datiert und erhielt von Gerhard Streich, Hans-Wilhelm Heine und Horst Wolfgang Böhme ungeteilte Zustimmung. Während Keibel-Maier die Fundstücke allgemein als romanisch bezeichnet und in das 11. und 12. Jh. datiert, setzt Heine diese in die Zeit um 1070, andere, wie einen Sporn nach 1150. Meiner Meinung nach sind die Einzelfunde nur schwer genauer zu datieren und den einzelnen Baumaßnahmen eindeutig zuzuweisen, vielmehr überwiegt für mich der Eindruck, daß die ausgegrabenen Baureste, für die Keibel-Maier (1927, S. 23) „Gleichzeitigkeit, wenn nicht gar Zusammengehörigkeit" konstatiert, in staufische Zeit einzuordnen sind und daß sich von den Baumaßnahmen unter Heinrich IV. kaum Spuren gefunden haben.

Die im Zusammenhang mit der Speyerer Salier-Ausstellung 1992 hervorgerufenen Aktivitäten, viele Burgreste in die salische Zeit zu datieren, sind bisher nicht ausreichend abgesichert. Vielmehr sollte zunächst allgemein geprüft werden, ob die kaum genauer zu datierenden Baureste nicht eher zu den politischen Anstrengungen um die Mitte und in die zweite Hälfte des 12. Jhs. gehören, so auch die Mauerreste der Harzburg, die zunächst auf hochstaufische Entstehung 1180 bzw. unter Otto IV. zu Beginn des 13. Jhs. verweisen. Der Hofestrich, das

Freitreppenfundament vor dem Palas, das Kammertor und der runde Bergfried zeigen Verwandtschaft mit staufischen Burgen, wie sie die Burg Münzenberg in der Wetterau um 1160/65 vertritt. Der runde Bergfried ist vergleichbar mit dem Ostturm der Burg Münzenberg mit 12 m Durchmesser und etwa 4 m Mauerdicke oder mit dem wenig früheren von den gleichen Ministerialen in Arnsburg errichteten Bergfried mit 13 m Durchmesser oder mit den beiden Rundtürmen der Pfalz Eger mit 8,50 bzw. 10,50 m Durchmesser und 2,00 bzw. 2,65 m Mauerdicke; sie sind nicht viel vor der Erwerbung des Egerlandes durch Barbarossa 1167 entstanden.

Heinrich IV. befestigte die Harzburg „nach außen hin durch eine starke Mauer, Tore und Türme, schmückte sie im Innern mit wahrhaft königlichen Gebäuden und errichtete ein Stift", dessen Kirche zunächst auf die Schnelle aus Holz gebaut worden ist. Bei der Zerstörung wurden die Mauern und die Gebäude einschließlich der Fundamente abgebrochen und die hölzerne Stiftskirche verbrannt, so berichten es Bruno und Lampert übereinstimmend. Die umfangreichen erhaltenen Fundamentmauern, die 1970/75 freigelegt werden konnten, sind wohl kaum damals stehengelassen worden; und von einem Rundturm im Burginneren sprechen die Quellen nicht. So ist auch nicht anzunehmen, daß die ausgegrabene Burg die des 11. Jhs. ist. Das auf dem Grundriß von Keibel-Maier für die Salierausstellung in Speyer angefertigte Rekonstruktionsmodell orientiert sich am hochmittelalterlichen Burgenbau staufischer Ministerialen und Grafen und ist für das 11. Jh. abzulehnen.

Die ausdrückliche Bemerkung Brunos, daß Heinrich den Burgenbau auf Anraten des Erzbischofs Adalbert von Bremen unternommen hat, engt den Baubeginn auf die Zeit nach 1062 ein, wo Adalbert nach der Entführung Heinrichs durch den Kölner Erzbischof Anno an Einfluß gewonnen hat, und vor 1066, wo Adalbert auf dem Reichstag von Tribur entmachtet worden ist. Wahrscheinlich entstand der Burgenbau überhaupt erst nach der Mündigkeitserklärung Heinrichs am 29. März 1065, wo Heinrich begann, die Reichsgeschäfte selbständig zu führen; dabei bediente er sich im ersten Jahr des Rates Adalberts von Bremen. Somit verbleiben bis zum Arrest Bischof Burchards von Halberstadt und des Königsbesuchs 1068 auf der Harzburg nur drei Jahre; 1069 war das Stift installiert, 1071 wurden in der Kirche Sohn und Bruder des Königs begraben, und 1072 wurde die Kirche mit Reliquien ausgestattet, d. h., für die ganze Anlage sind höchstens 4–6 Jahre Bauzeit anzunehmen, dann konnte bei den Geländeproblemen und den Dimensionen der Anlage nur die Wehrmauer in Stein erbaut worden sein. Die königlichen Bauten werden wohl in gleicher Weise wie es Lampert von der Stiftskirche bemerkt, aus Holz errichtet gewesen sein oder zumindest nicht in den von der Ausgräberin festgestellten Dimensionen der Mauern. Diese stammen erst aus staufischer Zeit und gehören einmal zu den Baumaßnahmen, die auf Veranlassung Friedrich Barbarossas von den von ihm eingesetzten Burggrafen, den Grafen von Wohldenberg, ab 1180 durchgeführt wurden (Spier 1979, S. 4f.), zum andern zu dem überlieferten Ausbau unter dem Welfen Otto IV., der hier 1218 gestorben ist. In staufischer Zeit hat die Harzburg zwischen 1180 und 1223 eine bedeutende Rolle für die Sicherung der Herrschaft im Harzgebiet mit den reichen Silbervorkommen und der nahegelegenen Stadt Goslar gespielt, und aus dieser Zeit stammen die ausgegrabenen Baureste.

Literatur

Nehring, A.: Die Stätte der alten Harzburg und ihre Geschichte. 1905.
Gauert, Adolf: Zur Struktur und Topographie der Königspfalzen. In: Deutsche Königspfalzen Bd. 2. Göttingen 1965, S. 1–60, bes. S. 48 f.
Spier, Heinrich: Die Harzburg Heinrichs IV. In: Harz-Zs. 19/20, 1967/68, S. 185–204.
Spier, Heinrich: Harzburg-Regesten. In: Harz-Zs. 22/23, 1970/71, S. 79–96; 24/25, 1972/73, S. 101–112; 26, 1974, S. 35–56
Spier, Heinrich: Die Harzburg als Residenzburg, Reichsburg und Dynastenburg. In: Unser Harz 24, 1976, Sonderdruck Goslar 1980.
Keibel-Maier, Maria: Die Grabungen auf der Harzburg 1970–1975. In: Harz-Zs. 29, 1977, S. 1–31.
Keibel-Maier, Maria: Die Harzburg. In: Führer zu vor- u. frühgesch. Denkmälern 35. Goslar, Bad Harzburg. Mainz 1978, S. 209–226 mit Lit.-Verz.
Machens, Cord: Überlegungen zum Standort der Stiftskirche auf der Harzburg Heinrichs IV. In: Harz-Zs. 30, 1978, S. 101–106.
Spier, Heinrich: Die Harzburg als staufische Reichsburg. In: Harz-Zs. 31, 1979, S. 1–21.
Streich (1984) S. 439–444, 621 f.
Heine, Hans-Wilhelm: Burgen der salischen Zeit in Niedersachsen. In: Burgen der Salierzeit 1. Hg. Horst Wolfgang Böhme. Sigmaringen 1991, S. 49–56.
Böhme, Horst Wolfgang: Die Harzburg als Reichsburg und königliche Residenz. In: Das Reich der Salier 1024–1125. Ausst.-Kat. Speyer 1992, S. 250 f.

Quellen

Bruno, *Saxonicum bellum*. Hg. u. Übers. Franz-Josef Schmale u. Irene Schmale-Ott: Quellen zur Geschichte Kaiser Heinrichs IV. Darmstadt 1968 (= Freiherr vom Stein-Gedächnisausgabe 12).
Lampert von Hersfeld, *Annales*. Hg. u. Übers. Adolf Schmidt. Darmstadt 1962 (= Freiherr vom Stein-Gedächnisausgabe 13).

C 3 Nimwegen

Von der seit karolingischer Zeit wichtigen Pfalz auf dem heute Valkhof genannten, steil zur Waal abfallenden Hügel, der späteren Burg der Herzöge von Geldern, sind nur noch die Nikolauskapelle als oktogonaler Zentralbau aus dem 11. Jh. und Reste der an den Saalbau angebauten staufischen Doppelkapelle erhalten. Zahlreich sind die Bemühungen, aus den historischen Nachrichten, aus Abbildungen des 17. und 18. Jhs. (Lemmens 1980, S. 147–213) und aus einem Dachplan von 1725 ein Bild von der Pfalz zu erschließen, denn Ausgrabungen von Konrad Plath 1895/98 und J. J. Weve 1910/11 haben außer den Freilegungen der beiden Kapellen kaum weitere Spuren erbracht, weil zur Steingewinnung alle Mauern bis zur Sohle ausgebrochen waren. Die Nikolauskapelle wurde 1957 von Hans van Agt und 1964 von Albert Verbeek umfassend gewürdigt. Beide Kapellen sind im Katalog der romanischen Baukunst an Rhein und Maas von Hans Erich Kubach und Albert Verbeek 1976 im Überblick behandelt; dort ist auch die ältere Literatur verzeichnet.

Geschichte

In Fortsetzung der zahlreichen Aufenthalte sächsischer Könige 949–1021 (siehe Kap. B.3.) besuchten die salischen Kaiser die Pfalz ebenfalls verhältnismäßig häufig: Konrad II. 1024, 1031, 1033, 1036 und 1039, Heinrich III. 1040, 1044 und 1046; beide Herrscher waren jeweils zwei Mal Ostern in Nimwegen (1031, 1039, 1044, 1046?).

1047 wurde die Pfalz durch Herzog Gottfried von Niederlothringen zerstört: *Gotefridus ... regiam domum in Niumago impletam aedificiis circumstantium villarum igne combussit (Annales Altahenses zu 1047). – (Gotefridus) inter alias ... clades Neomagum domum regiam misi et imcomperabilis operis incendit* (Lampert von Hersfeld zu 1046). – *Godefridus palatium Neomagi incendit et irreparabiliter destruit* (Sigibert von Gembloers zu 1047). – *Comes ... ipsum (imperatorem) insequens usque Neomagum palatium imperatoris combussit (Annales s. Bertini).*

Die Zerstörung scheint so gründlich gewesen zu sein, daß in den folgenden 100 Jahren kein König mehr Nimwegen besuchte. Erst Konrad III. ist 1145 wieder in Nimwegen nachweisbar und hielt dort im Mai 1151 einen Hoftag ab. Die damals notwendigen Wiederherstellungsarbeiten wurden unter Friedrich Barbarossa fortgeführt, wie Rahewin in der 1160 abgeschlossenen Fortsetzung der *Gesta Friderici* des Otto von Freising vermerkt: „Die besonders schönen, einst von Karl dem Großen gebauten Pfalzen *(palatia)* und die mit besonders herrlichem Werk ausgeschmückten Königshöfe bei Nimwegen und nahe dem Hof Ingelheim, höchst starke Werke, aber durch Vernachlässigung und Alter sehr morsch gewordene, hat er aufs schicklichste wieder hergestellt." Diese Tat wird

C Salisch-staufische Pfalzen 1025–1240

durch die erhaltene Bauinschrift auf einer 0,60×1,00 m großen Marmorplatte aus der Pfalzanlage (heute im Stadtmuseum) bestätigt. Aufgrund der Buchstabenformen hat Rolf Funken 1981 die Inschrift in die Zeit bald nach 1200 datiert. „Im Jahre 1155, nachdem der Welt das Heil zuteil wurde, hat der Kaiser des Erdkreises Friedrich, der Freund des Friedens, dieses Werk zu Nimwegen, das zusammengefallen, zerbrochen und alt, fast ausgelöscht war, gleich kunstvoll und herrlich wiederhergestellt. Julius (Caesar) hat es einst begonnen, ungleich war er dem friedfertigen Erneuerer Friedrich." (Lemmens 1980, S. 65–68; Hotz 1981, S. 41; Funken 1981, S. 155–158).

Friedrich war vom 21. April bis Anfang Juni 1157, im Nov. 1165, Juli 1171 mit Hoftag und Anfang Nov. 1174 in Nimwegen. Im Nov. 1165 ist dort der spätere Kaiser Heinrich VI. geboren. Friedrich Barbarossa ließ westlich der Pfalz eine für das Jahr 1184 nachgewiesene Marktsiedlung anlegen. Auf dem dritten Kreuzzug hat Friedrich am 16./19. Nov. 1189 von Philippopel aus in einem Brief an seinen Sohn Heinrich VI. die Fertigstellung der Nimweger Bauten empfohlen: *Nuwemagen perfici facias et optime custodiri* (MGH D F. I. 1009, S. 305). Mit Otto IV. wird in den Quellen letztmalig ein deutscher König

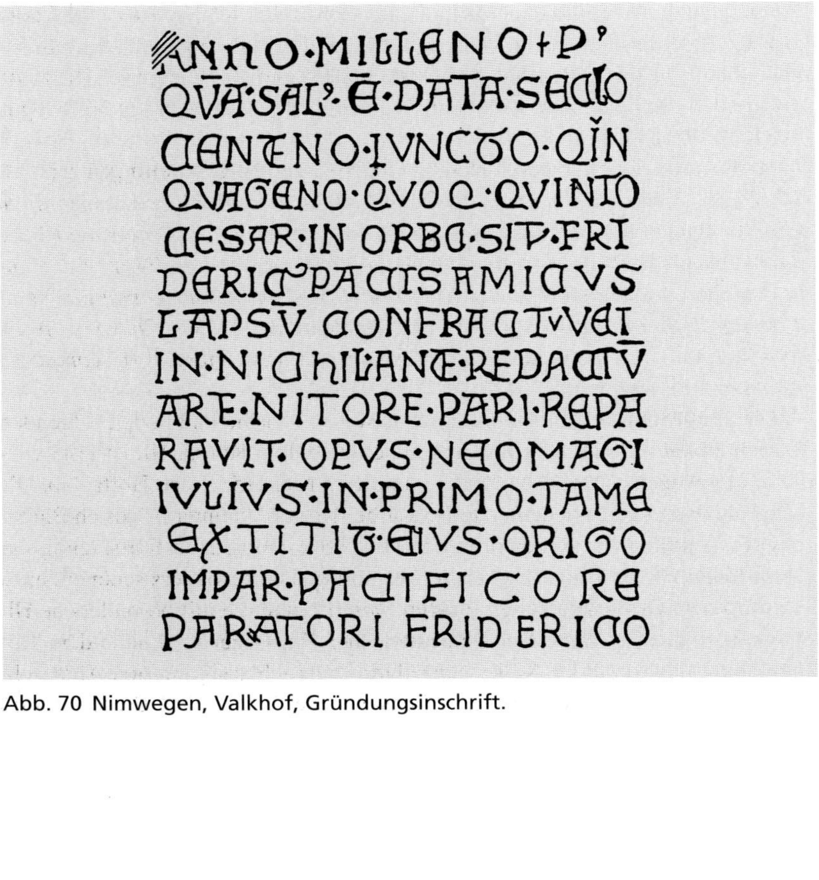

Abb. 70 Nimwegen, Valkhof, Gründungsinschrift.

genannt, der Nimwegen besucht hat und zwar im Jan. 1213. Nach Verpfändung 1247 war die Anlage im Besitz der Herzöge von Geldern, danach im Besitz der Herzöge von Jülich. Schließlich ging das Gelände an die Bürgerschaft über, wurde 1388/90 in die Stadtbefestigung einbezogen und 1795/97 gründlich bis in die Fundamente zur Steingewinnung abgebrochen, nachdem bereits 1580/81 der Rentmeister Wilhelm Snab verfallene Gebäude auf dem Valkhof abgerissen hatte. Nur die beiden Kapellen blieben erhalten und wurden in eine Parkanlage einbezogen.

Baubeschreibung
Der älteste bekannte und erhaltene Baurest der Pfalz ist die salische, achteckige, doppelgeschossige Nikolauskapelle in der Nordecke der Anlage. Wie weit der Nord-Süd-gerichtete Saalbau von 43×9 m, der an den die staufische Doppelkapelle St. Martin nach Osten angebaut ist, auf karolingische Zeit zurückgeht, ist ungeklärt, es wäre jedoch aufgrund der Lage an der höchsten Stelle gegenüber dem Tor in der Südwestecke denkbar. Ferner könnte auch die abseits tiefergelegene Anordnung der Nikolauskapelle auf einen karolingischen Vorgänger hinweisen. Grabungen haben zu diesen Fragen keine Antworten geben können, weil das Gelände bei der Steingewinnung am Ende des 18. Jhs. vollständig durchwühlt worden ist. Am Nordende des Saalbaus schloß nach dem Dachplan von 1725 und den alten Abbildungen ein kürzerer Westflügel mit mächtigem, rechteckigem Bergfried an, dem sog. Reusentoren. Er hatte über einem weiten Bogen gekuppelte Rundbogenfenster und einen spätgotischen Zinnenkranz. Ein nach Norden abgewinkelter Flügel reichte mit einer zweigeschossigen Portikus (?) bis an die Nikolauskapelle, deren Obergeschoß wohl darüber zugänglich war. Reste der 1388/90 erneuerten Ringmauer mit runden Türmen sind an der Nordecke neben der Nikolauskapelle erhalten. 71

Der St. Nikolaus geweihte Zentralbau mit achteckigem Zentralraum und 16eckigem, doppelgeschossigem Umgang sowie einem kleinen rechteckigen Vorbau im Westen ist im späten 14. und im 16. Jh. teilweise in Backstein erneuert worden (Umfassungsmauern der Süd- und Ostseite, turmartige Aufstockung des Oktogons, dreiseitiger Chor, Umgangsgewölbe, Aufhöhung der Emporenbrüstungen und achteckige Säulenschäfte der Emporensäulchen). 1904/08 und 1954/58 wurden Instandsetzungen vorgenommen. Außen sind Umgang und Obergaden des Oktogons durch Rundbogenblenden mit einfachen Laibungskämpfern gegliedert. Die westliche Blende dient heute als Eingangsbogen, ursprünglich wohl mit Sturzpfostenportal; in den übrigen Blenden befinden sich kleine Rundbogenfenster. Das Innere war ursprünglich wohl in allen Teilen flachgedeckt. Über den runden Arkadenbogen des Oktogons auf einfachen, geknickten Pfeilern mit Laibungskämpfern öffnen Doppelarkaden auf Zwischensäulen mit attischen Basen und Würfelkapitellen die Emporen. Der Hauptaltar 72

248 C Salisch-staufische Pfalzen 1025–1240

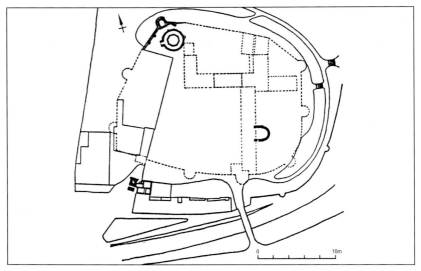

Abb. 71 Nimwegen, Valkhof, Lageplan.

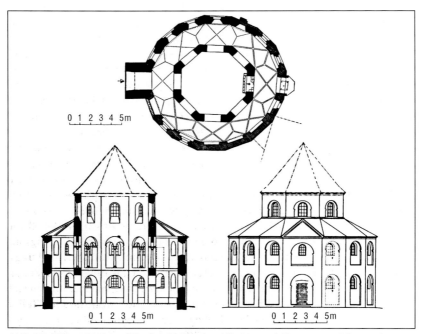

Abb. 72 Nimwegen, Valkhof, Nikolauskapelle. Grundriß, Westansicht und Schnitt, rekonstruiert.

stand unter dem östlichen Arkadenbogen. Das Schalenmauerwerk besteht aus unregelmäßigen Tuffsteinen und verschiedenen älteren Materialien, u. a. wiederverwendete römische Ziegel Kalksteinquader sind an den Ecken. Ursprünglich war das Mauerwerk verputzt oder zumindest geschlämmt.

Der Bautyp gehört zu den in der ersten Hälfte des 11. Jhs. mehrfach nachgewiesenen Zentralbauten in der Nachfolge der Aachener Pfalzkapelle (Verbeek 1964, Untermann 1989), wobei mit der Flachdecke und der Ausbildung der Einzelformen – wie in Ottmarsheim um 1030 – frühromanische Stilelemente eingesetzt wurden. Die Säulen mit den Würfelkapitellen sind nicht vor etwa 1030 denkbar, andererseits ist aus historischen Gründen eine Bauzeit nach der Zerstörung 1047 (van Agt 1957) wohl kaum wahrscheinlich. Somit ist mit Kubach-Verbeek und Untermann an eine Bauzeit unter Konrad II. (gest. 1039) oder Heinrich III., der 1036 in Nimwegen seine Hochzeit gefeiert hat, in den 1030er Jahren zu denken. Es sei die Vermutung geäußert, daß die 1047 stark zerstörte Kapelle bis zur eingreifenden Wiederherstellung im ausgehenden 14. Jh. als Ruine bestanden hat und unter Konrad III. und Friedrich Barbarossa wohl nicht wiederhergestellt sondern durch die Martinskapelle am Palas ersetzt worden ist.

Die noch 1545 zum Gottesdienst benutzte Doppelkapelle St. Martin, östlich an den Saalbau angebaut und mit diesem wahrscheinlich räumlich verbunden, ist heute als Ruine erhalten (1911 freigelegt und gesichert). Von der zweigeschossigen, aus einem queroblongen Joch und einer eingezogenen Apsis bestehenden Kapelle sind die Apsis einschließlich Kranzgesims und Gewölbe sowie Reste der nördlichen Längsmauer, nur noch in 5,50 m Höhe aber mit der inneren Blendarkadengliederung des Obergeschosses, erhalten. Die Mauern sind mit ziemlich regelmäßigen Tuffquadern verkleidet. Das leicht eingetiefte Untergeschoß war dreischiffig und über Säulen ohne Gurtbogen gewölbt. Ob eine Verbindung zum Obergeschoß bestand, ist nicht mehr zu klären. Im Obergeschoß läßt die nördliche Längsmauer eine Gliederung durch eine dreifache Blendarkade (mit einem alten Würfelkapitell) erkennen. In die Ecken des Apsisbogens sind karolingische Vollsäulen eingestellt, deren antike Marmorschäfte antikisierende korinthische Marmorkapitelle tragen. Außen ist die Apsis über einem Sockel, ohne Berücksichtigung der inneren Geschoßteilung, zweigeschossig in fünf Felder gegliedert: unten befinden sich Lisenen mit zwei Rundbogen auf kleiner Konsole und drei kleine Kreisfenster, die seitlichen sind in die Lisenen eingefügt, im 2. Geschoß vierteilige, auf Halbsäulen zurückgestufte Rundbogenfriese und fünf schlanke Rundbogenfenster mit gestuften Gewänden, an Kapitellen und Konsolen reiche Blattornamentik. Die Gliederungen und die Ornamentik sind mit Schwarzrheindorf (1151 geweiht), dem Ostchor des Bonner Münsters (1153 geweiht) und Kölner Kirchen aus der Mitte des 12. Jhs. verwandt und somit zeitgleich, so daß die Kapelle sicherlich

250 C Salisch-staufische Pfalzen 1025–1240

Abb. 73 Nimwegen, Valkhof, St. Martin, Rademaker 1670.

Abb. 74 Nimwegen, Valkhof, St. Martin, Ostansicht.

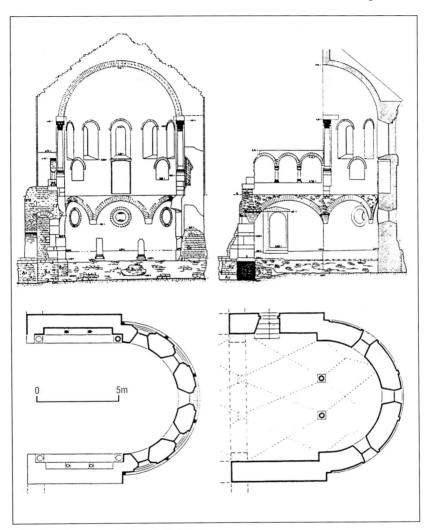

Abb. 75 Nimwegen, Valkhof, St. Martin.

zu den unter Konrad III. zu vermutenden und unter Friedrich Barbarossa 1155 überlieferten Wiederherstellungsarbeiten gehört, während die heute im Museum aufbewahrten Kapitell- und Basisfragmente (Lemmens 1980, S. 68–72) auf weitere Baumaßnahmen in der Pfalz um 1170/90 verweisen; diese werden durch die Anordnung Friedrich Barbarossas an seinen Sohn Heinrich VI. von 1189 bestätigt.

Literatur

Clemen, Paul: Die Kaiserpfalzen. In: Erster Bericht über die Arbeiten an den Denkmälern deutscher Kunst. Berlin 1911, S. 6f.; 3. Ber. 1914, S. 16–23.

Gorissen, Friedrich: Nimwegen. Kleve 1956 (= Niederrhein. Städteatlas 2. Geldrische Städte 2, 1) mit Quellen u. Lit.-Verz.

Agt, Hans van: Die Nikolauskapelle auf dem Valkhof zu Nymwegen. In: Forsch. z. Kg. u. christl. Archäologie 3. Wiesbaden 1957, S. 179–192 (Wiederabdruck in: Lemmens 1980, S. 53–58).

Verbeek, Albert: Zentralbauten in der Nachfolge der Aachener Pfalzkapelle. In: Das erste Jahrtausend. Düsseldorf 1964, S. 909–912.

Kubach, Hans Erich und Albert Verbeek: Romanische Baukunst an Rhein und Maas. Berlin 1976, S. 882–885 mit Lit.-Verz.

Lemmens, G. Th. M. (Hg.): Het Valkhof te Nijmegen. Ausst.-Kat. Nijmegen 1980, mit Kat. der alten Abb. S. 149–213.

Funken, Rolf: Die Bauinschriften des Erzbistums Kölns. Köln 1981 (= 19. Veröff. d. Abt. Arch. d. Kunsthist. Inst. d. Univ. zu Köln) S. 155–158.

Hotz (1981) S. 39–42.

Streich (1984) S. 405–407, 578–580.

Untermann, Matthias: Der Zentralbau im Mittelalter. Darmstadt 1989, S. 131 f.

C 4 Kaiserslautern

Die Pfalz Kaiserslautern wurde auf einer von zwei schon früh besiedelten Felseninseln in einem See, der im Quellgebiet der Lauter entstanden war, erbaut. Sie lag an einer der damals wichtigsten alten Fernstraßen, die das Pariser Becken durch die Lauterer Senke über Worms und Wimpfen mit dem Donaugebiet und Regensburg verband und in Kaiserslautern von einer ebenfalls bedeutenden Nord-Süd-Verbindung von Burgund nach Mainz gekreuzt wurde.

Werner Bremer legte 1937 vorläufige Berichte über Ergebnisse seiner Grabungen 1934–37 vor; er datierte den Baubeginn des ältesten Teils der Anlage, des romanischen Saalbaus, auf 1152, in das Jahr des Regierungsantritts Kaiser Friedrich Barbarossas. Gottfried Schlag setzt den Baubeginn 1940 in seiner kurzen Übersicht über die deutschen Königspfalzen etwas vorsichtiger „nach 1152" an. In seinem ebenfalls 1940 erschienenen Aufsatz betont er aufgrund der dürftigen baulichen Reste der Pfalz die Bedeutung von Urkunden, alten Ansichten und Plänen und präsentiert vor allem zwei im Kriegsministerium zu Paris gefundene, um 1735 entstandene Grundrißpläne der gesamten Anlage, aus denen er eindeutige Hinweise auf die Gestalt der damals noch nicht ausgegrabenen Westteile des Komplexes entnehmen zu können glaubt und außerdem die Überzeugung äußert, daß durch das Auffinden der beiden Pläne nun maßgeblich zur Klärung der Forschungssituation beigetragen worden sei, was sich aufgrund diverser Widersprüchlichkeiten innerhalb der Pläne als fraglich darstellt.

1942 weisen Anton Eckardt und Torsten Gebhard im Kunstdenkmälerinventar darauf hin, daß der von der älteren Forschung aufgrund des für Ostern 1158 bezeugten ersten Aufenthalts Kaiser Friedrich Barbarossas für das Jahr 1157 vermutete Abschluß der Bautätigkeit nicht zwingend sei, da dieser auch in schon vorhandenen älteren Bauteilen, die seit Bremers Ausgrabungen zumindest für salische Zeit als gesichert gelten könnten, hätte weilen können. Sie vertraten daher die Ansicht, daß man eher die Schilderung Rahewins, die 1160 anzusetzen ist, zur Datierung der Fertigstellung der Pfalz heranziehen und die staufische Bautätigkeit für die 50er Jahre als erwiesen ansehen müsse. Eine zweite Grabungskampagne auf dem Pfalzgelände fand in den Jahren 1959–1960 unter der Leitung von Lorenz Eckrich statt, der 1961 in seinem Grabungsbericht mit Hinweis auf unzureichende Datierungsmittel die Neuuntersuchung sämtlicher bisher aufgetretenen Fragen für notwendig hält.

1982 hat Fritz Arens die Pfalz unter bau- und kunsthistorischen Aspekten dargestellt, jedoch ohne genauere Kenntnis der Grabungsergebnisse von 1934/37, 1959/60 und 1962/68, über die Karl H. Roth-Lutra 1961 und 1969, Kurt Böhner 1987 sowie Helmut Bernhard und Dieter Barz 1991 berichtet haben. Arens geht wie Walter Hotz 1975 und 1981 von einem Neubau unter Friedrich I. aus; beide datieren umfassende Umbauten in den Beginn des 13. Jhs.

Geschichte

Bevor die Pfalz im Nordwesten der mittelalterlichen Stadt auf der zweigeteilten, auf zwei Seiten von der Lauter umflossenen Felseninsel errichtet wurde, befand sich in der Südostecke ein etwa 35×40 m großes, mehrfach belegtes Gräberfeld, das seit dem 8. Jh. und wohl bis ins 11. Jh. benutzt wurde. Königsgut *in villa Luthra* wird im Wormser Reichsurbar zu Beginn des 9. Jhs. aufgeführt; die erste urkundliche Erwähnung stammt aus dem Jahr 882, als Karl der Dicke (876–887) eine Schenkung seines Vaters Ludwigs des Deutschen (843–876) an die Salvatorkapelle in Frankfurt bestätigte. 945 taucht der Name Lutra wieder im Zusammenhang mit der Schenkung einer Villa bzw. eines Hofes *in forastro Lutara dicto* von Otto I. an seinen Getreuen Franko auf.

Von einer Pfalz in Kaiserslautern erfahren wir erstmals aus den 1160 von Rahewin beendeten *Gesta Friderici*. Hier findet sich im abschließenden Kapitel 86 des vierten Buches nach einer Würdigung der Bautätigkeiten Friedrich Barbarossas eine verhältnismäßig ausführliche Beschreibung der Pfalz. „Bei Lautern hat er ein aus roten Steinen errichtetes königliches Haus mit nicht geringerer Freigebigkeit ausgestaltet *(apud Lutram domum regalem ex rubris labidibus fabricatam non minori munificentia accuravit)*. Er hat es nämlich auf der einen Seite mit einer sehr festen Mauer umgeben, die andere Seite umspült ein seeähnlicher Fischteich, der zur Weide der Augen wie des Gaumens alle Delikatessen an Fischen und Geflügel enthält. Daran stößt ein Park, der einer Fülle von Hirschen und Rehen Nahrung bietet. Die königliche Pracht all dessen und ihre Menge, die größer ist, als daß man sie schildern könnte, bietet den Betrachtern durch das Werk den Wert." Nach den Ausführungen im dritten Buch, Kapitel 18, ist davon auszugehen, daß die Pfalz vor 1158 in dem Reichsforst Lutra errichtet worden ist: „Nachdem er (Friedrich Barbarossa) das Osterfest (1158) in der Kirche des Hl. Wibert (Kaiserswerth) gefeiert hatte, kehrte er nach Oberdeutschland zurück und in das Gebiet der Vangionen (Worms); hier bog er zu dem königlichen Haus ab, das er bei Lautern erbaut hatte, und widmete einige Tage seinem Hause und der Ordnung häuslicher Angelegenheiten *(in domum regalem, quam apud Lutra edificaverat, divertens domui sue et familiaribus negotiis ordinandis aliquot dies indulget)*." Ähnlich wie die Pfalz Hagenau diente Kaiserslautern dem Kaiser in erster Linie zur Erholung; dazu trugen sicher Tierpark und Forst bei. Auffällig ist die Verteilung der sieben Aufenthalte Friedrich Barbarossas: 1158 kurz vor Aufbruch zum zweiten Italienzug (Juni 1158 – Sept. 1162), Mitte Juli 1163 vor dem dritten Italienzug (Sept. 1163 – Okt. 1164), am 5. Febr. 1171 und dann am 23. Mai 1174 vor dem fünften Italienzug (Sept. 1174 – Juli 1178) und vom 21.–31. Juli 1184 vor dem sechsten Italienzug (Sept. 1184 – Herbst 1186); unmittelbar danach war er im Nov. 1186 wieder in Kaiserslautern; zuletzt besuchte er Ende Aug./Sept. 1187 Kaiserslautern; am 11. Mai 1189 brach er von Regensburg aus zum Kreuzzug auf.

Erstmals urkundlich erwähnt wird die Pfalz 1172: *Apud Luthram Castrum domini imperatoris*. In Ergänzung zu seiner Pfalz gründete Friedrich Barbarossa wie 1189 in Hagenau ein Prämonstratenserkloster (1158 oder 1176), das die Betreuung eines Hospitals und auch die Pfarrseelsorge zu übernehmen hatte. Friedrich II. nahm Kloster und Spital 1215 unter seinen besonderen Schutz und bestätigte, daß die Mönche auch die untere und obere Burgkapelle innehaben *(et duas capellas in castro nostro unam superius et aliam inferius)*. 1310 ist eine Nikolauskapelle in der Burg beurkundet, wobei unklar ist, ob die Nachricht auf die 1215 genannte Doppelkapelle bezogen werden kann. Ab 1183 werden königliche Burgleute namentlich genannt; der erste ist *Heinricus de Lutra marscalcus*, 1195 sind es *Heinricus pincerna et frater suus Reinhardus de Lutra*. Das königliche Tafelgüterverzeichnis bezeugt am Ende des 12. Jhs. den Reichtum von *Luthera*, das nämlich das höchste Servitium leistete, wie Aachen und Nimwegen, und zwar acht. In der Folgezeit sind wiederum mehrere Königsbesuche überliefert: Heinrich VI. kam 1184, 1189, 1190, sowie 1193 und 1194 jeweils dreimal und 1195 nach Kaiserslautern. Für Friedrich II. sind Besuche in den Jahren 1214, 1215 und 1217 nachweisbar, für Heinrich VII. 1225 und 1234. 1237 wird die Pfalz *Lutra imperialis* genannt. Anläßlich der Hochzeit Königs Richard von Cornwall mit der Gräfin Beatrix von Falkenburg im Jahre 1269 pries ein Augenzeuge, der englische Augustinermönch Thomas Wykes, die Pfalz: „In den verschiedenen Reichen hält kein Palast mit ihm einen Vergleich aus."

1276 wurde *oppidum nostrum Lutren* von Rudolph von Habsburg, der 1274, 1282, 1284 und 1285 Hoftage in der Pfalz abhielt, zur freien Reichsstadt mit dem Stadtrecht von Speyer erhoben. Nachdem die Pfalz 1322 zunächst an Johann von Böhmen verpfändet und 1332 von Erzbischof Balduin von Trier übernommen wurde, geriet Kaiserslautern 1357 in die Pfandschaft der pfälzischen Kurfürsten und ging 1375 schließlich ganz in deren Besitz. Auf bauliche Veränderungen zu dieser Zeit – vielleicht Wiederherstellungsarbeiten oder Verstärkungen der Befestigungsanlage – deutet, daß Pfalzgraf Ruprecht I. von Kaiser Karl IV. im Jahr 1367 einen neuen Zoll sowie eine Summe von 4000 Gulden „zur Erbauung der Reichsburg" erhielt. In der zweiten Hälfte des 16. Jhs. nahm Pfalzgraf Johann Casimir noch einmal größere bauliche Veränderungen bzw. Erweiterungen vor. Zwischen 1570 und 1580 entstand so das im Erdgeschoß noch teilweise erhaltene sogenannte Casimirschloß (heute Museum). 1689 und 1703 wurde die Anlage weitgehend zerstört und im 19. Jh. fast gänzlich abgebrochen, so daß heute nur noch wenig von dem ursprünglichen Bau übriggeblieben ist, zumal in den 1960er Jahren auf einem Teil des ehemaligen Pfalzgeländes auch noch der neue Rathausturm errichtet wurde.

Baubeschreibung

Den Kern der auf einer wasserumgebenen Felseninsel errichteten Pfalz bildete der Palas. Er war ursprünglich auf der Hofseite zweigeschossig. Die südliche Schmalseite ragte jedoch über das Felsplateau, auf dem der Bau gründete, hinaus und reichte bis hinunter zum Lauterufer. Der teilweise noch erhaltene und in seiner Form recht ungewöhnlich gestaltete Sockel des Baus besaß über einer nur geringfügig vorspringenden unteren Stufe zwei Schichten abgeschrägter Quader. Ihn zu datieren ist schwierig. Arens nennt als Vergleichsbeispiele die Wehrmauer der Salzburg bei Neustadt an der Fränkischen Saale seitlich eines aus dem 13. Jh. stammenden Torturms und die aus der ersten Hälfte des 13. Jhs. stammende Nürnberger Stadtmauer der Lorenzer Stadt. Das über dem Sockel aufgehende Mauerwerk bestand offensichtlich aus Buckelquadern. Auf der Westseite saß in einem in dieser Sockelzone befindlichen Streifen aus glatten Steinen eine kleine, 1,25 m hohe und 59 cm breite Pforte, von der der in seiner Mitte verdickte Sturz noch erhalten war. Auf der Ostseite des Palas, von der Ummantelungsmauer der Pfalzkapelle verdeckt, befand sich ein sehr schmales, kleines Fenster (Eckrich 1963).

Über den ehemaligen Aufbau des Palas über dem Schrägsockel können heute nur noch zwei immer wieder abgebildete Zeichnungen von F. J. Kisling von 1740 bzw. 1764 Auskunft geben, die die Südseite des Palas mit der Kapelle darstellen. Beide lassen zunächst ein ebenerdiges Untergeschoß erkennen, zu dem laut der Zeichnung von 1740 zwei kleine Schlitzfenster wie auch eine etwas weiter links befindliche kleine Pforte gehörten. In der Zeichnung von 1764 hingegen sind diese Öffnungen nicht zu erkennen. Das 1. Obergeschoß zeigt beiderseits des Fußes einer mittig angeordneten mächtigen Balkonkonsole je zwei Doppelfenster unter Überfangbogen auf Mauerpfeilern mit Kämpfern, deren jeweils mittlere Säule ein geschlossenes Bogenfeld über einem horizontalen Balken trägt. Unterhalb der Balkonkonsole scheint sich ein weiteres, allerdings schlichteres Doppelfenster ohne Überfangbogen befunden zu haben. Etwa 3 m höher, neben der eigentlichen Konsole, befanden sich mehrere Rechteckfenster: drei einfache und zwei Doppelfenster. Arens vermutet, daß diese, da sie nicht zum sonst eher aufwendig gestalteten Palas passen und zudem für die romanische Baukunst atypisch seien, zur Belichtung des offensichtlich später – möglicherweise zur Zeit des Casimirschlosses – in das mit 8 m enorm hohe Geschoß eingezogenen zweiten Saales gedient haben. Von dem auf Profilen und Konsolenreihen weit vorkragenden Balkon ist nur noch die Brüstung erhalten, die möglicherweise noch einen Überbau hatte. Arens schließt für ihn die Funktion als Aufstellungsplatz für den Altar der Hauskapelle aus, da der Balkon in einem solchen Fall nicht nach Süden, sondern nach Osten hätte orientiert sein müssen. Laut Arens sprächen auch die beiden verhältnismäßig kleinen auf ihn hinausführenden Türen dagegen. Vergleichbare profan genutzte Balkone

C 4 Kaiserslautern 257

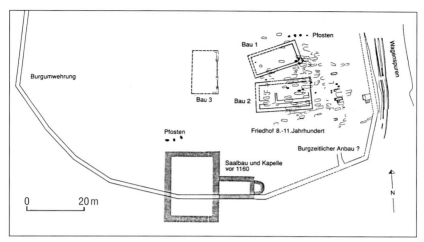

Abb. 76 Kaiserslautern, Lageplan.

Abb. 77 Kaiserslautern, Saalbau und Kapelle, Zeichnung von F. J. Kiesling, 1740/64.

scheint es in dieser Zeit kaum gegeben zu haben, und so bleibt seine Funktion hier ungewiß.

Das Obergeschoß zeigt links und rechts des Balkons unter zweifach gestuften Überfangbogen auf mit Säulenbündeln besetzten Pfeilern je drei Doppelfenster, deren mittlere Säulen auch hier, wie schon im ersten Obergeschoß, Tympana tragen. Die zweifache Stufung der Überfangbogen – und dies kann man auf der Zeichnung Kislings von 1764 erkennen – war seitlich der Fenster und mindestens bis über die Ecken des Gebäudekubus als Gesims fortgeführt. Da die Fensteröffnungen in ihrer rechteckigen Form Glasfenster oder zumindest einen Verschluß mit Läden wahrscheinlicher machen, als daß sie zu einem Laubengang gehörten, sind die Mauern, die man durch die Fenster erkennen kann, wohl jene der dahinterliegenden Räume. Arens vermutet, daß sich an der nördlichen und südlichen Schmalseite mächtige Giebel befunden haben, die zum Entstehungszeitpunkt der Zeichnungen jedoch schon eingestürzt waren, nicht aber die vier großen, an den Längswänden jeweils paarweise angeordneten Schornsteine, die hier alles andere noch überragen.

Die Datierung des Palas ist kaum möglich, da bisher keine ihm zuweisbaren Reste von Bauornamentik gefunden wurden bis auf ein Fragment mit Flechtwerk und Blattfolge, von dem angenommen wird, daß es aus dem Palas stammt (Eckardt-Gebhard 1942, Abb. 56; Hotz 1981, Tafel 4); es zeigt formal und stilistisch engste Verwandtschaft zu der rechten Kaminplatte des Palas der Pfalz Gelnhausen (etwa 1165/70).

Östlich an den Palas schloß die 1215 genannte Doppelkapelle an, die sich an die ältere Ringmauer anlehnte. Ohne die den Raum im Westen abschließende Palaswand betragen die Außenmaße der Kapelle in der Länge 11,80 m und in der Breite 8,00 m. Durch den von Karlwerner Kaiser festgestellten Fundamentabdruck scheint heute gesichert, daß die Kapelle mit einer halbrunden Apsis und nicht, wie noch Bremer vermutete, polygonal abschloß. Der schlichte Grundriß und die relativ bescheidenen Abmessungen lassen zudem vermuten, daß die Kapelle flach gedeckt war.

Die Ummantelung der Kapelle ist der noch am besten erhaltene Teil der Anlage. Auch wenn von ihr nur der auf der Süd- und Ostseite geböschte, 5 m hohe Unterbau erhalten geblieben ist, so läßt sie sich doch anhand der baulichen Reste und der bereits angesprochenen Ansichtszeichnungen aus dem 18. Jh. recht gut rekonstruieren. Demnach bestand der Unterbau aus 60 bis 90 cm langen und etwa 30 cm hohen Buckelquadern und schloß mit einem simaförmigen Profil ab. Auf der Innenseite der Ummantelung hingegen besteht das Mauerwerk im südwestlichen Teil überwiegend aus kleinen, 15–18 cm hohen und 25–42 cm langen Quadern, welche im Hinblick auf Bearbeitung und Vermauerung große Ähnlichkeit mit den gegenüber bei der eigentlichen Kapellenwand verwendeten und etwas größeren Steinen aufweisen. Ganz am westlichen Ende besteht die Mauer wieder aus größeren, hier nun glatt bearbeiteten Quadern. Diesen Bereich schließt ein mächtiger, wiederum aus großen Buckelquadern bestehender Strebepfeiler ab, an den sich einst eine Tür anschloß. Lorenz Eckrich fand bei seinen Ausgrabungen den Sturz und das Bogenfeld, ein undekoriertes, zahngeflächtes Tympanon. An der Ostwand folgen sowohl glatte als auch gebuckelte, in der Regel etwa 30–42 cm hohe Quader, die zum Teil Steinmetzzeichen aufweisen. Eine senkrechte Fuge im Mauerwerk läßt Fritz Arens vermuten, daß zunächst nur an die Ummantelung des Schiffes gedacht worden sein könnte, und man sich erst später dazu entschlossen hat, den Chor ebenfalls zu ummauern.

Über dem Sockel befand sich das ebenfalls aus Buckelquadern bestehende Mittelgeschoß. Seine Mauerflächen waren von Ecklisenen eingefaßt, von denen eine im Südosten noch erhalten ist. In der Südmauer befanden sich drei sehr große, etwa 4 m breite Arkaden. Auch für die Ostseite vermutet Arens ursprünglich drei Arkaden, nur daß jene aufgrund ihrer Lage an der Schmalseite der Ummantelung deutlich weniger Spannweite besessen haben. Eine dieser etwa 1,80 m breiten Arkadenöffnungen ist hier erhalten. Für die Nordseite scheinen drei Arkaden wahrscheinlich, auch wenn man sich diesbezüglich nur auf eine recht ungenaue Ansicht von 1706 stützen kann. Von den Arkadenpfeilern sind Ansätze sowohl an der Süd- als auch an der Ostseite erhalten. Sie fußen auf der oberen von zwei über dem Sockelabschluß verlaufenden Quaderschichten.

Abb. 77a
Kaiserslautern,
Schmuckplatte.

Den beiden Ansichten von 1740 und von 1764 nach folgte auf dieses Mittelgeschoß mit den großen Arkaden schließlich noch das oberste Geschoß, welches von einer Galerie aus deutlich kleineren und zudem spitzbogigen Arkaden auf allen drei freistehenden Seiten umgeben war. Im Wechsel sitzen die Spitzbogen auf kleinen Pfeiler mit zwei seitlich angeordneten Säulchen und auf solchen mit einer, meist mit einem Schaftring versehenen, vorgestellten Säule auf. Die Spitzbogen scheinen der Zeichnung zufolge profiliert bzw. gestuft gewesen zu sein. Diese Aufstockung wird mit der Urkunde Friedrichs II. von 1215 in Verbindung gebracht, mit der dieser dem benachbarten Prämonstratenserkloster die obere und untere Kapelle verleiht. Zur Datierung der Galerie zieht Arens die Schaftringe, die er auf der Zeichnung von 1740 an manchen Säulen zu erkennen glaubt, heran. Sie passen – so Arens – zu den im Burgbereich ausgegrabenen Kapitellen, und diese gehören in den Anfang des 13. Jhs. In Dehios Handbuch der Deutschen Kunstdenkmäler, Rheinland-Pfalz, Saarland werden die Fragmente richtiger in die Zeit um 1220/30 datiert.

Die die gesamte Anlage umgebende, ca. 1,40 m dicke Ringmauer aus kleinen, grob zugeschlagenen Quadern von 23–26 cm Schichthöhe ist nur noch in Teilen erhalten: u. a. als Südwand der Kapelle und in deren Südostecke im aufgehenden Mauerwerk des späteren Casimirschlosses sowie in Bruchstücken auch auf der Nordseite des Pfalzgeländes. Daß sie noch aus spätsalischer Zeit stammt, wie allgemein angenommen wird, ist falsch. Sie ist, wie Rahewin ausdrücklich vermerkt, von Friedrich Barbarossa angelegt und mit dem Palas nachträglich überbaut worden.

Nördlich von Palas und Kapelle wurden auf dem Friedhof des 8.–11. Jhs. Reste von drei Holzbauten ausgegraben: zwei 7 bzw. 11 m breite und mindestens 15 bzw. 20 m lange Saalbauten auf Steinsockel und ein 15 m langer Bau in gemischter Holz-Steinbauweise (Bernhard-Barz 1991, S. 141f.). Fritz Arens vermutet, daß auch das von Karlwerner Kaiser 1967/68 etwa 32 m westlich des Palas ausgegrabene, an die Ringmauer angelehnte Gebäude von 15,40 × 9,80 m aus staufische Zeit stammt; eine Quermauer teilt den längsrechteckigen Bau in zwei etwa gleiche Teile. Eine Treppe führt vom Hof in den westlichen Keller.

Die archäologischen Befunde, die geringen Baureste und die Ansichten von Kisling von 1740 und 1764 geben zusammen mit den historischen Nachrichten nur ein recht unzureichendes Bild dieser frühen staufischen Pfalz.

Literatur

Bremer, Werner: Die Ausgrabungs- und Instandsetzungsarbeiten an der Kaiserpfalz zu Kaiserslautern. In: Dt. Kunst u. Denkmalpflege 1937, S. 270–274.
Bremer, Werner: Die Ausgrabungen an der Barbarossapfalz zu Kaiserslautern. Kaiserslautern 1937.

Schlag, Gottfried: Die Kaiserpfalz Kaiserslautern. In: Westmärk. Abhandl. z. Landes- u. Volksforsch. 4, 1940, S. 282–286.
Schlag (1940) S. 79–81.
Eckardt, Anton u. Torsten Gebhard: Die Kunstdenkmäler von Bayern, Regierungsbezirk Pfalz. München 1942. (Unveränderter Nachdruck: Die Kunstdenkmäler der Pfalz. 9. Stadt und Landkreis Kaiserslautern. München-Berlin 1975.) S. 102–117.
Graf, Hermann: Der Königshof und der Ort Lautern im 10. und 12. Jahrhundert in neuer Sicht. In: Mitt. d. Arbeitsgem. d. Hist. Vereins d. Pfalz 2, 1957, S. 1–7; 3, 1957, S. 2–7.
Graf, Hermann: Die Hohenstaufenpfalz zu Kaiserslautern. In: Mitt. d. Arbeitsgem. Kr. Kaiserslautern d. Hist. Vereins d. Pfalz 8, 1958, S. 1–8.
Christmann, Ernst: Von Barbarossas und Johann Casimirs Tiergarten zu Kaiserslautern, von Hasensteilen und Remisen. In: Pfälzer Heimat 9, 1958, S. 56–63.
Eckrich, Lorenz: Ergebnisse und Probleme der Ausgrabungen am Platze der ehemaligen Kaiserburg zu Kaiserslautern. Zweiter Grabungsbericht. In: Mitt. d. Arbeitsgem. Kr. Kaiserslautern d. Hist. Vereins d. Pfalz 18, 1961, S. 1–10.
Roth-Lutra, Karl H.: Archäologischer Vorbericht über das Barbarossaburg-Gräberfeld zu Kaiserslautern. In: Mitteilungen d. Hist. Vereins d. Pfalz 59, 1961, S. 5–61.
Eckrich, Lorenz: Einige weitere Beobachtungen an Pfalz und Burg Kaiserslautern. In: Nordpfälzer Gesch.-Verein 43, 1963, S. 49–63.
Bosl, Karl: Pfalzen und Forsten. In: Deutsche Königspfalzen. Bd. 1. Göttingen 1963, S. 25–27.
Hauck, Karl: Tiergärten im Pfalzbereich. In: ebda. S. 30–74.
Kaiser, Karlwerner: Die Pfalzforschung in Kaiserslautern. In: Jb. z. Gesch. v. Stadt u. Landkr. Kaiserslautern 6, 1968, S. 258–261.
Roth-Lutra, Karl H.: Das Gräberfeld im Bereich der Barbarossaburg zu Kaiserslautern. In: Jb. z. Gesch. v. Stadt u. Landkr. Kaiserslautern 7, 1969.
Metz, Wolfgang: Kaiserslautern und die Hohenstaufen. In: Jb. z. Gesch. v. Stadt u. Landkr. Kaiserslautern 7, 1969, S. 15–26.
Caspary, Hans u. Wolfgang Götz, Ekkart Klinge: Rheinland-Pfalz, Saarland. (= Georg Dehio, Handbuch der Deutschen Kunstdenkmäler) München-Berlin 1972, S. 337f. (2. Aufl. 1984).
Westrich, Klaus-Peter: Die Königspfalz Lautern im 12. und 13. Jahrhundert. In: Ministerialität im Pfälzer Raum. Hg. Friedrich Ludwig Wagner. Speyer 1975, S. 75–87.
Hotz, Walter: Kleine Kunstgeschichte der deutschen Burg. Darmstadt 1975, S. 92–94.
Stein, Günter: Burgen und Schlösser der Pfalz. Frankfurt 1976, S. 39–46.
Arens, Fritz: Die staufischen Königspfalzen. In: Die Zeit der Staufer III. Ausst.-Kat. Stuttgart 1977, S. 131 f.
Arens, Fritz: Staufische Königspfalzen. In: Burgen und Schlösser 11, 1978, S. 74–83, bes. S. 75.
Hotz: (1981) S. 44–47 u. Tafel 4–6.
Arens, Fritz: Bauten der Pfalz zu Kaiserslautern. In: Jb. z. Gesch. v. Stadt u. Landkr. Kaiserslautern 20/21, 1982/83, S. 55–77.
Streich (1984) S. 580–583.
Böhner, Kurt: Villa Lutra. Zu den Anfängen Kaiserslauterns. In: Festschr. f. Martin Graßnick. Kaiserslautern 1987, S. 21–28.
Bernhard, Helmut u. Dieter Barz: Frühe Burgen in der Pfalz. In: Burgen der Salierzeit. 2. Hg. Horst Wolfgang Böhme. Sigmaringen 1991, S. 140–143.

C 5 Gelnhausen

Über die Pfalz Gelnhausen ist die erste Baumonographie der Kunstgeschichte geschrieben worden. Der Jurist Bernhard Hundeshagen hat sein Buch, das in der ersten Auflage 1813 in Hanau durch Feuer vernichtet worden ist, 1819 in Mainz (2. Auflage Bonn 1832) auf eigene Kosten herausgegeben; einer ausführlichen historischen Darstellung mit Zuschreibung der Pfalz an Friedrich Barbarossa und einer Baubeschreibung sind Grundrisse, Schnitte, Ansichten und Detailzeichnungen beigegeben. 1851 veröffentlichte Ernst Gladbach neue und bessere Zeichnungen. Erst 1901 hat Ludwig Bickell im ersten Band der Bau- und Kunstdenkmäler im Regierungsbezirk Kassel eine neue Baubestandsbeschreibung mit Plänen vorgelegt; aufgrund von Fehlinterpretationen der historischen Nachrichten kam er zu einem Baubeginn frühestens 1190 und einer Vollendung etwa um 1200. Diese Entstehungszeit bestätigte Karl Nothnagel in seiner bei Rudolph Kautzsch 1927 in Mainz eingereichten kunsthistorischen Dissertation „Die romanische Architektur in Gelnhausen" (1971 von Fritz Arens herausgegeben) durch weiträumigen Formvergleich und setzte sich damit deutlich von der Spätdatierung auf ca. 1230 durch Richard Hamann 1923 ab. Über die im Auftrag des Preußischen Ministeriums für Wissenschaft, Kunst und Volksbildung und des Deutschen Vereins für Kunstwissenschaft 1929 begonnenen Ausgrabungen und Aufmessungen hat der mit der örtlichen Leitung beauftragte Hanauer Regierungsbaurat Albert Tuczek 1930 in einem Vortrag berichtet. Walter Hotz wies 1935 in seiner Gießener Dissertation über die Burg Wildenberg im Odenwald auf die topographischen Parallelen zur Pfalz Hagenau hin, deren Bauzeit er aufgrund des Itinerars Barbarossas zwischen 1160 und 1175 datierte und als Vorstufe für Gelnhausen ansah, deren Baubeginn er bald nach 1170 und deren Abschluß etwa 1190, evtl. mit Ergänzungen unter Heinrich VI., ansetzte. Der Historiker Heinrich Bingemer hielt 1937 unter Auswertung der historischen Nachrichten und unter Berücksichtigung der Grabungsergebnisse von Albert Tuczek einen Baubeginn vor 1158 und eine Vollendung 1180 oder auch schon 1170 für möglich. Dieses wurde 1940 von Gottfried Schlag angezweifelt, der sich der Datierung Karl Nothnagels anschloß. Mit der Stadtgründungsurkunde und dem Zusammenhang von Stadt und Pfalz hat sich Gerhard Bott in seiner Frankfurter Dissertation „Die Städte in der Wetterau und im Kinzigtal" 1950 beschäftigt; seine Darlegungen wurden 1960 von Anton Fuhs auf der Grundlage eines genauen Kellerplanes der staufischen Stadt Gelnhausen ergänzt; beide Ergebnisse hat Harald Keller 1973 zusammengefaßt. Der hessische Staatsarchivdirektor Karl E. Demandt kam 1955 aufgrund historischer Überlegungen zu dem Ergebnis, daß die Pfalz zwischen 1170 und 1180 erbaut worden sein muß.

In Kenntnis dieser breitgestreuten Datierungen und unter Verwendung der Bauaufnahmen von Albert Tuczek aus dem Jahre 1930 legte Günther Binding

1963 in seiner Bonner Dissertation über „Die Pfalz Kaiser Friedrich Barbarossas in Gelnhausen und die frühstaufische Baukunst im Rhein-Main-Gebiet" eine Baubestandsuntersuchung und eine detaillierte Analyse und Einordnung der Bauornamentik mit dem Ergebnis vor, daß „die Bauarbeiten um 1159 begonnen und vermutlich mit der Stadtgründung 1170 abgeschlossen" wurden (Binding 1965, S. 109). Dem haben Fritz Arens und Wolfgang Einsingbach widersprochen. So hält Einsingbach in dem amtlichen Führer zur Kaiserpfalz von 1975 „eine Datierung der Bauzeit in die Jahre zwischen 1180 und 1195 nach dem gegenwärtigen Forschungsstand für gut begründet". Joachim Ehlers hat sich 1968 als Historiker „Zur Datierung der Pfalz Gelnhausen" unter abwägender Diskussion aller historischen Quellen ausführlich und kompetent geäußert und kommt zu dem Ergebnis: „Ein königlicher Baubeginn vor 1157/58 erscheint ausgeschlossen, für die Zeit danach hat sich kein genügend sicherer Anhaltspunkt ergeben, über den Bauabschluß sind demzufolge nur Vermutungen möglich" (Ehlers 1968, S. 129). Der Historiker Fred Schwind publizierte 1981 noch einmal eine Darlegung der Geschichte der Pfalz unter Diskussion der bekannten Quellen und kam zu dem Ergebnis, daß es für die Datierung auf der Grundlage historischer Nachrichten kaum genügend Hinweise gibt, eine Bauzeit 1170/80 aber recht wahrscheinlich erscheint; das hatte auch schon Karl E. Demandt 1955 vorgeschlagen; Ferdinand Opll übernimmt 1978 diese Datierung, während Gerhard Streich 1984 wieder den Konflikt zwischen kunsthistorischer Datierung der Pfalzbauten und Königsaufenthalte dadurch zu lösen versucht, daß er eine ältere Meinung aufnimmt und Friedrichs Aufenthalte in der Burg oberhalb der Stadt vermutet.

Während die historische Behandlung der Pfalz Gelnhausen kompetent und wohl auch abschließend vorliegt (Ehlers 1968, Schwind 1981), ist das Bauwerk selbst in seiner Baufolge, seiner formalen und stilistischen Einordnung und seiner Datierung bisher nur unzureichend und äußerst kontrovers behandelt worden: Hundeshagen 1813/19, Bickell 1901, Nothnagel 1927 und Binding 1963. Eine Klärung steht jedoch in Aussicht, wenn die Dendro-Daten (Fälldatum Winter 1169/70) der unter der Torhalle geborgenen Pfähle vollständig veröffentlicht sind (Hinweis Ulrich Großmann: Mittel- und Südhessen. DuMont Reiseführer Köln 1995, S. 231). Da die Torhalle mit der Kapelle als letzter Bauabschnitt der Pfalz fertiggestellt worden ist und die Pfähle erst eingeschlagen wurden, als die Steinzulieferung in den Hof in der Hauptsache schon abgeschlossen war, d. h. der Palas fertig war, geben die Pfähle einen Hinweis auf die Zeit der Fertigstellung der Pfalz: etwa 1172/73. Das wird bestätigt durch die aus dem Brückenbereich stammenden, auf 1173 datierten Pfähle, da anzunehmen ist, daß der Graben erst ausgehoben und die Brücke errichtet wurde, als die Zuführung schwerer Steine auf Ochsenkarren beendet war.

Geschichte

Kaiser Friedrich Barbarossa hat am 25. Juli 1170 *apud castrum Geylnhusen novam villam* gegründet und deren Bewohner mit Freiheiten ausgestattet: Befreiung von Handelszöllen im ganzen Reich, Recht der Vererbung ihres Grundbesitzes und Vogtfreiheit, Recht soll allein der Kaiser selbst und sein Beamter, der *villicus*, sprechen *(nullus advocatus aliquam ibi exercebit iusticiam, sed solus imperator et eius villicus iusticiam ville manuteneat)*. Aus einer zweiten, wohl am gleichen Tag ausgestellten Urkunde wird ebenfalls deutlich, daß der Stadtgründer nicht daran interessiert war, nur Ackerbürger in seine Stadt zu ziehen, sondern vorrangig Kaufleute, und zwar Fernhändler, die die günstige Lage der neuen Stadt an „des Reiches Straße" von Mainz über Frankfurt nach Fulda und weiter über Eisenach und Gotha nach Erfurt und Leipzig nutzen sollten (Bott 1950; Ehlers 1968; Stoob 1973; Schwind 1981, S. 79–84). Die 1170 gegründete Stadt mit der schwierigen Geländesituation am Berghang hat einen ovalen Grundriß mit einer vor 1240 fertiggestellten, 1,50 m dicken und etwa 7 m hohen Mauer aus hammerrechten Bruchsteinen. Die Fernstraße durchzieht die Stadt in Ost-West-Richtung zwischen Röthertor und Haitzertor; der Untermarkt mit dem Haus des *villicus* (um 1180/90) liegt südlich, der Obermarkt mit der Stadtpfarrkirche St. Peter nördlich; parallel zur Hauptstraße führt eine zweite Straße an der Stiftskirche St. Maria vorbei. Die Straßen werden gekreuzt von der alten Verbindungsstraße aus dem Büdinger Wald durch das Holztor zur Floßlände an der Kinzig. Die Hausgrundstücke waren allgemein etwa 6,20 m breit und 32 m tief. Die Bürger der Stadt kamen schnell zu Wohlstand. Das Steuerverzeichnis von 1241 zeugt davon: Gelnhausen wird wie Hagenau und Basel mit 200 Mark veranschlagt, Frankfurt mit der höchsten Steuersumme von 250 Mark, Wetzlar mit 170 und Friedberg, Seligenstadt und Kaiserslautern mit 120 Mark. Gelnhausen war Mitglied in dem 1226 von Heinrich (VII.) verbotenen Städtebund, zu dem auch Mainz, Bingen, Worms, Speyer, Frankfurt und Friedberg gehörten.

Ungeklärt ist bis heute, ob das zur Ortsangabe der neuen Stadt benutzte *castrum* identisch ist mit dem *castrum Gelenhusen*, das der Mainzer Erzbischof Arnold 1158 mit zugehörigem Grundbesitz und Ministerialen von dem *legitimus possessor* erworben hat, um Vorsorge zu treffen, *quod ecclesia nostra contra tyrannos et persecutores honoris divini in ea parte valde esset munita et magnis utilitatibus plurimum adiuta*. Umstritten ist, wer der rechtmäßige Besitzer war, wahrscheinlich die Grafen von Selbold-Gelnhausen (Ehlers 1968, S. 99–112; Schwind 1981, S. 78), wo dieses *castrum* lag und ob das 1170 genannte *castrum* die Pfalz auf der Kinziginsel zu Füßen der Stadt war (Ehlers 1968, S. 112–114; Schwind 1981, S. 89f.). Zu den Verlusten, die die Mainzer Kirche während der Verbannung ihres Erzbischofs Konrad I. 1165–1183 erlitten hatte, gehörte auch *medietas castri Gelenhusen cum medietate omnium atti-*

nencium domus imperatori infeodata fuit. 1182 wird auch bei den in Gelnhausen ausgestellten Kaiserurkunden der Zusatz *in territorio Moguntino* zum letzten Mal gebraucht; es wird vermutet, daß der abgesetzte Erzbischof Konrad von Wittelsbach bei seiner Wiedereinsetzung 1183 auf die andere Hälfte der Burg verzichtet hat (Ehlers 1968, S. 115–124; Schwind 1981, S. 88f.). Unbekannt ist auch das Gründungsdatum der Pfalz, ob nämlich zunächst die Pfalz errichtet und zu ihrer Ergänzung dann 1170 die Stadt gegründet wurde, oder ob Pfalz und Stadt gleichzeitig entstanden sind oder gar die Pfalz erst nach der Stadt angelegt wurde.

Die Kombination von Stadt und Pfalz, besonders die Gründung einer Pfalz neben einer Stadt, ist für die Staufer charakteristisch; sie findet sich in Hagenau, Kaiserslautern, Wimpfen, Nürnberg, Rothenburg und wird von dem Ministerialen Kuno von Hagen-Arnsburg-Münzenberg, dem die Verwaltung von Dreieich und Wetterau übertragen war, in Münzenberg übernommen. Die gegenseitige Zuordnung von Pfalz bzw. Burg und Stadt war auch für die Aufnahme des königlichen Hofes und seine wirtschaftliche Versorgung von Bedeutung (Schwind 1981, S. 92). Deshalb wird häufig bei einer späten Datierung der Pfalz vermutet, daß der König bei dem großen Reichstag von 1180 in der Stadt Quartier genommen habe (die sich 1180 aber erst im Aufbau befand).

Die urkundlich belegten Aufenthalte Friedrich Barbarossas in Gelnhausen ergeben unter Berücksichtigung seines Itinerars (Opll 1978) und seiner sechs Italienaufenthalte interessante Einblicke in die Bedeutung der neuen Pfalz; dabei sind auch Frankfurt und Fulda mit einzubeziehen, die ein bzw. zwei Tagesreisen entfernt an der Reiseroute von Worms nach Sachsen liegen. Nachdem Friedrich Barbarossa am 5. März 1152 in Frankfurt von den Fürsten als Nachfolger seines Oheims Konrad III. zum König gewählt worden ist, war Friedrich vor seinem ersten Italienaufenthalt (Okt. 1154 bis Anfang Okt. 1155) nur im Sept. 1152 noch einmal in der Gegend, und zwar in Fulda auf der Reise von Speyer nach Würzburg. Nach dem Italienaufenthalt war er 20.–21. Febr. 1156 in Frankfurt und 22.–24. März 1157 auf der Reise von Würzburg nach Worms in Fulda. Der normale Reiseweg von Fulda nach Worms ging über die oben erwähnte Straße des Reiches von Fulda nach Gelnhausen, von dort mit dem Schiff über die Kinzig und den Main nach Frankfurt und dann weiter über Main und Rhein nach Worms, d. h., Ende März 1157 kann Friedrich zum ersten Mal durch Gelnhausen gekommen sein. Am 16. März 1158 war er vor Antritt seines zweiten Italienzuges (Juni 1158 bis Sept. 1162) noch einmal in Frankfurt, dann am 3. Aug. 1163 vor dem dritten Italienzug (Sept. 1163 bis Okt. 1164). Nach seiner Rückkehr verbrachte er den Rest des Jahres 1164 in Süddeutschland. Am 27. und 28. März 1165 war er in Fulda, dann am 4. April zu Ostern in Frankfurt, so daß er mit an Sicherheit grenzender Wahrscheinlichkeit Ende März/Anfang April 1165 durch Gelnhausen gekommen ist. Im Aug./Sept. 1165 war Friedrich noch einmal in Frankfurt, ebenso am 29. Jan. und vom 28. Mai bis 12. Juni 1166, dann weilte er von Nov. 1166 bis März 1168 zum vierten Mal in Italien und war anschließend am 1. Juni 1168 wieder in Frankfurt. 1169 besucht er das Rhein-Main-Gebiet nicht. Vom 1.–5. Jan. und am 25. (16.) Juli 1170 weilte er in Frankfurt und stellte am 25. Juli 1170 in Gelnhausen die Stadtgründungsurkunde für Gelnhausen aus. Anfang Juni 1173 und im März 1174 muß er Gelnhausen jeweils auf der Reise von Fulda nach Frankfurt berührt haben. Von Sept. 1174 bis Okt. 1178 weilte er in Italien und anschließend in Burgund und war 1179 nicht im Rhein-Main-Gebiet. Nur am 25. Dez. 1178 und zum Jahreswechsel 1179/80 war er in Würzburg, wo am 13. Jan. 1180 auf einer Reichsversammlung durch das einmütige Urteil der Fürsten Heinrich dem Löwen die Herzogtümer Bayern sowie Westfalen und Engern und alle Reichslehen aberkannt und der Verfügungsgewalt des Kaisers zugesprochen wurden.

Zur Neuverteilung der Besitzungen berief der Kaiser einen großen Reichstag, *curia* oder *curia solemnis*, in dieser entscheidenden Phase des land- und lehensrechtlichen Prozesses gegen Heinrich den Löwen auf Anfang April 1180 (Ostern) nach Gelnhausen ein. Wenn er nicht die in der Nähe gelegenen Orte Frankfurt, Tribur oder Mainz, in denen zuvor Reichs- und Hoftage stattgefunden haben, wählte, sondern ausgerechnet das erst neu gegründete Gelnhausen, muß davon ausgegangen werden, daß die repräsentativen Bauten der Pfalz und ein Teil der Stadt fertig gewesen waren, um als Ort für den Reichstag geeignet gewesen zu sein. Friedrich hielt sich nach Ausweis der Urkunden vom 30. März bis 13. April in Gelnhausen auf. Am 13. April 1180 wurde für Philipp, Erzbischof von Köln, eine Urkunde ausgestellt, mit der er rechtmäßiger Besitzer eines Teiles des eingezogenen Herzogtums Heinrichs des Löwen wurde, der, wie es in der Urkunde heißt, gegen Rechte und *libertas* der Fürsten und des Adels gewütet habe und wegen Mißachtung des Kaisers und insbesondere wegen erwiesenen Vergehens an der Majestät in rechtmäßiger Weise dreimal geladen worden sei, aber nicht erschienen und somit als Rechtsverweigerer *(contumax)* verurteilt worden ist.

Unter Konrad III. und Friedrich I. waren Fulda und Frankfurt in den Jahren zwischen 1140 und 1173 häufig Ort königlicher Anwesenheit, die indes für Frankfurt ab 1173 nicht mehr belegt und erst wieder 1188 mit dem Aufenthalt Heinrichs VI. nachgewiesen ist. „Gelnhausen trat offenbar in diesem Raum vorübergehend an die Stelle von Frankfurt" (Schwind 1981, S. 86), denn Gelnhausen wurde nun immer besucht, wenn Friedrich in der Gegend war. Das bedeutet aber, daß die Pfalz Gelnhausen – auch wenn sie seit 1173 fertig war – bis 1179 wegen der Abwesenheit des Kaisers nicht besucht werden konnte. Bei der ersten Möglichkeit, und dann noch zu einem so wichtigen Anlaß, wurde die Pfalz Ostern 1180 eingesetzt. 1181 berührte Friedrich die Gegend nur im Mai/Juni und urkundete in Fulda auf dem Wege nach Sachsen. 1182 ist Friedrich vom

27. Febr. bis 3. März in Gelnhausen nachweisbar; 1183 durchzog er die Gegend nicht; 1184 war er von Fulda kommend (20. Mai) am 20. Juni in Gelnhausen. Dann weilte er von Sept. 1184 bis Herbst 1186 zum sechsten Mal in Italien und kam gleich nach seiner Rückkehr am 28. Nov. wieder nach Gelnhausen; 1187 war er nicht in der Gegend, erst Ostern 1188 (17. April), um dann nach Seligenstadt weiterzureisen (21. April – 16. Mai). Am 11. Mai 1189 brach Friedrich von Regensburg zum dritten Kreuzzug auf. Aus diesen Beobachtungen wird die Bedeutung der Pfalz Gelnhausen recht deutlich. Wann der Bauauftrag erteilt worden ist und was bei seinem wahrscheinlichen Besuch Ende März 1165 hier stand, ist unklar. Bei dem Aufenthalt im Juli 1170 anläßlich der Stadtgründung mag die Pfalz schon recht weit gediehen gewesen sein, vielleicht war der Palas für den Rechtsakt schon benutzbar. Im Juni 1173 und im März 1174 könnte Friedrich auf dem Wege von Fulda nach Frankfurt schon hier übernachtet haben, vielleicht in einer noch nicht gänzlich fertiggestellten Anlage; wann sie dann während seiner Abwesenheit von Sept. 1174 bis März 1180 endgültig vollendet worden ist, kann historisch nicht genauer erschlossen werden, jedenfalls war sie längst fertig, als Friedrich hierhin den Reichstag auf Anfang April 1980 einberufen hat. Diese aus dem von Ferdinand Opll erarbeiteten Itinerar Friedrichs ablesbare Datierung wird durch die Bauforschung aufs glücklichste bestätigt.

Friedrichs Sohn Heinrich VI. besuchte häufig (1190, 1193, 1195, 1196) und oft mehrmals im Jahr die Pfalz in Gelnhausen, wo er zwei Reichsversammlungen abhielt; in den gleichen Jahren suchte er jeweils auch die Pfalz in Frankfurt auf. Auch die folgenden deutschen Könige bis zu Ludwig dem Bayern kamen häufig nach Gelnhausen: Philipp von Schwaben 1201 und 1207, Friedrich II. 1214–1219 jährlich, Heinrich (VII.) 1224, 1227, 1229–1233 jährlich, Konrad IV. 1239 (Binding 1965, S. 10–14; Schwind 1981, S. 86 f.), aber es fanden keine Hoftage mehr statt. Philipp von Schwaben feierte dort 1207 die Vermählung seiner Tochter mit Heinrich von Brabant. „Friedrich I. und sein Sohn machten Gelnhausen zu einer Stätte wichtiger, mit vorausschauender Planung angesetzter Regierungshandlungen, für Friedrich II. und Heinrich (VII.) war der Ort an der Kinzigstraße vor allem eine Station auf ihrem Weg durch das Reich" (Schwind 1981, S. 87). Im Okt. 1250 belagerte Wilhelm von Holland auf seinem Huldigungsmarsch die Burg vergeblich.

Die durch Brakteatenprägungen mit der Umschrift *Beatrix Geilenhus* vor 1184 (Tod der Königin Beatrix) datierte Münze in Gelnhausen hat bis nach 1317 bestanden; unklar ist, ob sie in der Pfalz oder in der Stadt anzusetzen ist (Ehlers 1968, S. 127).

Die wirtschaftliche Bedeutung der Stadt Gelnhausen hat sich seit 1241 (Steuerverzeichnis) bis zum Anfang der Regierung Ludwigs des Bayern, also etwa bis 1320, grundlegend verändert; von den vier Reichsstädten in der Wetterau zahlten 1241 Frankfurt 620 Mark, Friedberg und Wetzlar je 400 Mark und Gelnhausen nur 160 Mark (Schwind 1981, S. 92). 1349 verpfändete der geldbedürftige Kaiser Karl IV. mit der Stadt Gelnhausen auch die Burg und all ihr Gut an Günther von Schwarzburg und die Grafen von Hohenstein. Seitdem ist die Geschichte der Burg nur noch eine Aufzählung der Verfallstadien. 1363 wurde die Pfalz von dem Hauptmann der Wetterau Michael Kubicz, einem Böhmen, „gestoret", weil sich Geächtete dorthin geflüchtet und verschanzt hatten. 1431 richteten die Burgmannen eine Botschaft an König Sigismund, „weil Sein- und des Reichs-Saal, das Messtor (Torhalle) und die Kapelle wollten niederfallen, und sich sehr gesetzt hätten, auch grässlich gerissen seyen ... So dieser Turm falle, werde er die eine Seite des Saales mit sich nehmen, und die Kapelle ihr folgen" (Rotes Buch der Stadt Gelnhausen; Hundeshagen 1819, S. 40f.).

Das Pfalzgelände wurde unter Burgmannen aufgeteilt, die dort ihre Wohnhäuser errichteten; als letzte starben die Schelm von Bergen und die Edlen von Forstmeister zu Anfang des 19. Jhs. aus. Das Steinmaterial der Pfalzgebäude wurde seit dem 14./15. Jh. zum Bau der Burgmannenhäuser und der Vorburg verwandt. Die Schmuckstücke in der Torhalle wurden großenteils aus solchen Häusern geborgen. Nur die Kapelle wurde bis 1811 für evangelische Gottesdienste von der Gemeinde der Vorburg benutzt. Sie war zwar im 15. Jh. einem Umbau unterworfen und verschiedentlich, so 1764, verändert worden, aber als Raum erhalten geblieben. 1803 wurden Burg und Stadt dem Kurfürstentum Hessen einverleibt und 1806–10 mit dem Fürstentum Hanau französisch. 1810–13 gehörte sie zum Großherzogtum Frankfurt und wurde dann wieder kurhessisch und 1864 preußisch. 1811 wurden zum Bau eines Backhauses und 1814 von der Rentkammer Hanau zum Wasserbau Steine aus der Ringmauer gebrochen. 1858 besserte Ruhl die Kapelle nach Beseitigung der späteren Zubauten und die Reste des Palas aus. 1881 wurde die sich neigende westliche Eingangsseite der Pfalz durch drei große Strebepfeiler gesichert. 1929–32 fanden Vermessungen und Grabungen in der Pfalz und eine Neufundamentierung der Palas-Hoffront statt, 1961–63 allgemeine Instandsetzungsarbeiten und 1992/93 die Sicherung von Torhalle und Kapelle, wobei Holzpfähle unter den Fundamenten zur Dendrodatierung entnommen wurden.

Baubeschreibung

78 Die Pfalz liegt südöstlich der Stadt am Ostende einer großen, von der – während der Bauarbeiten durch Wehre künstlich aufgestauten – Kinzig umflossenen Insel und paßt sich mit ihrer Buckelquaderringmauer auf der Ost- und Südseite dem Flußlauf an. Auf der Nord- und Westseite umgibt eine im Spätmittelalter ummauerte Burgsiedlung oder Vorburg mit drei Brückentoren die Kernburg. Das westliche Zweidrittel der Insel, die Müllerwiese, war immer unbebaut; das durch die aufgestaute Kinzig gesicherte Gelände diente vermutlich

C 5 Gelnhausen 269

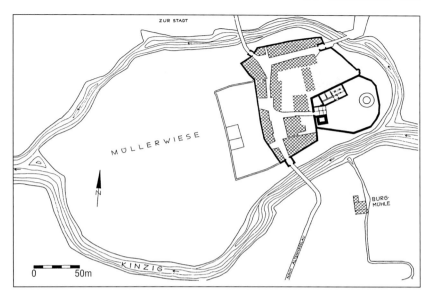

Abb. 78 Gelnhausen, Lageplan.

als Standort des bei Reichs- und Hoftagen notwendigen Zeltlagers. Die Lage der Pfalz entspricht der Pfalz Hagenau auf der Moderinsel, deren Westteil ebenfalls unbebaut war.

Die achtfach geknickte Ringmauer der Kernburg umschließt ein etwa trapezförmiges Gelände. An die Ringmauer angelehnt stehen die Bauten: auf der Westseite ein quadratischer Turm und die zweischiffige Torhalle mit der Kapelle darüber, auf der Nordseite der dreigeschossige Palas mit anschließendem Wohnbau, vor der östlichen Mauer frei im Hof der runde, nicht über den Sockel gediehene Bergfried, im Süden Wohn- und Wirtschaftsgebäude.

Die Untergrundverhältnisse sind denkbar ungünstig. Unter einer 3,80 m dicken, sandigen, feuchten Humusschicht folgen Sand und Kies; erst in 8 m Tiefe beginnt der tragfähige Lehmboden. Der morastige, feuchte Baugrund hat den staufischen Baumeister veranlaßt, für die Fundamente teilweise eine dichte Stellung von Holzpfählen einzurammen und das Gelände mit Faschinen zu festigen. Auf den Pfählen lagen teilweise 18 cm hohe Schwellhölzer, auf denen zunächst bis zur Oberfläche des Geländes die Grundmauern aus unbearbeiteten Steinen, teilweise in Fischgrätverband, aufgemauert wurden. Erst darüber beginnen die bearbeiteten Quader. Das Material ist einheitlich ein feinkörniger, teilweise sehr wetterbeständiger, hellroter Sandstein aus Brüchen oberhalb der Stadt.

Die 1,95–2,10 m dicke Ringmauer besteht aus beiderseitiger Quaderverblendung mit Füllsteinen und Mörtelverguß. Die Quader von 30–45 cm Höhe

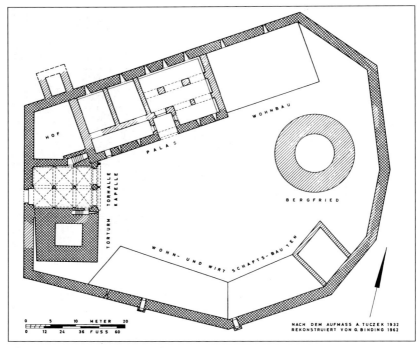

Abb. 79 Gelnhausen, Grundriß.

und bis 1,50 m Länge sind auf der Außenseite der Ringmauer mit sauberem Randschlag um die stehengelassenen Buckel versehen, auf der Innenseite der Mauer sind für die angelehnte Bebauung die Spiegel zumeist fein geflächt. Einklinkungen bei Schichtwechsel sind häufig zu beobachten.

Der Zugang zur Kernburg führte von der Vorburg über einen Wassergraben durch ein einfach abgetrepptes Rundbogenportal, das keine Spuren von Zugbrücke oder Fallgatter zeigt. Erst später wurde ein Gußerker (Pechnase) zur Verteidigung des Tores angebracht. Dafür wurden die Buckelquader abgearbeitet. Die ursprüngliche Ausbildung des Kapellen-Obergeschosses ist links erhalten: in einer tiefen Wandnische sitzt mittig ein schmales, hohes Rundbogenfenster mit einfacher Schräge.

Die Torhalle ist ein zweischiffiger, dreijochiger, gewölbter Raum, in dessen südliches Schiff das Tor führt, während das nördliche nach Westen von der Buckelquaderringmauer geschlossen ist. Nach Osten öffnet sich die Halle gegen den Innenhof. Das nördliche Schiff besitzt Kreuzgratgewölbe, im südlichen Schiff sind diese in gotischer Zeit durch Rippengewölbe mit doppeltgekehlten Rippen und Schlußringen ersetzt worden. Die quadratischen Gewölbe-

Abb. 80 Gelnhausen, Torturm, Kapelle und Palas.

joche sind durch breite, ungegliederte Gurt- und Scheidbogen voneinander getrennt und durch Schildbogen gegen die Wände abgesetzt. Die Gurtbogen ruhen auf einfachen rechteckigen Wandvorlagen, in der Mitte auf zwei kurzstämmigen mächtigen Säulen. In der Südmauer führt eine kleine Tür zu einer einläufigen Treppe zum Obergeschoß. In der Nordmauer ist eine gleiche Tür erhalten, die zu einer doppelläufigen Treppenanlage gehört, die als Aufgang in die beiden Obergeschosse des Palas und in die Kapelle dient.

Die Hofseite besitzt eine reiche Gliederung. Vor die abgestuften Torbogen ist eine Segmentbogen- und Lisenengliederung vorgeblendet, die von zwei freistehenden Säulen mit eingebundenen Kapitellen und einer Konsole getragen wird. Das mittlere Kapitell ist durch vier stilisierte, aufrecht stehende Adler mit ausgebreiteten Schwingen und einem sitzenden Hasen ausgezeichnet. Die Gliederung setzte sich im Obergeschoß in vier tiefen Bogennischen fort, die rechts und links in den Ansätzen erhalten sind und in denen wohl kleinere Rundbogenfenster saßen. Der obere Kapellenraum ist ebenfalls zweischiffig mit je drei etwa quadratischen Jochen. Die Wandgliederungen sind teilweise noch vorhanden. Die Wandmasse wird durch Blendarkaden, Pfeiler, Halb- und Dreiviertelsäulen gegliedert. In der Mitte stützten einst zwei Bündelsäulen (Kapitell im Lapidarium) die Kreuzgratgewölbe zwischen rechteckigen Gurt- und Scheidbogen.

Der einzige Eingang in den südlich an Torhalle und Kapelle anschließenden quadratischen Torturm führte in romanischer Zeit über eine Leiter vom Hof durch eine Rundbogentür in halber Höhe, deren Scheitel außen mit einer Fratze, dem häufig verbreiteten Neid- oder Spottkopf, geschmückt ist. Der obere Auf-

272　C　Salisch-staufische Pfalzen 1025–1240

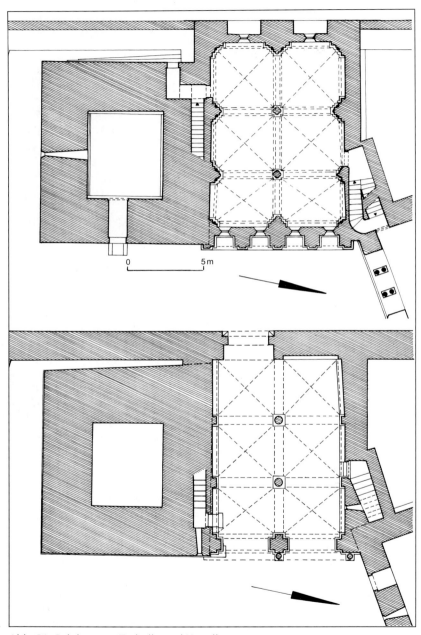

Abb. 81　Gelnhausen, Torhalle und Kapelle.

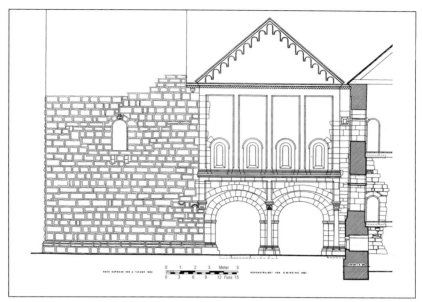

Abb. 82 Gelnhausen, Torhalle und Kapelle, Hoffront, Befund und Rekonstruktion.

bau ist in gotischer Zeit unter Verwendung alter Buckelquader, die man an den Zangenlöchern erkennen kann, neu aufgemauert worden. Dieser viereckige Torturm war einst wohl höher, aber sein fester Verband mit der Tordurchfahrt und der Kapelle läßt ihn nur als Schutz für den Eingang erscheinen.

Ein zweiter, als Bergfried anzusprechender Turm ist durch die Ausgrabungen im Ostteil des Hofes als runde Buckelquadersetzung über Bruchsteinfundamenten nachgewiesen, die von einem runden Turm mit 16 m äußerem Durchmesser und 4 m dicken Mauern stammt. Die Sockelschräge ist genauso wie am Torturm ausgebildet und macht die gleichzeitige Entstehung wahrscheinlich. Dieser Turm ist vermutlich nie weiter aufgeführt worden, denn bei den Grabungen wurde festgestellt, daß der Turmsockel genau waagerecht liegt; er kann also nicht der 1431 vom Einsturz bedrohte Turm gewesen sein (dieses war vielmehr der Torturm, dessen Obergeschoß neu aufgesetzt worden ist). Warum er nicht aufgebaut wurde, wissen wir nicht. Dienstmannen- und Wirtschaftsgebäude der romanischen Zeit haben zwei Aborterker und ein kleines Fenster in der südlichen Ringmauer hinterlassen.

Von dem Palas sind noch die Längsseiten in zwei Geschossen erhalten, die Querwände und inneren Unterteilungen sind durch Grabungen von Ludwig Bickell und Albert Tuczek geklärt worden. In das Hofniveau eingetieft lag ein hohes Untergeschoß, das über eine Rampe durch eine weitgespannte Rundbogenöffnung zugänglich war. Kleine schmale Rundbogenfenster und eine größere, teilweise ausgebrochene Öffnung mit eingestellten Ecksäulchen zum Hof und rundbogige Fenster in tiefen Nischen in der Ringmauer belichten die Räume. Die große Türöffnung führte in einen kleinen Vorraum, von dem sich Türen in die Räume öffneten, die durch die Substruktionen für die Mauern des ersten Obergeschosses bedingt sind. Die östliche Hälfte wird von gemauerten Pfeilern und darüber einst gespannten Rundbogen in drei Schiffe geteilt; die Anfänger der Bogen, im Westen auf einer Konsole, im Osten auf einem durchgehenden Mauervorsprung ruhend, sind erhalten. Zwei schmale Rundbogenfenster im Süden und drei größere in der Ringmauer belichten und belüften den Raum. Der Westteil hat im Süden einen Gang, dahinter zwei Räume mit je einem Rundbogenfenster mit tiefer Leibung in der Ringmauer. Dieses mit Rotsandsteinplatten belegte Untergeschoß diente untergeordneten Zwecken.

Das erste Obergeschoß tritt über einem attischen Sockelprofil leicht zurück. Im Innern verringert sich die Mauer um etwa 30 cm. Eine hölzerne Freitreppe führte zu dem Portal, um dessen Gewändefuß sich das Sockelprofil verkröpft. Das Gewände ist dreifach gestuft durch kleine Ecksäulchen mit Basis und zierlichen Kapitellen, die einen Kämpfer tragen, der der Rundung des Gewändes folgt. Der Sturz ist kleeblattbogig und sitzt in einer breiten flachen Rundbogenblende. Auf der Rundung der Bogenleibung liegt in plastischem Relief ein Rankenfries, in dessen zarten verschlungenen Rankenstengeln kleine Figuren verwoben sind, trotz starker Verwitterung als doppelköpfiger Janus, Fischer, Jäger, Bauer, Winzer, Spielmann und Steinmetz zu deuten (Monatsdarstellungen). Der sogenannte Barbarossakopf über der Tür war früher an der später vermauerten östlichen Torwand eingesetzt. Seine Herkunft ist unbekannt, er war wohl als Konsole geschaffen. Dargestellt ist ein bekränzter Kopf, dessen beide halbkreisförmig aufgebogenen gedrehten Bartenden von Tiermäulern gehalten werden, wahrscheinlich als Allegorie der Eitelkeit zu deuten.

Das Palasportal, etwas nach Osten aus der Achse verschoben, wird rechts von einer fünffachen und links von zwei dreifachen Arkaden begleitet. Die mit Rundstäben profilierten Bogen ruhen auf paarweise angeordneten Wulstkämpfern. Die gekuppelten, aber einzeln gearbeiteten Kapitelle zeigen eine geschlossene Kelchblockform, die Basen haben attisches Profil mit unterschiedlich gestalteter Eckzier. Das Ganze ist mit den verschiedensten Ornamenten überspannen, die an Erlesenheit in der staufischen Bauornamentik kaum ihresgleichen haben. Der Schmuck der Kapitelle und Basen läßt nach rechts hin in seiner Vielfältigkeit und Plastizität nach. Die Arkaden sind über die Mauerpfeiler hin durch Fortführung ihrer Kämpfer als Gesimse verbunden, ein Element, das im Münzenberger Palas auf der Innenseite vorgebildet und aus Frankreich bekannt ist. Dieses verbindende Gesims wird nur von dem Türbogen unterbrochen.

C 5 Gelnhausen 275

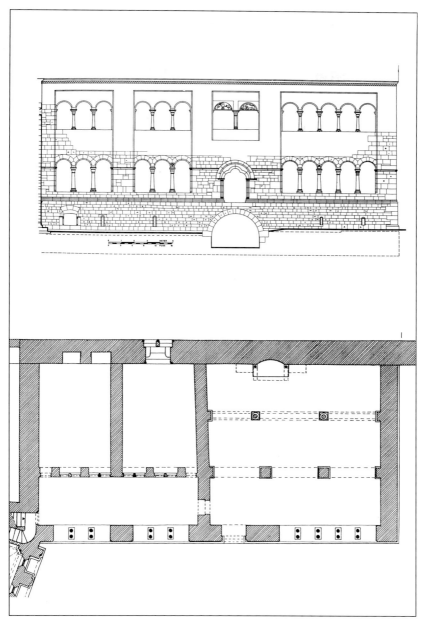

Abb. 83, 84 Gelnhausen, Palas, Hofansicht und Grundriß des 1. Obergeschosses, Befund und Rekonstruktion

Abb. 85 Gelnhausen, Palas, linke Arkaden, linke Kapitelle.

An der Ringmauer tragen zwei zickzackgemusterte Achtecksäulen mit flach profilierten Kapitellen und Kämpfern weitausladende Kaminkonsolen, die den Rauchfang des Kamins abstützten. Die ursprünglich flache Nische der Rückwand ist bei einer Renovierung vermauert worden. Seitlich sind große Schmuckplatten eingelassen, die mit ihrer vorzüglichen Flechtbandornamentik zu den schönsten Flächendekorationen gehören und mit einer Schmuckplatte der Pfalz Kaiserslautern (vor 1160) engste Verwandschaft zeigen. Vergleichbares findet sich besonders in Oberitalien, aber auch im Elsaß haben sich solche Ornamente in bescheidenerem Maße erhalten. Neben den Kaminkonsolen bildeten zickzackumrahmte bzw. profilierte Rundbogen über Kämpfern mit Bandgeflecht kleine Fenster. Vor den Schmuckplatten standen wahrscheinlich die Sitze für das Kaiserpaar. Weiter links sind die Reste eines großen doppelbogig überspannten Fensters mit Ecksäulchen und Sitzbänken erhalten.

Die Substruktionen im Untergeschoß geben ein ungefähres Bild der Raumeinteilung. Die Verzahnungen in der Hofmauer sind in ihrer heutigen Form erst das Ergebnis der Renovierungsarbeiten und können zu einer Rekonstruktion nicht herangezogen werden. Die Kleeblattbogentür führt zunächst in einen 3,60 m tiefen Querraum, der hinter der Tür und der Fünferarkade lag, von diesem durch zwei Pfeiler mit Bogen getrennt der eigentliche Wohnsaal (8,00 m × 13,20 m) mit dem Kamin; zwei Säulen stützten den Unterzug der Balkendecke. Von diesen Säulen ist ein Basisrest in der Torhalle aufbewahrt. Links setzte sich der 3,60 m breite Gang hinter den beiden Dreierarkaden fort und war wohl vom

Abb. 86–89 Gelnhausen, Palas, linke Arkaden, linke Kapitelle.

Saalvorraum durch eine Tür getrennt. Zu diesem Gang öffneten sich mit verschließbaren Doppelfenstern und Tür ein Aufenthaltsraum (5,50×8,00 m) mit dem Sitzfenster und links anschließend der Schlafraum (5,40×8,00 m) des Kaisers mit einer Nische in der Ringmauer. Ganz links führt von diesem Gang eine einfache Kleeblattbogentür zu der schon erwähnten inneren Treppe, die den einzigen Zugang zu dem zweiten Obergeschoß vermittelte.

278　C　Salisch-staufische Pfalzen 1025–1240

Abb. 90, 91 Gelnhausen, Palas, linke Arkaden, linke Kapitelle, Kämpfer.

Abb. 92, 93 Gelnhausen,
Palas, linke Arkaden,
rechte Kapitelle.

Abb. 94, 95 Gelnhausen, Palas, mittlere Arkaden, linke Kapitelle und linkes Gesims.

C 5 Gelnhausen 281

Abb. 96 Gelnhausen, Palas, Portal.

Abb. 97 Gelnhausen, Palas, rechte Arkaden, linke Kapitelle von innen.

282　C　Salisch-staufische Pfalzen 1025–1240

Abb. 98 Gelnhausen, Palas, rechte Arkaden, rechte Kapitelle von innen.

Abb. 99–101 Gelnhausen, Palas, rechte Arkaden, zweites vordere, erstes hintere und erstes vordere Kapitell.

C 5 Gelnhausen 283

Abb. 102 Gelnhausen, Palas, 1. Obergeschoß, Kamin.

Von dem zweiten Obergeschoß hat sich an der Kapelle der Ansatz der Bogengliederung und auf der Innenseite die Hälfte der Tür zwischen Treppe und Saal erhalten. Außerdem liegen in der Torhalle drei Basen mit angearbeiteten Schäften und der Rest eines Kapitells, die auf die Ausschmückung der Hoffront schließen lassen. Die Gliederung war die gleiche wie im ersten Obergeschoß, die Säulen waren zierlicher, die Höhe geringer, die Basen flacher und die Kapitelle kleiner. Die übergeordnete Wandgliederung reichte weiter hinauf und schloß vermutlich horizontal ab. Darauf lag das Traufgesims aus Wulst und Schmiege, von dem ein Rest in der Torhalle aufbewahrt ist. Über die innere Einteilung des zweiten Obergeschosses etwas Bindendes aussagen zu wollen, ist bei den geringen Resten schwierig. Wahrscheinlich war es ein 12,50× 26 m großer Saal für die Reichsversammlungen, dessen Decke von zwei Stützenreihen getragen wurde. Ein Kamin dieses Saales ist in Resten erhalten. In der Tor- 105 halle steht eine achteckige Halbsäule mit Zickzackmuster; die beiden Kaminkonsolen sind zu Anfang des 19. Jhs. in den Gutshof der Familie von Carlshausen, die in der Pfalz einen Burgmannensitz besaß, nach Altenhaßlau gekommen, wo sie als Treppenwangen Verwendung gefunden haben. Sie sind mit der begleitenden geschwungenen Wulstkehle weiter entwickelt als die erhaltenen des ersten Obergeschosses, eleganter und scheinbar leichter.

Die einstige Verwendung der Halbsäule mit dem einfachen Blattkapitell, die 105 heute als Pendant zu der Kaminsäule unter dem kleinen Bogenfeld steht, ist un-

284　C　Salisch-staufische Pfalzen 1025–1240

Abb. 103, 104 Gelnhausen, Palas, 1. Obergeschoß, Kamin, rechtes Kapitell und rechte Platte.

C 5 Gelnhausen 285

Abb. 105 Gelnhausen, Palas, 2.Obergeschoß, rechte Säule vom Kamin, Bogenfeld von der Palasfront (?).

Abb. 106–110 Gelnhausen, Bogenfeld von der Palasfront (?), Kapitelle der Torhallen-Hofseite, Kapitell in der Torhalle, Konsole.

C 5 Gelnhausen 287

Abb. 111–113 Gelnhausen, Kapelle, rechts: Kapitell der mittleren Bündelsäule.

bekannt; nach der Entwicklung der Formen gehört sie in das zweite Obergeschoß, ebenso wie die zwei Bogenfeldsteine. Auf dem kleineren ist ein Löwe, der ein Lamm schlägt, dargestellt, auf dem größeren eine langgewandete stehende Figur, die das erhobene Schwert über einen knieenden bärtigen Mann hält und das Kreuz einer Frau reicht. Der Erhaltungszustand ist sehr schlecht. Vielleicht stellt es den Kaiser als Repräsentant der weltlichen und kirchlichen Gewalt dar und gehörte zu einem Doppelfenster über dem Palas-Portal. Alle Geschosse waren durch flache Balkendecken getrennt (Balkendicke 32 cm, Achsabstand 75 cm).

Östlich an den Palas anschließend wurde bei den Grabungen ein weiteres, gegenüber der Palasfront leicht zurückspringendes Gebäude gefunden, von dem in der Ringmauer zwei Untergeschoßfenster und die Aussparung der Mauerlatte als Auflager der Untergeschoß-Deckbalken erhalten sind. Es gehört in dem Ausbau mit seinen Pfeilerstellungen einer späteren Zeit an.

Baugeschichte
Die Bauabfolge ist an der Entwicklung der Schmuckformen und den reichlich vorhandenen Steinmetzzeichen (Binding 1965, Nieß 1988) abzulesen. Jeder Steinmetz hatte sein eigenes unverwechselbares Zeichen, mit dem er nach Fertigstellung einen Teil seiner Steine kenntlich machte. In Gelnhausen sind diese Zeichen größtenteils auf den Sichtflächen der Buckelquader und geflächten Steine zu sehen. Aus der Anzahl und Verteilung der 60 verschiedenen Zeichen ist zu entnehmen, daß etwa 20 Steinmetzen gleichzeitig an der Pfalz gearbeitet haben. Hinzu kam eine große Menge dienstverpflichteter Handlanger und Spanndienst leistender Bauern. Mit dieser großen Zahl von Arbeitskräften konnte die große Arbeitsleistung in verhältnismäßig kurzer Zeit, etwa 12 oder höchstens 15 Jahre, bewältigt werden.

Begonnen wurde mit dem Sockel des Torturmes. Anschließend wurden der Grundriß nach wohlbedachtem Plan sehr sorgfältig vermessen (Binding 1965, S. 89–92), die Pfähle in den morastigen Boden gerammt (ob in einer Maßnahme oder sukzessiv ist ungeklärt), die Fundamente für die westliche Ringmauer gesetzt und gleichzeitig am Torturm weiter gebaut. Als der Turm schon zu einer ansehnlichen Höhe gediehen und die übrige Ringmauer in ihren unteren Schichten angelegt war, wurde das Palasuntergeschoß angefangen. Während weiter an der Ringmauer gearbeitet wurde, kamen zwei Bildhauer nach Gelnhausen und begannen, die für das erste Obergeschoß des Palas bestimmten ornamentierten Werksteine zu fertigen. Gleich nach der Fertigstellung wurden die Steine laufend versetzt, und zwar mit der westlichen Arkade beginnend. Die Kapitellformen, ihr Schmuck und die Entwicklung der Basen machen diese Abfolge ganz deutlich. Inzwischen war wohl auch die Torhalle begonnen worden. Hier muß eine Planänderung eingetreten sein, denn die äußere Schale der

Nordwand des Torturmes mußte wieder eingerissen werden, um den Verband mit der Torhalle herstellen und die einläufige Treppe zur Kapelle einfügen zu können. Im Anschluß an die Kapitelle des ersten und wohl auch zweiten Obergeschosses des Palas wurde mit den Kapitellen der Torhalle und der Kapelle begonnen, aber wohl gleichzeitig auch am zweiten Palasobergeschoß gearbeitet, das mit der Kapellen-Nordmauer im Verband steht. Inzwischen war auch die Ringmauer fertig geworden.

Als Bauzeit für die über der Erde sichtbaren Teile erscheinen zehn bis zwölf Jahre als recht wahrscheinlich. Die Steinmetzen sind für das umfangreiche Bauvorhaben von überall her zu einer Bauhütte zusammengezogen worden, einige sind nach kurzer Zeit wieder weggegangen, andere hinzugekommen; nach Abschluß der Arbeiten haben sie sich wieder getrennt und sind zu anderen Bauten gewandert (Günther Binding: Baubetrieb im Mittelalter. Darmstadt 1993). Die einfachen Steinmetzzeichen sind teilweise sehr weit verbreitet, so daß die Verfolgung der Leute sehr schwierig ist. Bei weniger häufigen Zeichen mag der Nachweis einer Wanderschaft möglich sein (so z. B. die Lilien in Otterberg, gemäß der Dendro-Datierung 1168 begonnen, und in Wildenburg, um 1170/80).

Unter den Bildhauern sind drei Hauptmeister zu unterscheiden, denen Gesellen zur Seite standen. Der Rankenmeister hat in Südfrankreich gelernt, vielleicht Oberitalien (Modena) bereist, vorher in Lich/Wetterau gearbeitet und in Gelnhausen die vollplastischen wulstigen Ranken mit den einzelnen darin verwobenen Figuren geschaffen. Von seiner Hand stammen sicher die beiden inneren Kapitelle und die Kämpfer der West-Arkade, der innere Türbogen und das zweite äußere Kapitell der Ost-Arkade. 85–88 91–93 99

Ganz anders arbeitete der Palmettenmeister, der von Münzenberg bekannt ist und die Blattmäander und Akanthusblätter mitbrachte. Er kannte vermutlich den Nordflügel des Kreuzganges von Königslutter (um 1150 unter oberitalienischem Einfluß geschaffen). Ihm fehlt zwar die Plastizität und Loslösung vom Kapitellkern, dafür kommt er mit seinen Dekorationen der Form des Kelchblock-Kapitells am nächsten, auch hat er einen recht umfangreichen Formenvorrat. Eigenhändig hat er das westliche äußere Kapitell der West-Arkade, die beiden äußeren Kapitelle der mittleren Arkade, das Viererkapitell der Kapelle und den Barbarossakopf über der Tür geschaffen. Ob die Kaminsäulen des ersten und zweiten Obergeschosses und das westliche innere Kapitell der Ost-Arkade auch von ihm oder einem Gesellen nach seinem Entwurf geschlagen wurden, ist schwer zu entscheiden. Sein Einfluß auf die Gesellen war der größere, nach seinen Vorbildern wurden viele Kapitelle der Arkaden, besonders die der Ost-Arkade, die Halbkapitelle der Gurtbogen in der Kapelle und eine große Zahl der Kämpfer und Gesimse gemeißelt. 85, 89 92 94–98 100 102–108 111 113

Wahrscheinlich erst ein bis zwei Jahre nach Beginn der Bildhauertätigkeit an der Pfalz kam als Ersatz für den wohl verstorbenen Rankenmeister ein dritter Meister, der elsässische Arbeiten kannte. Sein erstes Werk in Gelnhausen ist das äußere östliche Kapitell der Palas-Ostarkade, weiter arbeitete er die kleinen Eckkapitelle in der Kapelle und das einzige erhaltene Kapitell des zweiten Palas-Obergeschosses.

Ein Kapitell ist schwer einem der Meister zuzuweisen: das Adlerkapitell der Torhalle. Bei der vielgestaltigen Begabung des Münzenberger Meisters könnte es ihm zugeschrieben werden, denn auch die Kerbtechnik an den Flügeln deutet darauf hin.

Eine Datierung der Bauornamentik kann durch Stilvergleiche und Feststellung der Wanderung der Bildhauer gewonnen werden. Dabei muß berücksichtigt werden, daß sich die Formen und deren Anwendung für jeden einzelnen Bildhauer an den jeweiligen Bauten auch weiterentwickelt haben. In Gelnhausen ist die Beobachtung besonders gut möglich. Die beiden ersten Kapitelle der westlichen Palas-Arkaden haben der Ranken- und Palmettenmeister jeweils in der ihnen eigenen Art und Wahl der Dekorationsformen gearbeitet, bei ihrem jeweils zweiten Kapitell haben sie sich formal beeinflußt und der Palmettenmeister hat sich im weiteren Verlauf auch stilistisch dem Rankenmeister angepaßt. Der dritte Meister hat in den Ostarkaden sein erstes, sehr eigenständiges Kapitell geschaffen, dessen Dekorationsform sich bei den weiteren Arbeiten nach und nach unter dem Einfluß des Palmettenmeisters veränderte. Die Entwicklung des Palmettenmeisters während der Arbeiten an der Pfalz Gelnhausen führte zu größerer Plastizität und Bewegung; auf dieser Stufe hat er dann die Kapitelle und Gesimse in der Pfalz Hagenau geschaffen. Seine frühesten Gelnhausener Arbeiten schließen unmittelbar an die Ornamentik der Burg Münzenberg an. Wohl 1163 wurde der Bildhauer, der das Langhaus und den Nordturm der Ilbenstädter Klosterkirche unter lombardischem und elsässischem Einfluß errichtet hatte, nach dem Anfang der 50er Jahre begonnenen Münzenberg beordert. Nach zweijähriger Bildhauerarbeit kam der Palmettenmeister nach Gelnhausen zur Pfalz, also um 1165, während der Bandknollenmeister nach Frankfurt wanderte, wo er einen Teil der im Palas und in der Kapelle des Saalhofes eingebauten Kapitelle schuf und mit einem elsässisch geschulten Meister zusammentraf, der an der 1162 im Bau befindlichen Kirche St. Fides in Schlettstadt mitgearbeitet hatte. 1173, als Friedrich Barbarossa Gelnhausen auf der Durchreise besuchte, war die Pfalz mit hoher Wahrscheinlichkeit weitgehend fertig. Der elsässische Meister wanderte nach Ortenberg, wo um 1166 Werner von Ortenberg, ein Vetter Hartmanns von Büdingen, eine nicht sehr große Burg errichtete. Dort ist noch ein eigenhändiges Kapitell des Elsaßmeisters erhalten. Ein Kämpferstein, der eine spätere Weiterbildung der Formen aus Ilbenstadt-Münzenberg zeigt, verweist auf einen zweiten beteiligten Meister. Anschließend ist der Elsaßmeister an der Stiftskirche in Aschaffenburg zu treffen. Der Münzenberger Palmettenmeister, der sich in Gelnhausen unter dem Einfluß des

Rankenmeisters zu hoher Meisterschaft entwickelt hat, zog nach Hagenau, wo er mit einem Teil der Ornamentik der Pfalz beschäftigt war, deren Kapelle aufgrund eines Dendro-Datums 1172±6 begonnen worden ist. In Hagenau sind Gesimse, Kapitelle und Skulpturen von Hand des Palmettenmeisters erhalten, die an die spätesten Arbeiten der Gelnhausener Pfalz anknüpfen und zu einer selten erreichten Ausgewogenheit der Plastizität gesteigert sind, anschließend ist er in Neuweiler zu treffen. Die Wandstruktur und Gliederungsformen an der Torhalle und Kapelle der Pfalz Gelnhausen sind eng mit den Westbauten der Kirchen in Lautenbach (40er Jahre) und Maursmünster (50er Jahre) und dem ersten Bauabschnitt der Peterskirche in Gelnhausen (70er Jahre) verwandt, so daß die Vermutung naheliegt, daß der Werkmeister der Pfalz Gelnhausen zuvor im Elsaß gearbeitet hat. Auch die ausgefallenen Doppelschildkapitelle in der Torhalle haben ihre unmittelbare Vorstufe im Westbau von Maursmünster. Aus all diesen Vergleichen ergibt sich zusammen mit der Dendro-Datierung der Torhallenfundamente für die obertägig sichtbaren Bauten der Pfalz Gelnhausen eine Datierung um 1160/65 bis 1173.

Die Raumfolge im Palas-Obergeschoß wird im 13. Jh. von den unter Friedrich II. erbauten Pfalzen in Wimpfen, Eger und Seligenstadt übernommen; Gelnhausen erscheint 50 Jahre nach seiner Erbauung als der typische Bau Friedrich Barbarossas und wird so mit seiner politischen Bedeutung verbunden, daß der Gelnhausener Palas für historische Rückbeziehung bedeutsam wird.

Literatur

Hundeshagen, Bernhard: Kaiser Friedrich I. Barbarossas Palast in der Burg Gelnhausen. Hanau 1813 (verbrannt), Mainz 1819, 2. unveränderte Aufl. Bonn 1832.
Moller, Georg u. Ernst Gladbach: Denkmäler der Deutschen Baukunst. 3. Darmstadt 1851.
Bickell, Ludwig: Die Bau- und Kunstdenkmäler im Regierungsbezirk Kassel. 1, Kreis Gelnhausen. Marburg 1901 (mit älterer Lit.).
Hamann, Richard: Deutsche und französische Kunst im Mittelalter. 2 Bde. Marburg 1923, 1925.
Nothnagel, Karl: Die romanische Architektur in Gelnhausen. MS Diss. Frankfurt/M. 1927, bearb. u. hg. von Fritz Arens unter dem Titel: Staufische Architektur in Gelnhausen und Worms. Göppingen 1971 (= Schr. z. stauf. Gesch. u. Kunst 1). Bespr. Günther Binding in: Zs. f. Gesch. d. Oberrheins 123, 1975, S. 394–396. – Adolf Schahl in: Schwäb. Heimat 1972, S. 260.
Bingemer, Heinrich: Die Erbauungszeit des Saalhofes in Frankfurt am Main und der Burgen zu Gelnhausen und Münzenberg. In: Schr. d. stadtgesch. Mus. 6. Frankfurt a. M. 1937, S. 5–39.
Hotz, Walter: Staufische Reichsburgen am Mittelrhein. Berlin 1937, S. 22–24, Tafel 26–39.
Schlag (1940).
Bott, Gerhard: Die Städte in der Wetterau und im Kinzigtal. Frankfurt a. M. 1950.
Hotz, Walter: Gelnhausen. Amorbach 1951.

Demandt, Karl E.: Die Herren von Büdingen und das Reich in staufischer Zeit. In: Hess. Jb. f. Landesgesch. 5, 1955, S. 49–84.

Fuhs, Anton: Gelnhausen. Städtebaugeschichtliche Untersuchung. Marburg 1960 (= Veröff. d. hist. Komm. f. Hessen u. Waldeck 25).

Binding, Günther: Kaiserpfalz Gelnhausen. Amtlicher Führer. München-Berlin 1962, 2. Aufl. 1964.

Binding, Günther: Die Pfalz Kaiser Friedrich Barbarossas in Gelnhausen und die frühstaufische Baukunst im Rhein-Main-Gebiet. MS Diss. Bonn 1963, Teildruck: Pfalz Gelnhausen. Eine Bauuntersuchung. Bonn 1965 (= Abhandl. z. Kunst-, Musik- u. Literaturwiss. 30) (mit Lit.-Verz.).

Ehlers, Joachim: Zur Datierung der Pfalz Gelnhausen. In: Hess. Jb. f. Landesgesch. 18, 1968, S. 94–130.

Schwind, Fred: Die Landvogtei in der Wetterau. Marburg 1972 (= Schr. d. Hess. Landesamtes Geschichtl. Landeskunde 35) S. 21–29.

Keller, Harald: Gelnhausen im Rahmen staufischer Stadtbaukunst. In: Geschichte und Verfassungsgefüge. Frankfurter Festgabe f. Walter Schlesinger. Wiesbaden 1973, S. 90–112 (= Frankfurter hist. Abhandl. 5).

Stoob, Heinz: Gelnhausen. Deutscher Städteatlas 1, 4. Münster 1973.

Schlesinger (1975) S. 30.

Einsingbach, Wolfgang: Gelnhausen. Kaiserpfalz. Amtlicher Führer. Bad Homburg v. d. H. 1975.

Opll (1978).

Schwind, Fred: Reichsstadt und Kaiserpfalz Gelnhausen. In: Blätter f. dt. Landesgesch. 117, 1981, S. 73–95; Wiederabdruck in: Der Reichstag von Gelnhausen. Hg. Hans Patze. Marburg-Köln 1981, S. 73–95.

Hotz (1981) S. 73–85.

Streich (1984) S. 601–606.

Nieß, Walter: Romanische Steinmetzzeichen der Stauferburgen Büdingen und Gelnhausen. Büdingen 1988.

Weinfurter, Stefan: Die Entmachtung Heinrichs des Löwen. In: Heinrich der Löwe und seine Zeit. Ausst.-Kat. Braunschweig. München 1995, Bd. 2, S. 180–189.

Schwind, Fred: Gelnhausen. Königspfalz und Pfalzstadt in der staufischen Wetterau. In: Satufische Pfalzen. Hg. Gesellschaft f. Gesch. Göttingen 1995, S. 67–98 (= Schr. z. stauf. Gesch. u. Kunst 14).

C 6 Hagenau

Die in staufischem Familienbesitz befindliche Burg Hagenau auf der Moderinsel ließ Friedrich Barbarossa prächtig ausbauen und schuf damit „ein staufisches Repräsentationszentrum allerersten Ranges" (Opll 1978, S. 133). Das benachbarte Waldgebiet des Heiligen Forstes lud wie in Kaiserslautern zur Erholung ein. Die im Mittelalter „Burg" genannte Anlage brannte im Pfälzer Krieg 1677 aus und wurde 1689 auf Befehl Ludwigs XIV. abgebrochen; mit den Steinen wurde die Rheinfeste Fort Louis erbaut. Nach 1945 wurde der Moderverlauf zugeschüttet, weshalb sich auch die Lage im Stadtbild nicht mehr abzeichnet. Nur einige ornamentierte Steine aus den Pfalzgebäuden sind erhalten: bei Schleifung von Fort Louis um 1890 hatte der zu dieser Zeit amtierende Bürgermeister Nessel sie geborgen und in seinem Garten zu einer Mauer zusammengefügt (Schlag 1942, Abb. 4); später standen sie im Steinhof des Städtischen Museums, heute sind sie im Museum aufgestellt. Aufgrund der Ornamente hat Gottfried Schlag 1942 die Ansicht vertreten, daß die Anlage um 1160–1175 erbaut worden ist; Fritz Arens nahm 1977 an, daß eine Bauzeit von 1170–1184 oder später bis um 1200 vorliegt; Günther Binding bestimmte 1963 die Entstehungszeit der Bildhauerarbeiten auf 1170–1174/78. 116 117

Aufgrund des um 1200 hergestellten Stadtsiegels, einer Beschreibung in einem Brief des Leiters der Hagenauer Pfarrschule, Hieronymus Gebwiler, an den Rat der Stadt von 1528, auf den sich spätere Autoren bis hin zu Daniel Schoepflin in seiner *Alsatia illustrata Germanica Gallica* von 1761 (Hotz 1981, S. 65f.) gestützt haben, sowie des sog. Planes Kageneck von 1763 wurden verschiedene Rekonstruktionsversuche, besonders von Gottfried Schlag 1942, unternommen. Sie alle waren unzutreffend, wie sich bei den Grabungen 1952 vor dem ehemaligen Jesuitenkollegium durch Robert Will erwies, der an dieser Stelle Fundamente der Ringmauer und des Chores der Pfalzkapelle freilegen konnte. Die Grabungen wurden 1958–60 durch M. Dollmeyer fortgesetzt. Zudem entdeckte Robert Will in Pariser Archiven aussagekräftige Stadtpläne von 1682 und 1702, die ein Bild der Gesamtanlage im 17. Jh. ermöglichen (Will 1984, S. 61f.).

Geschichte

Die Anfänge der Burg auf der Moderinsel gehen vermutlich auf den Grafen Hugo von Egisheim zurück, der ein Vetter König Konrads II. (1028–1039) war. Zusammen mit einem Drittel des Heiligen Forstes *(foresta sacra, foresta sancta, sacra silva)* kam die Burg um 1125 und zwischen 1158 und 1171 über Hildegard, Tochter eines elsässischen Grafen und Frau Friedrichs von Büren, durch Erbschaft an die Staufer, die um 1125 und zwischen 1158 und 1175 auch das restliche Gebiet des Heiligen Waldes in ihre Hand brachten. Heinrich VI. hat die Bau- und Brennholznutzung geregelt. Der Heilige Forst wurde von Hagenau aus durch königliche Forstbeamte *(forestarii, sultuarii, silvatici)* verwaltet. In dem von Friedrich Barbarossa am 15. Juni 1164 von Rom aus erteilten Stadtrecht für Hagenau wird bezeugt, daß der Vater Friedrich Barbarossas die Stadt *(villa)* zur Zeit König Heinrichs V. (also vor 1125) gegründet habe (MGH D F I. 447). Friedrichs Vater war Friedrich II. der Einäugige, Herzog von Schwaben, der in dem nahegelegenen Kloster St. Walburg bestattet wurde, dessen Vogteirechte er sich 1138 sicherte und das Friedrich Barbarossa 1159 unter seinen besonderen Schutz nahm. Unklar ist, welche Baumaßnahmen bereits von Herzog Friedrich II. hier durchgeführt worden sind, jedenfalls gibt es Indizien dafür, daß er bereits „zukunftsweisende Initiativen einer frühstaufischen Siedlungsförderung gesetzt hat" (Ferdinand Opll: Friedrich Barbarossa. Darmstadt 1990, S. 23). 1123 empfing Herzog Friedrich Kaiser Heinrich V. in Hagenau, vermutlich in seiner Burg. 1143 wurde mit Zustimmung des Bischofs von Straßburg eine selbständige Pfarrkirche St. Georg (im Süden der Burg) mit eigenem Zehntbezirk aus dem Gebiet des Königshofs Schweighausen ausgegrenzt. Hagenau wird als *predium* und seit 1134 als *castellum* bezeichnet. Der regelmäßige Züge aufweisende Stadtgrundriß südlich der Burginsel wird von der durchlaufenden Fernverkehrstraße bestimmt. Der erweiterte Marktplatz ist auf die Pfarrkirche St. Georg bezogen. 1189 erfolgte die Stiftung eines Hospitals nördlich der Nikolaikirche, das wie in Kaiserslautern den Prämonstratensern übergeben wurde. Die Burg, neben der die Stadt gegründet worden war, stieg unter Friedrich Barbarossa zur Pfalz auf, so daß Schlesinger von einer „Pfalzstadt" spricht und auf den Abschlußsatz des Stadtrechts verweist: *Imperator villam si intraverit, marscalcus ipsius absque civium detrimento de hospiciis pacifice disponat* (Schlesinger 1975, S. 29). Um 1170/80 begann in Hagenau die königliche Münzprägung. Unter Heinrich (VII.) wurde nördlich der Moderinsel die Vorstadt Königsau angelegt, deren Befestigung sehr wahrscheinlich der Reichsschultheiß Wolfhelm von Hagenau zwischen 1218 und 1230/35 ausführte (Gromer 1942).

Friedrich Barbarossa hat Hagenau auffällig häufig für längere Aufenthalte, teilweise zur Erholung, ausgewählt, worauf Ferdinand Opll 1978 hingewiesen hat. Erstmals besuchte er Hagenau nachweislich am 27. Febr. 1158. Zwischen seiner dritten (Sept. 1163–Okt. 1164) und vierten Italienreise (Nov. 1166–März 1168) war er am 25. Sept. 1166 auf dem Weg von Speyer nach Augsburg (15./16. Okt.) *in castro Haguenowen*, vielleicht einige Tage, um sich auf den Zug nach Italien vorzubereiten. Wieder auf deutschem Boden feierte er das erste Weihnachtsfest 1168 in Hagenau. Dann war er am 22. Aug. 1174 unmittelbar vor dem Aufbruch zum fünften Italienzug wieder in Hagenau und direkt nach seiner Rückkehr zwischen dem 13. und 30. Okt. 1178 ebenfalls. Am 6. April 1179 besuchte er Hagenau kurz zwischen zwei Aufenthalten in Selz (Ostern, 1.

und 11. April), wo ein Hoftag stattfand. Im März 1184 war Friedrich – wohl für längere Zeit – in Hagenau, ebenso um den 12. Juli 1187 (dazwischen liegt der sechste Italienzug Sept. 1184 – Herbst 1186). Das letzte Osterfest vor dem Aufbruch zum Kreuzzug feierte Friedrich am 15. April 1189 wiederum zusammen mit seinen Söhnen Friedrich, Heinrich, Otto und Konrad, dem Erzbischof von Besancon, neun Bischöfen, dem Herzog von Meran, zehn Grafen und vielen Edelleuten in Hagenau (Burg 1970, S. 57). Friedrich empfing hier Pilgerstab und Muschel, um dann über Selz, Regensburg, Passau und Wien (18. Mai 1189) in den Orient zu ziehen.

Aus den überlieferten Aufenthalten in Hagenau ergibt sich eindeutig die Bedeutung der Pfalz, die im Sept. 1166 einen Bauzustand erreicht haben muß, der Friedrich den Aufenthalt zur Vorbereitung auf den Italienzug ermöglichte und ihn veranlassen konnte, sein erstes Weihnachtsfest nach seiner Rückkehr 1168 dort zu feiern. Mit 9 Aufenthalten des Herrschers gehört Hagenau zu den am häufigsten besuchten Pfalzen (Köln 9, Fulda 9, Augsburg 10, Erfurt 11, Frankfurt 12, Ulm 14, Regensburg 16, Würzburg 17).

Die 1184 genannte *camera domini imperatoris*, in der ein Reichsspruch über Burgenbau ergeht, dürfte die Pfalz bezeichnen. Gottfried von Viterbo (um 1125 – um 1192), Kapellan unter Konrad III., Friedrich I. und Heinrich VI., nennt sie um 1184 *Caesaris aula*, der Bau sei *turribus ornatus*, und die Wandgemälde sowie die dort vorhandene reiche Bibliothek werden gerühmt:

„An den Grenzen des Elsaß am Fluß mit Namen Moder, wo der Heilige Wald liegt, weitgedehnt sehr gefüllt mit Hirschen, steht vor aller Augen die Pfalz des Kaisers, die vorzustellen gefällt. Dieser mit Türmen ausgezeichnete Ort wird Hagenau genannt. Der Setzling der Väter, die neue Sache, die deswegen geliebt wird, entwickelt sich, auf allen Seiten wird sie durch den geregelten Fluß geschützt. Viele goldene Gemälde auf der Vertäfelung des Gemaches begehren von neuem das Vergangene und weisen auf das Zukünftige hin, das Bild zeigt das Geschlecht aller Könige".

De castro Haginowa / Finibus Alsacie fluvio cognomine Matre, / Qua sacra silva jacet, cervis plenissima late, / Cesaris aula patet, quam recitare placet. / Turribus ornatus locus hic Aginowa vocatur. / Planta fluit (sic)patrum, nova res, quapropter amatur, / Flumine giratus munit utrumque latus. / Aurea pictura thalami laquearia plura / Omnia preterita recolunt mostrantque futura, / Cunctorum regum signat ymago genus (L. Deliste: Literature latine et histoire de moyen age. Paris 1890, S. 48f.).

Heinrich VI. war in seiner kurzen Regierungszeit sehr häufig und für längere Zeit in Hagenau; bereits im April und Juli 1189 sowie Sept. 1190. Er feierte 1191 und 1192 Weihnachten in Hagenau und blieb jeweils bis zum März/April des folgenden Jahres dort. Am 5. März 1192 empfing er in Hagenau die Abgesandten von Cremona. Als Richard Löwenherz 1193 aus seiner Haft auf dem

Trifels entlassen war, wurde er zu einem längeren Aufenthalt am kaiserlichen Hofe in Hagenau von Heinrich VI. und Constanze im April 1193 empfangen. Weitere Aufenthalte sind für Aug. 1195, Jan. und Juni 1196 nachgewiesen. Auch Philipp von Schwaben weilte öfter in Hagenau: 1193, 1197, 1201, 1202, 1205, 1206 und 1208. Otto IV. hielt hier 1208 eine Reichsversammlung ab. Zwischen 1212 und 1220 war Friedrich II. jedes Jahr, auch mehrmals in einem Jahr, in der Pfalz sowie mit nur wenigen Unterbrechungen von Aug. 1235 bis Frühjahr 1236. Heinrich (VII.) war 1223–1235 ebenfalls jährlich und auch mehrmals im Jahr hier. Konrad VI. besuchte Hagenau 1238, 1239, 1240, 1242, 1243, 1244, 1249 und noch 1251, d. h., keine Pfalz ist so kontinuierlich und oft von den Staufern besucht worden wie Hagenau.

Später war die Pfalz Sitz des Landvogts. Der Nordbereich der Pfalz war seit dem 13. Jh. in einzelne Burgmannensitze aufgeteilt, deren Lehnsinhaber zumeist elsässische Reichsministerialen waren. Nur ausnahmsweise waren Mitglieder des Hochadels wie die Grafen von Leiningen und die Herren von Lichtenberg, aber auch fremde Geschlechter wie die von Eschenau (Minsterialen der Burg Nürnberg) und der Böhme Stislach von der Weitenmühle (von Karl IV. als Landvogt eingesetzt) vertreten.

Baubeschreibung

114 Die Ringmauer der Pfalz umschloß ein etwa 120×120 m großes, unregelmäßiges Viereck mit abgekannteten Ecken, trapezförmig dem Wasserlauf der Moder angepaßt, die aus den Vogesen kommend hier eine Insel umschließt und östlich von Hagenau in den Rhein mündet. Die Pfalz lag im Südosten einer großen, ansonsten unbebauten Insel und glich somit der Pfalz Gelnhausen.

Die Sohle der Ringmauer war etwa 2 m breit und bestand aus Bruchsteinmauerwerk auf eingerammten Holzpfählen. Das aufgehende, leicht geböschte Mauerwerk war mit Sandstein-Buckelquadern verkleidet. Die recht großen Buckelquader (40×45 bis 40×125 cm) tragen teilweise Steinmetzzeichen, wie sie ähnlich für die Pfalz Gelnhausen bekannt sind (Schlag 1942, S. 77). Im Süden

115 lag an die Ringmauer angelehnt und teilweise über dem Tor die mehrgeschossige Pfalzkapelle. Die Lage des Palas wird von Will (1984, S. 62f) aufgrund von Quadermauerwerk im Anschluß an die Kapelle vermutet. Von der Kapelle vermittelt eine 1528 verfaßte Beschreibung von Hieronymus Gebwiler eine gewisse Vorstellung: „Wir wollen kurz erwähnen, daß zu dieser Zierde (die auf der Moderinsel gelegene von Herzog Friedrich begonnene Burg) Friedrich Barbarossa die Burg Hagenau, damals fast die ganze Stadt einnehmend, heute in ihrer Mitte gelegen, hinzufügte. Denn kaum trug er die Insignien des römischen Königs, als wir ihn schon zur Errichtung der Kaiserkapelle (so nannte sie Karl IV. im Jahre 1360) besagter Burg eilen sehen. Dies wurde von Grund auf in gewachsenem Marmor und in drei Kapellen unter einem Dach mit Back-

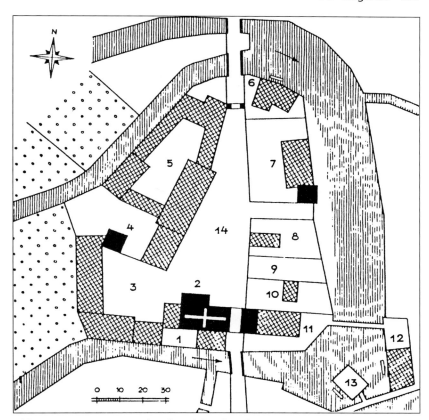

Abb. 114 Hagenau, Lageplan der Pfalzgebäude.

steinzwischendecken unterteilt. Er vollendete den Bau mit prachtvollem Aufwand noch vor der Stadt. Im obersten Stockwerk dieses königlichen Heiligtums durch Verschluß und Bauart gegen Diebstahl und Brand gesichert, legte er die Reichsinsignien: Krone, Schwert usw. nieder" (Hotz 1981, S. 66; Dankwart Leistikow in: Burgen und Schlösser 1974, S. 87–103).

Robert Will 1952 und Dollmeyer 1958/60 haben von dieser Kapelle die Fundamente teilweise ausgegraben. Ein unter den Chorfundamenten geborgener Pfahl wurde 1969 von Ernst Hollstein auf 1172±6 datiert (Will 1970, S. 92–97). „Im Erdgeschoß, auf Bodenebene, die Unterkapelle mit dem Altar des Hl. Johannes Evangelisten. Darüber die Mittelkapelle, ohne Verbindung mit der Unterkapelle, nur von außen her durch eine breite Freitreppe erreichbar. Der Chor überbrückte die Torhalle und stieß an den Dürckheimerbau, jenseits der Straße gelegen. Der Altar war dem Täufer geweiht, zwei weitere Altäre stan-

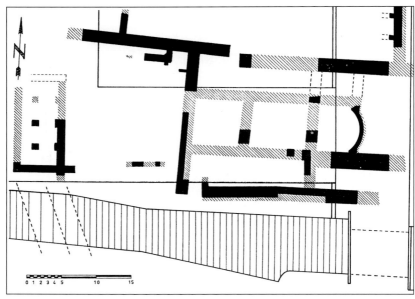

Abb. 115 Hagenau, Kapelle, Befundplan.

den im Schiff. Eine enge Treppe (Spindel) beim Choreingang führte zum dritten Geschoß, bestehend aus oberem Gang und „Dreskammer". Dieser Raum, wörtlich Schatzkammer, war der angebliche Aufbewahrungsort der Kroninsignien. Der Umgang besaß triforienartige Säulenarkaden, nach dem von unten aufsteigenden Mittelraum öffnend. Alabastersäulen, von Merian erwähnt, waren durch hölzerne Geländer verbunden. Endlich, die Dächer des Chors und die Schatzkammer überragend, der achteckige, mit Schindeln gedeckte Turm, den ein durch den Kaplan Rühle 1405 gestiftetes Glockentürmchen bekrönte. Die Gesamthöhe des Turmes, aufgrund der Länge der Glockenseile berechnet, betrug 27 Meter. Zwei Außenansichten des 17. Jahrhunderts bestätigen, daß die Kapelle einen heterogenen Aufbau besaß. Der Stich von der Heyden von 1622 und eine Stadtansicht von 1671 zeigen beide den Turm mit Glockentürmchen, bei von der Heyden erhebt er sich am Ostende eines mächtigen, durch Blendarkaden gegliederten, mehrgeschossigen kubischen Baublocks. In welcher Höhe der Turm auf dem Unterbau aufsitzt, läßt sich nicht erkennen. An Hand dieser Bilddokumente hat Dr. Burg ein Modell bauen lassen, welches heute im Museum in Hagenau steht" (Will 1984, S. 63f.).

Die aus Fort Louis um 1890 geborgenen ornamentierten und mit figürlichen Reliefs versehenen Fragmente stammen aus der 1689 zur Steingewinnung abgebrochenen, 1677 zerstörten Pfalz. Darauf weist nach Robert Will auch ein

Abb. 116, 117 Hagenau, Fragmente in alter Aufstellung im Museumshof

Abb. 118 Hagenau, Kaiserrelief.

Abb. 119, 120 Hagenau, gefüllter Rundbogenfries.

Abb. 121–123 Hagenau, Gesimse und Eckkapitell.

zweiseitiges Inschriftenfragment des Türbogens der Mittelkapelle hin, dessen vollständiger Text der 1596 schreibende Crusius überliefert hat:

HAEC CAPELLA IN HONOREM
SCI SALVATORIS DEDI CATA (EST).

Die verzierten Steinfragmente (Schlag 1942, Abb. 4–16) verweisen auf eine ungewöhnlich reiche Außengliederung, vielleicht auch teilweise auf eine Innengliederung wie im Palas der Burg Münzenberg (um 1160/65). Erhalten sind neben dem Inschrift-Bogenstein von einem Portal ein Eckkapitell (35 cm breit, über 31 cm hoch) und eine Basis (36 cm breit, 32 cm hoch), gefüllte Rundbogenfriese (zwei doppelschwänzige Meerweibchen, Löwe und Lamm (?) sich gegenüberstehend und ein bärtiger Kopf) und mehrere Fragmente von mindestens zwei unterschiedlich profilierten, kleineren Rundbogenfriesen, ferner profilierte Bogensteine von einer Arkadenfolge über 61 cm breiten Öffnungen und 31 cm breiten Auflagern, wohl auf Säulen; Lisenenteile und Sockelprofile sowie zahlreiche Fragmente von Gesimsen und Kämpfern mit sieben verschiedenen Mustern (davon vier unmittelbar auf Münzenberg-Gelnhausen zurückgehend). Ein Relief zeigt einen thronenden Herrscher mit Kreuz in seiner rechten Hand, Kronreif auf dem bärtigem Haupt, dazu zwei männliche Personen zu seiner linken Seite; die rechte Seite ist abgebrochen (Hotz 1981, S. 69–72); es ist reifer aber doch verwandt mit dem Tympanonrelief der Pfalz Gelnhausen, auf dem der Kaiser über einen knieenden Mann das Schwert und über eine knieende Frau das Kreuz hält. Stilistisch ist auch ein heute verlorener, nur in einem Foto bekannter Konsolstein der Hagenauer Pfalz mit einer langgewandeten Frau verwandt, die ein Kind auf ihrem Arm an ihrer linken Brust stillt. Die Reliefs gehören stilistisch in die Nähe der Tympana des Wormser Domes (um 1160). Von welchen Bauten der Hagenauer Pfalz die Spolien stammen, ist nicht zu klären, wahrscheinlich nicht nur von der Kapelle, sondern auch vom Palas.

Auf die ungewöhnlich enge formale und stilistische Nähe zur Bauornamentik der Pfalz Gelnhausen hat besonders Günther Binding 1963 hingewiesen und deutlich gemacht, daß ein Bildhauer, nämlich der Palmettenmeister, der zunächst am Palas der Burg Münzenberg in der Wetterau (um 1160/65) und dann in der Pfalz Gelnhausen (um 1165/73) beschäftigt war, anschließend einen großen Teil der Fragmente in Hagenau gearbeitet hat (1170–1174/78). Die Abfolge ist in der formalen und stilistischen Weiterentwicklung der Ornamente zu erkennen; die Profile und Ornamente sind im Laufe der Entwicklung plastischer gestaltet worden. Diese von Günther Binding 1963 beobachtete Abfolge und Datierung wurde durch das 1969 von Ernst Hollstein ermittelte Dendro-Datum des Fundamentpfahles unter der Kapelle auf 1172±6 bestätigt (Will 1970, S. 92–97), also liegt der Baubeginn der Kapelle zwischen 1166 und 1178. Die stilistische Verwandtschaft mit Münzenberg, Gelnhausen und Worms erbringt für die Bauornamentik in Hagenau eine Datierung um 1170/75. Der figürlich gefüllte Rundbogenfries verweist formal auf oberitalienische Bauten der Zeit um 1130/50 (Ferrara, Verona, Piacenza) und auf die hiervon abhängige Apsis der Benediktienerklosterkirche Königslutter, deren Grundstein 1135 in Gegenwart des Stifters, Kaiser Lothars III. (von Supplinburg) und seiner Gemahlin Richenza, gelegt und deren Ostteile vermutlich um 1150 wohl auf Initiative Heinrichs des Löwen vollendet wurden.

Robert Will (1984, S. 65) nimmt einen Abschluß der Bauarbeiten vor 1184 an, dem Jahr des Besuchs von Gottfried von Viterbo, der von einer *res nova* spricht (s. o.). Die nachgewiesenen Königsaufenthalte geben dazu entgegen Robert Will keinen Hinweis auf Baumaßnahmen, denn, wie oben gezeigt wurde, verteilen sich die Aufenthalte Friedrich Barbarossas gleichmäßig auf seine Regierungszeit. In der für die Kapelle – und vielleicht auch für den Palas – ermittelten Bauzeit um 1170/75 war Friedrich sowohl im Aug. 1174 unmittelbar vor als auch im Okt. 1178 unmittelbar nach seinem fünften Italienzug in Hagenau und besuchte im April 1179 die Pfalz kurz von Selz aus, wo er einen Hoftag abhielt. Danach wählte Friedrich Hagenau erst wieder 1184 für einen längeren Aufenthalt. Vor 1160 hat Friedrich in Hagenau wohl keine größeren Baumaßnahmen vorgenommen, denn sonst hätte Rahewin diese in den 1160 abgeschlossenen *Gesta Frederici* erwähnt. Es stand Friedrich ja die bereits von seinem Vater erbaute Burg zur Verfügung, die er anscheinend nach und nach in der Zeit um 1170–1180 ausgebaut hat.

Literatur

Schlag (1940) S. 72–75.
Schlag, Gottfried: Die Kaiserpfalz Hagenau. In: Oberrhein. Kunst 10, 1942, S. 71–85.
Gromer, Georg: Über die Entwicklung des engeren Stadtgebietes der ehemaligen Reichsstadt Hagenau. In: Oberrhein. Kunst 10, 1942, S. 86–96.
Will, Robert: Répertoire de la sculpture romane de l'Alsace. In: Revue d'Alsace 91, 1952, S. 7–67.
Seeger, Karl von: Die Stauferpfalz in Hagenau im Elsaß. Stuttgart 1955.
Will, Robert: Le château, dit „Burg" de Hagenau. In: Études Haguenoviennes 1, 1950/55, S. 41–125.
Binding, Günther: Die Pfalz Kaiser Friedrich Barbarossas in Gelnhausen und die frühstaufische Baukunst im Rhein-Main-Gebiet. MS Diss. Bonn 1963, S. 219–223.
Burg, André-Marcel: Haguenau et la Dynastie des Hohenstaufen. In: Études Haguenoviennes 5, 1965–1970, S. 29–77.
Will, Robert: Notes complémentaires sur le château impérial disparu de Haguenau. In: Études Haguenoviennes 5, 1965–1970, S. 79–99.
Keller, Harald: Gelnhausen im Rahmen staufischer Stadtbaukunst. In: Geschichte und Verfassungsgefüge. Festschr. f. Walter Schlesinger. Wiesbaden 1973 (= Frankfurter hist. Abhandl. 5) S. 90–112, bes. S. 102f.
Will, Robert: Le palais de Haguenau et l'art de la cour de Barberousse. In: Archeologia 75, 1974, S. 10–18.

Schlesinger (1975) S. 1–56, bes. S. 27–29.
Arens, Fritz: Die staufischen Königspfalzen. In: Die Zeit der Staufer 3. Ausst.-Kat. Stuttgart 1977, S. 129–142, hier S. 137.
Stevens, Ulrich: Burgkapellen im deutschen Sprachraum. Köln 1978 (= 14. Veröff. d. Abt. Arch. d. Kunsthist. Inst. d. Univ. zu Köln) S. 142–144.
Opll (1978).
Martin, Thomas: Die Pfalzen im 13. Jahrhundert. In: Herrschaft und Stand. Hg. Josef Fleckenstein. 2. Aufl. Göttingen 1979 (= Veröff. d. Max-Planck-Inst. f. Gesch. 51) S. 277–301, bes. S. 277–281.
Hotz, Walter (1981) S. 61–73.
Streich (1984) S. 583–587.
Will, Robert: Die Stauferpfalz zu Hagenau: Ergebnisse einer baugeschichtlichen Untersuchung. In: Pfälzer Heimat 35, 1984, S. 61–65.

C 7 Nürnberg

Auch heute gilt noch für die Burg Nürnberg, die für die staufische Reichspolitik eine große Bedeutung besaß, daß „die staufische Reichsburg bisher leider noch keine gebührende und befriedigende Darstellung gefunden hat" (Binding 1963, S. 140). Die erhaltene Doppelkapelle wird zwar als bedeutender romanischer Baurest immer wieder erwähnt und 1929 von Oskar Schürer als typischer Vertreter der Doppelkapellen vorgestellt, Datierung und Gleichzeitigkeit der beiden unterschiedlich proportionierten Kapellen ist aber bisher nicht verbindlich entschieden. August Essenwein hält 1878 die beiden durch eine Öffnung miteinander verbundenen Kapellen für gleichzeitig und zwischen 1170 und 1190 entstanden; dem hat sich Günther Binding 1963 mit einer Datierung zwischen 1165 und 1180 angeschlossen. August Nagel ging demgegegenüber 1934 so weit, das Obergeschoß der Kapelle unter Konrad III. anzunehmen, während die Margarethenkapelle, also die Unterkapelle, aus der zweiten Hälfte des 11. Jhs. stamme. Ernst Mummenhoff hat 1896 mit seiner Datierung der ganzen Kapelle in das Ende des 12. Jhs. die allgemeine Auffassung bestimmt. Die verschiedenen Datierungen zwischen 1180 und erste Jahrzehnte des 13. Jhs. referiert Johannes Pfeiffer (1959, S. 346–349), der die älteren Forschungen zusammenfaßt, diskutiert und die Geschichte der Burg Nürnberg grundlegend darstellt. Fritz Arens hat 1986 schließlich die staufischen Bauteile in einem Aufsatz behandelt und die Doppelkapelle, die er 1977 auf um 1180 und die Marmorsäulen der Oberkapelle in die ersten Jahrzehnte des 13. Jhs. datierte, als ein im wesentlichen einheitliches Werk bezeichnet, dessen Konzeption die beiden durch die Mittelöffnung verbundenen Kapellenräume, die Altarräume und wenigstens ein weiteres Geschoß des Heidenturms umfaßt. Seiner Datierung der Doppelkapelle zwischen 1180 und 1190 und des Fünfeckturms auf um 1200 hat Walter Haas zugestimmt und für den Fünfeckturm durch Vergleiche eine Entstehung zwischen 1170 und 1220 begründet; daraus folgt für den Sinwellturm, dem Bergfried hinter der Schildmauer, wegen der fortschrittlicheren Buckelquaderverkleidung und dem Vorhandensein von Zangenlöchern eine Entstehung erst im späteren 13. Jh.

Geschichte

Die heute allgemein als Reichsburg bezeichnete Anlage in Nürnberg wird bei ihrer ersten Nennung 1050 nur *fundus*, Grund und Boden des Königs, genannt, 1183 und 1207 aber *palatium* (Pfeiffer 1959, S 303), sonst zumeist *castrum*. Das Itinerar Heinrichs IV. führt neben den Hauptorten Regensburg und Mainz sowie Goslar auch Worms und Speyer auf, schließlich auch Nürnberg 1073–1080 fünfmal und dann noch einmal 1097. Heinrich V. hat Nürnberg nur einmal aufgesucht, während er sechsmal in Regensburg war. Die gewachsene

Abb. 124 Nürnberg, Sinwellturm und Heidenturm mit Palas.

Bedeutung Nürnbergs läßt sich in der Zollfreiheitsurkunde für die Stadt Worms 1112 erkennen, wo Nürnberg unter den *loca imperiali potestati assignata* neben Frankfurt, Goslar und Dortmund genannt wird. Lothar III. von Supplinburg hat Nürnberg 1127 und 1130 im Kampf gegen die staufischen Brüder Friedrich und Konrad belagert und zuletzt erobert. Der erste erfolgreiche Widerstand in Nürnberg gab für Konrad nach dem Bericht der *Annales Erphesfurtenses* den Auftrieb, für sich *nomen regium* in Anspruch zu nehmen; so ist es erklärlich, daß Konrad nach seiner Thronbesteigung Nürnberg besonders häufig als Aufenthaltsort wählte. Er besuchte zehnmal Nürnberg (15 mal Würzburg, 13 mal Regensburg). Bereits 1138 hatte er sich mehrere Monate in Nürnberg aufgehalten und dort im Dezember eine genuesische Gesandtschaft feierlich empfangen. 1146 feierte er in Nürnberg das Pfingstfest, 1147 hielt er dort einen Hoftag ab, auf dem der Beschluß zum Kreuzzug gefaßt wurde. Auch 1151 fand wieder ein Hoftag in Nürnberg statt. König Konrad betrachtete Nürnberg als seinen Familienbesitz. 1163 rechnete Friedrich Barbarossa die Nürnberger Kaufleute zur *familia imperialis*. Für Friedrich Barbarossa wie auch für Heinrich (VII.) und Konrad IV. war Nürnberg als Familiengut zugleich *locus imperialis*. Den Grund dafür hatte Konrad III. gelegt, unter dem auch erstmalig in Nürnberg eine Münze nachgewiesen ist. Im Dezember 1138 kommt ein Gottfried als Nürnberger Burggraf vor, *castellanus de Nurimberch*. Er wird unter Konrad III. auch als *advocatus*, später als *praefectus, comes* oder *burchgravius* bezeichnet. Nürnberg war Mittelpunkt eines königlichen Interessensgebietes. Friedrich Barbarossa ist

13 mal (1152, 1156, 1158, 1163, 1166, 1169, 1172, 1181, 1182, 1183, 1186, 1188; die Pausen sind jeweils durch seine Italienreisen bedingt) in Nürnberg nachgewiesen (je 17 mal in Regensburg und Würzburg), 1156 empfing er hier die Gesandten des byzantinischen Kaisers Manuel, 1163 und 1166 fanden Hoftage statt. Die Burggrafen Gottfried und Konrad erscheinen öfter in der Umgebung des Kaisers. Nach dem unglücklichen vierten italienischen Feldzug hat Friedrich zu Maria Lichtmeß 1169 in Nürnberg einen Hoftag abgehalten, auf dem er Herzog Wladislaw II. von Böhmen empfing. Nach einer Pause von zwölf Jahren, in die aber der fünfte Italienzug (Sept. 1174–Juli 1178) fiel, hielt Barbarossa erst Anfang März 1181 in Nürnberg *sollemnem curiam*. Nachdem er Weihnachten 1188 in seiner neuen Pfalz Eger gefeiert hatte, empfing er in Nürnberg die Gesandten des byzantinischen Kaisers, des Sultans von Ikonium und des Groß-Zupans von Serbien, um über die notwendigen Vorbereitungen für den Kreuzzug zu verhandeln.

Nürnberger Ministeriale spielten am staufischen Hof unter Heinrich VI. und Friedrich II. eine bedeutende Rolle. Otto IV. war zwar wie in Würzburg und Hagenau nur zweimal in Nürnberg, hat hier aber 1212 zu Pfingsten *celeberrimam curiam* abgehalten. Philipp von Schwaben war achtmal in Nürnberg. Friedrich II. hat Nürnberg verhältnismäßig häufig (16) besucht, kaum seltener als Hagenau (22) und Speyer (18), dabei wurden 1218 und 1219 Hoftage abgehalten. Für seine Söhne Heinrich (VII.) und Konrad IV. war Nürnberg der am häufigsten aufgesuchte Pfalzort, (Heinrich (VII.) 22. Aufenthalte) 1225 feierte Heinrich (VII.) hier Hochzeit mit Margarethe von Österreich. König Rudolf von Habsburg verheiratete 1274 seinen Sohn Albrecht von Österreich in Nürnberg. Die Bedeutung Nürnbergs ist nicht so sehr an der Zahl der Königsaufenthalte zu ermessen als vielmehr an deren Bedeutung. „Unter Friedrich Barbarossa stand Nürnberg mit den Besuchsziffern des Herrschers bei weitem nicht an der Spitze der staufischen Pfalzen, aber in den 1180er Jahren diente ihm die Pfalz Nürnberg dazu, seine Macht im Reich und die Macht des Reichs nach außen, gegenüber Italienern und Byzantinern, zu repräsentieren. Als nun unter Konrad IV. Nürnberg die höchste Zahl an Besuchen des *rex Romanorum* unter allen Orten Deutschlands erzielt, haben seine Aufenthalte keine Bedeutung nach außen, kaum noch Bedeutung nach innen" (Pfeiffer 1959, S. 312f.).

Während der Wirren des Interregnums erfolgte die räumliche Trennung zwischen der Reichsburg und der Burggrafenburg. König Rudolf I. von Habsburg führte die Burg wieder als Reichsburg. Kaiser Heinrich VII. von Luxemburg übergab 1313 die Verantwortung für die Burg der erstarkenden Reichsstadt für die Zeit des jeweiligen Interregnums, König Sigismund 1422 auch den baulichen Unterhalt. Unter Kaiser Friedrich III. wurde 1440–42 der Palas umgebaut und die Kemenate erneuert, 1487 wurde der Palas nach Westen verlängert. 1538/45 erfolgte eine Neubefestigung an der Nord- und Nordwestseite der

Burg durch den Italiener Antonio Fazuni. 1806 kam die Burg mit der Reichsstadt an Bayern, Teile der Burg wurden städtisch und 1834/35 unter K. A. Heideloff historisierend instandgesetzt. 1855 übernahm der bayrische Staat die ganze Burganlage und ließ 1891/92 unter August Essenwein die Doppelkapelle restaurieren und 1934/35 alle späteren Einbauten beseitigen. Von den schweren Kriegszerstörungen 1944/45 blieb allein die Doppelkapelle verschont. Nach dem Krieg wurde die Burg unter Verwendung der Reste wiederhergestellt.

Baubeschreibung
Der am Nordwestrand der heutigen Altstadt gelegene, zerklüftete Sandsteinfelsen von etwa 50 m Breite und 250 m Länge hat seinen natürlichen Zugang von Osten, während er im Norden, Westen und Süden steil abfällt. Die Reichsburg nimmt die westliche Hälfte des Rückens ein und ist durch eine Schildmauer gegen die spätere Burggrafenburg gesichert. Das 120 m lange und bis über 50 m breite Areal ist durch spätere Einbauten und eine Abschnittsmauer unterteilt. Auf der südlichen, steil abfallenden Stadtseite liegt der Palas und die westlich anschließende Kemenate (Neubau 1440/42) sowie die im Osten angebaute Doppelkapelle; in dem etwas tiefer gelegenem Ostteil stehen Wirtschaftsbauten und in der Mitte der östlichen Schildmauer der runde Bergfried (Sinwellturm); in der Südostecke liegt das Tor, von dem der Aufweg direkt auf die reich mit Skulpturen ausgestattete Ostfront der Kapelle führt.

Der langgestreckte, zweigeschossige, verputzte Sandsteinquaderbau des Palas von 1440/42 mit Erweiterungen von 1487 und 1559/60 verwendet teilweise salische und staufische Fundamente und die staufische mit der Kapelle im

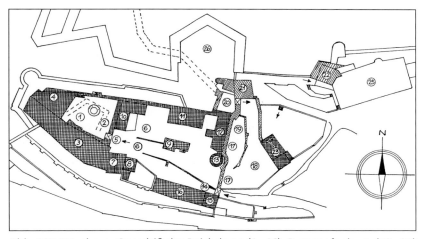

Abb. 125 Nürnberg, Grundriß der Reichsburg (1–16), Burggrafenburg (19–23) und Reichsstädtische Bauten (22, 25).

Abb. 126 Nürnberg, Burgkapelle und Palas von Osten.

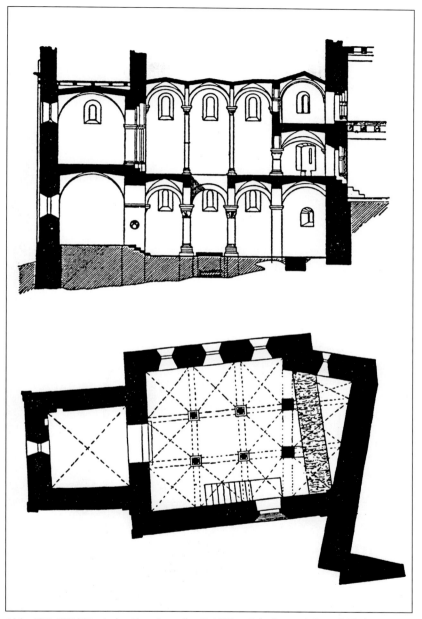

Abb. 127, 128 Nürnberg, Burgkapelle, Ost-West-Schnitt und Grundriß der Unterkapelle.

Abb. 129 Nürnberg, Burgkapelle, Oberkapelle nach Westen.

C 7 Nürnberg 311

Abb. 130, 131 Nürnberg, Burgkapelle, Oberkapelle, Kapitelle der Marmorsäulen.

Abb. 132 Nürnberg, Burgkapelle, Unterkapelle nach Westen.

Verband stehende, zweigeschossige Ostmauer, in deren vor die Kapelle in den Hof um 3,20 m vorspringenden Teil zwei Rundbogenöffnungen teilweise original erhalten sind, die als Fenster oder eher als Türen anzusehen sind, wie sie sich in gleicher Bausituation auf der Burg Münzenberg (vor 1165) finden. Am Obergeschoß deutet eine Konsole darauf hin, daß das Skulpturenprogramm der Kapellenostfront hier fortgesetzt war.

Die doppelgeschossige, im Bauverband östlich an den Palas angeschlossene Burgkapelle hat einen um Mauerdicke eingezogenen quadratischen Chor und im Anschluß an den verzogen-quadratischen Vierstützenraum einen durch die Fluchtbrechung bedingten Zwickelraum, über dem in der Oberkapelle eine vom Obergeschoß des Palas zugängliche Empore angeordnet ist. Der Kapellenraum im Untergeschoß ist zwischen Gurtbogen auf vier gedrungenen Säulen und einfachen profilierten Wandkonsolen kreuzgratgewölbt. Drei kleine Rundbogenfenster in der südlichen Talmauer belichten den gedrungen proportionierten Raum nur wenig. Im Westen öffnen drei glatte Bogen auf zwei niedrigen Pfeilern mit Schmiegenkämpfern die Kapelle zu einem zwickelförmigen, ebenfalls gewölbten Raum an der Palasgiebelmauer. Der um mehr als Mauerdicke eingezogene und mit Mauerzungen abgeschnürte, quadratische, kreuzgratgewölbte Chor ist um vier Stufen erhöht. Die mit einem der Margaretha geweihten Altar ausgestattete Unterkapelle ist vom Hof durch ein mit Wulst und Kehle gestuftes Portal in einer rechteckigen, profilierten Rahmung über eine Innentreppe zugänglich.

Die Oberkapelle entspricht im Grundriß der Unterkapelle, nur sind die Proportionen schlanker, der Raum ist deutlich höher, der Chorbogen gestuft, mit eingestellten Säulen; die abgefasten und dekorierten Bogen zum Zwickelraum ruhen auf gedrungenen Säulen. Den Zwickelraum verbindet eine Tür mit dem 1. Obergeschoß des Palas; daneben liegt der Zugang zu der Treppe in der Palasgiebelmauer, die auf die kreuzgratgewölbte Empore führt, die vom 2. Palasobergeschoß zugänglich und in drei Mauerbogen zur Kapelle geöffnet ist. Über dem Scheitel des Chorbogens ist ein bärtiger Kopf, als Christus gedeutet, eingesetzt. Drei Rundbogenfenster in der Südmauer und eines in der Nordmauer sowie drei Fenster im Chor belichten den Raum. Das mittlere Joch ist zwischen Unter- und Oberkapelle als Ergebnis von Restaurierungen unter August Essenwein 1891/92 voll geöffnet; die Ursprünglichkeit ist jedoch unsicher, wenn nicht ungewiß (Pfeiffer 1959, S. 333–346), auch wenn der Vergleich mit der Burgkapelle von Schwarzrheindorf (1151 geweiht) und der Bischofskapelle am Mainzer Dom (1136) die Öffnung als möglich erscheinen läßt; auch in Schwarzrheindorf war an die Oberkapelle eine Empore angefügt. Auf Verwandtschaft mit der über dem Tor und einem Kellergeschoß gelegenen Burgkapelle der Ministerialenburg Münzenberg (vor 1165) ist zu verweisen, denn dort sind die Bauabfolge, die Frontstufungen, die Westempore und der eingezogene, quadratische Chor sehr ähnlich. (Die 1876 von August Essenwein in der Mitte der Unterkapelle nachgewiesene Grablege stammt aus dem 16. Jh. und kann somit für einen Vergleich mit der Grablege Arnolds von Wied in Schwarzrheindorf nicht herangezogen werden.)

Form und Stil der Bauornamentik sind zwischen Ober- und Unterkapelle kaum zu unterscheiden. Die Säulen mit Kapitell und Basis bestehen in der Oberkapelle aus hellem Marmor, die Kämpfer wie alle übrigen Säulen, Kämpfer und Konsolen aus Sandstein. Alle Basen mit verhälnismäßig niedrigem, attischem Profil haben unterschiedliche Eckzier und Flechtwerk auf ihren Plinthen. Die Kapitelle sind einheitlich Kelchblockkapitelle, die jedoch unterschiedlich proportioniert sind. In der Unterkapelle sind die vier Kapitelle mit Adler, Löwenköpfen und Palmetten, letztere unvollendet, verziert. In der Oberkapelle sind die vier Marmorkapitelle korinthisierend, die Kapitele unter der Empore sehr gedrungen und mit Flechtwerk bzw. einfachen Blattkränzen belegt. Die acht Konsolen der Oberkapelle sind ebenfalls mit Blättern und die steilen Schmiegenkämpfer auf allen Kapitellen mit Blattkränzen oder Flechtwerk dekoriert. Die Ornamentik ist in beiden Kapellen gleich, jedoch in der Oberkapelle teilweise reicher und feiner ausgeführt. Eine Bauunterbrechung oder ein Wechsel der Steinmetzen sind nicht zu erkennen.

Außen umzieht die nördliche und östliche Hofseite von Kapelle und Chor ein mit Blättern gefüllter Rundbogenfries auf Blattkonsolen mit Zackenfries und Blattgesims darüber. Dieses Traufgesims ist auf der Talseite als einfaches Schmiegengesims fortgeführt. Die kurzen Lisenenansätze an den Ostecken des Chores verweisen nicht auf ein turmartiges Obergeschoß, die Höhenlage des Traufgesimses auf der Talseite des Chores und der Kapelle lassen vielmehr an einen eckbetonten, gegliederten Giebel denken (siehe Kupferstich von M. Tyroff 1739 in Pfeiffer 1959, Taf. VI), wie er u. a. in elsässische Kirchen im 12. Jh. ausgebildet ist. Erst die spätere Aufstockung machte den doppelgeschossigen Rechteckchor zum Chorturm, der im 16. Jh. dann als Turm der Margarethenkirche genannt wird (Pfeiffer 1959, S. 349f.). Konsolen und Reste von Figuren auf der Ostseite des Chores (oben zwei Löwen, unten ursprünglich wohl drei Heiligenfiguren) und auf der östlichen Giebelmauer des Palas verweisen auf ein reiches Skulpturenprogramm, wie es an oberrheinischen Bauten schon vor der Mitte des 12. Jhs. vorkommt (zur Problematik der Programmdeutung siehe Pfeiffer 1959, S. 349–352). Das abgespitzte Stockgesims über dem Unterkapellenportal ist kaum als Hinweis auf ursprüngliche Eingeschossigkeit und nachträgliche Aufstockung der Oberkapelle zu werten. Mauerwerk, Bauverband mit dem Palasgiebel und die Einheitlichkeit der Bauornamentik lassen an eine einheitliche Baumaßnahme denken, auch wenn eine Steinprobenuntersuchung festgestellt hat, daß das Steinmaterial der Unterkapelle mit Chor von dem der Oberkapelle mit Chor verschieden ist (Pfeiffer 1959, S. 347f.), was nur auf zwei Bauab-

Abb. 133, 134 Nürnberg, Burgkapelle, Chor, Nordostecke und Südseite.

schnitte und vielleicht eine kurze Unterbrechung hinweist, nicht aber die einheitliche Planung und Ausführung ausschließt. Die Bauornamentik zeigt Verwandtschaft mit der Jakobskirche in Regensburg (etwa 1160–1190) und mit dem Portal von St. Theodor in Bamberg (um 1170/80), aber entfernt auch mit der Pfalz Hagenau (um 1170/80). Die Proportion der attischen Basisprofile mit Eckzier und die oberrheinisch-schwäbisch beeinflußte Bauornamentik weisen auf eine wahrscheinliche Datierung in die 1170er Jahre hin, wobei die 80er

Jahre auch noch möglich sind (Bachmann 1974, S. 48f.). Denkbar wäre es, daß der Ausbau nach dem Nürnberger Hoftag von 1169 begonnen und vor dem Hoftag von 1181 abgeschlossen war (Pfeiffer 1959, S. 318), denn in den 1180er Jahren benutzt Friedrich Barbarossa Nürnberg für wichtige die Herrschaft repräsentierende Treffen (s. o.).

1990/91 wurden von Birgit Friedel unter dem Palas Fundamente eines Rundbaus von 6,20 m Durchmesser freigelegt, die sie als Kapelle anspricht und aufgrund eines Dendro-Datums 1226 ± 10 als Aufbewahrungsort für die 1219 auf der Burg befindlichen Reichsheiltümer deutet. Daraus ergibt sich aber eine Reihe von Problemen bezüglich des an die Doppelkapelle westlich anschließenden staufischen Palas. Eine Lösung ist noch nicht zu erkennen.

Der seiner runden Gestalt entsprechend Sinwellturm (ca. 10 m Durchmesser) genannte Bergfried hinter der östlichen Schildmauer ist mit gleichmäßig umlaufenden, in der Höhe wenig schwankenden Schichten von Buckelquadern mit breitem Randschlag und gestreckten Steinformaten verkleidet (Aufhöhung in den 1560er Jahren nach Plänen des städtischen Zeugmeisters Hans Löhner). Die Beobachtung von Zangenlöchern macht wie auch die Buckelquaderformen eine Datierung im späteren 13. Jh. wahrscheinlich, auch ist er jünger als der Fünfeckturm der Burggrafenburg. Dieser steht im Ostteil der Burganlage auf einer Felskuppe, die nach Norden, Osten und Süden steil abfällt. Der originale, 21 m hohe, mit Bossenquadern mit Randschlag verblendete Fünfeckturm, 10,90×10,70 m groß mit dreieckiger Verdickung an der Nordhälfte der Ostseite, hat 2,60 m dicke Mauern und einen Innenraum von 5,70×5,48 m. Der Zugang auf der Westseite in 5 m Höhe führt in das Eingangsgeschoß mit einem 1,03 m breiten und 2,23 m tiefen, mit Tonne überwölbten Abort. Die Buckelquader sind in horizontalen Schichten unterschiedlicher Höhe (18−55 cm), bei bis zu 1 m Quaderlänge, über ein Stangengerüst aufgemauert worden. Die Datierung des Fünfeckturms in das 11. Jh. wurde von Fritz Arens 1977 und 1986 unter Hinweis auf Grundriß, Art des Mauerwerks und Abort nach 1192 und vor 1220 (wegen fehlender Zangenlöcher) datiert. Walter Haas hat den Turm während der Restaurierung 1988 sorgfältig untersucht und seine Entstehung durch Vergleiche in die Zeit zwischen 1170 und 1220 bestimmt, wobei er den Jahren um 1200 die größte Wahrscheinlichkeit zubilligte. Der Turm gehörte zu der östlich der königlichen Anlage gelegenen Burggrafenburg, die während des Interregnums räumlich und rechtlich von der Reichsburg auf dem westlichen Burgfelsen getrennt wurde.

Von Vorgängerbauten der staufischen Anlage auf dem Westteil sind durch Ausgrabungen fragmentarische Befunde aufgedeckt worden, so 1934 unter dem Westteil des Burghofes bis unter den Palas reichend 1,50−2 m dicke Fundamente einer trapezförmigen Anlage, deren Schenkel 13 und 15,50 m betragen. Wann der Bau entstanden und wann er abgetragen worden ist, kann zeit-

Abb. 135 Nürnberg, Reichsstädtische Bauten: Fünfeckturm, Kaiserstallung und Luginsland.

lich nicht bestimmt werden. Günter Fehring hat Siedlungsspuren des 11. Jhs. unter dem Palas nachgewiesen, dazu die stumpfwinklige Südwestecke der 1,60 m dicken staufischen Ringmauer aus hammerrechten Hausteinen, die Palas und Kemenate verband, sowie Grundmauern des staufischen Palas, die außen mit Buckelquadern verkleidet sind.

Literatur

Essenwein, August: Die Doppelkapelle der Kaiserburg zu Nürnberg und ihre Bedeutung als Mausoleum der Burggrafen. In: Anz. f. Kunde d. dt. Vorzeit NF 25, 1878, Sp. 276–298.
Mummenhoff, Ernst: Die Burg zu Nürnberg. 1. Aufl. Nürnberg 1896. 3. Aufl. 1913, Neuauflage 1926.
Schürer, Oskar: Romanische Doppelkapellen. Marburg 1929; zugleich in: Marburger Jb. 5, 1929, S. 59–67.
Mummenhoff, Ernst: Über den Königshof zu Nürnberg. In: Mitt. d. Vereins f. Gesch. d. Stadt Nürnberg 33, 1931, S. 288–306.
Nagel, Friedrich August: Baugeschichte der Nürnberger Kaiserburg. In: Das Bayerland 45, 1934, S. 691–701.
Wiebel, Richard: Symbolik der Bauornamente in der Nürnberger Burgkapelle St. Margaret. In: Die christliche Kunst 31, 1935, S. 140–147.
Pfeiffer, Gerhard: Studien zur Geschichte der Pfalz Nürnberg. In: Jb. f. fränk. Landesforschung 19, 1959, S. 303–366.
Fehring, Günter P. und Anton Rees: Die Stadt Nürnberg. München 1961 (= Bayrische Kunstdenkmale. Kurzinventar 10), S. 13–25 (2. Aufl. 1977).
Binding, Günther: Burg Münzenberg. Bonn 1963, S. 140f.
Schultheiß, Werner: Die Burg zu Nürnberg. Geschichte und Aufgabe der Grabungen auf der Burg. In: Mitteilungen d. Vereins f. Gesch. d. Stadt Nürnberg 52, 1963/64, S. 440–457.
Fehring, Günter P.: Zur älteren Geschichte von Burg und Pfalz zu Nürnberg. In: Burgen u. Schlösser 2, 1972, S. 10–17.
Bachmann, Erich: Kaiserburg Nürnberg. Amtlicher Führer. München 1974 (1. Aufl. 1953).
Arens, Fritz: Die staufischen Königspfalzen. In: Die Zeit der Staufer 3. Kat. Stuttgart 1977, S. 136f.
Streich (1984) S. 587–595.
Arens, Fritz: Die staufische Burg zu Nürnberg. In: Jb. f. fränk. Landesgesch. 46, 1986, S. 1–25.
Haas, Walter: Zum Fünfeckturm der Nürnberger Burg. In: Mitt. d. Vereins f. Gesch. d. Stadt Nürnberg 79, 1992, S. 61–88.
Friedel, Birgit: Die Rundkapelle in der Burg Nürnberg. In: Burg- und Schloßkapellen. Hg. Barbara Schock-Werner. (= Veröff. d. Dt. Burgenvereins Reihe B) Braubach 1995, S. 66–70.

C 8 Kaiserswerth

Mit der Geschichte von Kaiserswerth haben sich zuletzt Erich Wisplinghoff 1981 und 1988 sowie Sönke Lorenz 1993, letzterer mit eingehender Forschungsdiskussion, beschäftigt. Den Baubestand haben unter Berücksichtigung der Grabungs- und Bauuntersuchungen durch Paul Clemen 1899–1908 Hans Erich Kubach und Albert Verbeek 1976 im Überblick dargestellt. Bestand und Datierung sind für Kaiserswerth weitgehend geklärt, zumal zwei 1184 datierte Inschriften, die sich entweder auf den Baubeginn oder die Fertigstellung beziehen, die Entstehungszeit annähernd bestimmen.

Geschichte

Wie der Engländer Beda Venerabilis (672/73–735) in seiner Kirchengeschichte mitteilt, hat der fränkische Hausmeier Pippin II. (gest. 714) auf Fürbitte seiner Gemahlin Plektrudis dem angelsächsischen Missionar Suitbert kurz vor 700 einen *locus mansionis* übergeben, dem Ludwig II. der Jüngere 877 ein Immunitätsprivileg gab, das Arnulf 888 bestätigte (Lorenz 1993, S. 18–21). Eine Urkunde Kaiser Heinrichs VI. von 1193 bezeichnet den Ort als *curtis in Rinthusen*, wo Suitbert auf der Rheininsel, *in loco qui dicitur Uuerid*, ein Kloster *Sancti Suitberti* gegründet habe, das später dem Hl. Suitbertus als Hauptpatron geweiht war. Nach 888 schweigen die Quellen zunächst. Erst in salischer Zeit, 1050, setzt die Überlieferung wieder ein, als die Brauweiler Klostergeschichte, die *Fundatio monasterii Brunwilarensis,* berichtet, daß der mit der Reichsgutverwaltung am Niederrhein betraute Pfalzgraf Ezzo, der mit Mathilde, Tochter Ottos II. und Schwester Ottos III. verheiratet war, von Heinrich II. kurz nach 1016 Kaiserswerth mit allem Zubehör zu freiem Eigentum und Erbe erhielt: *insulam quae est in Reno Sancti Suithberti cum omnibus suis appendiciis.* Zu der Schenkung gehörte auch die in dieser Zeit wichtige Königspfalz Duisburg (Lorenz 1993, S. 21–26). Kaiserswerth und Duisburg fielen um 1045 wieder an das Reich, als Pfalzgraf Otto, der Sohn Ezzos, unter Kaiser Heinrich III. Herzog von Schwaben wurde. Heinrich III. (1017–1056) machte in seinen letzten Lebensjahren oft in Kaiserswerth Station (1050, 1051, 1052, 1053, 1054, 1056). „Da aus früheren Zeiten Nachrichten über Herrscheraufenthalte an diesem Ort fehlen, darf man schließen, daß die Anlage einer Pfalz in Kaiserswerth überhaupt erst durch ihn in Gang gesetzt wurde. Sie ist zum ersten Mal im Jahre 1101 als *curtis nostra* urkundlich bezeugt" (Lorenz 1993, S. 26). Sie wurde aber in der *Fundatio* von Brauweiler schon zu 1062 als *curtis* erwähnt. Spätestens seit 1050 gibt sich St. Suitbert als Stift unter der Leitung eines Propstes zu erkennen. Der Propst des Stiftes erscheint 1071 als königlicher *capellanus*, und mit St. Suitbert ist wohl die 1062 genannte *capella* gemeint, in der zeitweise die Reichsinsignien aufbewahrt wurden. Die häufigen

Aufenthalte Heinrichs III., seiner Witwe und seines noch unmündigen Nachfolgers Heinrich IV. (1057, 1059, 1062 Entführung durch Erzbischof Anno von Köln, 1064, 1101) lassen eine repräsentative Anlage vermuten, von der eventuell die Fundamentreste stammen, die Paul Clemen unter der staufischen Anlage ausgegraben hat. Parallel zum Ausbau von Kaiserswerth als neues Zentrum der Reichsgutverwaltung am Niederrhein verlor um die Mitte des 11. Jhs. die *curtis* Duisburg, die Heinrich IV. 1065 an Erzbischof Adalbert von Bremen übertragen hat, ihre Bedeutung. Die Pfalz Nimwegen war schon 1047 zerstört worden. Nach dem Tode Heinrichs IV. (1106) wurde auch die Pfalz Kaiserswerth zunächst nicht mehr benutzt. Konrad III. erneuerte 1145 den Leuten und Händlern *(homines et mercatores)* des Königs und Leuten des Stiftes die Zollfreiheit besonders in Eger, Nimwegen, Utrecht und Neuss. Daraus ist die Existenz einer Ansiedlung in Kaiserswerth zu erkennen.

Friedrich Barbarossa gliederte nach dem Tode Hermanns von Stahleck (1156) die rheinische Pfalzgrafschaft stärker als bisher in den staufischen Interessenbereich ein. An die Stelle von Pfalzgraf Hermann, einem Schwager Konrads III., trat des Kaisers Halbbruder Konrad von Staufen. Friedrich und Konrad weilten im April 1158 in Kaiserswerth (Lorenz 1993, S. 61). Die Ausweitung des Einflusses des Kölner Erzbischofs im Interesse des Kaisers führte zur Einschränkung der Macht Konrads von Staufen. 1174 bezeugte Friedrich Barbarossa den Bürgern von Utrecht die gleichen Bedingungen an dem von Thiel nach Kaiserswerth verlegten Zoll, wie sie den Utrechtern an der Zollstätte Tiel zugestanden hatten. Mit der Zollverlegung scheint die Planung eines Neubaus der Pfalz verbunden gewesen zu sein. Da Rahewin in den *Gesta Friderici* zum Jahre 1160 unter den Pfalzbauten Kaiserswerth nicht erwähnt, ist ein Baubeginn nach 1160 anzunehmen. 1189 war die Pfalz noch nicht vollendet, denn der Kaiser erteilte Heinrich VI. während des dritten Kreuzzuges aus Philippopel den brieflichen Auftrag, für die Fertigstellung der Burgen von Kaiserswerth und Nimwegen zu sorgen *(Domum insulariam sancti Suiberti et Nuwemagen perfici facias et optime custodiri*; MGH DF. I. 1009, S. 305). Königsbesuche sind in Kaiserswerth erst für Heinrich VI. 1189 und 1193, Otto IV. 1213, 1214 und Heinrich (VII.) 1225 nachgewiesen.

Die in Kapitale sorgfältig in einen 2,65×0,50 m großen Trachyt-Quader geschlagene Inschrift lautet (Funken 1981, S. 127–130): „Im Jahre der Menschwerdung unseres Herrn Jesus Christus 1184 hat Kaiser Friedrich dem Reich diese Zierde *(decus)* hinzugefügt *(adauxit)*, in dem Willen, die Gerechtigkeit zu festigen und daß überall Frieden sei." Die zweite, in ebenfalls 9 cm hohen Buchstaben auf einem 1,15×0,38 m Trachyt-Quader überlieferte Inschrift lautet (Funken 1981, S. 131f.): „Im Jahre der Menschwerdung unseres Herrn 1184 hat Friedrich, Hüter des Rechts und weiser Rächer der Übeltat, diesen Saal *(aula)* als Schmuck *(adornandam)* gegründet *(condidit)*." *Adauxit* und *condidit* bezeu-

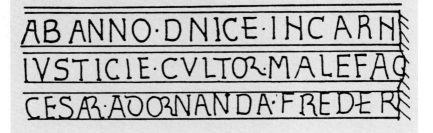

Abb. 136 Kaiserswerth, Inschriften um 1184 und nach 1190.

gen eher den Baubeginn als den Bauabschluß. Wegen fehlender Schmuckformen an der Pfalz ist eine Entscheidung aber nicht möglich. Die Verwendung der Backsteine ist nur im Vergleich mit dem dendrodatierten Saalhof in Frankfurt (um 1200) sehr allgemein festzulegen. Wenn Friedrich Barbarossa 1189 seinen Sohn Heinrich VI. aufforderte, die Burg zu vollenden und bestens zu bewachen, besagt dies über eine Bauzeit oder Bauabschluß zu wenig, so daß die allgemein angenommene Entstehungszeit 1184 wahrscheinlich ist. Wie Sönke Lorenz (1993, S. 65–69) deutlich gemacht hat, erhielt seit 1190 die Reichsgutverwaltung am Niederrhein eine neue Struktur, Zentrum der *procuratio* (Landvogtei) war in Kaiserswerth.

Während der Thonstreitigkeiten überließ 1198 König Otto IV. dem Erzbischof Adolf I. von Köln die *domus* in Kaiserswerth zur Zerstörung, die aber offenbar nicht ausgeführt wurde (Belege zum folgenden: Kaiser 1985, S. 4f. und Wisplinghoff 1981, S. 42–49). 1202 verhandelten beide über die Vernichtung der *turris regia*. 1204 wechselte Erzbischof Adolf zur staufischen Seite über und brachte Kaiserswerth mit ein. Nach der Ermordung Philipps von Schwaben 1208 und der Anerkennung Ottos IV. wurde das *castrum* ein wichtiger Stützpunkt des neuen Herrschers, der sich hier 1213 und 1214 aufhielt und Gefangene und Geiseln, u. a. den Bischof von Münster, hier verwahren ließ. 1215 hat Graf Adolf von Berg nach fünfmonatiger Belagerung durch Unterminierung der *turris* die Verteidiger des *castrum* zur Übergabe gezwungen. 1243 ließ Burggraf Gernand den Turm der Stiftskirche abtragen, damit von dort aus nicht das *castrum* bedroht werden könne; gleichzeitig wurde die Ringmauer verstärkt. Am 13. Dez. 1247 begann der zum König gegen Friedrich II. gewählte Graf Wilhelm von Holland, die Burg ein Jahr lang zu belagern; wohl der Hunger zwang im Dez. 1248 den Burggraf Gernand, die Anlage zu übergeben; er unterstellte sich mitsamt der Burg dem erzbischöflichen Schutz. 1271 gelobte der Burggraf, das *castrum* dem Erzbischof und Domkapitel von Köln als Offenhaus zu bewahren, mußte aber im gleichen Jahr gegen Zahlung einer Lehnsrente die Burg Erzbischof Engelbert II. überlassen, dem 1273 König Rudolf I. das *castrum* auf Lebenszeit verlieh. Es folgten häufige Besitzwechsel. Erzbischof Salentin von Isenburg (1567–77) nahm umfangreiche Umbauten vor; auch im 17. Jh. sind zahlreiche Bauarbeiten durchgeführt worden. 1656 zerstörte eine Pulverexplosion die zum Rhein gelegene Pfalzkapelle und mehrere andere Gebäude, bei der Belagerung 1689 brannte der Burgturm aus und das Schloß wurde „totaliter ruinirt", 1702 wurde das Schloß gesprengt, 1711 die Ruine geschleift und in der Folge als Steinbruch benutzt. 1848 wurde die Anlage durch einen Hochwasserdamm durchschnitten. 1899/1900 fanden umfangreiche Grabungen und 1901/08 sowie seit Ende des 1960er Jahre Sicherungsarbeiten statt.

Von dem einstigen Aussehen geben zwei Ansichten der Rheinfront einen Eindruck: eine Zeichnung des späten 16. Jhs., die durch einen Stich bei Meisner um 1624 weitere Verbreitung fand, und unabhänig davon ein Stich bei Merian um 1646. Über die spätmittelalterliche Raumaufteilung gibt ein Inventar aus dem 15. Jh. Auskunft.

Baubeschreibung

Das komplizierte Baugebilde der staufischen Pfalz haben unter Berücksichtigung der Baureste und der alten Abbildungen Kubach-Verbeek 1976 am besten erfaßt. In der Mitte der fast 80 m langen Rheinfront liegt das geschlossene Rechteck des Hauptbaus von 50,80 × 30 m mit dem Bergfried; im Norden schließt, durch einen 5,50 m breiten überbrückten Kanal getrennt, der sog. Klevische Turm an. Die Anlage ist landseitig von einer durch einen breiten Wassergraben geschützten, bis zu 60 m ausladenden, halbkreisförmigen Ringmauer auf 1,50 m breiten Tuff- und Basaltfundamenten umgeben. Die Südwestecke am Rhein ist durch einen runden, nach innen offenen Eckturm aus Tuffsteinen betont. Fundamentreste im Ostteil der Pfalz werden als Reste der salischen Pfalz aus dem 11. Jh. gedeutet.

322 C Salisch-staufische Pfalzen 1025–1240

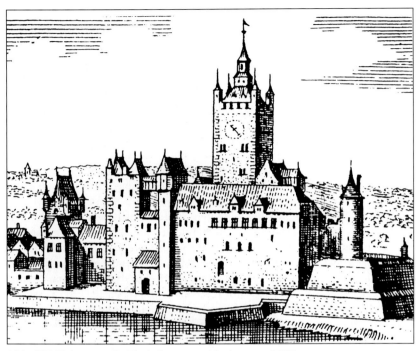

Abb. 137 Kaiserswerth, Rheinfront von Merian, um 1645.

137
138   Der 10,40×10,70 m große Klevische Turm überragte nach alten Ansichten mit seinen wenigstens fünf Geschossen den Palas. Er wurde im 19. Jh. bis auf seine rund 3 m dicken Grundmauern aus Basalt abgetragen und 1907 über dem Kellergewölbe als Stumpf ergänzt; von der Durchfahrt gegenüber dem Palasportal war nur ein Gewändestein erhalten.

140
141   Der geschlossene, an der Nordostecke rechtwinklig einspringende Hauptbau ist in der Länge zweigeteilt. Die verkürzte Osthälfte besteht aus dem alles überragenden, 17×17 m großen Turm mit 5 m dicken Mauern und einem über Mittelpfeiler gewölbten Untergeschoß, nördlich davon ein ummauerter Hof, im Süden ein Flügel des Palas. Die 50 m lange Rheinfront ist über einem 5 m hohen Sockel von zehn Fenstern durchbrochen. Auf der Innenseite führt vom Klevischen Turm her, durch ein Portal zugänglich, eine 2 m breite Treppe mit auffallend flacher Steigung ins Obergeschoß. Das Erdgeschoß besteht aus vier flachgedeckten Räumen unterschiedlicher Größe, untereinander durch Türen verbunden. Der nördliche Raum hat in der Nordwand einen offenen Kamin. Ein schmaler Gang führt in den Innenhof. Daneben befindet sich eine rechteckig ummantelte Wendeltreppe, die innen aus Backstein und außen aus Basaltmau-

C 8 Kaiserswerth 323

Abb. 138 Kaiserswerth, Rheinfront vor der Zerstörung 1702, Gemälde von Cornelius Wagner.

ern mit Buckel-Eckquadern aus Trachyt besteht. Die beiden folgenden mittleren Räume haben zum Rhein hin Fenster in tiefen Bogennischen. Der südliche Eckraum wird von einem schrägen Verbindungsgang zerschnitten, dahinter reichte ein aus Tuff und Backstein gemauerter Brunnenschacht von 3 m äußerem Durchmesser bis ins 3. Geschoß. Von der Aufteilung der beiden Obergeschosse und der Fensterfront zum Rhein im 3. Obergeschoß ist nichts erhalten, und auch die historischen Ansichten geben kaum Hinweise darauf.

„Das Baumaterial ist das am Niederrhein verfügbare, beim Wehrbau übliche: für das Mauerwerk in der Hauptsache dunkler Säulenbasalt aus der Gegend um Unkel und Linz, dessen mächtige, im Querschnitt polygonale Blöcke von verschiedener Länge querverlegt die Schalen für Füllwerk bilden; zur Einfassung von Öffnungen, für Ecken und Verstrebungen sorgfältiges Quaderwerk aus Drachenfelstrachyt, stellenweise auch wechselnd mit dunklerem Andesit, am Binnenhof als ausgeprägte Buckelquader; ferner Tuff für Gewölbe und die Brunneneinfassung; schließlich als Besonderheit Backstein, vor allem für Bögen und Wandverkleidung, jedoch ausschließlich im Innern, von unterschiedlichem Format, im Mittel 32/33×15/16×6/7 cm, mit Übergrößen bis zu 40 und

324 C Salisch-staufische Pfalzen 1025–1240

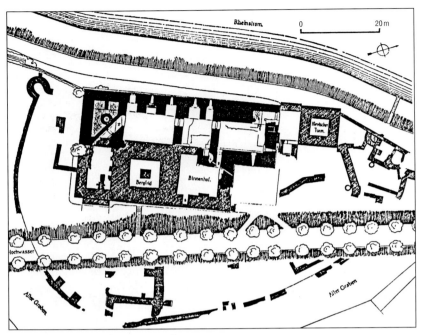

Abb. 139 Kaiserswerth, Grundriß.

50 cm Länge und 9 cm Dicke, mitunter an Bögen auch keilförmig. Von den Türen mit offenen Bögen über den Trachytstürzen sind teilweise die Zapfenlager der Doppelflügel und Mauerkanäle für Riegelbalken nach beiden Seiten hin erhalten. Diese überlegte Sicherung ist auch an den breiteren Fenstern nachzuweisen, außerdem deuten Nuten auf Verschlußläden und Spuren von Vergitterung. Profilierte Gesimse sind höchst spärlich vertreten: außen beiderseits vom Haupteingang Kämpfer aus Platte, Plättchen und Wulst; eine Kaminkonsole aus Platte, Wulst und abgesetzter Kehle" (Kubach-Verbeek S. 433 f.). „Kaiserswerth war nicht nur Wasserfestung als Zollstätte, sondern ebenso repräsentative Reichsburg, mag der Bautypus von dem herkömmlichen der Pfalzen abweichen" (Kubach-Verbeek S. 435).

Es war eine in ihrer Monumentalität und Wehrhaftigkeit höchst repräsentative Anlage am Ufer des wichtigen Verkehrsweges Rhein. Friedrich Barbarossa hat allem Anschein nach ab 1184 die festungsähnliche Anlage zur Repräsentation und Sicherung der Königsherrschaft am Niederrhein erbauen lassen.

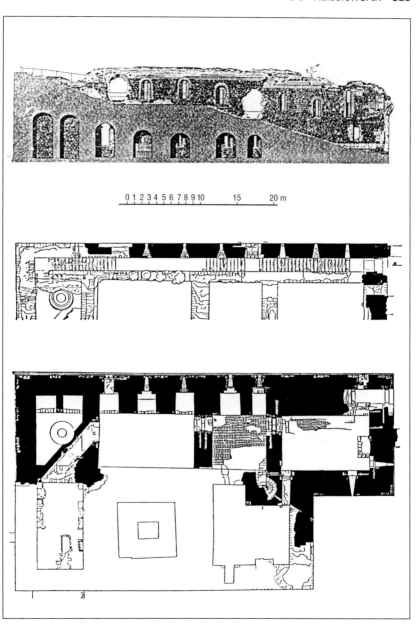

Abb. 140 Kaiserswerth, Palas, rheinseitige Innenansicht und Grundriß, Ober- und Erdgeschoß.

Abb. 141 Kaiserswerth, Palas, Innenansicht.

Literatur

Clemen, Paul: Die Kunstdenkmäler der Rheinprovinz 3, 1. Stadt und Kreis Düsseldorf. Düsseldorf 1894, S. 140–144.

Clemen, Paul: Kaiserswerth (Kreis Düsseldorf). Untersuchung und Ausgrabungen der Hohenstaufenpfalz. In: Berichte über die Thätigkeit der Provinzialkomm. f. d. Denkmalpflege in der Rheinprovinz 5, 1900, S. 30–59 (mit Bauaufnahme von Gisbert Erkens) u. 13, 1908 (1909), S. 44–66.

Eschbach, Paul: Zur Baugeschichte der Hohenstaufenpfalz Kaiserswerth. In: Düsseldorfer Jb. 18, 1903, S. 156–164.

Piper, Otto: Die Kaiserswerther Ruine, ein Barbarossabau. Replik von Paul Clemen u. Karl Simon. In: Die Denkmalpflege 7, 1903, S. 51–54, 68–70, 82f., 98f.

Hotz, Walter: Kleine Kunstgeschichte der deutschen Burg. Darmstadt 1965, S. 99f.

Kubach, Hans Erich und Albert Verbeek: Romanische Baukunst an Rhein und Maas. Bd. 1. Berlin 1976, S. 432–435 mit Lit.-Verz.

Funken, Rolf: Die Bauinschriften des Erzbistums Köln. Köln 1981 (= 19. Veröff. d. Abt. Arch. d. Kunsthist. Inst. d. Univ. zu Köln) S. 127–133.

Hotz (1981) S. 102–104.

Wisplinghoff, Erich. In: Die Pfalz. Kayserswerth. 1300 Jahre. Heilige, Kaiser, Reformer. Hg. Christa-Maria Zimmermann u. Hans Stöcker. Düsseldorf 1981, S. 42–49.

Kaiser, Reinhold: Rheinischer Städteatlas, Lfg. 8, Nr. 46: Kaiserswerth. Köln 1985.

Wisplinghoff, Erich: Vom Mittelalter bis zum Ende des Jülich-Klevischen Erbstreits (ca. 700–1614). In: Düsseldorf. Geschichte von den Ursprüngen bis ins 20. Jh. Bd. 1. Von der ersten Besiedlung zur frühneuzeitlichen Stadt (bis 1614). Hg. Hugo Weidenhaupt. Düsseldorf 1988, S. 161–445.

Lorenz, Sönke: Kaiserswerth im Mittelalter. Genese, Struktur und Organisation königlicher Herrschaft am Niederrhein. Düsseldorf 1993 (= Studia humaniora 23) mit Lit.-Verz.

C 9 Ulm

Walter Schlesinger hat 1967 aus historischer Sicht alles Wissenswerte über die Ulmer Pfalz zusammengestellt und überzeugend ausgewertet. In seinem Aufsatz von 1975 bestätigt er seine Auffassung und äußert sich kritisch zu der Dissertation von Ursula Schmitt 1974, die die Königsaufenthalte für Ulm zusammengestellt hat. 1953 konnten Albrecht Rieber und Karl Reutter in dem 1944 ausgebrannten Schwörhaus auf dem Weinhof Ausgrabungen durchführen; das 1612 aus Backsteinen erbaute Schwörhaus enthält Mauerreste der bis 1531 benutzten Heiligkreuzkirche und des 1612 abgebrochenen Luginsland, der noch 1597 auf einer Stadtansicht als hoher Turm dargestellt ist (Rieber-Reutter 1974, S. 7–12). Die Heiligkreuzkirche steht an dem im Mittelalter „Hof" genannten Weinhof. Die 1255 erstmals erwähnte Heiligkreuzkapelle soll nach Ulmer Chroniken 1315 erbaut, 1353 von Kaiser Karl IV. dem Kloster Anhausen geschenkt und 1482 vergrößert worden sein. „Nach alledem ist die Heiligkreuzkapelle, die einzige Kapelle innerhalb des *oppidum* Ulm, offensichtlich die Kapelle der Königspfalz Ulm gewesen" (Rieber-Reutter 1974, S. 269). 1958, 1961 und 1965 wurden weitere Grabungen, besonders auf dem Grundstück Weinhof 15 durch Günter Fehring, vorgenommen, die die Beobachtungen ergänzt haben. Trotz einer umfassenden Publikation der Grabungsergebnisse sind Deutung und Datierung der archäologischen Funde nicht sicher.

Geschichte
Karl der Große hat Schwaben, abgesehen von Heereszügen, nicht aufgesucht. Erst unter Ludwig dem Deutschen, nach Bildung des Ostfränkischen Reiches, mehren sich Königsaufenthalte im alemannischen Gebiet: Bischofssitze Augsburg und Basel, Pfalz Bodman am Bodensee und dreimal Ulm, wo im Juli 854 *villa qui dicitur Ulma*, bzw. *Hulmam palacio regio* bzw. *in villa Alamanniae, quae vocatur Ulma* Hoftage abgehalten und im Juni 856 *in palatio regio* Gesandte empfangen wurden. Der fränkische Königshof verdankt seine Lage und Existenz dem Donauübergang alter Straßen, eine nach Augsburg und eine vom mittleren Neckar um Canstadt und dann weiter zum Bodensee; hier münden die Blau und die Iller in die Donau.

Auch unter den letzten karolingischen Königen Karl III. Febr. 883 *(curtis imperialis)*, Arnulf Dez. 889, Juni 890 und Weihnachten 891 *(in Alamannia, curte regia Ulma, honorifice natalem Domini celebravit, Annales Fuldenses* zu 892) und Ludwig (IV.) das Kind März 904 sowie unter Konrad I. Jan. 912 mit Hoftag und Okt. 912 war Ulm mit acht Königsaufenthalten an Bedeutung mit Bodman gleich. Da in Ulm auch das Weihnachtsfest gefeiert wurde, sind ausreichende Bauten und eine Pfalzkapelle zur würdigen Repräsentation des Reiches anzunehmen. In dieser Zeit wurden auch eine Reihe anderer Orte in Süddeutschland aufgesucht; Ulm ragte aber deutlich hervor. „In jedem Fall wird man annehmen dürfen, daß Ludwig der Deutsche es war, der den Ulmer Königshof zu einer Pfalz ausgebaut hat, um von hier besser nach Alemannien hineinwirken zu können" (Schlesinger 1967, S. 21). Ulm wird *palatium, villa* oder *curtis* genannt, 1027 und 1128 auch *oppidum* (Pfalz oder Ort?), 1181 *regalis curia*, 1255 *curia* und im 14. Jh. „Hof".

Aufenthalte sächsischer Herrscher sind in Ulm nicht nachzuweisen, nur auf dem Wege zur Lechfeldschlacht hat Otto I. Ulm im Aug. 955 kurz berührt. Erst der Salier Konrad II. hielt im Juli 1027 wieder einen Hoftag in Ulm ab und weilte dort im Jan. 1036 nochmals. Heinrich III. besuchte Ulm siebenmal: Jan. 1040, Nov. 1041, Okt. 1043, Jan. 1048, April 1048, Dez. 1048 und Dez. 1055, darunter 1043 und 1048 mit Hoftag. Da die Salier vermehrt die Bischofssitze aufsuchten, erlebte auch Ulm in der Folgezeit seltener Königsbesuche: Heinrich IV. im Mai 1065, Mai/Juni 1077 mit Hoftag, auf dem die königsfeindlichen Rudolf von Schwaben, Welf von Bayern und Berthold von Kärnten abgesetzt wurden, und März 1081. Gegenkönig Rudolf von Rheinfelden war Ostern 1077 in Ulm. 1093 wurde in Ulm vom alemannischen Adel der Landfrieden verkündet. „In der Folgezeit scheinen sich die staufischen Herzöge Friedrich I. und Friedrich II. in Ulm festgesetzt zu haben, nachdem 1096/98 erst Welf IV. und dann auch der Zähringer Berthold II. sich mit Heinrich IV. ausgesöhnt hatten, zunächst als Parteigänger und gleichsam Vertreter der salischen Könige, nach 1125 aber als deren Gegner. Die Pfalz war nunmehr in der Hand der Königsgegner, nachweisbar z. B. 1128, und dies konnte nicht ohne Folgen auch für die Stellung der Bürgerschaft bleiben. Das Ende war die Zerstörung von 1134," (Schlesinger 1967, S. 23) wo Lothar III. das *famosum oppidum in Suevia nomine Uolma* (Paderborner Annalen) zerstören ließ. Konrad III. nahm die Pfalz wieder in Anspruch und ist viermal in Ulm nachweisbar, öfter als an jedem anderen schwäbischen Ort: Febr. 1142, Sept. 1143, Juli 1146 (Hoftag), Jan. 1151.

„Die Pfalz lag ... auf dem Weinhof, mit der auch archäologisch nachgewiesenen Kreuzkapelle als Pfalzkapelle an der Stelle des Schwörhauses. 1052 erhielt diese von Bischof Walter von Verona Reliquien des Hl. Zeno zum Geschenk, und noch 1353 geht sie vom Reiche zu Lehen" (Schlesinger 1967, S. 24). Als zugehörige Wirtschaftshöfe gelten der Stadelhof links und der Schwaighof rechts der Donau, „doch gehörten zum Fiskus Ulm noch weitere Wirtschaftshöfe außerhalb der Stadt" (Schlesinger 1967, S. 24). Der bei der Zerstörung 1134 benutzte Ausdruck *suburbia* setzt eine gewisse Befestigung der Pfalz voraus und auch das Vorhandensein von Siedlungen; „diejenige im Osten muß bereits städtischen Charakter gehabt haben. ... Der Wiederaufbau, den Konrad III. durchgeführt hat, mag dem östlichen *suburbium* die Gestalt gegeben haben, die die Innenstadt dann zwischen Donau und Hafengasse, Weinhof und Grünem Hof in den Grundzügen behielt" (Schlesinger 1967, S. 24). Der

Vogtvertrag des Jahres 1255 wurde *super curiam* in der Pfalzkapelle zum Hl. Kreuz *in facie universitatis*, also im Beisein der gesamten Bürgerschaft geschlossen (schon 1181 heißt es in einer Urkunde Friedrich Barbarossas *in regali curia Ulme civitatis*) und vollendete die Stadtentwicklung.

„Die Bedeutung der Stadt für das Herzogtum Schwaben wurde gleich beim ersten Aufenthalt Barbarossas (Ende Juli 1152) deutlich, als er eben gerade hier während seines Umritts den ersten Hoftag auf schwäbischem Boden abhielt. In diesen frühen Regierungsjahren des Staufers zeigten sich auch Ansätze dazu, daß Ulm für die Italienpolitik des Kaisers eine Augsburg ähnliche Stellung einnahm. Bei der überwiegenden Zahl von Aufenthalten, nämlich neun von dreizehn, wurden in Ulm Hoftage abgehalten (1152, 1156, 1157, 1158, nach dem zweiten Italienzug 1162, 1166, nach dem vierten und fünften Italienzug 1178, 1179 und 1181, ohne Hoftag 1154, 1164, 1169, 1183). Erst nach der Rückkehr von seinem letzten Italienzug (Sept. 1184 bis Herbst 1186) ist uns in den folgenden Jahren kein Besuch Barbarossas in dieser Stadt mehr bezeugt. Das politische Denken und Handeln des Staufers beschäftigte sich damals kaum mehr mit italienischen Fragen, und Reisen nach Schwaben waren überhaupt selten geworden" (Opll 1978, S. 152 f). 1179 verband Friedrich die Feier des Weihnachtsfestes in Ulm mit einem Hoftag.

Heinrich VI. ist in Ulm nicht nachweisbar. König Philipp hielt am 28. Nov. 1200 *(Ulmam ad sollemnem curiam)* und im Nov. 1202 wieder Hoftage in Ulm ab und besuchte Ulm im Juli 1205 noch einmal. Otto IV. urkundete Mitte Juli 1209 in Ulm. Anschließend wurde Ulm wieder „bis zum Ausgang der staufischen Zeit die bevorzugte schwäbische Pfalz der staufischen Könige. Friedrich II. weilte von 1214 bis 1220 alljährlich hier, sein Sohn Heinrich (VII.) von 1220 bis 1231 ebenfalls, mit Ausnahme von 1221 und 1229. Noch Konradin hält in Ulm 1262 einen letzten Hoftag" (Schlesinger 1967, S. 23).

Mit dem Vertrag des Jahres 1255 über die Wahrnehmung der Vogtei zu Ulm durch Graf Albrecht von Dillingen endete die Bedeutung der Pfalz für das Königtum, auch wenn es in dem Vertrag noch ausdrücklich heißt, daß, wann immer der Kaiser, der König oder der Herzog von Schwaben einen Hoftag *(curiam)* in Ulm abhalten würde, der Vogt seine Unterkunft in Schwaighofen, also vor den Toren der Stadt, nehmen könne (Maurer 1978, S. 102 f). Ulm bildete einen wichtigen Ort der Herzogsherrschaft. Bei der Übernahme der Herzogsgewalt in Schwaben durch Konradin zu Pfingsten 1262 hielt dieser hier seinen ersten Hoftag ab. Das Pfalzgelände wurde nach und nach aufgesiedelt, die Heiligkreuzkapelle wird seit 1531 nicht mehr benutzt und für den Bau des Schwörhauses abgebrochen.

Baubeschreibung

Am Westende des Ulmer Rückens, den die innere Altstadt einnimmt, wurden Reste von ebenerdigen Pfostenhäusern und Grubenhäusern aufgedeckt, die

330 C Salisch-staufische Pfalzen 1025–1240

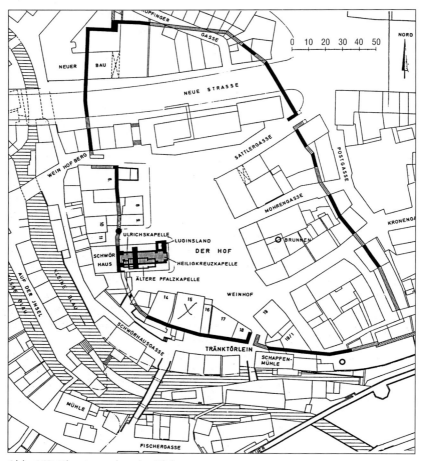

Abb. 142 Ulm, Lageplan der Pfalz.

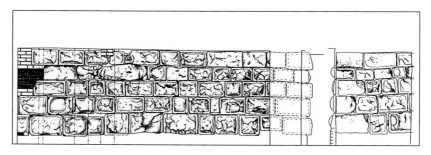

Abb. 143 Ulm, Pfalzmauer.

nach der Keramik in das 7., vielleicht auch noch in das 8./9. Jh., datiert werden können. Diese Gebäude sind im 10./11. Jh. abgebrannt. Anstelle dieser Gebäude und nur wenig nördlich von diesen wurde eine Kapelle errichtet, eine Saalkirche aus einem 12,07×7 m großen Schiff, einem um Mauerdicke eingezogenen, abgeschnürten Rechteckchor von 4,05×5,74 m und über dickeren Fundamenten eine westliche Vorhalle von 3,05×4,95 m, in deren Nordmauer sich der Eingang befand. Die 54–66 cm (Vorhalle bis zu 88 cm) dicken Mauern bestanden aus lagerhaft gemauerten Bruchsteinen. Der wenige Zentimeter dicke, rotgefärbte Estrich lag in unterschiedlichen Höhen. Im Westen war vermutlich eine hölzerne Empore eingebaut. Die Kirche war innen verputzt und ornamental farbig bemalt, z. T. mehrfach getüncht. Die Kapelle ist abgebrannt und wurde abgebrochen, als ein Neubau erstellt wurde. Der Brand ist mit der Zerstörung 1134 in Verbindung zu bringen. Die Bauzeit wird von den Ausgräbern 1974 aufgrund des Grundrißtyps und des rotgefärbten Estrichs in die Zeit um 850 datiert. Inzwischen sind hierfür die Befunde zahlreicher. Der rotgefärbte Estrich ist besonders für Kirchen im 10./11. Jh. nachgewiesen, und der Grundriß kann ebenfalls sowohl in die Mitte des 9. Jhs. wie auch in das 10./11. Jh. datiert werden (Jacobsen-Schäfer-Sennhauser 1991, S. 428: „9. Jh., vielleicht noch später").

Nordöstlich der Kapellenruine wurde ein mächtiger, 6,40×6,53 m großer Turm mit 1,45 m und 2,81 m dicken Mauern errichtet, der Luginsland, der dann in den Neubau der Kapelle einbezogen wurde. Die Kapelle verwendete die buckelquaderverkleidete Ringmauer als Westmauer. Die Länge der Kapelle betrug damit 28,05 m, eine dicke Quermauer, die um Turmbreite über die Seitenmauern vorspringt, sonderte einen westlichen 7,05 m langen Raum ab, der Chor war entsprechend groß. Die äußere Breite des Saales betrug 8,31 m, im Innern 6,52 m. Der 9–12 cm dicke Estrich war in der oberen Schicht rot eingefärbt. Zwei Stufen führten in den Chor, davor das Fundament eines Altars; vom Hauptaltar im Chor war die Ausbruchgrube feststellbar, vor der Westmauer wurden ebenfalls Spuren eines Altares aufgedeckt. Darüber befand sich eine Westempore. Der Westgiebel ruht auf einer älteren, 1,89 m dicken, außen mit Buckelquadern verkleideten Ringmauer auf 2,62 m breiten Fundamenten. Diese etwa 700 m lange Mauer umzog – weitgehend in Resten nachgewiesen bzw. erhalten – ein langgestrecktes, unregelmäßiges Gelände von 200×125 m oberhalb der westlich und südlich vorbeifließenden Blau. Rieber-Reutter vermuten, daß „der ungenau gebaute" Luginsland noch aus der Wiederaufbauzeit um 1140 unter Konrad III. stammt (Keyser 1962, S. 263 denkt sogar an eine Bauzeit um 1025/26). Die Buckelquadermauer und die Kapelle datieren Rieber-Reutter in die Zeit nach Konrads Rückkehr vom Kreuzzug. In dem unter der Westempore gelegenen Raum vermuteten sie die Ulrichskapelle und bringen das 1255 erstmals erwähnte Heilig-Kreuz-Patrozinium mit dem Kreuzzug in Verbindung und setzen die Bauzeit auf 1146/50 an. Löwen- und Greifentafeln aus gebrannten

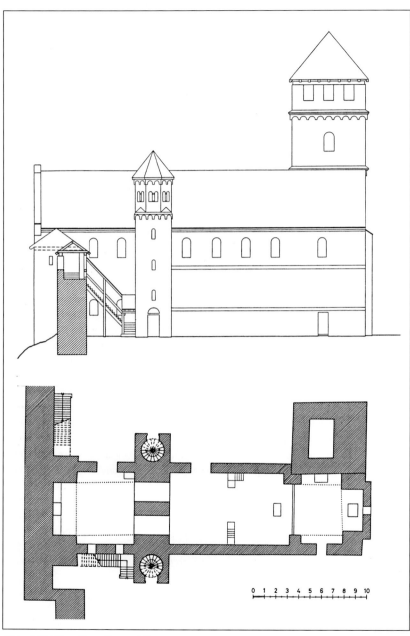

Abb. 144 Ulm, Kapelle und Turm.

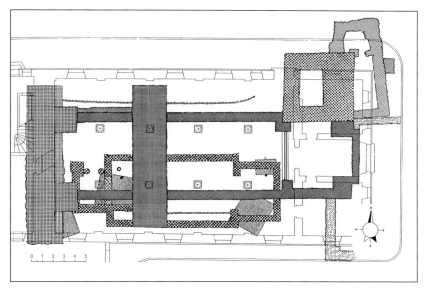

Abb. 145 Ulm, Kapelle und Turm.

Ton werden der Gliederung am Außenbau zugewiesen. Umbauten wurden 1315 vorgenommen. Demgegenüber hat Günter Fehring die südliche Fortsetzung der buckelquaderverkleideten Ringmauer auf dem Grundstück Weinhof 15 (Grabung 1961–63) aufgrund der Keramik in die Zeit um 1200/1220 datiert; dann wäre die mit ihrer Westmauer auf die Ringmauer gesetzte Kapelle erst aus dem zweiten Viertel des 13. Jhs. Eine Entscheidung ist wohl kaum möglich, zumal die Buckelquader formal entgegen der Meinung von Rieber-Reutter kaum genauer zu datieren sind. Die Zeitstellung des Luginsland als Bergfried der Pfalz wäre bei einer Bauzeit unter Konrad III. recht früh, denn die ältesten Bergfriede sind erst für die Mitte des 12. Jhs. nachgewiesen (Drachenfels am Rhein, Arnsburg und Münzenberg in der Wetterau, Gelnhausen, Eger).

Damit bleibt die so wichtige karolingische und besonders staufische Pfalz in ihrer baulichen Erscheinung weitgehend unbekannt.

Literatur

Keyser, Erich: Württembergisches Städtebuch. Stuttgart 1962, S. 260–282. (= Dt. Städtebuch 4, 2)

Schlesinger, Walter: Pfalz und Stadt Ulm bis zur Stauferzeit. In: Ulm u. Oberschwaben 38, 1967, S. 9–30, mit reichen Lit.-Ang.

Fehring, Günter P.: Die Stadtkerngrabung des Staatlichen Amtes für Denkmalpflege Stuttgart auf dem Weinhof in Ulm. In: Ulm u. Oberschwaben 38, 1967, S. 31–36.

Rieber, Albrecht u. Karl Reutter: Die Pfalzkapelle in Ulm. Bericht über die Ergebnisse der Schwörhausgrabung 1953. 2 Bde. Weißenhorn 1974, mit Lit.-Verz.

Schmitt, Ursula: Villa regalis Ulm und Kloster Reichenau. Untersuchungen zur Pfalzfunktion des Reichsklostergutes in Alemannien (9.–12. Jahrhundert). Göttingen 1974 (= Veröff. d. Max-Planck-Inst. f. Gesch. 42).

Schlesinger (1975) S. 10–12.

Opll (1978).

Maurer, Helmut: Der Herzog von Schwaben. Sigmaringen 1978, S. 91–104.

Wortmann, Reinhard: Die Kirchenbauten in Ulm von den Anfängen bis zur Gegenwart. In: Kirchen und Klöster in Ulm. Hg. Hans Eugen Specker, Hermann Tüchle, Ulm 1979, S. 506–562, hier S. 507–509.

Streich (1984) S. 42f., 575–578.

Jacobsen, Werner, Leo Schäfer u. Hans Rudolf Sennhauser: Vorromanische Kirchenbauten. Nachtragsband. München 1991, S. 427f.

C 10   Saalhof in Frankfurt am Main

In staufischer Zeit wurde an die Südwestecke der karolingisch-ottonischen Pfalz Frankfurt der Saalhof angebaut. Unter Konrad III. wurde Frankfurt als Ort für Hoftage wiederbelebt, auch von Friedrich Barbarossa wurde es häufig aufgesucht. In diesem Zusammenhang stellt sich die Frage, ob die alte karolingisch-ottonische Pfalz (siehe Kap. B.4.) noch funktionsfähig war und dem Herrscher als Unterkunft dienen konnte oder ob hierfür ein neues Gebäude – der Saalhof – errichtet worden ist. Der Saalhof bestand aus einem mehrteiligen Wohnbau an einem quadratischen Wohnturm, einem westlich vorgelagerten ummauerten Hof und einer an den Turm nachträglich angebauten Kapelle.

Forschungsbericht

Eine umfassende Baubestandsbeschreibung aufgrund der 1958–1962 durchgeführten Untersuchungen während der Wiederaufbauphase des Ostflügels des Saalhofes und 1964 bei der Restaurierung der Saalhof-Kapelle hat Otto Stamm 1966 zugleich mit einem Überblick über die Forschungsgeschichte vorgelegt; Fritz Arens hat 1976/77 die Baubeobachtungen ergänzt. Die Saalhofkapelle wurde 1928 von Karl Nothnagel und 1972 von Günther Binding ausführlich behandelt. Für die Kapelle mit den qualitätvollen Kapitellen war Krieg v. Hochfelden schon 1844 der Meinung, daß sie 1208 anläßlich der Übergabe der Reichsinsignien durch Konrad von Scharfenberg an Otto IV. unter Verwendung von Werkstücken aus der Zeit um 1150 zusammengefügt worden sei. Der Zweitverwendung der Werksteine stimmt Fritz Arens 1976/77 mit ausführlicher Begründung zu, datiert jedoch die Kapitelle um 1200; er folgt mit seiner Datierung der Auffassung von Karl Nothnagel von 1928. Heinrich Bingemer hat 1937 dagegen eine historisch begründete Datierung in die ersten Regierungsjahre Konrads III. (1138–1152) vorgeschlagen. Ernst Gall nimmt 1955 eine nachmittelalterliche Zusammenfügung von Säulen aus dem dritten Viertel des 12. Jhs. an. Günther Binding datiert 1963 und 1972 die Bauzeit der Kapelle einschließlich der Säulen um 1165/67 im Anschluß an die Burg Münzenberg und zeitgleich mit der Pfalz Gelnhausen. Dem schließt sich Magnus Backes im Dehio 1966 mit drittem Viertel 12. Jh. an. Otto Stamm nennt 1966 als Entstehungszeit für die von ihm untersuchten Bauteile, Palas und Turm, eine einheitliche Planung und Ausführung unter Konrad III. und für die Kapelle unter Friedrich Barbarossa. Dem folgen Marianne Schalles-Fischer 1969 (S. 234f.) mit einer Präzisierung auf 1138–1142 und Gerhard Streich 1984. In der Kölner Römer-Illustrierten 1975 ist Otto Stamm dann ganz anderer Meinung: „Die Baumaßnahmen der 1. Phase setzen wahrscheinlich zu Beginn des letzten Viertels des 12. Jhs. ein, die letzte Baustufe der 1. Periode schließt wohl in den ersten Jahrzehnten des 13. Jhs."

Die Dendro-Datierung eines Holzes aus dem Balkenrost unter dem Fundament der Kapelle auf das Frühjahr 1200 bestätigt die Datierung durch Fritz Arens auf um 1200. Zur Herkunft des Holzes macht Otto Stamm 1979/80 (S. 820) nur eine kurze Angabe: „Das Holz des Fundaments wurde exakt im Frühjahr 1200 geschlagen" (Dr. Egon Wamers hat mir den Befundbericht und das Datierungsgutachten von Ernst Hollstein vom 20. Dez. 1976 zur Verfügung gestellt, wonach Fund und Datierung eindeutig sind). Die von Ernst Hollstein vorgenommene Datierung findet sich nicht in seinem 1980 erschienenen Buch „Westdeutsche Eichenchronologie". Die Angabe von Walter Hotz 1981 (S. 49), daß ein Balken aus der Aufstockung über der Kapelle das Jahr 1208 erbracht habe, beruht auf einer Verwechslung (Hinweis Dr. Egon Wamers). Fritz Arens 1984/85 und Elsbet Orth 1985 übernehmen die Angabe von Otto Stamm 1979/80 (Orth 1985, S. 175).

Durch die Dendro-Datierung für das Fundament des Kapellenbaus auf 1200 ist die Frage nach Zweitverwendung der Säulen, wie sie Krieg v. Hochfelden und Fritz Arens begründet haben, wieder aktuell, da durch die Dendro-Datierung des Wormser Domes und der Pfalz Gelnhausen die Datierung der Steinmetzarbeiten durch Günther Binding um 1165/70 bestätigt worden ist und somit die Argumente von Fritz Arens 1976/77 (S. 28f.) gegen die Frühdatierung der Kapitelle durch Günther Binding entfallen.

In beiden Fällen – sowohl bei der Datierung der Kapitelle um 1165/70 als auch des Kapellenbaus auf 1200 – können Konrad III. und Friedrich Barbarossa nicht im Saalhof gewohnt haben. War der Saalhof überhaupt eine Pfalz, die der König für seine Aufenthalte gebaut hat, oder war er nicht eher – wie Fritz Arens 1976/77 und 1984/85 nachdrücklich betont – Sitz eines königlichen Beamten? Bereits 1972 hatte Günther Binding Größe und Bauprogramm des Saalhofes mit kleineren Burgen des 12./13. Jhs. verglichen und dadurch deutlich gemacht, daß der Saalhof in seiner Bauanlage nicht zu den Pfalzen zu rechnen ist. Unverständlich ist die Auffassung von Otto Stamm 1975 und Elsbet Orth 1985, daß der 7,80×8,00 m große Raum im Obergeschoß des Palas der „Reichssaal" gewesen sei. Zu diesem wichtigen Problem referiert Elsbet Orth im Pfalzenwerk nur die Meinung von Fritz Arens und lehnt diese mit dem Hinweis auf fehlende Nachrichten von der Weiterbenutzung der karolingischen Pfalz ab. Auch scheint ihr nicht bewußt geworden zu sein, daß mit dem Saalhof ein Baukomplex als Pfalz angesprochen wird, der gemäß der von ihr referierten Dendro-Datierung erst um 1200 erbaut worden ist und dessen Größe von einer Bescheidenheit zeugt, wie wir sie von keiner staufischen Pfalz kennen. Elsbet Orth vernachlässigt dieses Problem und zitiert den Satz von Fritz Arens, daß Konrad III. den Saalhof, und zwar den Ostflügel ohne Kapelle, gebaut habe, was nicht zutrifft, aber von Gerhard Streich 1984 übernommen wird. Aus der Datierung des Saalhofes ergibt sich vielmehr der Schluß, daß die staufischen

Herrscher bei ihren zahlreichen Besuchen vermutlich die karolingische Pfalz weiterbenutzt haben, zumindest die 852 geweihte Stiftskirche St. Salvator, für die Andrea Hampel 1991/93 eine bedeutende Erweiterungsmaßnahme (quadratische Westtürme mit zwei runden Treppentürmen in der Mitte) nach Aufgabe des karolingischen Verbindungsganges zu den Pfalzgebäuden festgestellt hat. Hampel datiert die Westtürme wegen des von ihr fälschlich angenommenen Verfalls der Pfalz ins 11. Jh. (nach Otto Stamm 1979/80 erst zweite Hälfte 12. Jh.) „auf jedenfalls nachkarolingisch"; ferner hat sie „Umbauten zwischen dem 10. und 12. Jh." beobachten können. Die Doppelturmfront dürfte jedoch erst aus dem 12. Jh. stammen.

Schließlich bleibt die Funktion des 80 m nördlich des Saalhofes auf dem Römerberg freistehenden mächtigen Rundturmes von 21,75 m Durchmesser zu klären, der 1953 und 1970/71 ausgegraben worden ist und den der Ausgräber Otto Stamm 1979/80 (S. 831f.) in die ersten Hälfte des 13. Jhs. datiert. Er ist nach 1270 bereits wieder abgebrochen worden, oder war wie der 16 m messende Rundturm der Pfalz Gelnhausen nie über die Fundamente hinausgekommen. Seine Maße erinnern an den 19 m großen Rundturm des Bremer Bischofs Wezelin in Hamburg, den der Ausgräber Reinhard Schindler in das 11. Jh. datiert. Er ist aber auch vergleichbar mit dem zu Ende des 12. Jhs. errichteten Rundturm (17,20 m Durchmesser) der Burg Broich in Mülheim an der Ruhr. Er könnte ein Hinweis darauf sein, daß in staufischer Zeit doch die karolingische Pfalz weiter genutzt und ausgebaut worden ist.

Historische Nachrichten

Die häufigen Besuche der karolingischen und ottonischen Herrscher in der Frankfurter Pfalz wurden unter den Saliern nicht fortgesetzt (Orth 1985/86, S. 250–257). Schon Konrad II. war nur zweimal, 1027 zu einer Synode und 1029, in Frankfurt, Heinrich III. 1045 (krankheitshalber auf der Durchreise), Heinrich IV. 1069. Heinrich V. war zweimal in Frankfurt, wobei er 1109 die erste Reichsversammlung seit 80 Jahren hierher einberufen hat. Es folgte eine Pause von 30 Jahren. Erst Konrad III. kam wieder nach Frankfurt und zwar achtmal: 1140, 1142 zweimal, 1146, 1147 zweimal, 1149, fünfmal mit Hoftagen, davon einer kurz nach seiner Thronbesteigung am 21. April 1140. 1147 wurde in Frankfurt Konrads Sohn Heinrich (VII.) zum König gewählt, 1152 dann sein Neffe und Nachfolger Friedrich Barbarossa. 1142 heiratete Gertrud, die Witwe Heinrichs des Stolzen, Markgraf Heinrich von Österreich in Frankfurt. Friedrich selbst war elfmal in Frankfurt 1156, 1158, 1163, 1165, 1166 zweimal, 1168, 1170 zweimal, 1173, 1174, davon dreimal zu einem Hoftag. Nach dem mehrjährigen fünften Aufenthalt in Italien (Sept. 1174–Juli 1178) wurde dann statt Frankfurt die neue Pfalz in Gelnhausen aufgesucht (1180, 82, 84, 86, 88). Heinrich VI. urkundete in seiner kurzen Regierungszeit achtmal in

338   C   Salisch-staufische Pfalzen 1025–1240

Frankfurt: 1188, 1190 dreimal, 1192 (?), 1193 zweimal, 1195, 1196; Philipp 1205 und 1207 zweimal. Unter Otto IV. fanden 1208 (Übergabe der Reichsinsignien) und 1212 wieder Hoftage statt. Friedrich II. war siebenmal in Frankfurt: 1212, 1215, 1218 zweimal, 1219, 1220 zu einem 14tägigen Hoftag mit Königswahl seines Sohnes Heinrichs (VII.), der dreizehnmal in den Jahren 1221–1234 Frankfurt besuchte, dabei waren vier Hoftage (Orth 1985/86, S. 257–315). Im 13. Jh. entwickelte sich nördlich und westlich der Stiftskirche St. Salvator eine städtische Siedlung; 1219 werden zum ersten Mal *cives* und 1238 ein *forum* genannt.

Der Saalhof ist erstmals 1277 (UB Frankfurt 1, Nr. 391) erwähnt. 1317 war er als Pfandleihe im Besitz Eberhards von Breuberg, Landvogt der Wetterau. Die Anlage wird im 14. Jh. als *aula regia* und in der Folgezeit „Sal" oder „des richs Sal" (1371) bezeichnet. 1333 wurde die Anlage auf Geheiß Kaiser Ludwigs des Bayern an den einflußreichen Frankfurter Schöffen Jakob Knoblauch verkauft, der umfangreiche Bauarbeiten durchführen ließ. 1460 wird erstmals vom „großen Saalhoffe" gesprochen (Stamm 1966).

Baubeschreibung

Der Saalhof wurde auf einem gegen den Main vorgeschobenen Ufergelände außen an die Südwestecke der Umfassungsmauer der karolingisch-ottonischen Pfalz angebaut, nach dem Bericht des Ausgräbers Otto Stamm (1966, S. 50f.) „zur Zeit der zweiten Hauptgeländehöhe – das Keramikvorkommen setzt sie etwa vor die Mitte des 12. Jhs." Zunächst entstand in einem Baufortgang auf Fundamenten in einheitlichem, ziemlich regelmäßigem Mauerverband aus hammerrechten Kalksandsteinquadern, auf Mainkies gegründet, der Osttrakt, der aus dem 18,50 m hohen, dreigeschossigen Turm und dem nördlich anschließenden zweigeschossigen, zweiräumigen Palas von 10,15 m äußerer Breite und 14,70 m Länge besteht. Die Baufugen machen deutlich, daß der Palas zunächst die 3 m dicke alte Pfalzmauer als nördliche Begrenzung benutzt hat, wie es Otto Stamm auch auf seinem 1975 publizierten Grundriß dargestellt hat. Zu dieser Bauzeit gehört die 1,10–1,30 m dicke südliche Hofmauer und deren westliche Umwinklung, deren Westflucht an die Außenkante der hier nach Norden umschwenkenden alten Pfalzmauer anschloß und so einen langgestreckten, 17×31–33 m großen Hof bildete, dessen Gelände um bis zu 4,85 m aufgefüllt wurde. Im Hof wurden Reste leichtfundamentierter hölzerner Wirtschaftsbauten aufgedeckt. Erst nach Abtragen der Pfalzmauer bis auf Geländehöhe wurde der Palas nach Norden um einen niedrigeren Anbau auf 31 m verlängert und die nur 90 cm dicke nördliche Hofmauer mit ihrer Nordwestecke errichtet. Damit erreicht der gesamte Ostbau eine äußere Länge von 40,50/44 m. Der Versuch von Otto Stamm, die Größe mit anderen Palasbauten zu vergleichen, muß fehlgehen, denn er berücksichtigt dabei nicht die originale kleinräumige

C 10 Saalhof in Frankfurt am Main   339

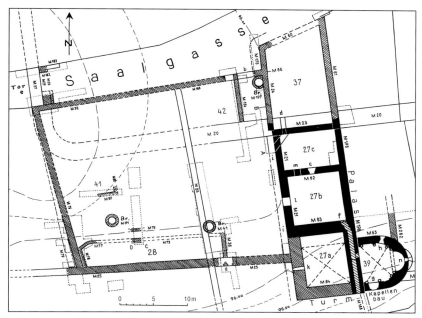

Abb. 146 Frankfurt, Saalhof, Grundriß.

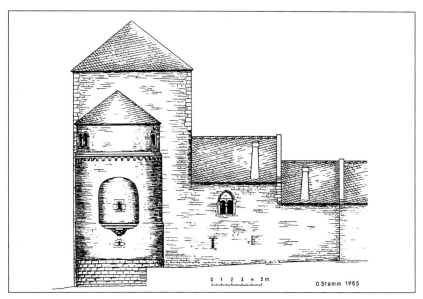

Abb. 147 Frankfurt, Saalhof, Ostansicht, Rekonstruktion.

Unterteilung des Frankfurter Palas, bei dem der größte Raum im Obergeschoß gerade 7,80×8,00 m mißt. „Die ganze Anlage war mit einer Aufschüttung bis zur dritten Hauptgeländehöhe, der Hoffläche (1,50–2,40 m unter der heutigen Oberfläche) vollendet." Nachträglich „wurde an die Ostseite des Turmes der Kapellenanbau angefügt. ... Es ist die Zeit der dritten Hauptgeländehöhe, zu der auch andere bauliche Veränderungen gehören. ... Während eines dritten Bauabschnittes ist der Kapellenanbau aufgestockt worden" (Stamm 1966, S. 50 f).

Von dem etwa 18,50 m über die zugehörige Hoffläche aufragenden, 10,10/10,25×11,70/11,99 m großen Turm, den Krieg von Hochfelden gezeichnet hat, sind nach dem Abbruch von 1842 nur noch die 1,80 m dicke Nordmauer und die Hälfte der Ostmauer erhalten. Der Sockel des Turmes besteht wie an der Kapelle aus Buckelquadern mit Randschlag, die nördlichen Ecken sind im oberen Teil durch geflächte Quader und im mittleren Teil durch flache, bis 35 cm lange Backsteine gebildet, wie sie auch als Tür- und Fensterrahmung vorkommen. Das ursprünglich verputzte Mauerwerk besteht wie am Palas aus hammerrechten Bruchsteinen in horizontalen Schichten. In der Ostwand befindet sich (gegenüber der Kapellentür) eine Tür zu dem in der Ostmauer ausgesparten, 75 cm breiten und 1,90 m hohen Gang vom Palas zur Kapelle. Der auf der Höhe des Palas-Obergeschosses liegende Raum war überwölbt. In der Ostmauer des darüberliegenden Geschosses war ein Arkadenfenster unter einem Spitzbogen aus Backstein eingefügt, das durch eine Aufstockung der Kapelle (um 1210/20) zugesetzt wurde. Eine 2 m hohe Rundbogentür mit Gewändequadern aus Lungbasalt und Sandstein führte in das Palasdachgeschoß. Das Turmuntergeschoß war bis auf Fußbodenhöhe des Palasobergeschosses verfüllt.

Der 10,15 m tiefe und bis zur alten Pfalzmauer 14,70 m lange, ursprünglich verputzte Palas war durch eine Quermauer zweigeteilt. In den 7,65×7,70 m großen Südraum führt vom Hof ein 1,30 m breites und 2,05 m hohes Rundbogentor mit äußerem Lungbasaltgewände und innerer Backsteinlaibung durch die 1,20 m dicke Mauer in das etwa 3,20 m hohe Untergeschoß, das in der Ostmauer von einem Rechteckfenster und in der hofseitigen Westmauer neben dem Eingang von einem Doppelarkadenfenster wie im Obergeschoß belichtet war. Der im Obergeschoß gelegene, 7,80×8,00 m große und fast 5 m hohe Saal hatte zwei symmetrisch angeordnete Fenster in der Hoffront und ein Fenster in der östlichen Außenmauer. Alle Fenster des Palas – mit äußeren Hausteingewänden aus Basalt und rotem Sandstein, darüber ein in der Mauerfläche liegender, gedrückter Spitzbogen aus Backsteinen – bestanden aus Doppelarkaden auf heute verlorenen Säulen, deren zurückliegende Bogenfläche verputzt war. Das südliche Fenster des Obergeschosses war außen zusätzlich in eine Spitzbogennische aus Backsteinen gesetzt. Die aus Backstein gemauerten Innengewände mit Stichbogen lassen einen Anschlag für die Holzläden frei. Die flachen

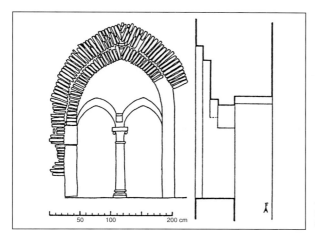

Abb. 148 Frankfurt, Saalhof, Fenster der Westseite des Saales.

Backsteine von 35 cm Länge entsprechen den Backsteinen im Turm und in dem Kapellenanbau.

Ein Kamin in der Ostwand des Obergeschoßsaales, von dem nur noch die Nische vorhanden ist, war vermutlich von den zwei erhaltenen Halbsäulen aus Lungbasalt mit polygonalen Schäften und Bandknollenkapitellen flankiert. Der durch eine Tür verbundene, 8,26×5,54 m große Nordraum des Palas besaß dünnere Wände und ein nur 2,80 m hohes Obergeschoß, worauf Eckquader an der Nordostecke des Palassüdraumes hindeuten. Im Untergeschoß lag in der Ostwand ein 1,83 m breiter Kamin mit Lungbasaltgewände, der zusammen mit dem Kieselsteinpflaster und einem in einen Abwasserkanal führenden Senkschacht Otto Stamm und Fritz Arens zu der Vermutung veranlaßt hat, diese Raumseite sei die Küche gewesen.

Eine bis in die Fundamente reichende Baunaht trennt die im Grundriß gestelzt-halbrunde Kapelle von der Ostmauer des Viereckturmes. Die Fundamente des ca. 8,90 m breiten und 7,40 m tiefen Anbaus reichen bis auf den gewachsenen Mainkies. Der Sockel ist auf der Süd- und Ostseite mit Buckelquadern aus rötlichem und gelbem Vilbeler Sandstein verkleidet, die in Material und Format ein wenig von den Eckbuckelquadern des Viereckturmes abweichen. Das übrige verputzte Mauerwerk besteht aus hammerrechten Kalksteinen in Schichten, durchsetzt mit Fischgrätverband. Die Apsidiole ist aus Backsteinen gemauert, wie sie auch im Gewölbe über dem Kapellenzugang und am Turm und Palas für Entlastungsbogen und Eckausbildungen Verwendung fanden. Die Apsis kragt mit einem reichgestuften Gesims über einem Konsolstein aus. Die Mauertechnik und die Höhe der Steinlagen des Kapellenanbaus gleichen denen des Viereckturmes, so daß Otto Stamm mit Recht annimmt, daß beide Bauten in einem nicht allzu großen zeitlichen Abstand errichtet sind. Das zweite Oberge-

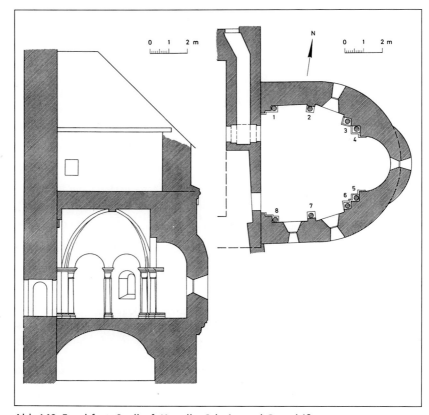

Abb. 149 Frankfurt, Saalhof, Kapelle, Schnitt und Grundriß.

schoß springt auf der Ostseite über einem aus roten Sandsteinen gearbeiteten Rundbogenfries mit Viertelstab und Plättchen und darüberliegendem kräftigem Gesims aus Platte, Hohlkehle und Wulst zurück. Bereits Karl Nothnagel sah mit Recht in diesem Gesims das Traufgesims des ursprünglichen Kapellendaches. Das Mauerwerk des zweiten Obergeschosses unterscheidet sich kaum von dem der Kapelle. Der gewölbte, kellerartige, untere Raum war früher durch eine mit einer Steinplatte bedeckten 1,12 m × 1,12 m große Öffnung im Fußboden der Kapelle zugänglich.

Aus der Südostecke des Palas führt in der 1,80 m dicken östlichen Turmmauer ein 75 cm breiter und 1,90 m hoher Gang mit flachem Tonnengewölbe. Nach Krieg v. Hochfelden 1844 soll dieser Gang früher bis an die südliche Außenflucht des Turmes gereicht haben und endete dort vielleicht in einem Aborterker. Die rundbogige, mit Innenfalz versehene Tür zur Kapelle liegt nicht in der Achse der Kapelle, sondern etwa in der des Turmes, woraus Otto Stamm folgert, daß der Gang älter als die Kapelle ist. Der Gang liegt 12 cm über dem Kapellenboden, der ursprünglich nach Osten etwas fiel. Das Türgewände besteht aus Lungbasalt wie die beiden Kaminsäulen und ist wie die Sandsteinquader der Kapelle geflächt.

Der hellverputzte Innenraum der Kapelle wird von Kämpfern, Kapitellen, vollrunden Säulenschäften, Basen, Vorlagen und Bandrippen aus rotem Mainsandstein gegliedert. Die nördliche und südliche innere Mauerflucht ist in der Mitte geknickt; drei freistehende Säulen mit eingebundenen Kämpfern, Kapitellen und Basen tragen eine gekuppelte Blendarkade, in deren Nordostfeld ein altes Rundbogenfenster in tiefer Schräglaibung erhalten ist, während die beiden Öffnungen der Südseite später vergrößert und 1936 in den alten Zustand zurückversetzt worden sind. Den Triumphbogen stützen zwei eingestellte Säulen. In die Apsisrundung sind rechts und links je eine von Quadern umrahmte, rechteckige Nische eingefügt. Die Apsis ist mit einer Kalotte und der leicht trapezförmige Kapellenraum mit einem steilen Kreuzrippengewölbe überwölbt. Die rechteckigen Bandrippen mit Mittelgrat am Rippenanfänger ruhen auf Wandpfeilern. Der kreuzförmige Schlußstein sitzt infolge der nach Osten abnehmenden Breite des Raumes nicht an der höchsten Stelle des Gewölbes. Die kleinere östliche Gewölbekappe schließt in einem unregelmäßig spitzen Bogen an ihre Schildwand an. Im Westen läuft das Gewölbe halbkreisförmig gegen den Schildbogen, im Norden und Süden halbkreisförmig gegen die von Doppelarkaden gestützte Wandfläche.

Die acht Kapitelle können aufgrund ihrer Ornamentik in zwei Gruppen geschieden werden: die leicht gestreckte Kelchblockform ist bei fünf Säulen mit Rankenstengeln, Blättern und Voluten verziert. Drei Säulen zeigen übereinstimmend Bandknollenkapitelle: auf jeder Seite zwei flache, breite Bänder, die aus dem glatten Kelch aufwachsen, sich überkreuzen, auf den Ecken mit dem Band der Nebenseite zusammentreffen, von einem dreigeteilten Band zusammengehalten werden, sich zu einer dreiteiligen, dickfleischigen Blattknolle vereinigen und die Ecke des Abakus stützen.

Der auf das Kapellengeschoß nachträglich aufgesetzte, flachgedeckte Raum war durch zwei Doppelarkadenfenster mit Rotsandsteinlaibung nach Süden geöffnet. Das äußere, abgefaste und gekehlte Gewände setzt sich in den Bogen fort, die auf Kämpfern aus Platte und Schräge aufsetzen. Die Kapitelle, von denen das westliche erneuert ist, sind Kelchblockkapitelle, deren Schmuck aus Blättern und diamantierten Stengeln vom Halsring aufwächst und sich an den Ecken weich nach unten umlegt. Die Kapitelle entsprechen einem Doppelkapitell, das beim Abbruch des anschließenden Turmes im 19. Jh. gefunden wurde. Die Basen haben attisches Profil, dessen Kehle in den unteren über die Plinthe vorstehenden Wulst eingetieft ist.

Abb. 150, 151 Frankfurt, Saalhof, Kapelle, Kapitelle.

Datierung und Deutung

Motiv, Form und Stil der Bandknollenkapitelle in dem Kapellenanbau entsprechen bis in Einzelheiten einer Kapitellgruppe der Burg Münzenberg, nur die Proportionen sind schlanker. Ein verwandtes Kapitell findet sich im Bergfried der Burg Wildenberg im Odenwald. Die andere Kapitellgruppe hat ihre Vorbilder in elsässischen Kirchen aus dem zweiten Drittel des 12. Jhs., so daß Günther Binding 1972 die Kapitelle aufgrund ihrer Ornamente um 1165/70 datiert hat. In diese Zeit verweisen auch die attischen Basen mit Eckzier, die nach ihrer Proportion jünger als die Säulenbasen am Palas der Burg Münzenberg (vor 1165) und etwa zeitgleich mit der Pfalz Gelnhausen (um 1165/73) sind. Die Säulen und ihre Kämpfer gehören demnach ebenso wie die Kaminsäulen aus dem Palas nicht zu einer Bauzeit um 1200. Offensichtliche Unstimmigkeiten (rechteckige Kämpfer, zu kleine Säulenschäfte, Wandknick, verzogenes Gewölbe) haben seit Krieg v. Hochfelden viele Bearbeiter der Kapelle zu Vermutungen über Zweitverwendung oder übereilte Fertigstellung veranlaßt (Arens 1976/77, S. 12–14; Hotz 1981, S. 49). Auch die auffällige Verwendung von Bandrippen verweist die Bauzeit der Kapelle in die Zeit zwischen 1130 und 1170/80, nicht jedoch in die Zeit um 1200, die durch das Dendro-Datum eines Holzes unter dem Fundament belegt ist. Denkbar wäre in Verbindung mit der Wiederverwendung älterer Kapitelle auch ein bewußter Rückgriff auf eine ältere Wölbform. Die auch im Turm und Palas verwendeten, bis zu 35 cm langen, flachen Backsteine sind mit Kaiserswerth (1170/80er Jahre) vergleichbar. Hier bleibt zur Zeit ein nicht zu klärendes Problem bestehen.

Der Kapitelltyp der Doppelarkadenfenster in der Kapellenaufstockung ist seit dem Ende des 12. Jhs. am Mittel- und Niederrhein weit verbreitet. Das Basisprofil tendiert zur gotischen Tellerbasis und gehört in die Zeit um oder nach 1210/20. Damit ist nicht nur die Aufstockung auf etwa 1210/20 datiert (Nothnagel 1928), sondern es wird auch durch die Verwandtschaft mit dem Doppelkapitell aus dem Turm auf weitere Baumaßnahmen am Saalhof verwiesen.

Die Frühdatierung der Kapitelle in die 1160er Jahre und die Spätdatierung ihrer Zusammenfügung um 1200 sowie die Aufstockung der Kapelle um oder nach 1210/20 befreien uns nicht von der generellen Problematik, daß es sich hier nicht um die staufische Pfalz handelt, in der 1140–1234 so zahlreiche Königsaufenthalte und so wichtige Hoftage einschließlich der Königswahl Friedrich Barbarossas stattgefunden haben.

Deutung und zeitliche Zuordnung der Befunde von Palas und Kapelle des Saalhofes konnten bislang von keinem Autor überzeugend geliefert werden; alle Abhandlungen enthalten vielmehr Widersprüche in sich. Immer wieder wird ausdrücklich festgestellt, daß Turm und Palas in einer einheitlichen Baumaßnahme errichtet und die Kapelle, zwar mit durchgehender Fuge, aber in sehr verwandter Mauertechnik nachträglich angefügt wurde. Daraus schließen

Otto Stamm und Fritz Arens eine kurze zeitliche Aufeinanderfolge. Das veranlaßt Otto Stamm aufgrund des Dendro-Datums für das Kapellenfundament dazu, Turm und Palas in das Ende des 12. Jhs. zu datieren. Fritz Arens setzt 1976/77 schon in Kenntnis des Dendro-Datums die Kapelle um 1200 an und sieht trotz der Feststellung einer konzeptionellen und technischen Einheitlichkeit der Bautengruppe Konrad III. als Bauherrn von Turm und Palas. Elsbet Orth schließt sich Fritz Arens und der bereits von Heinrich Bingemer 1937 (S. 13) geäußerten Auffassung an, „denn es läßt sich schwer vorstellen, daß Konrad III. und Friedrich I. ca. 60 Jahre lang den Pfalzort Frankfurt wieder intensiv in die Herrschaftspraxis einbezogen haben sollten, ohne hier über geeignete Bauten verfügt zu haben" (Orth 1985, S. 176). Dem ist grundsätzlich zuzustimmen. Es war aber keinesfalls der heutige Saalhof, der Konrad III. 1140–1152 für seine Besuche und Reichstage sowie für die Wahl Friedrich Barbarossas zur Verfügung stand. Es handelt sich beim Saalhof vielmehr um die *domus*, vielleicht des Burggrafen. Dieser von Fritz Arens nachdrücklich vorgetragenen Auffassung hat Otto Stamm 1979/80 energisch widersprochen und hält den Saalhof für die staufische Pfalz, die er als Ersatz für die aufgrund der Scherbendatierung in der zweiten Hälfte des 12. Jhs. abgegangene karolingisch-ottonische Pfalz ansieht (Stamm 1975 und 1979/80). Auch Walter Hotz 1981 widerspricht Fritz Arens unter Hinweis auf die „wichtige Kapelle", die man nicht an das Haus eines Burgmannen anbaute, „sondern an den für den Kaiser und die Repräsentation des Reiches bestimmten Palas". Entsprechend datiert Walter Hotz den Baubeginn der Anlage in die Zeit Konrads III.; „Barbarossa hat den Saalhof, die *aula regia*, dann in den 70er Jahren vollendet. Unter Otto IV. wurde 1208 die Kapelle hinzugefügt" (Hotz 1981, S. 51); die Kapitelle datiert Hotz in die 70er Jahre. Elsbet Orth spricht schließlich im Pfalzenwerk problemlos von der „stauferzeitlichen Pfalzanlage" (S. 168). Demgegenüber hat Günther Binding bereits 1972 durch Grundrißvergleiche deutlich gemacht, daß der zweiräumige Palas mit eingebautem Turm mehrfach bei kleineren Burgen des 12./13. Jhs. vorkommt. Die geringen Raumgrößen, die eingebaute Küche und die Doppelfenster sind im Vergleich mit allen anderen staufischen Pfalzen sehr bescheiden und ungewöhnlich, vielmehr sind sie typisch für Burgen kleiner Herren und städtische Profanbauten der Zeit. Vielleicht hat der Sitz in nachstaufischer Zeit dem König als Wohnung gedient und so die Bezeichnung als *aula regia* und „des Reiches Saal" im 14. Jh. hervorgerufen. Im Bereich der karolingisch-ottonischen Pfalz fanden noch in der ersten Hälfte des 13. Jhs. Baumaßnahmen statt, wie der Rundturm auf dem Römerberg und die Befunde im Bereich der Alten Nikolaikirche nördlich des Saalhofes belegen.

Literatur

Krieg von Hochfelden, G. H.; Die ältesten Bauwerke im Saalhof zu Frankfurt a. M., seine Befestigung und seine Kapelle. In: Archiv f. Frankfurts Gesch. u. Kunst 3, 1844, mit Abb.

Krieg von Hochfelden, G. H.: Geschichte der Militär-Architektur in Deutschland. Stuttgart 1859, S. 197–199.

Nothnagel, Karl: Die Bauornamentik der Saalhof-Kapelle in Frankfurt am Main. In: Schr. d. Hist. Mus. Frankfurt a. M. 4, 1928, S. 28–42.

Bingemer, Heinrich: Die Erbauungszeit des Saalhofes in Frankfurt am Main und der Burgen zu Gelnhausen und Münzenberg. In: Schr. d. Stadtgesch. Mus., Bd. 6. Frankfurt a.M. 1937, S. 5–39.

Dehio-Gall: Südliches Hessen. 2. Aufl. München-Berlin 1955, S. 23 f.

Binding, Günther: Die Pfalz Gelnhausen und die frühstauf. Baukunst im Rhein-Main-Gebiet. MS Diss. Bonn 1963 (Teildruck Bonn 1965).

Backes, Magnus: Hessen. Berlin-München 1966 (= Georg Dehio, Handbuch d. dt. Kunstdenkmäler) S. 235 f.

Schalles-Fischer, Marianne: Pfalz und Fiskus Frankfurt. Göttingen 1969 (= Veröff. d. Max-Planck-Inst. f. Gesch. 20), bes. S. 233–237.

Stamm, Otto: Der königliche Saalhof zu Frankfurt am Main. Frankfurt/M. 1966 (= Sonderdruck aus Schr. d. Histor. Mus. d. Stadt Frankfurt a. M. 12, 1966) mit Lit.-Verz. Bespr. Wolfgang Einsingbach in: Nass. Annalen 79, 1968, S. 448.

Binding, Günther: Die Saalhof-Kapelle zu Frankfurt am Main. In: Schr. d. Hist. Mus. Frankfurt a. M. 13, 1972, S. 7–31.

Schlesinger (1975) S. 15 f.

Arens, Fritz: Der Saalhof zu Frankfurt und die Burg zu Babenhausen. In: Mainzer Zs. 71/72, 1976/77, S. 1–56 (Frankfurt S. 1–29).

Stamm, Otto: Frankfurt, karolingische Pfalz und staufischer Saalhof. In: Kölner Römer-Illustrierte 2, 1975, S. 279.

Stamm, Otto: Gab es in Frankfurt am Main eine staufische Pfalz? In: Fundberichte aus Hessen 19/20, 1979/80, S. 819–841.

Hotz, (1981) S. 47–53.

Arens, Fritz: Nochmals: Der Saalhof zu Frankfurt. (Entgegnung auf Stamm). In: Mainzer Zs. 79/80, 1984/85, S. 67–70.

Streich (1984) S. 606–611.

Orth, Elsbet: Frankfurt. In: Die Deutschen Königspfalzen, Bd. 1. Hessen, 2.+3. Lfg. Göttingen 1985, 1986, S. 131–368, bes. S. 167–178 (Saalhof).

Hampel, Andrea: Der Kaiserdom zu Frankfurt am Main. Ausgrabungen 1991–93. Nußloch 1994 (= Beitr. zum Denkmalschutz in Frankfurt a. M. 8).

Hampel, Andrea: Archäologie in Frankfurt am Main. Bonn 1993, S. 72–79.

C 11 Wimpfen am Neckar

Über die in der Flächenausdehnung größte staufische Pfalz Wimpfen hat Fritz Arens 1967 den dritten und bisher letzten Band des vom Deutschen Verein für Kunstwissenschaft herausgegebenen Pfalzenwerkes vorgelegt. Die vorausgehenden Darstellungen waren nicht sehr zahlreich und wenig ausführlich. Eine den Bestand erfassende Bearbeitung der Pfalz nach Freilegung der Palasarkaden 1833/34 bringt 1898 Georg Schäfer im Kunstdenkmälerinventar; mit seiner Datierung eines Baubeginns noch unter Friedrich Barbarossa in den 1180er Jahren und mit einer Hauptbauzeit und Vollendung erst unter Friedrich II. hat er bis auf wenige Ausnahmen die spätere Forschung bestimmt. Die Datierung wurde von Rudolf Kautzsch 1907/25 in seinem Bändchen „Kunstdenkmäler in Wimpfen" übernommen und mit dem Hinweis auf die formale Verwandtschaft mit dem Wormser Westchor, den er in den Anfang des 13. Jhs. datierte, und unter Berücksichtigung der Häufung der Königsaufenthalte ab 1218 für die Zeit 1200–1220 präzisiert. Dem folgen Fritz Arens und Reinhold Bührlen 1954 in der Neubearbeitung des Bändchens, das in mehreren überarbeiteten Auflagen, zuletzt 1991, vorliegt. 1967 hat Fritz Arens in einer sorgfältig alle historischen Nachrichten und Baureste erfassenden Monographie durch zahlreiche Formvergleiche seine Datierung um 1200–1220 begründet und 1977 im Stauferkatalog wiederholt. Wolfgang Einsingbach (1968) und Günther Binding (1967) haben sich in ihren Besprechungen der Monographie von Fritz Arens seiner Datierung – trotz zahlreicher Bedenken – angeschlossen. Demgegenüber hat Walter Hotz 1937 angenommen, daß die Pfalz vor 1170 begonnen und zu einem ersten angeblichen Aufenthalt Friedrich Barbarossas in Wimpfen 1174 fertig war. Eine Frühdatierung für den Palas vor 1182, dem ersten sicher überlieferten Aufenthalt Barbarossas, schlagen Leo Bruhns 1937, Gottfried Schlag 1940 und Günther Binding 1963 vor und verweisen auf motivische Ähnlichkeiten der Bauornamentik mit Schmuckformen elsässischer Sakralbauten aus der Mitte des 12. Jhs., z. B. Rosheim. Heinrich Büttner 1958 und Ferdinand Opll 1978 haben mit Hinweis auf die Aufenthalte Friedrichs I. und Heinrichs VI. und unter territorialpolitischen Aspekten die Bauzeit der Pfalz auf 1182–1190 datiert. 1981 vertritt Walter Hotz eine Datierung 1160–1170, wobei er auf die neue Zeitbestimmung für den Wormser Dom verweist (Ostteile 1130–1145, Langhaus um 1162, Westchor 1181 geweiht) und weitere elsässische Bauten wie Eschau, Rosheim und Odilienberg nennt, die um 1150–1165, errichtet worden sind. Die Dendro-Datierung eines Balkonbalkens vom Roten Turm durch Burghart Schmidt 1983 in die Zeit etwa zwischen 1181 und 1201 scheint trotz des breitgestreuten Wertes diese späte Datierung – zumindest für den Roten Turm – zu bestätigen, wenn auch die Frühdatierung von Worms und die von Fritz Arens aufgezeigten formalen Verwandtschaften nun wieder für den Palas und das

Abb. 152 Wimpfen, Ansicht vom Neckar.

Burgmannenhaus eher in die Zeit vor 1182 verweisen und damit der Auffassung von Walter Schlesinger 1975 (S. 388) entsprechen, der davon ausgeht, daß die Pfalz 1182 schon begonnen war, und sogar der Auffassung zuneigt, daß Friedrich Barbarossa 1182 schon in der Pfalz Unterkunft genommen hat, „da vorherige Königsaufenthalte fehlen, Heinrich VI. aber 1190 und 1192 wieder in Wimpfen war."

Geschichte
Wimpfen liegt wenige Kilometer nördlich von Heilbronn am Neckar, an der wichtigen Fernstraße, die Paris über Metz, Kaiserslautern, Worms, Wimpfen, Ingolstadt und Passau mit dem Donauraum verband. Das zu Füßen der Pfalz und Stadt gelegene Ritterstift St. Peter im Tal, seit Ende des 11. Jhs. Sitz eines der vier Archidiakonate des Wormser Bistums, entstand an der Stelle des römischen Kastells und *Vicus* gegenüber der Einmündung von Kocher und Jagst in den Neckar, über den hier seit römischer Zeit eine um 1300 zerstörte Brücke führte. Das Stift wird 965 in einer Urkunde Ottos I. erwähnt, mit der er dem Bischof von Worms die Immunität in Wimpfen und Ladenburg bestätigte. Bereits seit Ende des 9. Jhs. ist der Wormser Bischof Herr des umliegenden Gebietes am Neckar.
Um die Mitte des 12. Jhs. gewinnt der Raum am mittleren Neckar Bedeutung für die Territorialpolitik der staufischen Herrscher in ihrem Bemühen um eine Ausweitung ihrer Hausmacht und ihres Einflußbereiches (Büttner 1958).

350 C Salisch-staufische Pfalzen 1025–1240

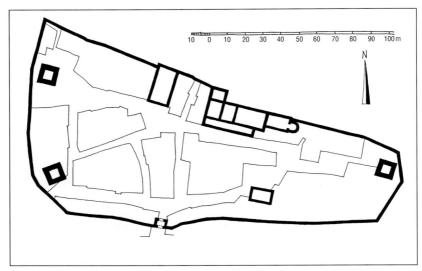

Abb. 153 Wimpfen, Grundriß.

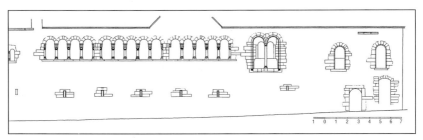

Abb. 154 Wimpfen, Palas, Talfront.

Am 9. Febr. 1182 weilte Friedrich Barbarossa erstmals nachweislich in Wimpfen, wobei unklar ist, ob er in der Pfalz oder in Wimpfen im Tal oder im Hof des Bischofs von Worms untergebracht war. Das gilt auch für Heinrich VI., der am 1. Febr. und 21. Sept. 1190 und am 14. Juni 1194 in Wimpfen urkundete. Alle Urkunden lauten *apud Wimpinam* oder ähnlich, erstmals 1254 und 1255 werden *castrum Wimphinensis et opidum ibidem* genannt.

Die staufischen Bemühungen, am mittleren Neckar ihre Herrschaft auszuweiten, besonders unter Pfalzgraf Konrad von Staufen (1156–1195), einem Stiefbruder Friedrich Barbarossas, der seit 1160/70 Vogt des Wormser Hochstiftes war, führte zu andauernden Auseinandersetzungen, vor allem mit dem Wormser Bischof. 1212 verzichtete Friedrich II. auf alle Güter, die seine Vorgänger vom Bistum Worms innehatten, darunter auch Wimpfen. Aber schon

Abb. 155 Wimpfen, Talfront.

seit 1218 wurden unter Friedrich II. und besonders unter seinem Sohn Heinrich (VII.) die Königsbesuche in Wimpfen sehr zahlreich. 1227 wurde Wimpfen vom Wormser Bischof an Heinrich (VII.) zu Lehen übertragen, der Wimpfen nach seinem ersten Besuch 1218 mit seinem Vater seit 1224 häufig zum Aufenthalt wählte, „so daß zu dieser Zeit die Pfalz geradezu einer der Regierungsmittelpunkte war" (Arens 1967, S. 20). Am 2. Juli 1235 unterwarf sich Heinrich in Wimpfen seinem Vater. Danach fehlen bis auf wenige späte Ausnahmen Nachrichten über Königsaufenthalte in Wimpfen.

Etwa zeitgleich mit der Pfalz, jedoch sicherlich erst nach der Zeit Friedrich Barbarossas (Schlesinger, Arens) entstand auf dem Eulenberg westlich der Pfalz die Stadt Wimpfen an der Stelle einer älteren Siedlung, von der eine Saal-

Abb. 156 Wimpfen, Talararkaden.

Abb. 157 Wimpfen, Talararkaden.

kirche mit einem eingezogenen Rechteckchor als Vorgängerbau der staufischen Stadtpfarrkirche ausgegraben wurde. 1224 werden *cives* genannt, 1241 wurde die Stadt Wimpfen in der Steuerliste der zum staufischen Königsterritorium gehörenden Städte mit 40 Mark veranschlagt ohne Nachlaß für *aedificia*, woraus die Fertigstellung der Stadtmauer zu erschließen ist. Der Neubau der Stadtpfarrkirche als dreischiffige Basilika mit Osttürmen und der an der höchsten Stelle der Stadt gelegene Wormser Hof stammen aus dem Anfang des 13. Jhs.; das Hospital wurde vor 1233 durch den Schultheiß Wilhelm von Wimpfen gegründet (Arens 1967, S. 33), der 1225–1255 als *scultetus*, *dispensator* oder *advocatus* mit der Verwaltung des zur Pfalz gehörenden Krongutes betraut war (Arens 1967, S. 25). Einzelne Bauten der Pfalz gingen seit dem Interregnum in den Besitz verschiedener Klöster und Adliger, vor allem der Herren von Weinsberg, über. Seit dem 14. Jh. bemühte sich die freie Reichsstadt Wimpfen um den Erwerb einzelner Pfalzbauten; zu dieser Zeit wurde der Palas bis auf die in die Ringmauer eingebaute Talseite abgebrochen; nur die Kapelle wurde weiter genutzt und erst im 19. Jh. profaniert.

Baubeschreibung

Die Pfalz ist auf dem Ostteil des Eulenberges auf einer beträchtliche Höhenunterschiede aufweisenden Grundfläche von 215×87 m errichtet und mit einer 560 m langen, 1,20–1,70 m dicken und etwa 5 m hohen Ringmauer aus ursprünglich verputzten, hammerrechten Bruchsteinen (am Ort anstehender Blaustein) in horizontalen Lagen umgeben. Wie es in dieser Zeit üblich war, hat die

Mauer keine Türme. Die Anlage sichern drei quadratische Bergfriede: im Osten der Rote Turm und im Westen hinter der stadtseitigen Mauer mit einem heute verfüllten Halsgraben der Blaue Turm und ein ähnlicher, 1983 in Fundamenten ausgegrabener Turm. Der Zugang erfolgt durch das Schwibbogentor in der Südmauer. Fritz Arens vermutet einen weiteren Eingang von der Stadt her in der nicht erhaltenen Westmauer neben dem Blauen Turm. In der nördlichen Neckarfront – etwas aus der Mitte nach Osten verschoben – steht der Palas mit östlich anschließender Kapelle. 20 m westlich ist das Steinhaus mit seinem Giebel in die Ringmauer eingebunden. Am Weg vom Burgtor zur Kapelle ist ein steinernes Burgmannenhaus teilweise erhalten. Über weitere Innenbebauung der Pfalz ist nichts bekannt. Auffällig ist die besondere Größe der Anlage von 215×87 m, zum Vergleich: Gelnhausen 68×62 m, Nürnberg 180×50 m, Eger 110×70 m, Münzenberg 115×36 m, Wartburg 150×45 m.

154
155   Von dem Palas ist nur die in die Ringmauer eingebundene, talseitige Nordmauer in zwei Geschossen mit Fenstern und den 1833/34 freigelegten Arkaden im Obergeschoß erhalten, die übrigen Mauern wurden 1957 und 1967/69 ergra-
156   ben, so daß der Grundriß in den Abmessungen 35,60×16,70 m bekannt ist. Das
158   etwa 4 m hohe Erdgeschoß bestand aus einem hofseitigen, 3 m tiefen, im Osten leicht verkürzten Gang, dahinter im Westen zwei 7×10 m große Räume und östlich anschließend ein 17,20×10 m großer Raum mit Schlitzfenstern in der Ringmauer. Aus dem westlichen Raum führen zwei Rundbogentüren in einen talseitig ausspringenden Anbau.

158   Die Mauerverzahnungen im 1. Obergeschoß deuten auf eine dem Untergeschoß entsprechende Raumaufteilung hin. Der östliche Saal ist im Anschluß an

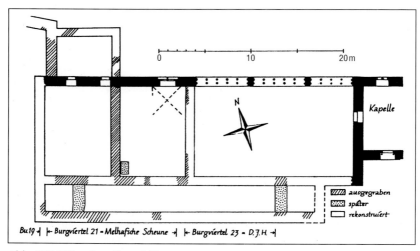

Abb. 158 Wimpfen, Grundriß.

die Kapelle durch unverschließbare, in die Mauerfläche eingefügte Fensterarkaden geöffnet, die durch Pfeiler in eine Vierer- und zwei Fünferarkaden geteilt sind. Die 1,10 m hohen Säulen, deren Basis, Schaft und Kapitell aus einem Stein gearbeitet sind, stehen doppelt hintereinander und tragen einen gemeinsamen Sattelkämpfer; ihnen entsprechen Halbsäulen an den Pfeilern (die Säulen sind zum großen Teil aufgrund von Verwitterungsschäden durch Kopien ersetzt). Von den 34 Säulen sind die Schäfte von fünf auf der Innenseite angeordneten Säulen besonders gestaltet: ein gedrehter Schaft aus vier Wülsten, zwei Knotenschäfte aus acht Wülsten, ein mit kreisförmigen Pflanzengebilden ornamentierter Schaft und ein Viererbündel. Die Basen mit attischem Profil und Eckzier sind sehr abwechslungsreich verziert; häufig wird die Eckzier – u. a. aus geschärften Eckknollen, dem sog. „Eulenkopf", und einmal aus Palmetten – durch verschiedene Kreissegmente verbunden. Unter den Würfelkapitellen mit mehrfach gestuften Schilden herrscht eine auffällige Vielfalt der Ausbildung, die nach Westen zunimmt: oben zu Voluten eingerollte Halbkreise, stilisierte Palmettenformen und Flechtband. Die mächtigen Sattelkämpfer springen konkav einschwingend vor und besitzen am oberen Ende einen walzenförmigen Wulst, darunter viertelkreisförmige Konsolen aus zwei Wülsten mit abgesetzter Kehle.

Zu dem mittleren Raum gehört eine hohe, schlanke Doppelarkade auf einer Säule mit einer flachen attischen Basis mit Eckzier auf hoher Plinthe und mit einem Würfelkapitell mit dreifach gestuftem Schild; in die einspringende Laibung ist ein dicker Wulst eingelegt. Dahinter ist die Öffnung mit Steinplatten geschlossen, in die zwei kleine, verschließbare Rundbogenfenster eingeschnit-

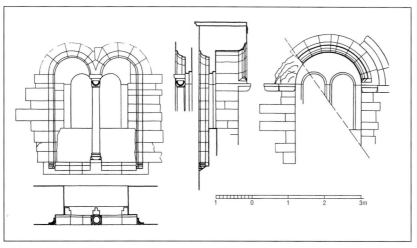

Abb. 159 Wimpfen, Palas, Fenster.

ten sind. Auf der Innenseite ist die tiefe Nische von einem reich profilierten Bogen mit Hornauslauf auf Kämpfern überfangen, unter denen vielleicht ursprünglich Säulen standen (der Bogen war kein Schildbogen für ein Gewölbe, wie Fritz Arens vermutet). Das Fenster entspricht in Größe und weitgehend auch in der Gestaltung dem Fenster des gleichen Raumes in der Pfalz Gelnhausen, so daß Fritz Arens eine Abhängigkeit Wimpfens von Gelnhausen annimmt; ähnliche, jedoch sehr viel bescheidenere Fenster finden sich auch an gleicher Stelle in den Pfalzen Eger und Seligenstadt.

Der Grundriß des Palas übernimmt recht genau den des Palas von Gelnhausen, nur in etwas größeren Abmessungen: Saal 17,20×10 m (13,20×8 m), zwei westliche Räume 7×10 m (5,50×8 m), Gang 3 m (3,60 m), Gesamtlänge 35,60 m (28,70 m). Der Saal entspricht in seiner Größe etwa dem von Seligenstadt und der Wartburg, ist aber bedeutend kleiner als der eigentliche, vermutlich dreischiffige Reichssaal im 2. Obergeschoß von Gelnhausen mit 26×12,50 m. Deshalb möchte man zumindest die Vermutung äußern, daß Wimpfen noch ein zweites Obergeschoß besaß, dessen Saal allerdings dann mit 33×14,20 m ungewöhnlich groß gewesen wäre. Eine Entscheidung ist nicht zu treffen, da die Wimpfener Nordmauer in ihrem oberen Anschluß durch spätere Baumaßnahmen und Restaurierungen bestimmt ist. Bei den zahlreichen engen Abhängigkeiten von Gelnhausen ist zumindest ein 2. Obergeschoß wahrscheinlich, andererseits muß berücksichtigt werden, daß der Saal im 1. Obergeschoß unverschließbare Arkaden in der talseitigen Wand aufweist, wie sie in Münzenberg im 2. Obergeschoß vorkommen.

160   Die östlich unmittelbar an den Palas anschließende, deutlich gegenüber der Palasfront zurückspringende Kapelle, die 1293 nachweislich dem Hl. Nikolaus geweiht war, ist ein 12,05×7,25 m großer, flachgedeckter Saal mit einer asymmetrisch eingezogenen, durch Pfeilervorlagen des Triumphbogens leicht abgeschnürten, gestelzten Apsis. Die Apsis ist durch einen gotischen Chor mit nördlich anschließender Sakristei ersetzt. Nach Beseitigung des 1837 eingebauten Wohnhauses wurde die Kapelle 1908/11 umfassend restauriert. In der hofseitigen, aus Eppinger Keupersandsteinquadern sorgfältig über attisch profiliertem Sockel gemauerten Südseite befindet sich im Westteil eine einfach zurückgestufte, weitgehend rekonstruierte Rundbogentür mit eingelegtem Wulst auf attischen Basen, darüber in der glatten Mauer ein rekonstruiertes Doppelarkadenfenster, zugehörig zu der vom Palasobergeschoß durch eine rechteckige Tür zugänglichen, 3 m tiefen Empore. Die östlich anschließende Wandfläche der Südmauer ist durch Lisenen mit doppeltem Kantenwulst und entsprechend profiliertem Rundbogenfries in drei Felder gegliedert, in deren Mitte einfache,
161   rekonstruierte Rundbogenfenster in Höhe des Doppelarkadenfensters angeordnet sind. In der Ringmauer sind in gleicher Höhe entsprechend drei Rundbogenfenster und ein Doppelarkadenfenster eingefügt, dazu unten vier Schlitzfen-

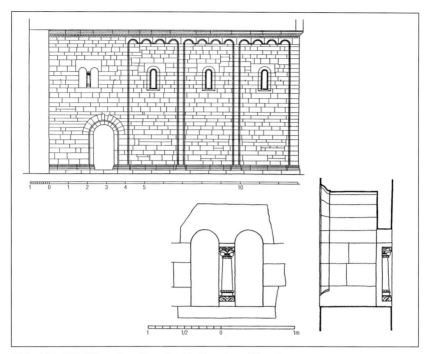

Abb. 160, 161 Wimpfen, Kapelle, Hoffront und Fenster.

ster wie im Palasuntergeschoß, jedoch ohne Hausteinrahmung und evtl. nachträglich. In Höhe des ursprünglichen Dachfirstes der Apsis kragt auf der östlichen Giebelmauer des Kirchensaales eine attische Basis vor, deren unterer Wulst mit zwei Dreieckzickzackbändern verziert ist und die eine Halbsäule trägt, deren Kapitell rekonstruiert ist. Nur die beiden den Mittelpfosten der Doppelfenster der Empore vorgelegten Halbsäulen zeigen Schmuckformen. Die Kelchblockkapitelle werden bestimmt von wulstigen, spitzen Eckblättern mit untergehängten Eckknollen, die von einem umlaufenden Band zusammengehalten werden, darüber sich kreuzende Stengel, die in Voluten enden. Das wohl erneuerte Kapitell des südlichen Doppelfensters ist etwas wulstiger, der Halsring gedreht und die Basis mit „Eulenkopf"-Eckzier versehen.

Das zuerst 1359 als Steinhaus bezeichnete Gebäude, ein mit seinem Nordgiebel in die Ringmauer eingebundener, ursprünglich zweigeschossiger Bau von 21×12 m Außenmaß, steht 20 m westlich vom Palas. Spätere Veränderungen, der Einbau eines Kellers und die Aufhöhung durch die beherrschenden Stufengiebel im 16. Jh. haben den ursprünglichen romanischen Bauzustand stark verändert, der aber noch weitgehend zu erkennen ist. Die 1,35–1,52 m

Abb. 162 Wimpfen, Steinhaus, Nordansicht.

dicken Mauern aus roh behauenen Blausteinen und grauen Sandsteinen, jeweils in mehreren Schichten wechselnd, waren ursprünglich verputzt, die Ecken bestehen aus Keupersandsteinquadern.

Das Innere hatte in zwei Geschossen ununterteilte, zweischiffige Säle mit mittlerer hölzerner Stützenreihe. Das 18,80/18,50×9,25/9,40 m große Erdgeschoß war in der Südostecke durch einen 1,50 m weiten rundbogigen, ursprünglich außen ebenerdigen Eingang zugänglich, daneben ein leicht aus der Achse nach Osten verschobenes Doppelfenster. Die Ostwand war ohne Fenster, in der Westwand nur ein Doppelfenster im südlichen Drittel und ein leicht aus der Mitte nach Süden verschobener Kamin. In der nördlichen Giebelwand sind sechs rundbogige Fenster in drei verschiedenen Höhen nebeneinander angeordnet, im Innern sind die Fensternischen mit waagerechten Stürzen überdeckt und mit einem Holzladen zu verschließen. In der Nordostecke führt neben der Ringmauer eine rundbogige Tür nach außen; sie entspricht einer gleichen im Obergeschoß.

Das 4,45 m hohe Obergeschoß (18,70/19×10 m) war in der Mitte der Südwand durch eine 1,10 m weite Rundbogentür – außen über eine Holztreppe er-

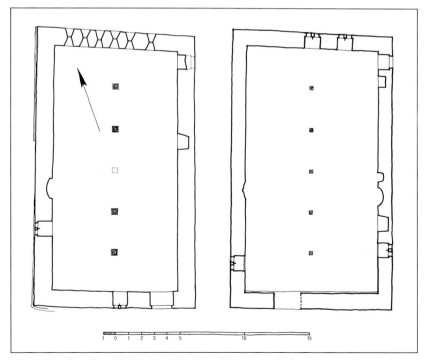

Abb. 163 Wimpfen, Steinhaus, Unter- und Obergeschoß.

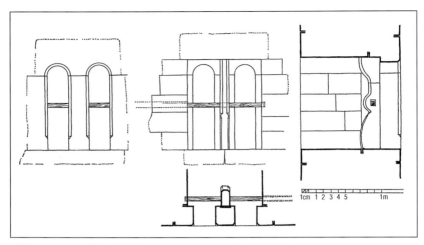

Abb. 164 Wimpfen, Steinhaus, Fenster.

reichbar – zugänglich. Jeweils etwas aus der Mitte nach Süden verschoben, war auf den beiden Längswänden je ein 1,30 m breiter Kamin angeordnet, dessen Schlot auf der Außenseite über erhaltenen Konsolen etwas vorstand. In der sich südlich anschließenden Wand war je ein Doppelfenster eingefügt. Der Nordteil der Seitenwände hatte wie im Erdgeschoß keine Fenster, woraus auf eine vorgesehene Anschlußbebauung entlang der Ringmauer zu schließen ist. Im Nordgiebel sind drei Doppelfenster leicht nach Westen aus der Achse verschoben.

164 Den äußeren Rahmen um die beiden schmalen rundbogig geschlossenen Öffnungen von 1,30×0,30 m bilden drei Pfosten; Sohlbank und Rundbogensturz bestehen aus Monolithen. Die tiefen inneren Nischen sind flach mit großen Hausteinstürzen abgedeckt. Im verdickten Mittelpfosten ist in halber Höhe das Loch für den Riegelbalken des Fensterladens ausgespart. Im Dachgeschoß befinden sich in beiden Giebeln leicht aus der Achse verschobene, 1,10 m weite Rundbogentüren mit seitlichen Balkenlöchern von einem balkonartigen Vorbau. Fritz Arens weist auf die Ähnlichkeit der Fenster mit denen an dem um 1230 errichteten Hospital in Wimpfen hin und bringt die Verwendung des Kalktuffs mit dem Materialwechsel am Roten Turm in der Zeit um 1210/30 in Verbindung, womit sich eine Datierung in das Jahrzehnt 1220–1230 ergäbe, nach Errichtung von Palas, Kapelle und Rotem Turm. Die Funktion des Steinhauses ist unbekannt, entweder diente er als Wohnbau des Königs oder als Haus des Burgvogts.

165 Der im Quadrat 10 m große und 25 m hohe Rote Turm in der östlichen Ringmauerbiegung hat als einer der drei Bergfriede seine besondere Bedeutung durch den reich ausgestalteten Wohnraum in dem 7 m über dem Gelände gele-

Abb. 165 Wimpfen, Roter Turm.

genen Eingangsgeschoß. Die unterschiedlichen Mauerdicken von 2,50–3,24 m nehmen Bezug auf die Einbauten in die Mauern des 4,50×4,70 m großen, flachgedeckten Raumes. Der äußere Mauermantel ohne Sockelvorsprung besteht aus unterschiedlich großen Buckelquadern mit bruchrauhen Buckeln, zunächst aus gelbbraunem Keupersandstein aus der Gegend von Eppingen, ab der 30. Schicht in 10 m Höhe folgen 14 Schichten großer Kalktuffbuckelquader, darüber ab 17 m Höhe Bruchsteine aus Heilbronner Sandstein mit Zangenlöchern, also deutlich aus jüngerer Zeit (wohl Ende 15. Jh.). Der Zugang zu der 96 cm breiten und 1,90 m hohen Rundbogentür in der Nordmauer des Eingangsgeschosses erfolgte über einen vermutlich vom Wehrgang oder über eine Leiter zu erreichenden, überdachten Balkon auf neun mächtigen, durch die Mauerdicke reichenden, mit Bohlen belegten, auskragenden Balken, in dessen Bereich die Buckelquader abgearbeitet sind. Neben dem Eingang ist eine flachbogig überdeckte, 36 cm tiefe Nische eingefügt.

Der 5 m hohe Raum mit durchgängig glattgeflächten Quadern reicht mit gröber bearbeiteten oberen Kalktuffschichten 2 m höher als der außen erkennbare Buckelquaderwechsel, jedoch liegen alle Innenraumgliederungen noch in der Höhe des Keupersandsteinmantels. In der nördlichen Innenwand ist neben dem in der Westecke befindlichen, flachbogig gewölbten Eingang eine 2,35 m weite, 69 cm tiefe, 2,30 m hohe, rundbogig überdeckte Nische ausgespart. In der Westwand befindet sich im Anschluß an eine neben dem Eingang liegende, kleine, hochsitzende, flachbogige Nische eine 3,50 m breite (60 cm in die Südmauer eingreifend), 1,30 m tiefe und 3,10 m hohe, mit einem als Wulst vorstehenden Spitzbogen geschlossene Nische, in deren Rückwand ein Kreisfenster mit tiefer, schräger Laibung eingesetzt ist. Durch eine Rundbogentür in der Südwand und einen gewinkelten, mit einer zweiten Tür und einem kleinen Fenster versehenen, 1,09 m breiten, tonnengewölbten, verputzten Gang ist ein Aborterker zu erreichen, der halbkreisförmig vorkragt, ein kleines rundes Fenster besitzt, mit einer Halbkuppel abgedeckt ist und auf einem mächtigen, gerundeten Quader mit rundem Loch in der Mitte vorkragt. In der Ostwand befindet sich ein Kamin, dessen Mantel auf zwei Kragsteinen ruht, die von je einer Dreiviertelsäule gestützt werden; die Säulen haben attische Basen mit Eckzier und Würfelkapitelle mit zweifach gestuften Schilden mit Dreieckspitzen an den Ecken, die wie an den Palassäulen vom Abakus herabgezogen sind. Der Kämpfer aus einer leichten Hohlkehle mit Platte zieht sich über die Wand bis zu den Rechtecknischen. Der Übergang in den Kaminschlot fehlt, so daß eine Planänderung vorliegt, die aber erst während der Aufstockung mit Kalktuff vorgenommen wurde, da der Kaminmantel mit sieben Schichten in die Aufstockung eingebunden ist. Der Kamin war also nicht benutzbar.

Die Form der Buckel des unteren Teiles deuten auf eine Entstehung noch im 12. Jh. hin, sie gehören eher zu den frühen Beispielen. Der Kalktuff des Oberbaus stammt vielleicht aus einem Bruch bei Alt-Krautheim, der auch das Material für die Burg Krautheim (1200–1213) lieferte, an der ein ähnlicher Wechsel des Baumaterials zu beobachten ist. Daraus schließt Fritz Arens auf eine Bauzeit für den Turm 1210–1230. Eine genauere Datierung war durch die Dendro-Datierung eines der auskragenden Balkonbalken unter dem Eingang zu erhoffen; das Ergebnis ist aber nur sehr wage: Fällung etwa zwischen 1181 und 1201. Quaderbearbeitung, Spitzbogen und Kaminsäulen, die formale Verwandtschaft mit den Palasarkaden aufweisen, geben ebenfalls keine genauere zeitliche Einordnung als zwischen 1180 und 1220. Dieser so sorgfältig ausgestattete Wohnraum hat zu der Vermutung Anlaß gegeben, er solle dem Pfalzherrn als letztes Refugium dienen; dafür gibt es weder Parallelen noch Belege. Entsprechend beheizbare, aber weniger reich ausgestattete Räume in Bergfrieden werden als Wächterraum angesprochen.

An der höchsten Stelle des Pfalzgeländes steht in der Nordwestecke der quadratische, fast gleichgroße (10,22×10,26 m), ebenfalls buckelquaderverkleidete Blaue Turm mit 25 m Höhe. Mehrfache Brände – zuletzt 1984 – haben zu Restaurierungen geführt, die stark in die Substanz vor allem des oberen Teils eingegriffen haben. In 10,60 m Höhe liegt auf der feindabgewandten Ostseite der 1,02 m breite und 1,90 m hohe, rundbogige Eingang mit Quadergewände, der wie am Roten Turm über einen Balkon zugänglich war. Das im Innern ungegliederte Eingangsgeschoß hat in der Südmauer eine nur 65 cm breite und 1,70 m hohe Tür zu einem gewinkelten Gang, der in einem halbkreisförmig über zwei abgerundeten Steinen vorkragenden Abort wie am Roten Turm führt. Der Turm ist aufgrund ähnlicher Steinbearbeitung und Abortausbildung etwa zeitgleich mit dem Roten Turm entstanden. Ihm entspricht der 1983 in 3,35 m breiten Fundamenten ausgegrabene, 10,20 m im Quadrat messende dritte Bergfried an der südwestlichen Ringmauerbiegung, 50 m entfernt vom Blauen Turm.

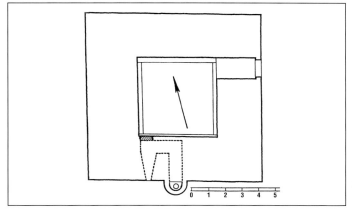

Abb. 166 Wimpfen, Blauer Turm.

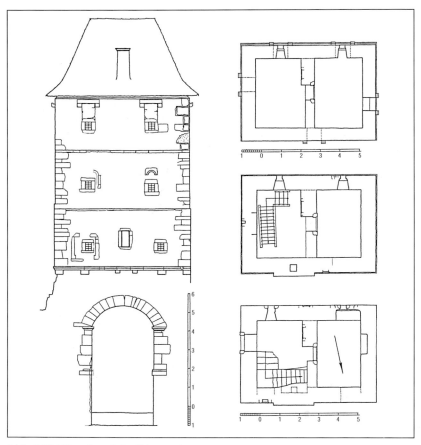

Abb. 167 Wimpfen, Schwibbogenturm.

167 Das Schwibbogentor am tiefsten Punkt der Pfalz ist der einzige nachweisbare Zugang. Es war zunächst ein 3,10 m weites, rundbogiges Mauertor (im 16. Jh. um 2 m tiefer gelegt), das nachträglich zu einem Torturm ausgebaut wurde, dessen Oberbau mit Eckquaderung über einem umlaufenden Gesims aus Platte, Wulst und Kehle auf viertelkreisförmigen Konsolen vorkragt (5,20× 6,65 m). Die Keupersandstein- und Blaustein-Bruchsteine trugen einen grauen Putz mit weißer Fugenmalerei. Zwei der drei Obergeschosse stammen noch aus staufischer Zeit und haben je zwei Rundbogenfenster mit trichterförmigem Sandsteingewände. Im 1. Obergeschoß ruht auf einem Konsolgesims ein Kaminschlot, der in jedem Geschoß seitlich von einem Kreisfensterchen begleitet wird, wie es sich ebenfalls im Burgmannenhaus befindet.

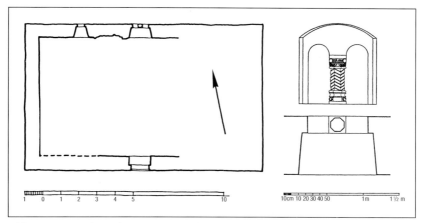

Abb. 168 Wimpfen, Kleines romanisches Wohnhaus..

Von Interesse ist schließlich noch ein kleines romanisches Wohnhaus am Aufweg vom Schwibbogentor zum Palas mit 35 m Abstand von der Pfalzkapelle. Das vermutlich von Anfang an unterkellerte, häufig umgebaute Haus hatte ursprünglich eine Größe von 8,40×9,50 m. Dem rundbogigen, 90 cm breiten Eingang in der Nordmauer gegenüber liegt in der Mitte der Südmauer ein von Säulen gerahmter, 1,50 m breiter Kamin, links ein einfaches Kreisfenster, wie im Schwibbogentor, rechts ein Doppelarkadenfenster in flachbogig überdeckter, tiefer Mauernische. Basis und Schaft der 70 cm hohen Säule sind achteckig (1963 durch Kopie ersetzt, Original im Steinhaus). Die steile attische Basis hat Eckzier in Form von Blättern. Der Schaft ist durch im Zickzack geführte Kehlen und Wulste gegliedert. Das Kapitell zeigt Palmetten, die an den Ecken in je eine durch ein Band zusammengehaltene Blattknolle auslaufen und die durch zwei diamantierte Bänder zusammengehalten werden. Die sehr gedrungene und etwas grob gearbeitete Säule hat ihr unmittelbares Vorbild am Kamin der Pfalz Gelnhausen. Das steile Basisprofil verweist auf eine Entwicklungsstufe wie die Burg Münzenberg (1153–1165) und unterscheidet sich wie auch im Kapitell deutlich von den Säulen des Palas in Wimpfen.

168

Datierung

Fritz Arens hat sich bemüht, die Entstehungszeit der Pfalzbauten durch Formvergleiche näher zu bestimmen. Hierbei hat er vor allem Beziehungen zu den Säulen am Nordportal und am Westchor des Wormser Domes aufgezeigt, aber auch auf die Ostteile und das Langhaus des Domes verwiesen. Da er davon ausging, daß Ostteile und Langhaus 1171–1181, das Nordportal 1184 und der Ausbau des Langhauses sowie der Westchor bis 1210/20 folgten, ergab sich daraus eine Datierung 1210–1230 für die Wimpfener Pfalz. Nachdem nun aber die Ostteile des Wormser Domes durch Dendro-Daten um 1130–1145, das Langhaus um 1160/65 entstanden sind und der Westchor mit der Weihe von 1181 in Verbindung zu bringen ist, muß auch für die Wimpfener Formen eine deutlich frühere Entstehungszeit angenommen werden. Das wird durch die Ausbildung der Säulenschäfte der Palasarkaden bestätigt, die teilweise auch am Westchor von Worms, in anderen elsässischen Bauten, aber besonders am Nordwestturm der Klosterkirche Ilbenstadt in der Wetterau (um 1160) vorkommen, dessen Steinmetz anschließend die Formen am Palas der Burg Münzenberg bis etwa 1165 verwendet hat. Auch die Vergleiche von Fritz Arens mit dem Kloster Bronnbach und elsässischen Kirchen wie Rosheim (1135–1150; Edla Colsman: St. Peter und Paul in Rosheim, Köln 1991) sowie mit Gelnhausen lassen die Vorbilder für Wimpfen in den 60er Jahren erkennen, mit dem Wormser Westchor sind noch die 70er Jahre zu nennen. Der Grundriß des Palas von Wimpfen übernimmt unmittelbar den Grundriß des Palas von Gelnhausen, nur etwas größer; allerdings folgen auch Eger und Seligenstadt im ersten Drittel des 13. Jhs. noch diesem Typ. Die Palasarkaden finden sich schon in Münzenberg, Köln, Trier und Winkel, und die Säule des Wohnhauses ist eine vergröberte Kopie der Kaminsäule von Gelnhausen. Somit nehmen Palas und das kleine Wohnhaus Formen der Zeit vor den 70er Jahren des 12. Jhs. auf. Das Steinhaus dürfte frühestens am Ende des 12. Jhs. entstanden sein, und der Rote Turm ist nach dem Dendro-Datum erst am Anfang des 13. Jhs. erbaut, ebenso scheinen auch die beiden anderen Bergfriede erst aus dem Anfang des 13. Jhs. zu stammen, oder erst aus der Zeit Heinrichs (VII.) um 1220/30. An dieser Datierung, die der von Walter Hotz 1981 entspricht, ändert auch der Versuch von Peter Knoch 1983 nichts, der unter Berücksichtigung bautechnischer und formaler Überlegungen in nicht immer überzeugender Weise den Stand der Forschung diskutiert. Das große Problem ist und bleibt die verhältnismäßig geringe Qualität bzw. grobe und schwerfällige Formgebung der erhaltenen Bauornamentik, die wie die Behandlung des Mauerwerks, die Bearbeitung der Buckelquader und die Ausbildung der Profile einen besonders altertümlichen Eindruck erweckt und als bewußter Rückgriff im beginnenden 13. Jh. auf Formen bedeutender Bauten Friedrich Barbarossas aus den 1160/70er Jahren gedeutet werden kann.

Literatur

Schäfer, Georg: Provinz Starkenburg, ehem. Kreis Wimpfen. Darmstadt 1898 (= Kunstdenkmäler im Großherzogtum Hessen).
Kautzsch, Rudolf: Die Kunstdenkmäler in Wimpfen am Neckar (1. Aufl. 1907) 4. Aufl. Wimpfen 1925.

Bruhns (1937) S. 7 f.
Hotz, Walter: Staufische Reichsburgen am Mittelrhein. Berlin 1937.
Schlag (1940) S. 109 f.
Büttner, Heinrich: Das Bistum Worms und der Neckarraum während des Früh- und Hochmittelalters. In: Archiv f. mittelrhein. Kirchengesch. 10, 1958, S. 9–38.
Arens, Fritz u. Rheinhold Bührlen: Die Kunstdenkmäler in Wimpfen am Neckar (1. Aufl. Mainz 1954) 4. Aufl. 1971, Neuauflage 1979, Nachdruck 1991.
Arens, Fritz: Die Königspfalz Wimpfen. Berlin 1967 (= Denkmäler dt. Kunst) mit Lit. Bespr. Günther Binding in: Hess. Jb. f. Landesgesch. 17, 1967, S. 298–301. – Wolfgang Einsingbach in: Nassauische Annalen 79, 1968, S. 443–445. – Hans-Martin Maurer in: Zs. f. Württemberg. Landesgesch. 28, 1969, S. 172–179.
Arens, Fritz: Wimpfen, ein neuer Mittelpunkt der staufischen Macht am unteren Neckar. In: Universalismus und Partikularismus im Mittelalter, hg. Paul Wilpert. Berlin 1968 (= Miscellanea mediaevalia 5) S. 198–214.
Arens, Fritz : Der Palas der Wimpfener Königspfalz. Neue Feststellungen zum Grundriß. In: Zs. d. dt. Vereins f. Kw. 24, 1970, S. 3–12.
Cichy, Bodo: Die bauliche Sanierung des Blauen Turmes in Bad Wimpfen. In: Denkmalpflege in Baden-Württemberg 1, 1972, S. 34–37.
Schlesinger (1975) S. 388.
Arens, Fritz: Die staufischen Königspfalzen. In: Die Zeit der Staufer. Ausst.-Kat. Stuttgart 1977, S. 138 f.
Opll (1978) S. 155.
Hotz (1981) S. 54–61.
Knoch, Peter: Die Errichtung der Pfalz Wimpfen. Überlegungen zum Stand der Forschung. In: Forsch. u. Berichte d. Archäologie d. MA in Baden-Württemberg 8, 1983, S. 343–357.
Binding, Günther u. Burghart Schmidt: Die Datierung des Roten Turmes in der Pfalz Wimpfen. In: Forsch. u. Berichte d. Archäologie d. MA in Baden-Württemberg 8, 1983, S. 359–361.
Streich (1984) S. 611–613.
Arens, Fritz: Der Fund eines dritten Bergfrieds in der Pfalz Wimpfen. In: Baukunst des Mittelalters in Europa. Hans Erich Kubach zum 75. Geb., Hg. v. Franz J. Much. Stuttgart 1988, S. 659–664.

C 12 Eger

Die am weitesten östlich gelegene staufische Pfalz Eger wurde bereits 1864 durch Bernhard Grueber einer monographischen Bearbeitung unterzogen. Er datierte den Palas in die Zeit 1150–1175, und die Kapelle sei spätestens 1213 fertig gewesen, als Friedrich II. *in capella in castro Egre* urkundete. 1934 hat Oskar Schürer als 2. Band des vom Deutschen Verein für Kunstwissenschaft herausgegebenen Pfalzenwerkes die Pfalz erneut bearbeitet und dabei seine Grabungsbeobachtungen von 1932/33, die von Julius Ernst Jonas 1911/12 und Anton Gnirs 1933 sowie alte Abbildungen, Pläne und Berichte berücksichtigt. Die Bestandsbeschreibung und Untersuchung ist ungenau und fehlerhaft, häufig mit falschen Maßangaben; die von Studenten angefertigten Zeichnungen sind für eine Dokumentation nicht ausreichend. Das Werk enthält aber für die Kapelle eine ausgewogene und teilweise überzeugende kunsthistorische Würdigung und Einordnung. Für Oskar Schürer sind Palas, Schwarzer Turm und die untere Kapelle 1180–90 und die obere Kapelle 1215–1225 entstanden. Diese Datierung übernimmt der ehemalige Egerer Stadtarchivar Heribert Sturm 1951/52 in seine vorzügliche Zusammenfassung der siedlungsgeographischen und historischen Beobachtungen. Wie diese, so beruhen auch alle späteren mehr oder weniger kurzen Darlegungen zu Eger, u. a. von Fritz Arens 1977, auf den Ausführungen von Oskar Schürer. Nur Paul Buberl bringt 1942/43 eigenständige Gedanken. Er begründet die Entstehungszeit von Palas und Kapellenuntergeschoß mit dem Hinweis darauf, daß Friedrich Barbarossa 1179 *in curia sua apud Egeram* und 1183 *in castro imperatoris Egere* urkundete und leitet die von Oskar Schürer mit elsässischen Bauten in Verbindung gebrachte Kapelle von zisterziensischer Baugewohnheit ab, die durch das Zisterzienserkloster Waldsassen vermittelt wurde, indem es bei der Abschlußweihe 1179 Friedrich Barbarossa seine nun arbeitslosen Bauleute für Eger zur Verfügung gestellt habe. Darauf weise auch eine von Julius Ernst Jonas 1911 südlich vom Palas ausgegrabene Granitplatte mit 14 cm großer, eingetiefter Rundöffnung hin, die Paul Buberl als einen in Zisterzienserklöstern üblichen Verschlußstein einer Heißluft-Bodenheizung deutet. Das Kapellenobergeschoß mit den Marmorsäulen wie auch den Schwarzen Turm weist er Friedrich II. nach 1213 zu. Gerhard Streich folgt 1984 den Vorschlägen von Ulrich Stevens und Walter Hotz, indem er für die Doppelkapelle die 1180er Jahre und für den Beginn des Pfalzenausbaus 1167 als *terminus post quem* vorschlägt, zumal Arnold von Lübeck zu 1183 von einem *castrum imperatoris* spreche und 1181 schon ein Kleriker *Syfridus de Egere* erscheine.

Geschichte

Eger ist erstmals in einer Urkunde König Heinrichs IV. 1061 als Egire erwähnt. Die kolonisatorische Erschließung des Eger Beckens (1135 *regio Egere*) wurde unter Diepold III. von Vohburg, Markgraf des bayrischen Nordgaus, der 1093-1146 urkundlich bezeugt ist, begonnen, später durch staufische Ministerialen und seit der Mitte des 12. Jhs. auch durch das 1133 von Diepold III. gegründete Zisterzienserkloster Waldsassen, das 1203 ein Haus *apud civitatem nostram Egram* besaß, fortgeführt. Die günstige Lage an einer Furt der Eger und an der Kreuzung zweier wichtiger Straßen von der Donau (Regensburg) über Nürnberg zur norddeutschen Tiefebene und vom Rheinland längs des Mains in den böhmischen Raum führte zur Entstehung einer Siedlung auf den Ausläufern des Fichtelgebirges und veranlaßte Diepold III. zur Gründung einer Burg auf dem neben der Furt am rechten Egerufer aufragenden vulkanischen Basaltfelsen. Ministerialen sind erstmals 1125 bezeugt: *Udalricus de Egere et frater eius Piligrimus*. In dieser Zeit erfolgte eine Ausweitung des Marktfleckens: um 1140 wird ein *parrochianus de Egire* genannt. 1149 wird der Ort als *oppidum*, 1203 als *civitas* mit *burgenses* und 1277 als *civitas imperii* bezeichnet.

Nach dem Tode Diepolds III. 1146 zog Konrad III. das Egerer Gebiet als heimgefallenes Lehen ein und stellte am 9. März 1147 das Kloster Waldsassen unter seinen und des Reiches Schutz. Nach dem Tode Konrads III. 1152 wurde das Reichslehen Eger an seinen Sohn Friedrich von Rothenburg, Herzog von Schwaben, verliehen, von dem es 1167 an dessen Vetter Friedrich Barbarossa überging, der 1149 die älteste Tochter Diepolds III., Adela von Vohburg, geheiratet hatte (Ehe 1153 kinderlos aufgelöst). Erst nach dem fünften Italienzug (Sept. 1174 – Juli 1178) ist Friedrich Barbarossa am 12. Juni 1179 zum ersten Mal nachweislich in Eger: *in curia sua apud Egram*, wo er in Anwesenheit einer großen Zahl bedeutender Persönlichkeiten aus Deutschland und Böhmen-Mähren Grenzstreitigkeiten zwischen Österreich und Böhmen schlichtete (Sturm 1952, S. 57). Den Aufenthalt in Eger verband Friedrich mit der Teilnahme an der feierlichen Einweihung der Klosterkirche Waldsassen. Ende Mai 1183 urkundete Friedrich wieder in Eger *(apud Egere castrum imperatoris)* und feierte auf dem Wege von Sachsen nach Nürnberg 1188 Weihnachten in Eger. Daraus ist zu schließen, daß Ende 1188 ausreichende Gebäude für einen Aufenthalt über Weihnachten in Eger zur Verfügung standen oder die Gebäude der Markgrafenburg als Wohnung dienten. Friedrichs Sohn Heinrich VI., der für die Zeit des Kreuzzuges zum Reichsverweser bestellt war, kam Ende 1189 nach Eger, um sich über die Thronwirren in Böhmen zu orientieren und feierte dort das Weihnachtsfest. Zu Weihnachten 1192 ist für ihn wieder ein Besuch in Eger belegt. Philipp von Schwaben (1198–1208), Bruder Heinrichs VI., war im Febr. 1200 zu einem Hoftag sowie Febr. bis April 1203 und zu Pfingsten im Mai 1206 in Eger. Friedrich II. besuchte Eger viermal: im Juli 1213 war er auf seinem

Königsritt durch die Gebiete des Reiches über eine Woche in Eger und urkundete *in capella in castro Egre* und stellte am 12. Juli 1213 die Goldbulle von Eger aus. Er weilte dann wieder im Juli 1214, Ende 1215 und Okt. bis Weihnachten 1219 in Eger. Heinrich (VII.) war Anfang 1223 in Eger, hielt dort im Nov. 1223 einen Hoftag ab und ist dann wieder am 1. Jan. 1228, Ende Juni/Anfang Juli 1232 sowie am 11. Juli 1234 in Eger nachweisbar. 1232 wird ein *Conradus ecclesie sue capellanus prepositus in Egra* genannt. Für 1235 ist erstmalig eine Münze in Eger belegt (Sturm 1952, S. 90). Konrad IV. (gest. 1254) weilte 1239 und 1241 in Eger. Damit endete die reichspolitische Bedeutung für die Pfalz Eger.

Mit Beginn des Interregnums wurde aus dem *regium* Eger ein umstrittenes Gebiet: 1266 besetzt es der böhmische König Przemysel Ottokar *(dominus Egre)*; 1278 holte es Rudolf von Habsburg aufgrund des Wiener Friedens von 1276 ins Reich zurück; 1291 gewann es Wenzel II. von Böhmen, 1305 fiel es wieder ans Reich und wurde um 1322 verpfändet. Nach einem Brand im Jahr 1472 wurde um 1475/90 der Palas umgebaut, und er erhielt ein Fachwerkobergeschoß. 1646–1740 wurde die Burg durch Kasematten zur Festung ausgebaut, zugleich begann schon der Verfall der Gebäude, über deren Zustand Bausachverständige 1654 und 1694 (mit einem beigegebenen Plan) berichteten. 1742 wurde die Festung von den Franzosen im österreichischen Erbfolgekrieg eingenommen. 1895 ging die Burgruine in den Besitz der Stadt Eger über und wurde als Ruine gesichert.

Baubeschreibung

169 Die Burg Eger *(curia sua, castrum imperatoris)* liegt auf einem auf zwei Seiten steil zum Fluß Eger abfallenden Felsen. Durch die Ausgrabungen von 1911 und 1932/33 wurden im östlichen Teil des Burghügelplateaus ein ausgedehntes slawisches Gräberfeld des 10./11. Jhs. und im Westen Fundamente der markgräflichen Burg angeschnitten. Dieser werden zwei aus Bruchsteinen gemauerte Rundbaufundamente (nördlich 8,50 m Durchmesser und 2 m Mauerdicke, südlich 10,50 m Durchmesser und 2,65 m Mauerdicke) und eine dazwischenliegende, 2,10 m dicke Wehrmauer, die östlich an den Türmen, jeweils in geringem Abstand ausbiegend, vorbeizieht und unter die Palaswestmauer reicht, zugewiesen. Die Wehrmauer sichert die Burg gegen das Friedhofsgelände. Da das Fundament des nördlichen, kleineren Rundbaus geringere Dicke aufweist als das des südlichen, wird für den nördlichen Bau ohne rechten Grund an eine Kapelle gedacht, während das südliche Fundament einen runden Bergfried getragen habe, der später durch den quadratischen Schwarzen Turm, der die Rundfundamente stört, ersetzt worden sei.

Nach Meinung von Julius Ernst Jonas und Oskar Schürer wurde die alte Burg 1180/90 abgebrochen und das Areal unter Einbeziehung des Friedhofs,

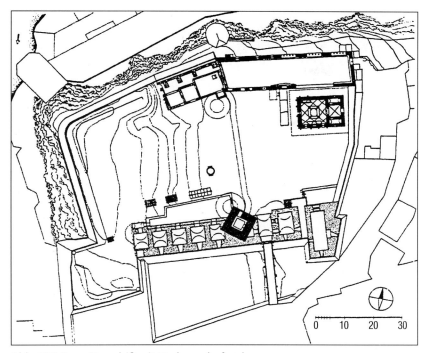

Abb. 169 Eger, Grundriß mit Grabungsbefunden.

der etwa einen halben Meter mit Erde bedeckt wurde, auf die doppelte Fläche vergrößert: ca. 95×68 m. Nach Osten gegen die Stadt wurde am Berghang ein breiter Halsgraben ausgehoben und burgseitig durch eine Wehrmauer befestigt, während im Norden und Westen die Randbebauung über dem steilen Felshang zur Eger genügend Schutz bot. Die südliche Eingangsseite wurde zusätzlich zur Ringmauer noch durch den übereck gestellten, buckelquaderverkleideten, quadratischen Bergfried, den Schwarzen Turm, gesichert, der zugleich das daneben vermutete Burgtor schützte. Der Palas nahm den durch die Erweiterung gewonnenen Ostteil der Nordfront über der Eger ein, davor befand sich, frei im Hof, der rechteckige Kapellenbau. Ein Vorsprung in der Nordmauer westlich des Palas und die ungewöhnlich schräg verlaufende Westmauer des Palas sind meiner Meinung nach jedoch nur so zu erklären, daß die ältere Burg mit ihrer Ostmauer zunächst unangetastet bestehen blieb, als die staufische Erweiterung über dem Friedhof gebaut wurde. Erst danach wurde die alte Burgmauer mit den beiden Rundtürmen abgebrochen und der Schwarze Turm erbaut. Diese bisher von der Forschung übersehene Deutungsmöglichkeit bringt auch eine Erklärung für die Bauzeit der Rundtürme, die eher aus der Mitte des 12. Jhs. stammen (vgl. Bü-

Abb. 170 Eger, Schwarzer Turm.

dingen nach 1131, Arnsburg und Münzenberg um 1150/60, Harzburg), also nicht zu der von Markgraf Diepold III. (gest. 1146) zum Schutz und zur Verwaltung des seit Beginn des 12. Jhs. neu erschlossenen Kolonisationsgebietes im Egerer Becken erbauten Burg gehören, sondern einem Ausbau unter Konrad III. oder Friedrich von Rothenburg zuzuweisen sind.

170 Der wegen seiner dunklen Basaltlava-Buckelquader „Schwarzer Turm" genannte Bergfried ist übereck in die südliche, stadtseitige Ringmauer eingebaut. Der 9,20×8,90 m im Äußeren messende und bis zur barocken Backsteinaufmauerung 18,50 m hohe Turm hat über einem niedrigen, schräg ansteigenden

Sockel im Erdgeschoß 3,16 m dicke Mauern, die außen und innen mit sehr sauber bearbeiteten Buckelquadern (bis zu 130×75×60 cm) aus Basaltlava verkleidet sind, die am Kammerbühl, einem Vulkankegel nördlich von Eger, gebrochen und in einheitlichen Schichten aufgemauert sind. In 9 m Höhe liegt auf einem inneren Mauerrücksprung der rundbogige Eingang (70 cm breit, 1,90 m hoch); dieses Eingangsgeschoß wird von zwei Schlitzfenstern in Rundbogennischen auf der West- und Südseite belichtet. Darüber liegt eine weitere Balkendecke, ansonsten besitzt der Turm keine Innenausstattung. 1475 erhielt der Turm ein steil aufragendes Satteldach mit vier Eckwarten. Auf drei Seiten ist er mit Kasematten umbaut. 1774 wurde statt des Daches eine Bruch- und Backsteinaufmauerung mit einer Plattform aufgesetzt.

Der Turm wird allgemein zusammen mit Palas und Kapellenuntergeschoß zur ersten Bauphase gezählt und auf 1180/90 datiert. Frühere Beispiel für eine Übereckstellung sind auf der Burg Wildenberg im Odenwald 1170/80 sowie auf den Burgen Ulrichsburg bei Rappoltsweiler im Elsaß, Landsberg im Elsaß und Trimmberg an der Fränkischen Saale zu finden. Die Ausformung des Bergfrieds und seine stadtseitige Stellung hinter der Ringmauer erinnert jedoch an die Türme von Wimpfen, die dort zu Beginn des 13. Jhs. zum Schutz der Pfalz errichtet worden sind.

Der am Nordrand des Burgfelsens errichtete, langgestreckte Palas mit Außenmaßen von etwa 46,50/49 m Länge und 12,80/13 m Breite bildet mit sei-

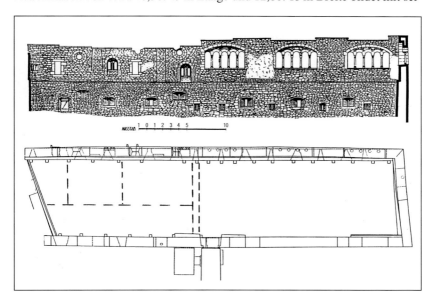

Abb. 171 Eger, Palas, Talseite von innen und Grundriß.

374 C Salisch-staufische Pfalzen 1025–1240

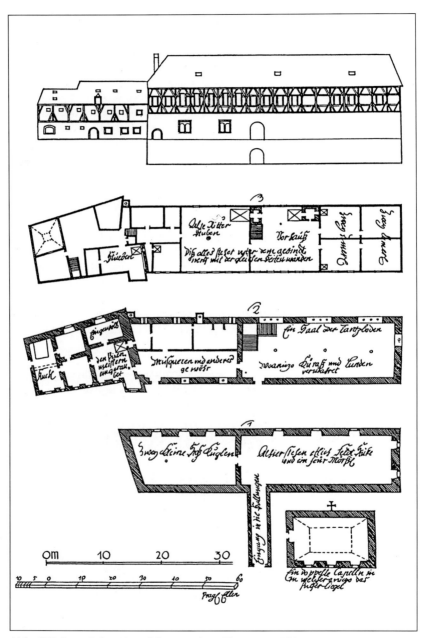

Abb. 172 Eger, Palas, Umzeichnung eines Planes von 1694.

C 12 Eger 375

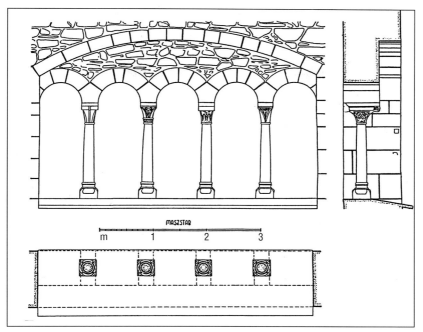

Abb. 173 Eger, Palas, Nordarkaden.

Abb. 174 Eger, Palas, Nordarkaden.

ner Nord- und Ostmauer zugleich die Ringmauer der Burg. Die vom Palas in zwei Geschossen erhaltenen Umfassungsmauern bestehen aus dem örtlich anstehenden Tonschiefer, Eckquader, Tür- und Fenstergewände sowie Deckenkonsolsteine aus Granit, die Säulen mit ihren Basen, Kapitellen und Kämpfern aus weißgrauem Marmor von kristalliner Struktur. Das etwa zur Hälfte in den Boden eingetiefte Untergeschoß wird auf der nördlichen Talseite von sechs in flachbogig überdeckten, tiefen Nischen auf einheitlicher Höhe in gleichem Abstand angeordneten Fenstern belichtet; in der Ostmauer erfolgt die Belichtung durch zwei entsprechende Fenster; die übrigen kleineren und in unterschiedlicher Höhe angeordneten Schlitzfenster sind später hinzugefügt worden. Als Zugang dient ein über eine Schräge erreichbares, 1,40 m breites und 2,30 m hohes Rundbogenportal. Auf eine ursprünglich unterteilende Quermauer verweist die von Jonas 1911 ausgegrabene und im Plan von 1694 (Schürer 1934, S. 63) dargestellte mächtige Mauer westlich des Portals. Die flache Holzbalkendecke lag über dem 4 m hohen Untergeschoß auf Streichbalken über Konsolsteinen und wurde in der Mitte von einem Unterzug auf sechs Stützen unterfangen. Über der Balkenlage sind die Außenmauern von ca. 1,50 m auf 1,15 m Dicke mit innerem Rücksprung verringert. Das einfache Rundbogenportal als Zugang zum Obergeschoß lag über dem Untergeschoßportal etwa 2 m über Hofniveau und war über eine Freitreppe zugänglich. Ein Holzgang verband das Palasobergeschoß mit dem Obergeschoß der Kapelle.

Unterschiedliche Fensterausbildungen in der talseitigen Nordmauer und der Plan von 1694 geben Hinweise auf die ursprüngliche Raumaufteilung des Obergeschosses. Die östliche Hälfte nahm ein 25,50/26,50×10,80 m im Lichten großer Festsaal ein, der nach Norden zum Egertal hin in drei symmetrisch angeordneten Fünferarkaden geöffnet ist. Die 2,20 m hohen Arkaden sind auf der Außenseite glatt in die Mauerfläche eingefügt und sitzen auf der Innenseite in einer 5,10 m breiten, 3,05 m hohen und 40 cm tiefen Nische, die in Sohlbankhöhe endet. Jeweils vier monolithe Marmorsäulen tragen ausladende Sattelkämpfer, wobei in vier Fällen Kapitell und Sattelkämpfer zu einer Form verschmolzen sind (drei Säulen sind erneuert, sie fehlen schon 1864 bei Grueber). Die Basen haben attisches Profil mit Eckzier. Die Kapitelle sind einfache Würfelkapitelle, z. T. ähnlich den Sattelkämpfern bzw. Kämpferkapitellen mit Blattornament. In der Ostmauer, nach Norden deutlich aus der Achse verschoben, ist eine Doppelarkade in rundbogig überdeckter Nische auffällig höher als die drei Fünferarkaden angeordnet. Nach Westen schließen an die ins Obergeschoß hochgeführte Trennmauer zwei oder drei Räume an (siehe Plan 1694). In der talseitigen Mauer finden sich zwei Kaminschlote, zwei verschließbare Doppelfenster, drei hochgelegene Rundfenster und zwei rechteckige, schmale, hohe Türen zu Aborterkern, deren Konsolen auf der Außenseite erhalten sind. Auffällig ist die unterschiedliche Höhe der Doppel- und auch der Rundfenster.

Abb. 175 Eger, Palas, Fenster in der Nordmauer.

Die beiden doppelten Rundbogenfenster sind in tiefer, rundbogig überdeckter Nische in die dünne, außen bündige Mauer eingeschnitten; die Restfläche ist auf der Innenseite mit einer schlanken Rundbogenblende zwischen den Fenstern und zwei mit Kreuzen ausgefüllten Kreisblenden darüber verziert. Je nach Zuordnung der Kamine und Abtritte ergeben sich zwei Räume von etwa 8 und 13 m oder – wie auf dem Plan von 1694 dargestellt – drei Räume von etwa 8,8 und 4 m Länge. Sie waren über einen hofseitig vorgelegten Gang zwischen Westmauer und östlichem Festsaal zu erreichen, wie sich aus einem Bericht und dem Plan von 1694 ergibt. Die Raumtiefe machte dem Plan nach die Hälfte der Palasbreite aus, also etwas über 5 m. Die Innenwände waren aus Holz, sie standen auf den Deckenbalken, die der Raumaufteilung entsprechend auf die Streichbalken gelegt werden konnten, und haben keine Spuren am Mauerwerk hinterlassen, da die Mauern heute keinen Verputz mehr tragen. In der westlichen Giebelmauer befindet sich in Hauptgeschoßhöhe ein Rundbogenportal von 1,20 m Breite und 2,25 m Höhe; es führte in ein im 15. Jh. westlich angebautes (oder erneuertes?) Gebäude, dessen Fundamente ausgegraben worden sind. Die an den Palas nach Westen anschließende Ringmauer macht hier einen deutlichen Vorsprung. „Die Frage, ob über dem Saalgeschoß noch ein oberes Geschoß aufging, läßt sich aus dem heutigen Befund nicht eindeutig entscheiden. Die Außenmauern reichen nirgends über die Höhe des Saalgeschosses hinauf" (Schürer 1934, S. 32). Die Mauerdicke ließe die Belastung durch ein zweites Obergeschoß durchaus zu. Nach dem Brand von 1472 erhielt der Palas einen Fachwerkaufbau, dessen Dachwerk 1740 wegen Baufälligkeit abgetragen wurde; zu Beginn des 19. Jhs. standen nur noch die steinernen Umfassungsmauern. Das Problem des zweiten Obergeschosses ist in Eger ebensowenig zu lösen wie bei den im Bautyp verwandten Palatien von Wimpfen und Seligenstadt; für das ebenfalls verwandte Gelnhausen sind jedoch Ansätze eines zweiten Obergeschosses durch den Winkelanschluß an die Kapelle überliefert.

Größe und Raumaufteilung sowie unterschiedliche Fensterausbildungen erinnern unmittelbar an das Palatium in Seligenstadt, nur seitenverkehrt. Auch dort sind die Trennwände aus Holz zu ergänzen. Der Festsaal mit unverschließbaren Arkaden mißt in Eger ca. 26×10,80 m, in Seligenstadt 16×10,50 m. Unmittelbar an den Saal schließt sich ein kleinerer Raum mit verschließbarem Fenster in tiefer Nische an, es folgt ein beheizbarer Saal. Die gleiche Anordnung zeigt der Palas der Pfalz Wimpfen: dort findet sich an gleicher Stelle wie auch in Gelnhausen und Eger ein ähnliches Doppelfenster in tiefer Nische, einem kleinen Raum zugehörig, der sich im Anschluß an den Festsaal befindet. All das ist vorgebildet am Palas der Pfalz Gelnhausen mit gleicher, jedoch durchgängig in Stein ausgeführter Aufteilung und Ausstattung der Räume. Das für Seligenstadt beobachtete Nebeneinander von altertümlichen Arkaden und frühgotischen Portalen mit Kelchkapitellen findet sich auch in Eger, wo recht altertümliche Basen und Ornamente mit schlanken Kapitell-Kämpfern verbunden sind. Die Verwendung grober Einzelformen bei schlanken und somit entwicklungsgenetisch jüngeren Proportionen verbindet Eger mit Wimpfen, aber auch mit Seligenstadt. Für Seligenstadt ist aufgrund der Kelchkapitelle und Tellerbasen eine Datierung um 1235 sehr wahrscheinlich; für Wimpfen ist eine Datierung unter Friedrich Barbarossa vor 1188 sicher zu früh; für Eger ist die allgemein vorgeschlagene Datierung für den Palas auf 1180–90 ebenfalls stilistisch nicht überzeugend begründbar. Die drei ungewöhnlichen, hochliegenden Rundfenster finden sich am Roten Turm in Wimpfen (Anfang 13. Jh.) und an süditalienischen Kastellen Friedrichs II. Daraus folgt für den Egerer Palas einen Entstehungszeit im ersten Drittel des 13. Jhs., wahrscheinlich unter Friedrich II.

Mit nur drei 3 Meter Abstand steht die Doppelkapelle südlich vor dem Ostteil des Palas. Ihr Obergeschoß war von dem Palas-Obergeschoß aus zugänglich. Die Bruchsteinmauern aus dunkelgrauem Schiefer sind durch Granitlisenen gegliedert, die vom Sockel bis zur Traufe reichen. Das Walmdach ersetzte 1818 eine schon 1762 verlorene ursprüngliche Bedachung. In durchschnittlich 2,50 m Abstand von den Kapellenmauern hat Julius Ernst Jonas 1911 primitiv geschichtete Fundamente freigelegt, die er zusammen mit den Kragsteinen in der Kapellenwand zu einer die Kapelle umschließenden Holzgalerie rekonstruiert, ob gleichzeitig oder erst später hinzugefügt, wie Jonas glaubt, bleibt ungeklärt. 169

Der Grundriß besteht aus einem quadratischen, über vier Säulen gewölbten Hauptraum und einem stark abgeschnürten, eingezogenen, quadratischen Chor 176 mit beidseitigen Begleiträumen. Die eingetiefte Unterkapelle ist vom Burghof 177 aus durch ein rundbogiges Stufenportal über innenliegende Treppenstufen (wie in Nürnberg) zugänglich. Die Verbindung zwischen den Kapellen stellt eine gewinkelte Treppe in der Nordwestecke und von der Oberkapelle zum Dach eine Wendeltreppe her. Das Untergeschoß wird von vier mächtigen, gedrungenen Granitsäulen auf attischen Basen mit Eckzier und wuchtigen Würfelkapitellen 178 mit unterschiedlichen Ornamenten (Palmetten, Bändern, Blättern, Spiralen) bestimmt; an den Ecken zweier Kapitelle sind kleine Köpfe angefügt. Kreuzgratgewölbe sind zwischen runde, nicht abgesetzte Gurtbogen aus Granit gespannt. Von dem kreuzgratgewölbten Chor führen schmale Türen in die tonnengewölbten Nebenräume. Das Mitteljoch ist über Trompen achteckig zur Oberkapelle geöffnet. 183

Die hohe, auf schlanken Säulen kreuzrippengewölbte Oberkapelle hat nach Süden zwei hohe Rundbogenfenster. Ein ebensolches belichtet den südlichen 179 Chornebenraum, der in einer Doppelarkade auf Zickzacksäule zum Chor geöff- 180 net ist, während der nördliche Raum, der durch die in die Mauer eingefügte 184 Wendeltreppe verkürzt wird, mit Tür, Kamin und Schlitzfenster ausgestattet ist. Der Hauptraum wird durch vier schlanke, graue Marmorsäulen mit runden und polygonalen Schäften, steile attische Basen mit Eckzier auf hohen Plinthen, 182 ornamental und figürlich verzierte Kelchblockkapitellen und reichprofilierte Kämpfer, die sehr fein profilierte Rippen tragen, welche an den Wänden ebenfalls von Säulen aufgenommen werden, charakterisiert. In das gestufte Gewände des Chorbogens sind Säulen eingestellt, und den Stufenkanten sind schlanke Säulchen vorgesetzt. Im Westen ist der ursprüngliche, vom Palasobergeschoß über eine Holzgalerie zugängliche Eingang erhalten, darüber ein Rundfenster. Der Altar im Obergeschoß war dem Regensburger Diözesanheiligen Erhart, der

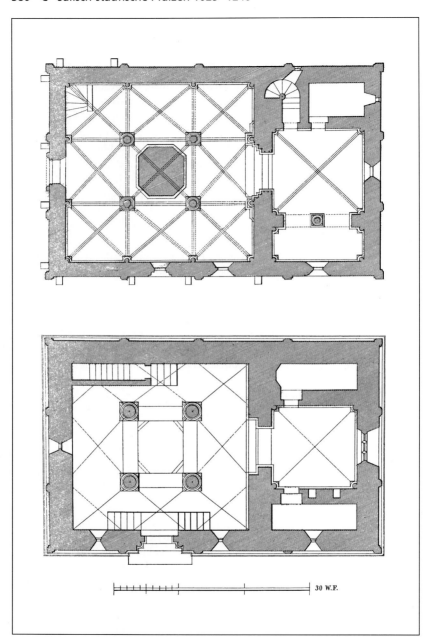

Abb. 176 Eger, Kapelle, Ober- und Untergeschoß.

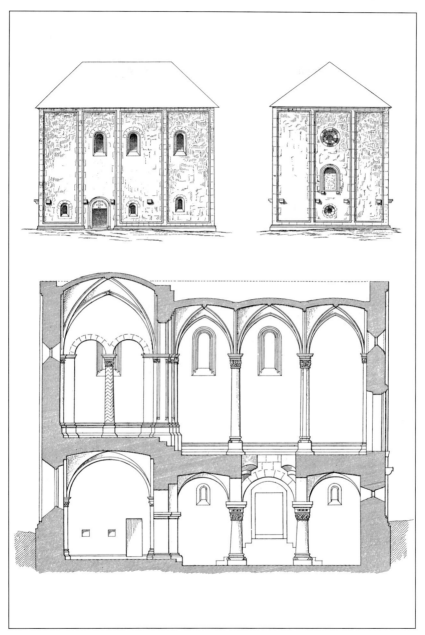

Abb. 177 Eger, Kapelle, Süd- und Westansicht, Ost-West-Schnitt.

Abb. 178 Eger, Unterkapelle nach Westen.

Abb. 179 Eger, Oberkapelle nach Osten.

Abb. 180 Eger, Oberkapelle, Blick in den südlichen Nebenraum am Chor.

Abb. 181 Eger, Oberkapelle, mittlere Säulen.

Abb. 182, 183 Eger, Säulenbasis in der Ober- und Unterkapelle.

Abb. 184 Eger, Oberkapelle, mittlere Säulen.

im Untergeschoß vermutlich dem Hl. Martin geweiht. Die Gottesdienste in der Burgkapelle hörten mit Einführung der Reformation 1564 auf. Die Kapelle diente im 17./18. Jh. als Pulvermagazin.

Die als besonderes Kleinod mittelalterlicher Baukunst angesehene Kapelle wird immer wieder gewürdigt, dabei wird allgemein die Meinung vertreten, daß die lichte, schlanke Oberkapelle später errichtet worden ist als das schwerer wirkende Erdgeschoß. Die im Äußeren beobachtete Einheitlichkeit und der Hinweis auf ähnliche unterschiedliche Raumwirkung der allgemein als Vorbild genannten Nürnberger Pfalzkapelle führt dann aber letztlich zu der Auffassung, daß das reiche Rippengewölbe erst nach 1215 hinzugefügt worden sei. Dabei wird, worauf schon Schürer hingewiesen hat, nicht berücksichtigt, daß die Gewändegliederung des Chorbogens mit dem darüberliegenden, reichprofilierten, gestuften Bogen eine Einheit bildet und dieses wiederum von den Rippenprofilen nicht abzusetzen ist, d. h., der Oberkapelle liegt zusammen mit der Unterkapelle eine einheitliche Planung und Ausführung zugrunde. Alle Versuche, die Basisprofile und die Bauornamentik von oberrheinisch-elsässischen Bauten abzuleiten, führen zu Vergleichen mit Bauten wie Rosheim, Odilienberg, St. Johann und Schlettstadt aus der Mitte des 12. Jhs., in der formalen und stilistischen Ausformung müssen jedoch oberrheinische Bauten der Jahrhundertwende wie z. B. Basel und Zürich sowie Zisterzienserbauten wie Maulbronn genannt werden, so daß Bauornamentik, Bogenprofile und Rippenausbildung in die beiden ersten Jahrzehnte des 13. Jhs. verweisen (wie Schürer 1934 richtig feststellt, Vollendung in den 1220er Jahren). Dabei sind die Kapitelle der Unterkapelle ähnlich wie am Egerer Palas und an den Palasarkaden von Wimpfen mit altertümlichen Formen in sehr monumental-wuchtiger Weise gestaltet worden. Das führt aber dazu, die Datierung „im Jahrzehnt nach 1215" von Herbert Sturm für die Oberkapelle auf die ganze Kapelle und auch auf den Palas und den Schwarzen Turm zu übertragen. Damit ist nun aber auch die Beurteilung der älteren Anlage als markgräfliche Burg nicht mehr zu halten, sondern anzunehmen, daß die beiden runden Bergfriede in die staufische Zeit gehören. Diese Anlage wurde von Friedrich Barbarossa, Heinrich VI. und Philipp für ihre Aufenthalte genutzt. Die Erweiterung nach Osten dürfte tatsächlich mit Friedrich II. und dessen Bemühungen um die Wiederherstellung des königlichen Einflusses im Norden des Reiches in Verbindung gebracht werden. Dann ist die Urkundung *in capella in castro Egere* 1213 nicht auf die Doppelkapelle, sondern auf die notwendigerweise in der älteren Pfalz vorhandene zu beziehen. Das würde bedeuten, daß die so ähnlichen Palasbauten von Eger und Seligenstadt wie auch Wimpfen zeitlich nahe rücken und in den 1220er und 1230er Jahren erbaut worden sind. Jedenfalls ist es ausgeschlossen, Doppelkapelle, Palas und Schwarzen Turm von Eger in die allgemein vorgeschlagene Zeit 1170/80 unter Friedrich Barbarossa zu datieren (wie jüngst noch Streich 1984,

S. 599f.), d.h. zeitgleich mit Gelnhausen und Hagenau, was formal und stilistisch unmöglich ist. Sollten Eger, Seligenstadt und Wimpfen annähernd zeitgleich in den 1220/30er Jahren errichtet worden sein, so würde dies auf eine Art „Renovatio" der Bauformen Friedrichs I. und auf eine bewußte Verwendung veralteter Formen zum Transport bestimmter Aussagen hindeuten.

Literatur

Grueber, Bernhard: Die Kaiserburg Eger und die an dieses Bauwerk sich anschließenden Denkmale. Prag-Leipzig 1864 (= Beitr. z. Gesch. Böhmens III, 2).
Grueber, Bernhard: Die Kunst des Mittelalters in Böhmen. D. Doppelkapellen und ungewöhnliche Formen. In: Mitt. d. K. K. Central-Comm. z. Erforsch. d. Baudenkmale 16, 1871, S. 152–157, 189–193.
Clemen, Paul: Die Kaiserpfalzen. In: 1.–3. Bericht über die Arbeiten an den Denkmälern deutscher Kunst. Hg. Dt. Verein f. Kunstwiss. Berlin 1911, S. 4–15. Berlin 1912, S. 20–39. Berlin 1914, S. 15–23.
Schürer, Oskar: Die Doppelkapelle der Kaiserpfalz Eger. Kassel 1929 (= Sudetendt. Sammlung d. literar. Adalbert-Stifter-Gesellschaft 5).
Schürer, Oskar: Die Kaiserpfalz Eger. Berlin 1934 (= Denkmäler dt. Kunst: Die deutschen Kaiserpfalzen 2).
Osten, Gert von der: Neueres Schrifttum über deutsche Königspfalzen. In: Zs. f. Kg. 7, 1938, S. 247–249.
Buberl, Paul: Die hohenstaufische Kaiserburg in Eger. In: Deutsche Kunst u. Denkmalpflege 1942/43, S. 8–13.
Rimpl, Herbert: Eger. Die städtebauliche Entwicklung einer deutschen Stadt. Berlin 1944.
Sturm, Heribert: Eger, Geschichte einer Reichsstadt. Geislingen 1951 (2. Aufl. 1960), Bildband 1952.
Merhautová-Livorová, Anezka: Palácová kaple v Chebu. In: Uměni 7. Prag 1959, S. 30–43.
Merhautová, Anežka: Raně středověká architektura v Čechách. Prag 1971, S. 128–131 mit Lit.-Verz.
Menclová, D.: České hrady. Prag 1972.
Arens, Fritz: Die staufischen Königspfalzen. In: Die Zeit der Staufer. Ausst.-Kat. Stuttgart 1977, Bd. 3, S. 137f.
Opll (1978) S. 127f.
Boháč, 7: Chebský hrad. Cheb 1978.
Streich (1984) S. 595–600.

C 13 Das Palatium in Seligenstadt am Main

Das am Scheitel eines großen Mainbogens auf dem linken Hochufer gelegene Palatium in Seligenstadt ist nur zweimal ausführlicher beschrieben worden, einmal durch Georg Schäfer 1891 im Kunstdenkmälerinventar, zum anderen durch Günther Binding 1961 in einem Aufsatz. Um 1960 hat der Darmstädter Architekturstudent Heinrich Felber Bestandszeichnungen angefertigt (Söder 1987, S. 350f.). In allgemeinen Werken und Führern, wie z. B. von Magnus Backes (unter Mitwirkung von Otto Müller) im Dehio-Handbuch, wird Seligenstadt mehr oder weniger kurz erwähnt, zuletzt von Walter Hotz 1981 auf der Grundlage von Günther Binding. Während Georg Schäfer die Entstehungszeit der in die spätere Stadtmauer eingebundenen und dadurch allein erhaltenen Mainfront zu Beginn des 13. Jhs. annimmt, hat sich inzwischen unter Berücksichtigung der fortschrittlichen Tellerbasen und Kelchkapitelle eine Datierung in die Zeit des zweiten Deutschlandaufenthaltes Friedrichs II. durchgesetzt: Leo Bruhns 1937 um 1230 oder zwischen 1235–40, Gottfried Schlag 1940 um 1210–40, Günther Binding 1961 um 1235–37, Magnus Backes im Dehio-Handbuch 1966 um 1235–40 und Walter Hotz 1981 auf 1235–39. 1987 hat Thomas Ludwig aufgrund der Basisprofile der rechten Arkaden im Vergleich mit dem romanischen Haus in Seligenstadt (Dendro-Datum 1187ff.) und dem Gelnhausener Palas-Obergeschoß Seligenstadt auf 1180/90 vordatiert (von Dagmar Söder 1987 übernommen).

Geschichte

Friedrich Barbarossa weilte in Begleitung seines Sohnes Heinrich VI. von Gelnhausen kommend, wo er das Osterfest gefeiert hat, vom 21. April bis 16. Mai 1188 in Seligenstadt, hielt dort einen wichtigen Hoftag ab und empfing die Gesandten von Alfons VIII., des Königs von Kastilien, zur Vertragsunterzeichnung über die Vermählung seines Sohnes Konrad mit Prinzessin Berengaria. Friedrich hat sicher wie bereits Ludwig der Deutsche im Herbst 836, Konrad II. am 2. April 1032 (Ostern), 8. März 1034 (mit Heinrich III.) und 8. Mai 1035 (Himmelfahrt), Heinrich III. vom 21. bis 23. April 1041 (Hoftag) und Heinrich IV. am 14. Okt. 1062 das von Einhard nach 828 gegründete Benediktinerkloster in Seligenstadt aufgesucht, das Heinrich IV. am 14. Juni 1063 dem Mainzer Erzbischof überwiesen hat. 1045 hatte Heinrich III. dem Kloster das Marktrecht bestätigt. Waldemar Küther vermutet, daß Seligenstadt auf Initiative von Friedrich Barbarossa wie andere Orte der Region zur Stadt erhoben worden ist; 1175 werden *cives* genannt. Sowohl Friedrich Barbarossa als auch Heinrich VI. hatten die Stadt von dem Erzbischof von Mainz zu Lehen, jedoch hatte Friedrich II. 1212 das Lehen zurückgegeben. Im Aug. 1237 bestätigte Friedrich II., daß er wie sein Vater und Großvater die Stadt Seligenstadt von der Mainzer Kirche zu Lehen habe. „Trotz der Lehnsabhängigkeit von Mainz war der Ort fest in staufischer Hand. Von 1159–1253 läßt sich keine Anwesenheit eines Mainzer Erzbischofs nachweisen" (Schwind 1972, S. 43). Nach Waldemar Küther „steht die Urkunde (von 1237) wohl im Zusammenhang mit der Errichtung der Pfalz in Seligenstadt" (Küther 1978, S. 39). Zuvor hatte Friedrich II. am 15. Juli 1235 in Mainz seine glanzvolle Hochzeit mit der 21jährigen Isabella aus dem Hause Plantagenet gefeiert, einen Monat später, am 25. Aug. 1235, ließ er – wieder in Mainz – den Reichslandfrieden in deutscher Sprache verkünden und hielt sich anschließend mit nur wenigen Unterbrechungen bis zum Frühjahr 1236 in der Pfalz Hagenau auf. Am 1. Sept. 1237 zog er an der Spitze eines deutschen Ritterheeres von Augsburg gegen die Lombarden.

Wenn Friedrich II. den Bau des Seligenstädter Palatiums veranlaßt hat, dann führen die wenigen historischen Nachrichten zu verschiedenen Datierungen: entweder gab Friedrich II. bei seinem ersten Aufenthalt in Deutschland 1218 den Auftrag oder 1234 zu Beginn seines zweiten Aufenthaltes; dann hätte er sich im Sommer 1237 mit der fertigen Anlage belehnen lassen; oder aber die Bauarbeiten begannen überhaupt erst 1237. Eine Entscheidung darüber dürfte über die Einordnung und Datierung der Schmuckformen möglich sein. Auf den noch nicht abgeschlossenen Ausbau der Stadt Seligenstadt verweist die Bemerkung im Steuerverzeichnis von 1241, wo Seligenstadt mit 120 Mark verhältnismäßig hoch angesetzt ist (Frankfurt 250 Mark, Basel und Gelnhausen 200 Mark, Wetzlar und Schwäbisch Hall 170–150 Mark), aber mit dem Zusatz *ille cedent ad edificia eorum*.

Nach der Stauferzeit fiel Seligenstadt wieder an Mainz zurück. Die Mainfront des im 15. Jh. „des kaisers hus" genannten Gebäudes wurde in die um 1460 ausgebaute Stadtmauer einbezogen. Nachdem das Gelände in den 60er Jahres des 19. Jhs. in Gemeindebesitz übergegangen war, wurden 1883 Ausgrabungen und 1938 von Otto Müller Freilegungs- und Ergänzungsarbeiten vorgenommen.

Baubeschreibung

Erhalten ist die aus roten, sauber geflächten Sandsteinquadern aus den Freudenberger Brüchen errichtete, auffällig symmetrisch gestaltete Mainfront eines ansonsten nur in seinen Grundmauern nachgewiesenen Baues von 46 m Länge und 13,60 m Breite in Nord-Süd-Lage auf erhöhtem Gelände direkt über dem Mainufer neben der Straße zum Mainübergang. Das etwa 60 cm eingetiefte Untergeschoß bildete eine nicht unterteilte flachgedeckte Halle mit vermutlich einer mittleren Stützenreihe, sechs kleinen Rundbogenfenstern in tiefen inneren Nischen und zwei großen, 2,24 m hohen Rundbogentoren unterhalb der Portale des Obergeschosses. Von einem Obergeschoß ist die bis in halbe Höhe von mächtigen Strebepfeilern eingefaßte Mainfront mit drei symmetrisch angeord-

C 13 Das Palatium in Seligenstadt am Main

Abb. 185, 186 Seligenstadt, Palatium, Mainfront nach der Freilegung und nach der Wiederherstellung (Zustand 1961).

Abb. 187 Seligenstadt, Palatium, Mainfront, Rekonstruktionsversuch.

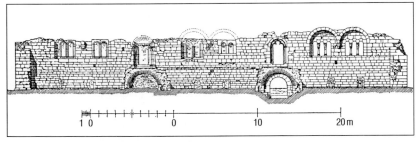

Abb. 188 Seligenstadt, Palatium, Mainfront.

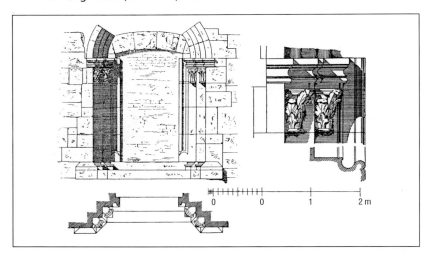

Abb. 189 Seligenstadt, Palatium, linkes Portal.

Abb. 190 Seligenstadt, Palatium, rechtes Portal.

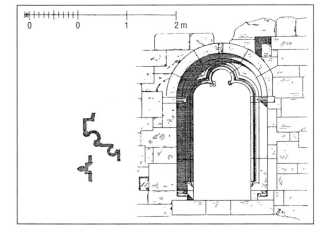

neten Fenstergruppen und zwei dazwischen angeordneten Portalen erhalten, die auf rekonstruierte steinerne Altane vor den Rundbogentoren im Untergeschoß führen, dazwischen ein Holzbalkon (Gesamtmaß 21×3,50 m). Von einem zweiten Obergeschoß sind keine Spuren überliefert, da die heutige Mauerkrone eine Ergänzung von 1938 ist.

Das linke, 1,17 m breite Portal ist ein zweifach gestuftes Säulenportal mit gestuftem Rundbogen, eingelegtem Wulst und ergänztem Tympanon. Das Portalgewände wird von Wulst und Kehle mit unterem Ablauf umzogen. Die in die Stufen eingestellten Säulen, deren Schäfte ergänzt sind, haben niedrige attische Basen mit Eckzier, deren unterer Wulst über die Plinthe vorsteht. Bei dem rechten Kapitellpaar wird ein schlanker Kelch von zwei Reihen Blätter umgeben, deren Enden knospenförmig eingerollt sind. Das Kelchknospenkapitell ist eine französisch-gotische Form, die die Zisterzienser zu Anfang des 13. Jhs. in Deutschland besonders verbreitet haben. Sie sind vergleichbar mit Kapitellen im Kreuzgang von Maulbronn (um 1220). Bei dem linken Kapitellpaar ist der schlanke Kelch von drei Blattkränzen umgeben, eine Form, die sich im Maulbronner Paradies (um 1210/20) wiederfindet. Die hohen Kämpfer aus Wulst, Kehle, kleiner und großer Platte tragen den gestuften Bogen.

Das rechte Portal ist nur einmal gestuft; seine eingestellten Säulen, deren Schäfte ebenfalls ergänzt sind, haben gleichfalls flache attische Basen mit Eckzier und anstelle der Kapitele geschärfte Wirtel, über denen der Rundbogenwulst aufsteigt. Der glatte, in der Mauerfläche liegende äußere Bogen geht ohne Kämpfer in das Gewände über. Das Türgewände besteht wie bei dem linken Portal aus Wulst und hier sehr tiefer Kehle mit unterem flachem Ablauf, ist etwas plastischer und geht in einen Kleeblattbogen mit dreiblättrigen Lilien an den Bogenspitzen über.

Die drei Fenstergruppen, die in 36 cm tiefen, 6,64–6,72 m breiten, von je einem großen, in der Fläche liegenden und in der Mitte auf gestaffelten Kragsteinen stehenden Doppelbogen überfangenen Nischen liegen, sind ganz unterschiedlich ausgebildet und aus der Achse jeweils zur Seite verschoben. Die beiden Fenster der linken Gruppe und das im Baufortgang veränderte linke Fenster der mittleren Gruppe gleichen sich; es sind schlanke, 59–65 cm breite und 1,80 m hohe rundbogige Doppelfenster, deren Gewände außen etwas abgefast ist. Das rechte Fenster der mittleren Gruppe ist mit 1,30 m Höhe niedriger, etwas schmaler (50 cm), ebenso schmucklos, liegt innen in einer flachbogig überdeckten, gegenüber den anderen Fenstern deutlich kleineren Nische und hat auf der Innenseite eine Verdickung für einen Holzriegelverschluß des Holzladens. Nur die rechte Fenstergruppe ist reicher ausgestaltet. Die Dreierarkaden werden abwechselnd von einer achteckigen und einer sehr stark verjüngten runden Säule mit vier verschiedenen Kapitellen sowie mit steileren attischen Basen mit Eckzier gestützt. Die Säulen, von denen eine 1880 erneuert worden ist und die

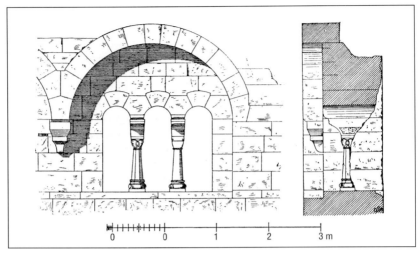

Abb. 191 Seligenstadt, Palatium, rechte Arkaden.

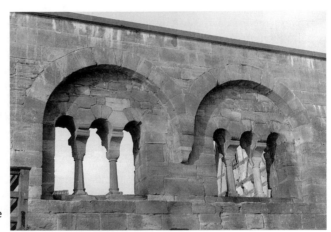

Abb. 192 Seligenstadt, Palatium, rechte Arkaden.

anderen Nachbildungen (Originale z. T. im Lapidarium des Prälatur-Museums) der durch Brand beschädigten alten Säulen sind, bestehen zusammen mit Basis und Kapitell aus einem Stein. Die Kapitelle in Würfel- und gedrungener Kelchform sind in ihrem aufgelegten Schmuck variiert: das Würfelkapitell ist schmucklos, während die Kelchkapitelle mit in Voluten einrollenden Riemchen überzogen oder als reiche Blattkapitelle ausgeführt sind. Sehr hohe, profilierte Kämpfer tragen die Rundbögen, die auf der Innenseite im Unterschied zu allen anderen Fenstern mauerbündig liegen, also keine Fensternischen ausbilden.

Die über einem Schrägsockel 12 cm zurückspringende Mainseite der Palasmauer ist bei zumeist durchgehenden Fugen in vorzüglich geflächten Rotsandsteinquadern aufgebaut. Insgesamt zehn verschiedene Steinmetzzeichen sind nachgewiesen. Die ehemals wahrscheinlich verputzte Innenseite ist aus grob behauenen Quadern mit unregelmäßigen Fugen gemauert.

Auf ein ursprünglich vorhandenes zweites Obergeschoß, wie es schon Ludwig Winter 1883 rekonstruiert hat, verweisen nicht nur die 1,55 m dicke Mauer des ersten Obergeschosses (Untergeschoß 1,84 m) und die Strebepfeiler, sondern auch die Auffälligkeit, daß die Fenster ohne ersichtlichen Grund aus der Achse der Blendbogennischen verschoben sind. Diese Verschiebung ist dadurch zu erklären, daß sich bei einer Projektion der Fensterachsen in das 2. Obergeschoß und mit Fenstern über den Mauerflächen mit den Türen eine gleichmäßige Reihung über die ganze Fassade ergibt. Die Raumaufteilung im 1. Obergeschoß, das im Lichten 43×10,50 m mißt, war wegen der fehlenden Mauerverzahnungen und Fundamente aus Holz und kann nur aus den Fenstern und Portalen rekonstruiert werden: rechts befand sich ein nicht verschließbarer Saal (ca. 16×10,50 m) mit Kleeblattbogenportal, daran anschließend ein kleiner Schlafraum mit einem niedrigen, auf Holzladenverschluß angelegten Fenster, im Westen ein 22×10,50 m großer Saal mit verschließbaren Fenstern und gleichfalls verschließbarem Portal zum Altan.

187

Die Größe der Säle im 1. Obergeschoß ist zwar im Vergleich mit anderen staufischen Pfalzen schon bedeutend, und ein im 2. Obergeschoß zu rekonstruierender, durchgehender Saal wäre mit 43×10,50 m der größte von allen staufischen Pfalzen. Andererseits erinnert der Seligenstädter Saalbau unmittelbar an die *aula regia*, die unter Bischof Meinwerk in Paderborn um 1020 ebenfalls mit zwei Querteilungen als Ersatz für die karolingische Anlage erbaut worden ist und nachträglich – noch im 11. Jh. – im Obergeschoß einen etwa 43×14,50 m großen Saal erhalten hat; die Länge ist gleich, die Breite in Paderborn sogar etwa 4 m größer; gleich sind aber auch die Anordnung und Ausbildung der quadratischen Altane, auf die Türen münden und unter denen die Türen zum Untergeschoß liegen. Ob es sich hier um einen bewußten Rückgriff auf eine ältere Palasform handelt oder bei teilweiser Entsprechung mit Gelnhausen, Wimpfen und Eger eine Variante traditioneller Formen vorliegt, ist nicht zu entscheiden.

Datierung

Die niedrigen tellerförmigen Basen der Portale, die geschärften Wirtel, die Kelchkapitelle und die tiefe Profilierung der Portallaibungen verweisen zusammen mit der vorzüglichen Quadertechnik auf eine ähnliche Entwicklungsstufe wie die sehr fortschrittlichen frühgotischen Bauteile des Klosters Maulbronn, die um 1210/20 zu datieren sind. Die altertümlich wirkenden Säulen der östlichen Fensterarkaden erinnern an den Maulbronner Krankenhausgang von

1170/80, an das romanische Haus in Seligenstadt (Dendro-Datum 1187ff.) und an das Palas-Obergeschoß von Gelnhausen. Verwandt sind auch die Ostteile der benachbarten Seligenstädter Klosterkirche (um 1240–1253) und der Marienkirche in Gelnhausen (1220/25–1232). Daraus folgt für das Palatium in Seligenstadt eine Datierung nach 1220/30. Die ungewöhnliche symmetrische Fassadenaufteilung könnte trotz einer an den Palas von Gelnhausen orientierten Raumaufteilung an den Einfluß Friedrichs II. und seiner süditalienischen Hofmitglieder denken lassen, die hier unter Verwendung zeitgemäßer Baudetails, aber auch mit den rechten Arkaden unter deutlichem Rückgriff auf ältere Formen eine zum Mainufer orientierte, unbefestigte Anlage schaffen ließen, die weniger eine traditionelle Pfalz *(palatium)* als vielmehr eine *domus*, ein Jagdschloß, in der Art ihrer unteritalienischen Heimat war und für die nördlich der Alpen bisher keine Entsprechung nachgewiesen werden konnte.

Literatur

Kallenbach, Georg Gottfried: Chronologie der deutschen mittelalterlichen Baukunst. München 1847, Tafel 29 (Reprint Stuttgart 1980).
Winter, Ludwig: Die Burg Dankwarderode zu Braunschweig. Braunschweig 1883, S. 74 mit Rekonstruktion der Palatiumsfront.
Schaefer, Georg: Provinz Starkenburg, Kr. Offenbach. Darmstadt 1891 (= Kunstdenkmäler im Großherzogtum Hessen).
Seibert, Ludwig: Die Verfassung der Stadt Seligenstadt im Mittelalter. Diss. Gießen 1910, S. 9f.
Bruhns (1937).
Schlag (1940) S. 100.
Binding, Günther: Das Palatium in Seligenstadt, ein Bau Friedrichs II. In: Archiv f. hess. Gesch. NF 26, 1961, S. 240–254.
Nahrgang, Karl: Seligenstadt. Frankfurt a. M. 1961 (= Studien u. Forsch. 7, Beih. zum Atlas f. Siedlungskunde, Verkehr, Verwaltung, Wirtschaft u. Kultur).
Backes, Magnus: Hessen (= Georg Dehio: Handbuch der Deutschen Kunstdenkmäler). München 1966, S. 758f. – 2. Aufl. München 1982, S. 809f.
Schwind, Fred: Die Landvogtei in der Wetterau. Marburg 1972 (= Schr. d. hess. Landesamtes Geschichtl. Landeskunde 35) S. 43f.
Küther, Waldemar: Seligenstadt, Mainz und das Reich. In: Archiv f. mittelrhein. Kirchengesch. 30, 1978, S. 9–57, bes. 36–40.
Hotz (1981) S. 105–108.
Streich (1984) 616f.
Ludwig, Thomas: Das romanische Haus in Seligenstadt. Stuttgart 1987, S. 100f.
Söder, Dagmar: Kulturdenkmäler in Hessen. Kr. Offenbach. Braunschweig-Wiesbaden 1987 (= Denkmaltopographie Bundesrepublik Deutschland) S. 350f.

Abbildungsnachweis

F. Arens: Die Königspfalz Wimpfen. Berlin 1967: 153 (Umzeichnung Magdalene Claesges), 154, 158–162, 163 (Umzeichnung M. Claesges), 164–168.
Ausgrabungen in Deutschland. 2. Mainz 1975: 13.
J. Autenrieth (Hg.): Ingelheim am Rhein. Stuttgart 1964: 19.
E. Bachmann: Kaiserburg Nürnberg. München 1974: 125.
H. Bernard, D. Barz: Frühe Burgen in der Pfalz. In: Burgen der Salierzeit. Bd. 2. Sigmaringen 1991: 76.
M. Bitschnau, W. Hauser: Baugeschichte der Burg Tirol. In: Tiroler Heimat 59, 1995: 57.
W. Braunfels (Hg.): Karl der Große III. Karol. Kunst. Düsseldorf 1965: 3, 7–9, 11.
M. Claus: Zur Topographie der Pfalz Pöhlde. In: Neue Ausgrabungen u. Forschungen in Niedersachsen 7, 1972: 39.
Das Rheinische Landesmuseum Bonn 1/69: 12.
Deutsche Königspfalzen 3. Göttingen 1979: 26–31.
Duisburg im Mittelalter. Katalog 1983: 35.
G. Fehring, A. Rees: Die Stadt Nürnberg. München 1961: 127, 128.
Führer zu vor- u. frühgesch. Denkmälern.
Bd. 12. Mainz 1969: 17
Bd. 17. Mainz 1988: 38
Bd. 35. Mainz 1978: 2 (Umzeichnung Friederike Jünger), 64–66.
R. Funken: Die Bauinschriften des Erzbistums Köln. Köln 1981: 70, 136.
R. Genser: wie S. 215, Anm. 46: 61.
P. Grimm: Tilleda 1+2: Berlin 1968, 1990: 46–49.
P. Grimm in: Zs. f. Archäologie 1969: 45.
B. Grueber: Die Kaiserburg Eger. Prag-Leipzig 1864: 174, 176, 177.
Hessen im Frühmittelalter. Hg. H. Roth und E. Warmers. Sigmaringen 1984: 1.
Hotz (1981): 56, 169.
W. Jacobsen: Die Pfalzenkonzeptionen Karls d. Gr.. In: Karl d. Gr. als vielbewunderter Vorfahr. Hg. L. Saurma-Jeltsch. Sigmaringen 1994: 14.
Karlsverein zur Restauration des Aachener Münsters 51, 1898: 10.
M. Keibel-Maier: Die Grabungen auf der Harzburg 1970–75. In: Harz-Zs. 29, 1977: 69.
H. E. Kubach, A. Verbeek: Romanische Baukunst an Rhein und Maas. Berlin 1976: 10, 71, 72, 75, 139, 140.

U. Lobbedey: Die Ausgrabungen im Dom zu Paderborn. Bonn 1986: 20–22.
H. Maurer: Herzog v. Schwaben. Sigmaringen 1978: 24, 25.
Praha Romańská. Prag 1948: 58.
Chr. Rauch, H. J. Jacobi: Die Ausgrabungen in der Königspfalz Ingelheim. Mainz 1976: 16, 18.
A. Rieber, K. Reuter: Die Pfalzkapelle in Ulm. Weißenhorn 1974: 142–145.
G. Schaefer: Kr. Offenbach. Darmstadt 1891: 188–191.
O. Schürer: Die Kaiserpfalz Eger. Berlin 1934: 171–173, 175, 184.
C.-H. Seebach: Die Königspfalz Werla. Neumünster 1967: 40–44.
O. Stamm: Der königliche Saalhof zu Frankfurt am Main. Frankfurt 1966: 146, 147.
E. Ullmann (Hg.): Der Magdeburger Dom. Leipzig 1989: 36, 37.
G. Voss: Die Wartburg. Jena 1917: 53.
R. Will: Die Stauferpfalz zu Hagenau. In: Pfälzer Heimat 35, 1984: 114, 115.
Foto-Archiv Marburg: 6, 85, 87, 93, 95–98, 111.
Landesdenkmalamt Westfalen-Lippe: 23.

Alle übrigen Abbildungen: Binding/Abt. Architekturgeschichte.
(Umzeichnungen Magdalene Claesges, Friederike Jünger).